学前教育新视点丛书
XUEQIAN JIAOYU XINSHIDIAN CONGSHU

ERTONG SHIYE DE
YOU'ERYUAN HUANJING CHUANGSHE

儿童视野的幼儿园环境创设

王海英 等著

·北京·

图书在版编目（CIP）数据

儿童视野的幼儿园环境创设 / 王海英等著. — 北京：人民教育出版社，2019.11（2022.4重印）
（学前教育新视点丛书）
ISBN 978-7-107-34079-6

Ⅰ.①儿… Ⅱ.①王… Ⅲ.①幼儿园—环境设计—研究 Ⅳ.① G617

中国版本图书馆 CIP 数据核字（2019）第 251142 号

学前教育新视点丛书　儿童视野的幼儿园环境创设
责任编辑　秦光兰
装帧设计　何安冉

出版发行　人民教育出版社
　　　　　（北京市海淀区中关村南大街 17 号院 1 号楼　邮编：100081）
网　　址　http://www.pep.com.cn
经　　销　全国新华书店
印　　刷　北京新华印刷有限公司
版　　次　2019 年 11 月第 1 版
印　　次　2022 年 4 月第 6 次印刷
开　　本　787 毫米 ×1092 毫米　1/16
印　　张　30
字　　数　410 千字
定　　价　59.00 元

版权所有·未经许可不得采用任何方式擅自复制或使用本产品任何部分·违者必究
如发现内容质量问题，印装质量问题，请与本社联系。电话：400-810-5788

学前教育新视点丛书编写委员会

主　任
　　邹海燕　冯晓霞

副主任
　　刘雅琴　焦　艳

委　员（按姓氏音序排列）
　　蔡迎旗　杜继刚　郭力平　姜　勇　李　莉
　　梁慧娟　刘峰峰　刘　霞　刘　馨　吕　苹
　　秦光兰　仝梦冉　王冬兰　向　导　叶平枝

秘书长
　　刘峰峰

出版说明

当前，我国学前教育正面临着前所未有的发展机遇。2010年11月印发的《国务院关于当前发展学前教育的若干意见》明确提出："学前教育是终身学习的开端，是国民教育体系的重要组成部分，是重要的社会公益事业"，要"把发展学前教育摆在更加重要的位置"。此后，一系列促进学前教育发展的重要文件出台，旨在推进、落实学前教育基本理念和发展目标的"三年行动计划"也逐期实施，学前教育进入了一个全新的发展阶段。

学前教育在得到国家政策和财政大力支持的同时，其理论与实践研究也更加广泛和深入。为了更好地梳理和总结近年来我国学前教育的研究成果，促进学前教育的繁荣和发展，我们组织出版了这套"学前教育新视点丛书"。所谓"新视点"，包含以下两个方面的内涵。

1. 体现研究的新进展

近年来，针对学前教育发展中的重点问题，研究者进行了深入研究。比如：研究财政投入和管理制度，探讨学前教育发展与管理的顶层设计；研究幼儿教师能力测评、幼儿园教育质量评价，促进学前教育的内涵发展；研究学前教育专业的课程设计和教学改革、职后培训内容和方式，为学前教育发展提供保障；研究、支持幼儿的学习与发展，研究幼儿园课程、游戏与教学，提升幼儿园教育质量；等等。这些研究大大拓展了已有的研究领域和范畴，体现了理论创新和实践创新，取得了令人瞩目的成果。

2. 体现研究的新视角

近年来，我国的学前教育研究立足于解决其发展进程中遇到的理论和实践问题，研究的角度更加多样，视野更加开阔。一方面，运用新理念、新视角、新方法，关注不同文化和社会背景下学前教育的相关领域，创新解决问题的思路和方式；另一方面，以跨学科的视角，将学前教育置于多学科的审视之下，探求我国学前教育发展的新路径。

基于"新视点"的基本定位，我们将近年来我国学前教育研究领域的最新成果集结出版，希望为广大学前教育工作者提供参考，开拓视野。

我们衷心希望本套丛书的出版，能够引发广大学前教育工作者的关注和兴趣，也希望各位读者在阅读过程中提出宝贵意见，使本套丛书更臻完善。

人民教育出版社课程教材研究所
学前教育课程教材研究开发中心
2019年9月

编写说明

《儿童视野的幼儿园环境创设》是本人参与江苏省课程游戏化改革项目以及担任本科教学工作中，持续反思和实践的结果。本书不仅在观念上主张"回到儿童立场"，更在实践中进行探索，努力寻求儿童参与幼儿园环境创设的可能路径。

本书可供大学学前教育专业的学生作为教材使用，也可以作为广大幼儿园教师以及相关研究人员的参考资源。与其他的教材不同，本书的编写过程遵循的是"学生导向""读者为本"的"学材"取向，编写者更多的是发出一种邀请，或作出一些导引，邀请阅读者与我们一起去探索、去发现。在书中，为了回应内容的需要，我们采用了启发讲授、研究性学习、翻转课堂、综合设计四种不同的展开方式。

启发讲授是指教师围绕一些理论性较强的问题，采取集体教学的方式，通过系统全面地讲解、剖析，帮助学生理解相关理论，引领学生展开"带入式"思考的教学方式。譬如，幼儿园环境的重要性、环境与课程的关系等。研究性学习是学生在前置阅读、问题讨论、调查研究的基础上，围绕自己或小组感兴趣的问题所展开的探索性学习过程。强调让学生自主发现问题和解决问题，包括问题提出、研究设计、研究结论三部分。翻转课堂则是力图打破单纯的教师教、学生学的被动格局，突出学生作为学习主体的重要路径，包括课前学习、课堂活动、师生总结三部分。其中，课前学习包括教师提供的问题导引，学生展开的自主阅读、小组调研或研讨；课堂活动包括自主学习、小组分享、话题争议；师生总结主要是围绕课前学习、课堂讨论等环节，整理出一些基本共识。综合设计强调运用调查报告、创意设计、案例分析、实践改造等多种方式，围绕相应内容，如环境对儿童发展的意义，环境承载何种关键经验，如何邀请儿童一起进行创意设计，教师如何支持幼儿在环境中深度学习等来展开和设计活动，旨在促进儿童全面发展。

相较于知识的系统性，本书更强调激发读者自身的学习兴趣和好奇心，在问题导引和实践案例的指引下，自己去展开"带入式"思考。至于如何获取资料、如何尝试变化、如何提炼策略，还需要读者，尤其是学前教育专业的学生以及幼儿园教师们用自己的大脑去思考，用自己的双手去实践。

从目前采集的案例来看，尽管我们希望更多地邀请幼儿参与环境建设，但在案例的均衡度上还做得不够，在公共环境的建设上还有许多值得进一步探索的内容。在户外环境的儿童参与、班级环境的儿童参与上，尽管我们已经有了大量的案例，但我们始终没有停下探索的脚步，希望更多地给儿童做环境参与的加法，更多地给教师做环境创设的减法，以强化儿童的存在感、掌控感，使教师能腾出更多的时间与精力去观察、陪伴和支持儿童的主动学习。

本书的编写得益于江苏省课程游戏化改革项目，离不开参与此项目的大量实验幼儿园的努力与尝试，离不开我担任教学工作的南京师范大学2015级、2016级学前教育专业本科班同学们的创造性智慧，更离不开撰写团队的日夜辛劳。有多方面的人员参与了本书的撰写工作，既有高校教师、教育研究人员，也有幼儿园园长、特级教师，以及许多优秀的带班教师。感谢所有人员的努力！感谢人民教育出版社秦光兰老师在本书出版过程中给予的多方面支持。因为有你们，这本书才能从最初的探索到逐渐成形和完善，并与读者见面。

我们的撰写虽然暂告一段落，但我们对儿童视野下幼儿园环境创设的理论研究和实践探索将不会停歇。期待在不久的将来，我们有更多更好的内容与大家分享。

王海英

于南京师范大学随园

2019年9月25日

目 录

前言：回归儿童立场的幼儿园环境创设 / 01

第一章　通过环境支持儿童的发展 / 08

　　主题一　环境与儿童的存在感、掌控感 / 09

　　　　活动1　启发讲授：环境的重要性 / 10

　　　　活动2　翻转课堂：环境中的儿童性 / 16

　　　　活动3　研究性学习：环境中的儿童感 / 23

　　主题二　环境创设中的教师角色 / 29

　　　　活动1　启发讲授：有准备的环境的设计者 / 30

　　　　活动2　研究性学习：积极的旁观者与局外人 / 38

　　　　活动3　翻转课堂：有效的支持者与记录者 / 42

　　主题三　儿童经由环境参与课程建设 / 50

　　　　活动1　启发讲授：儿童通过环境成为课程的主人 / 50

　　　　活动2　研究性学习：环境中的课程实施无处不在 / 54

　　　　活动3　翻转课堂：儿童的环境与儿童的课程 / 58

第二章　可探索的、有挑战性的户外环境 / 67

　　主题一　户外环境创设中的常见问题 / 68

　　　　活动1　翻转课堂：成人本位与控制取向的区域规划 / 69

　　　　活动2　启发讲授：惰性资源与景观取向的环境意识 / 77

　　　　活动3　研究性学习：挑战缺失与玩乐取向的环境实施 / 85

活动4　研究性学习：探索不足与过程记录缺失的环境功能 / 89

　　　活动5　翻转课堂：片面倾斜与领域失衡的环境效果 / 94

　主题二　户外游戏场地的整体规划 / 99

　　　活动1　启发讲授：户外游戏场地规划中的儿童逻辑 / 100

　　　活动2　综合设计：低结构运动区 / 106

　　　活动3　综合设计：户外角色区 / 116

　　　活动4　综合设计：泥巴部落 / 121

　　　活动5　综合设计：沙水乐园 / 134

　　　活动6　综合设计：与众不同的雨雪天 / 140

　主题三　教师支持幼儿户外活动的有效策略 / 152

　　　活动1　翻转课堂：与幼儿一起规划户外探索空间 / 153

　　　活动2　翻转课堂：与幼儿一起建设户外材料超市 / 158

　　　活动3　翻转课堂：与幼儿一起制定户外活动规则 / 163

第三章　共享的、有公共精神的室内公共环境 / 169

　主题一　室内公共环境创设中的常见问题 / 171

　　　活动1　翻转课堂：公共意识不足，共享精神缺失 / 172

　　　活动2　翻转课堂：权利意识不足，人际概念淡漠 / 176

　主题二　室内公共环境的整体规划 / 182

　　　活动1　启发讲授：室内公共环境创设中的儿童立场 / 183

　　　活动2　综合设计：儿童视角的门厅创意 / 190

　　　活动3　综合设计：游戏取向的走廊设计 / 198

　　　活动4　综合设计：充满书香气息、发展多元能力的绘本馆 / 209

　　　活动5　综合设计：涵养艺术气质、支持想象创造的美术馆 / 215

　　　活动6　综合设计：激发探索意识、唤醒实验精神的科学馆 / 225

　　　活动7　综合设计：点燃生活情趣、提升自我服务的生活馆 / 234

活动8　综合设计：实践创客思维、培育工程素养的木工坊 / 247

主题三　教师增进环境中公共意识的有效策略 / 256

活动1　翻转课堂：门厅中的想象阅读和甜蜜拥抱 / 257

活动2　翻转课堂：走廊里的混龄游戏和童画PK / 266

活动3　翻转课堂：专用活动室的全纳意识和观察学习 / 271

第四章　自主的、幼儿充分参与的班级环境 / 280

主题一　班级环境创设中的常见问题及改变 / 282

活动1　翻转课堂：规训取向的班级规划 / 283

活动2　研究性学习：成人立场的主题空间 / 289

活动3　翻转课堂：展示为先的环境布置 / 296

活动4　启发讲授：封闭逻辑的区域布局 / 300

活动5　翻转课堂：过程缺失的价值导向 / 305

主题二　班级环境的整体规划 / 314

活动1　启发讲授：儿童视角班级空间建设的原则 / 315

活动2　综合设计：读写区的设计 / 327

活动3　综合设计：美工区的创意 / 333

活动4　综合设计：建构区的历程 / 342

活动5　综合设计：角色区的革命 / 353

活动6　综合设计：科学区的逻辑 / 361

活动7　综合设计：生活区的创新 / 371

活动8　启发讲授：从主题墙到主题海报 / 382

主题三　教师彰显班级环境儿童性的有效策略 / 396

活动1　启发讲授：班级空间——从教师的逻辑到儿童的逻辑 / 397

活动2　研究性学习：环境布置——从教师的义务到儿童的权利 / 402

活动3　启发讲授：环境实践——从固化的封闭到弹性的开放 / 408

第五章　关爱教师、家长参与的人际环境 / 414

主题一　幼儿园人际环境中的常见问题 / 415

活动1　翻转课堂：教师休闲空间的缺失 / 416

活动2　翻转课堂：家长参与氛围的缺失 / 421

活动3　翻转课堂：家园关系的工具化 / 424

主题二　温馨人际环境的整体筹划 / 429

活动1　综合设计：给教师一个温暖的工作环境 / 430

活动2　综合设计：给家长一个支持的育儿空间 / 437

活动3　综合设计：家—园、亲—师成为亲密伙伴 / 441

主题三　以儿童为中心，让家园紧密相连 / 446

活动1　翻转课堂：理解环境创设中的儿童立场 / 447

活动2　翻转课堂：酝酿爱与信任的支持性氛围 / 450

活动3　翻转课堂：坚守可持续的环境创设目标 / 454

结语：从教师本位走向儿童立场 / 456

> 儿童是奇迹。相信每位儿童是奇迹，能改变我们的培养方式。当这样的"奇迹"来到我们的生活中，我们可以选择改变，选择为"奇迹"创设环境。
>
> ——奥尔兹《以儿童为中心的环境创设》

前言：回归儿童立场的幼儿园环境创设

幼儿园是儿童和教师共同生活的地方。所谓"共同生活"，意味着儿童和教师不仅空间上共同在场，心理上也精神相通。同时，在儿童和教师所处的物理场、心理场的诞生、运作、变形、完善的生命周期中，儿童和教师也一直共同参与、相互支持。即从环境的创意、环境的设计、环境的布置、环境的评价，每一个步骤都既遵从教师的想法，也尊重儿童的声音，且教师更多以儿童的需要为需要、以儿童的关切为关切、以儿童的兴致为兴致，充分地陪伴儿童、支持儿童，为儿童搭建发展的支架。在当下幼儿园的环境创设中，还存在着对环境内涵的误解，也存在着对环境外延的窄化。为此，本书聚焦环境创设中的教师中心倾向，倡导回归儿童立场的幼儿园环境创设。

一、幼儿园环境创设中的教师中心倾向

顾名思义，幼儿园环境创设中的教师中心倾向是指教师以自己的认知逻辑、情感特点、审美偏好、社会取向来进行户外环境、公共环境及班级环境的规划、设计及布置。具体表现在以下四个方面。

（一）户外环境创设中的教师中心倾向

户外环境是儿童最喜欢的空间，在那里，儿童可以大声尖叫、尽情奔跑、自由玩耍、自主选择，不必时时处处受教师的控制。就儿童对空间自主、时间自主、材料自主、玩法自主、玩伴自主的游戏需要而言，户外环境创设中的教师中心倾向色彩依然很浓。第一，户外活动区域设计结构化。教师为了实现自己设定的户外活动目标，便于自己管理，用成人的逻辑进行户外活动区域的类型选择与空间安排，缺少基于不同年龄、不同个性儿童活动需要的弹性思维。第二，户外活动材料投放定点化。教师通常只在规定的活动区域投放相应的游戏材料，儿童无法进行活动区域的自由选择和联通，也不能进行游戏材料的自由选择和组合。第三，户外环境设计创意的景观化。户外环境设计的创意主要是追求景观效应、审美效果，而不是支持儿童自主探索及深度学习。第四，户外绿色植物的种植存在观赏化倾向。庭院中种植花草树木主要是为了绿化达标、产生观赏效应，而不是为了丰富儿童对植物的认知、开展生命教育、生成课程资源，绿色植物只是儿童生活游戏的背景，未能成为儿童探索互动的对象。第五，对户外种植园的观察"惰性化"。户外种植园只是儿童偶尔观察、探索的对象，并未成为儿童获得土地规划、科学种植、生命成长等诸多经验的来源。

（二）室内公共环境创设中的教师中心倾向

公共环境是培养儿童的责任心、担当意识等公共生活品质的重要空间。"少成若天性，习惯成自然。"教师要积极邀请儿童参与室内公共环境的创设，从小做生活的主人、做公共环境的主人。公共环境创设中的教师中心倾向表现为，教师缺少对儿童生命连续性、公共生活品质奠基性、责任养成性的认识，以"孩子还很小"为借口，以包办代替的方式为儿童创设成人逻辑下的公共生活空间。具体表现在以下三个方面：一是门厅设计中的展示优先取向，即门厅成了幼儿园历史和文化的大展厅，而其作为儿童每天到达与离开的转换空间，应该具备的安全感、归属感的本体论意义却被忽视；二是走廊悬挂物的成人化视野，即走廊中的装饰物或主题活动长廊大多按成人的身高来布置，未能考虑儿童身高，不能满足儿童阅读与探索的需要；三是专用活动室空间布局中的管理者本位，即美术室、建构室、绘本馆等专用活动室，在空间规划上大多采取开放的、一览无余的、便于教师监督和管理的方式，很难满足不同年龄儿童展开游戏与探索时对互动性、私密性的需要。

（三）班级环境创设中的教师中心倾向

班级是儿童在园生活时间最长的地方，其环境理应充满儿童气息。然而，当下幼儿园的班级环境创设也存在较严重的教师中心倾向，主要表现在以下四个方面：一是班级公约中的禁止倾向，即班级公约在措辞上更多地体现教师视角、管理者本位、控制取向及禁止方式，而非采用引导、激励的方式，如要求幼儿不要在活动室奔跑、禁止大声喧哗等。二是环境装饰中的文字偏好，即班级环境中采用更多的是适合成人阅读的文字，而非适合儿童阅读的图像、照片及符号。三是区域分割中的固定化设置，即班级中的各个活动区独立设置、不连通，布局固定化、不流动。四是主题墙设计中的教学化逻辑，即将班级的主题墙设置在不考虑儿童身高特点的固定空间，且采用成人的教学逻辑展开，缺少基于儿童立场的互动性设计及基于儿童发展逻辑、记录儿童主题活动探索足迹的"儿童海报"。

（四）心理环境创设中的教师中心倾向

心理环境是教师与儿童在幼儿园生活中通过相互交往共同营造的人际氛围，温馨而充满爱的心理环境有助于儿童获得安全感、归属感、自信心、效能感等。当下幼儿园的心理环境创设的教师中心倾向，具体表现为：第一，强调成人权威，即教师充当裁判、奖励者、立法者的角色，不给儿童更多自由选择、自主探索的机会。第二，主张服从规则，即要求儿童无条件服从教师制定的各种规则，如班级公约、活动区规则、生活区约定等。第三，对儿童缺少情感回应，即教师较多关注儿童认知、交往能力上的困难，对儿童的情感性需求反应冷淡，疏导不足。第四，制造压力性情境，如教师有时会运用集体的力量迫使有个性化需要的儿童认同集体的需要。

二、回归儿童立场的幼儿园环境创设

从现实性与可行性两个方面来看，回归儿童立场的幼儿园环境创设强调不论年龄大小，儿童有权利对自己生活、游戏、学习的空间提出自己的设想，进行自主设计、实施。在那里，儿童能用自己的眼睛看，用自己的耳朵听，用自己的头脑想，用自己的双手做，而不是被要求、被牵引，按成人的逻辑和意志去行动、去思考。这意味着教师要积极邀请儿童参与环境的创设过程，减少单纯利用儿童的作品进行环境布置的做法。

下面以"托班孩子心目中的森林、花园和果园"这一活动为例来探讨幼儿园环境的创设过程。

1. 环境设计的创意来源于幼儿的生活

环境设计的创意来源于幼儿的生活，意味着教师要邀请幼儿一起讨论户外环境、公共环境及班级环境的主题。譬如，是以动植物、故事、动画片为主题，还是以幼儿园生活、旅行、游戏为主题。现有幼儿园环境设计的创意大多来自成人，而此案例中的创意则来源于托班孩子在户外活动结束后的聊天活动。户外活动结束，孩子们坐到原本白色墙下的平衡木上喝水，聊起了昨天看的动画片，有的说喜欢光头强，有的说喜欢小魔仙，还有的说要是所有动画明星都来到幼儿园与他们一起玩游戏该多好。教师接纳了孩子们的意见，支持孩子们将梦想变成现实。

2. 设计环境时邀请幼儿参与

设计环境时邀请幼儿参与，意味着对于在哪里布置环境，选择什么内容，如何构图，确定什么样的审美基调，教师都要尽可能倾听幼儿的想法，满足幼儿的愿望。在此案例中，托班幼儿希望把那面白色的墙变成动画明星们的活动场。那么，该如何进行整体墙面的设计呢？基于托班幼儿的特点，教师在倾听孩子表达的基础上，准备了绿色的草地色块和大树的树干，鼓励幼儿用不同的印章去构建自己想象的光头强的森林及小魔仙的花园。

3. 环境的布置满足幼儿的需要

环境的布置满足幼儿的需要，意味着教师在邀请幼儿一起布置环境时，要注意满足幼儿的生理需要、心理需要。在此案例中，色彩、形状由幼儿自己选择，并列摆放还是重叠摆放由幼儿自己决定，幼儿的个性化需求得到了不同程度的满足。为了满足幼儿自我挑战的需要，教师甚至提供了小梯子，使幼儿能够将大大的印章盖得高高的。幼儿这样全程参与环境布置，有利于获得认同感和自豪感。

4. 环境的评价追随幼儿的反应

环境的评价追随幼儿的反应，意味着现有的环境好与不好、美与不美、变与不变、做加法还是做减法，不是由教师一人说了算，而是要基于幼儿的参与性评价与过程性评价来确定。在此案例中，当托班幼儿认为光头强森林中的大树不够茂密、果子不够多样时，教师支持幼儿在原有底色上做加法或减法。譬如，增加叶子的数量以显示层层叠叠的效果，增加果实的品种以体现果实的多样性。当幼儿经过一段时间的互动，对现有的环境失去兴趣时，教师便追随幼儿的兴趣生成其他内容。在追随幼儿反应的环境评价中，评价主体不只是教师，还有幼儿，评价标准也不是只有教师的立场，还有幼儿的视角与声音。

显然，一个基于儿童立场、邀请儿童共同参与、经过精心设计的幼儿园环境，会由内而外地表现出对儿童的尊重、信任和接纳，即环境创设中的每一步既有教师的预设，也尊重儿童的声音，且教师更多地以儿童的需要为需要，以儿童的关切为关切，以儿童的兴趣为兴趣，充分陪伴儿童、支持儿童。

这意味着，在幼儿园的环境创设过程中，儿童不是旁观者，而是积极的参与者。不论年龄大小,儿童有权利对自己的生活、游戏和学习空间进行自我创意、自主设计、自主决策,教师要积极邀请儿童参与环境的建设过程,减少单纯利用儿童的作品进行环境布置的倾向,使幼儿园环境带上或浅或深的儿童印迹,呈现出或浓或淡的儿童气息。

> 我们学前学校的墙壁会说话,它也有记录的作用,利用墙面的空间暂时或永久性地展示出幼儿及成人的生活。
>
> ——马拉古齐

第一章
通过环境支持儿童的发展

思维导图

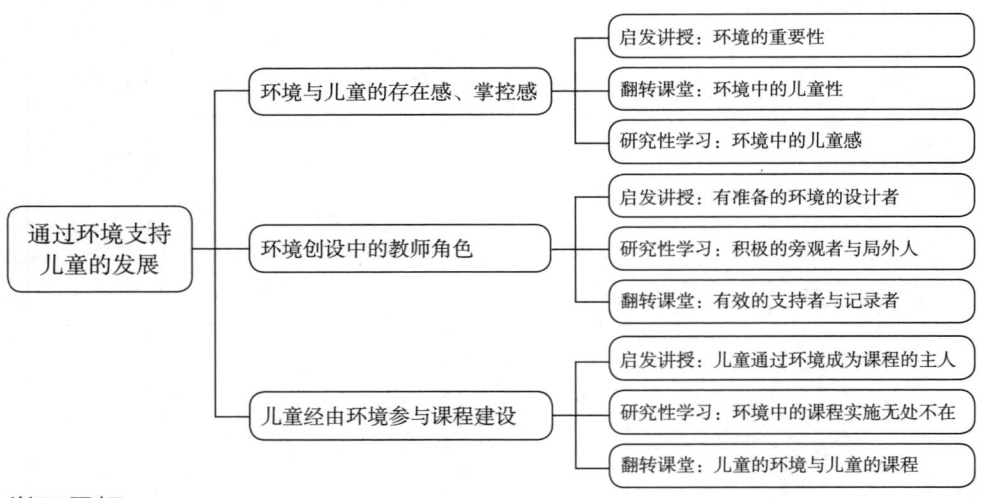

学习目标

1. 通过文献阅读与实地调查,感知幼儿园环境对儿童的重要意义。
2. 尝试理解幼儿园环境与儿童存在感、掌控感的关系。

3. 理解幼儿园课程与环境、儿童的双向互动关系。
4. 理解教师在幼儿园环境创设中的支持者角色。

学习方法
1. 自主阅读基础上的小组分享与交流。
2. 开展网络搜索与社会调查,比较不同国家、不同地区的幼儿园环境。
3. 用联系的思维看待幼儿园环境与儿童发展、幼儿园课程。

实践关注
1. 观察不同环境中儿童问题行为、社会交往、自我挑战的状况。
2. 观察不同幼儿园教师在环境创设中的不同角色。
3. 关注不同幼儿园课程与其环境之间的互动关系。

主题一　环境与儿童的存在感、掌控感

　　幼儿园是孩子们快乐生活的地方,它应该既充满儿童性,也彰显儿童感。一个充满"儿童性"的环境意味着它要符合儿童的身心特点,在一日生活作息时间的安排、室内外环境的创设、幼儿园历史的抒写与讲述上回应儿童的生理特点、认知节奏。同样,一个充满"儿童感"的环境要满足幼儿的情感诉求、社会交往、个性品质,支持儿童获得存在感、掌控感。

关 键 词　认知节奏；存在感；掌控感；儿童性；儿童感

学习目标　1. 认识幼儿园环境的特点和意义。

2. 发现幼儿园环境中儿童性、儿童感充足或不足的具体表现及可能原因。

3. 尝试从理论与实践两个层面，寻求促使幼儿园具备"儿童感"的多种策略。

实践准备　1. 搜集中外各种幼儿园的建筑设计平面图和实体图。

2. 采集一些儿童与环境对话的照片、音频或视频。

3. 尝试将幼儿园的某些户外场地、室内区域交给幼儿创设，跟踪其创设环境的过程。

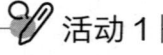活动 1

启发讲授：环境的重要性

理论深度　★★

能力要求　★

以儿童为中心，按照由近及远的原则，环境的重要性主要体现在三个方面：幼儿园环境首先是儿童与教师、同伴相遇相知的共同生活空间，其次是儿童积极探索世界、展开交往的游戏空间，最后是教师基于儿童的生活事件、游戏探索所积累形成的课程资源。

一、幼儿园环境是共同的生活空间

> **课前互动**
> 1. 回想小时候上幼儿园时,你最喜欢的室内空间是哪里?
> 2. 你最喜欢的户外环境是哪里?你在那里喜欢做什么?
> 3. 你儿时的幼儿园室内外环境和现在的相比,有什么异同点?

与中小学为了学习而设计的校园空间不同,幼儿园是通过儿童自己的生活、游戏和交往而实现自我发展的教育空间。由于设计目的、年龄层次和教育宗旨不同,幼儿园首先是孩子们的生活空间、交往空间,其次才是学习空间。这种生活和交往空间,应该具有以下内容或特质。

第一,弹性的一日生活作息时间表。

幼儿离开家庭走向幼儿园,不仅是生活空间的转换,更是制度文化、社会规则的转换。为了减轻幼儿的入园焦虑,增加幼儿园对幼儿的吸引力,幼儿园通常为幼儿提供相对弹性的生活制度,减少全班性的统一活动时间,譬如,如厕、洗手、喝水、吃点心等,弱化幼儿的生理性焦虑。

图 1-1-1　小班幼儿制作的一日流程

第二，具有私密感的个人小空间。

幼儿园是类家庭化、半制度化的场所，特别需要一种宽松、温暖、自由、自主的氛围。完全敞开的户外或室内空间设计容易使幼儿感觉焦虑，幼儿需要不时走进半开放、半结构化的空间中，给自己的心灵一个独处的机会。因此，在户外给幼儿提供一些小房子，在室内给幼儿提供一些小帐篷都是不错的选择。

图1-1-2　桥洞风格的私密空间

图1-1-3　毡房风格的私密空间

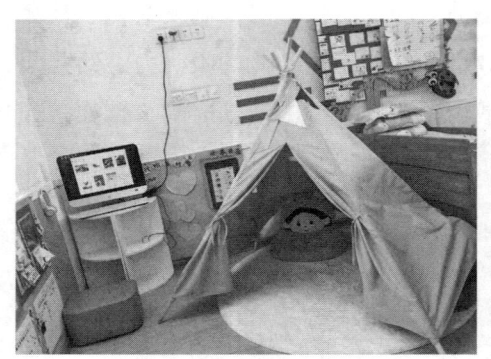

图1-1-4　帐篷风格的私密空间

图1-1-5　纸箱布帘营造的私密空间

第三，温暖的同伴关系与和谐的师幼关系。

幼儿园是幼儿和教师共同生活的空间，其中存在着两种基本的社会关系：同伴关系与师幼关系。稳定、温暖、和谐的人际关系对幼儿至关重要，是幼儿获得安全感、归属感、认同感的前提条件，也是幼儿获得亲密感、成就感、自信心的重要保障。

首先是温暖的同伴关系。幼儿园是不同年龄、不同爱好、不同个性的幼儿共同生活的空间，是类家庭化、半制度化的场所，特别需要营造一种宽容、温暖、自由、自主的氛围。在班级生活中，幼儿需要一种友爱的心理空间，以确保自己被看见、被认同、被信赖，而不是被排斥、被拒绝、被冷落。同样，在幼儿园生活中，幼儿也需要一种充满友爱的混龄生活，在跨班交往中不做旁观者或局外人。因此，幼儿园的硬件环境要支持幼儿的同伴交往，设置更多的私密角落、互动区域、玩创空间。

其次是和谐的师幼关系。作为幼儿生命中的重要他人，教师对幼儿归属感、效能感的获得影响很大。和谐的师幼关系有赖于三个前提条件：一是教师对幼儿的信任与包容，教师愿意给予幼儿更多的自由活动空间与自主探索时间；二是幼儿对教师的信任与依赖，幼儿喜欢并投入幼儿园的一日生活，积极探索周围的环境，自主地获得各种经验；三是有弹性的生活作息制度，以确保教师能追随幼儿的生理特点与心理特点，与幼儿在一日生活中和谐相处。

二、幼儿园环境是探索性的游戏场所

《3—6岁儿童学习与发展指南》指出，儿童建构经验的主要方式是直接感知、实际操作和亲身体验。这意味着幼儿园的环境要尊重幼儿的学习特点，回应幼儿的学习方式，以开放的、有挑战的、互动性的环境激发幼儿的探索欲望，支持幼儿获得各种感性经验。

一般而言，幼儿园环境的探索性具有如下几个方面的特点。

第一，保持环境的原生态和材料的低结构化。幼儿园不要给幼儿提供一个过度加工的精致环境，要尽可能保持环境的自然生态。譬如，户外以草地、木屑、沙土、泥巴等来代替水泥地、塑胶地等，以土坡、竹林、泥塘、沙池、植物迷宫等来代替过度结构化的塑料攀登架、蹦蹦床等，以砖头、石头、草绳等来代替塑料制品。同样，室内也要有蚯蚓、蜗牛、乌龟、蚕、蝌蚪等观察材料，有石头、树枝、木棍、贝壳、果实等操作材料，有纸箱、纸盒、瓶子、木板、瓦片等装饰材料。成品材料容易导致环境高结构化，从而降低幼儿探索的热情，将幼儿限制在教师规划好的框框中活动。

图1-1-6　原始的水泥坑

图1-1-7　自然的小土坡

第二，保持环境的开放性。幼儿对周围环境有着与生俱来的好奇心，一个封闭、刻板、固化、高控的幼儿园环境是违背幼儿身心发展规律的，是对幼儿进行永不停歇的探索的重要阻碍。一个布置妥当的环境仿佛一个已完成的故事，幼儿只能阅读不能续编、创编，而一个处处留白的环境则如一个未完成的故事，时时刺激并吸引幼儿参与其中，并创生新的情节，延展出新的结局。在幼儿园，教师只需提供一个粗略框架的环境，幼儿便能不断自我卷入、自我创生、自我完善，使环境变得灵动、丰富，充满"儿童性"，从而在不断的环境参与中获得自信、自主。幼儿园环境创设中的留白效应、一连串的省略号、各种假设性猜想等都是保持环境开放性的重要策略。

三、幼儿园环境是多元化的课程资源

幼儿园环境是课程创生的来源，是课程实施的载体和结果，也是基于儿童的生活事件、游戏探索等形成的多元化课程资源。在现实中的一些幼儿园，环境只是环境，是一个静态的、教师本位的、相对惰性的、缺少个性的环境。环境与幼儿园课程、与幼儿的生活和游戏、与幼儿的可持续发展之间缺少联结。环境只是幼儿园一日生活展开的抽象背景，两者未能做到互为因果、互相依靠。因此，若要使环境成为多元化的课程资源，教师需要思考以下三个问题。

> **课间互动**
> 1. 幼儿园环境与幼儿园课程之间是什么关系？
> 2. 幼儿园里的花草树木与幼儿园课程有何关联？
> 3. 幼儿园里的花草树木与幼儿有何关联？

 1-1-1 小小落叶

第一，幼儿园环境是课程创生的来源。在幼儿园主要采用主题课程的情况下，环境更多地成为课程实施的背景和载体。而在当下，幼儿园的课程建设中有了更多的生成微型项目课程需要和重视幼儿一日生活的意识，这意味着课程的话题开始更多来源于幼儿的日常生活，而不同的幼儿园环境会营造出不同的日常生活。当幼儿园环境具有更多的探索性和留白空间时，幼儿的好奇心、探索欲便会催生出更多的微型主题，幼儿园环境便会成为课程创生的重要来源。譬如，幼儿散步时发现了一棵没有叶子、没有花、没有果子、没有树皮的树，这就有可能引发关于"真树还是假树"的持续性跟踪、记录、讨论，从而生成一个关于生命多样性探索的微型主题。

第二，幼儿园环境是课程实施的载体。不论是主题课程还是微型项目课程，

环境都是重要的课程实施载体。主题课程在相应的主题环境中得以展开，彼此共生共长、共同促进。譬如，在"小小兵"这一主题课程中，教师和幼儿共同营造了一个以军种、军装、军人、武器为线索的主题环境，一方面为课程实施营造了一种支持性氛围，另一方面又紧密配合课程的实施过程更好地回应和拓展幼儿的经验。微型项目课程的创生和推进更加依赖于环境。譬如，在微型项目课程"安娜好痛"（安娜是一条受伤的蚯蚓）中，幼儿将挖到的蚯蚓放到不同的容器中，将观察记录、科学实验、创意表征做成"儿童海报"悬挂在饲养角周围，这不仅为课程实施创设了一种支持性氛围，也为幼儿好奇心的维持和关注点的拓展、联通提供了可能性支持。

　　第三，幼儿园环境是课程实施的结果。作为多元化课程资源，幼儿园环境不仅是课程创生的来源，也是课程实施的载体，更是课程实施的结果。首先，幼儿园环境彰显教师的课程建设能力，让教师的专业成长看得见。譬如，支持幼儿发展关键经验、体现教师学科教学知识（PCK）素养的区域环境，呈现幼儿的主题活动探索足迹、反映教师课程实施策略的主题墙，等等。其次，幼儿园环境也反映了幼儿参与课程的过程及其发展变化，让幼儿的发展看得见。譬如，幼儿审议、改造、规划的区域环境，幼儿拍摄、记录、表征且符合幼儿认知规律的主题海报，等等。

| 活动 2 |

翻转课堂：环境中的儿童性

　　理论深度 ★★
　　能力要求 ★★★★

如果我们认同幼儿园的环境首先是儿童的，其次才是教师的，就意味着幼儿园的一切都是以儿童的视野来打量并展开的。这里有适合儿童身高的各种游戏材料，有吸引儿童目光的各种游戏场地，有邀请儿童深度卷入的游戏伙伴，有挑战儿童认知水平的游戏情境。这里的教师都变成了大孩子、大玩伴，这里到处吸引着儿童的眼睛、儿童的耳朵、儿童的鼻子、儿童的双手、儿童的双脚、儿童的大脑。

显然，一个以儿童为本的幼儿园，其环境中一定到处充满"童性""玩性""游戏性"，儿童在这样的幼儿园中，不仅"在那里"，而且被"看见"、被"看懂"。更为重要的是，儿童不仅为成人看见、看懂，儿童更感受到自己、看见自己、看懂自己，进而感受到同伴、看见同伴、看懂同伴，甚至成人。

一、课前活动

引导学生在见习、实习过程中，关注儿童在幼儿园不同情境中的行为表现、情感状态、同伴关系、师幼关系，尝试感知不同文化氛围的幼儿园是如何在身体、认知、情感、审美、社会性等多个维度给幼儿自信心、舒适感的。

1. 问题导引

在进入课堂学习之前，请思考如下三个问题：

（1）如何理解幼儿园环境中的儿童性？

（2）举出正反案例各一个，阐释你对环境中儿童性的理解。

（3）幼儿园环境中的色彩如何体现出儿童性？

2. 欣赏电影

欣赏电影《看上去很美》与《小人国》片段，画出方枪枪、迟亦洋的人际同心圆，比较两所幼儿园环境中的儿童性。

二、课堂学习

围绕课前布置的思考任务和视频比较,组织学生开展分享、讨论,支持学生通过表达自己的观点并激发他人的观点,使个体知识放大成为集体知识。

1. 自主学习

以个人为单位,进一步梳理关于幼儿园环境中的儿童性特征、具体表现、正反案例、疑难问题等。

2. 小组分享

同伴之间以3~5人为单位形成学习小组,先在小组范围内交流分享各自的观点、想法,然后每小组委托一名代表进行全班分享,鼓励争鸣、求同存异。

分享过程中可以面面俱到,也可以选择其中一个方面重点展开。

后面分享的小组要注意与前面小组分享的内容体现出层次性、递进性,可以采取"接着说"的方式,也可以采取"对着说"的方式。

3. 话题讨论

围绕小组分享中所聚焦的话题展开进一步的讨论交流。

在小组分享中,不同的小组在幼儿园的色彩基调上产生了分歧,其焦点聚集在如下方面:

(1)儿童为本的幼儿园色彩基调是什么?

(2)欧洲、北美洲、日本的幼儿园色彩基调是什么?

(3)中国幼儿园的色彩特征是什么?

(4)幼儿园是否需要五颜六色?

扫描以下二维码，比较世界不同地区幼儿园的室内外环境色彩基调，简要分析其可能原因，尝试作出自己的或小组的解释。

1-1-2　世界不同地区幼儿园室内外建筑色彩基调

在《0—8岁儿童学习环境创设》一书中，作者认为："正如画家用调色盘绘画一样，教师和儿童也可将天花板、墙壁和地板作为调色盘，设计教室……幼儿的墙壁要避免成为引起视觉爆炸的地方。"[1]在意大利瑞吉欧幼儿园的设计者看来，幼儿园是不需要五颜六色的，幼儿园的环境必须是简单的、朴素的，这样的环境才能凸显出幼儿的五彩缤纷与多姿多彩。如果环境的底色本身就是喧闹而嘈杂的，那么，在这样的幼儿园中，幼儿是无法静下心来专注于自己的探索性活动的。

色彩实验

很多年前有一个德国心理学家，曾在莱比锡大学实验室做了一个有名的色彩对比实验。实验者选择了两组幼儿共12人，分成实验组与对照组。在实验开始前，实验者对两组幼儿进行了生化指标与心理指标的测试。其中，生化指标包括：呼吸节率、皮肤电阻、眼动轨迹、心跳次数；心理指标包括：注意力集中程度、情绪唤醒程度、反应时、智商等。实验开始后，实验组与对照组的幼儿分别在两个不同的游戏室中自主游戏。其中，实验组的游戏室是一个阁楼，天花板很低，周围刷着灰黑色，而对照组的孩子也是在一个阁楼中自主游戏，天花板也很低，唯一不同的

---

[1] 朱莉·布拉德. 0—8岁儿童学习环境创设[M]. 陈妃燕，彭楚云，译. 南京：南京师范大学出版社，2014：232.

是，对照组的阁楼周围刷着明亮的色彩。在持续一小时后，实验者对两组孩子进行了后测，结果发现，不论是生化指标还是心理指标，实验组的孩子前后测指标之间都发生了差异性变化。

以上实验说明了什么？为什么不同地区幼儿园的建筑色彩与内部环境色彩有如此多的不同？什么样的因素影响了幼儿园的环境色彩？从儿童本位的立场出发，幼儿园到底需要什么样的色彩基调？

三、师生总结

基于课前学习和课堂活动，教师和学生围绕"儿童性"进行总结。

所谓"儿童性"，从字面上来看，是指幼儿园环境要具有儿童特点，充满儿童气息；从学理上来看，是指幼儿园环境要遵循儿童认知的特点，回应儿童多层次的需要，满足儿童的审美偏好，促进儿童的社会交往。

1. 幼儿园环境要遵循幼儿的认知特点

幼儿的认知发展既具有年龄上的普遍性，也具有年龄上的特殊性。从普遍性角度来看，《3—6岁儿童学习与发展指南》指出，幼儿的主要学习方式是直接感知、实际操作、亲身体验。正是基于此，幼儿园的室内外环境才需要满足幼儿通过感知、操作、体验获取直接经验的需要。譬如，充满幼儿可理解的符号标记，有允许幼儿进行想象扮演的情境，有多面可以玩的墙（如涂鸦墙、植绒墙、磁铁墙、流水墙、种植墙），需要包容温暖的人际氛围，等等。从特殊性角度来看，不同年龄的幼儿具有不同的身心发展特征，需要不同的支持性环境。小班幼儿的注意力容易分散，因此，环境装饰不要过于复杂，区域材料也不宜过小、过多或过杂。同时，小班幼儿既具有整体感知的特征，又对细节有高度的敏感性，因此，在环境创设中宜采用大比例、大块面的整体构图方式，以满足他们对局部的细节性感知和整体的结构性感知需要。中班幼儿在动作、语言、操作探索、注意分配、想象创造等方面有了明显的发展，因此，他们需要更多的能够引发精细操作、想象的材料，需要更大的探索空间与活动范围。不仅如此，随着中班幼儿自主性的增强，教师要给予他们更多参与环境规划、设计、决策的机会。大班幼儿的专注力、思维力、想象力有了更大的发展，因此，幼儿园环境要有更多的留白以支持他们深度学习。譬如，活动区记录单、游戏计划本、每日签到单等不仅是幼儿的学习结果，也是幼儿的学习对象，教师可以有意识地引导幼儿进行再次学习，通过找规律、分类统计、分类汇总、图形输出（曲线图、饼状图、条形图）等方式，支持幼儿进行深度学习。

2. 幼儿园环境要回应幼儿的多层次需要

在幼儿园一日生活中，幼儿有生理、心理等不同层次的需要。比如，幼儿园要制定适合不同年龄幼儿的弹性作息时间表，为幼儿生理需要的满足提供自主选择的机会，切忌一刀切，避免以集体行动来抑制幼儿的个体性需要；为了满足幼儿对安全感、归属感、好奇、好胜、乐群等的需要，幼儿园环境要有温馨、友爱、包容的人际氛围，有丰富、多元、可探索的操作材料，有激发幼儿好奇心的留白式创意；幼儿需要有自主、成功等各种体验，因此，幼儿园在进行环境创设时，要给予幼儿自主制定规则、规划空间、安排时间、选择玩伴的权利与机会，支持幼儿获得自我实现感。

3. 幼儿园环境要满足幼儿的审美偏好

儿童的审美偏好与成人有较大的不同，在色彩、形状方面表现得尤为突出。从幼儿的色彩偏好来看，幼儿园室内外环境应该以原色、自然色为主色调，体现阳光、明亮的特点。原色、自然色是指物体本来的色彩，如原木色、土地色、金属色等。当前，幼儿园要在色彩上努力做减法，而不是做加法，应让幼儿用自己的创意去涂染这个原本属于他们的世界。如果教育者相信儿童是神奇的魔术师，儿童便会用他们自己的五彩缤纷装点这个底色为原色或自然色的世界。只有简单朴素的环境才能衬托和培养多姿多彩的儿童。阳光、明亮的色彩温暖、饱和度高，可以引发幼儿的积极情绪，提升幼儿的好奇心与兴奋度。因此，幼儿园在创设环境时要在原色、自然色的基调上选择更多暖色的玩具与材料，以吸引幼儿与环境持续地深入互动。

从幼儿的形状偏好看，幼儿园的室内外环境中应该多选用圆形、流线型、螺旋形的材料与家具。带弧度、有转角的家具或材料能给幼儿一种接纳感、邀请感、圆润感、温暖感、自由感，而带直角的、方形的、三角形的家具或材料则棱角分明，容易使幼儿产生被拒绝、被排斥、被约束、不可抗拒、紧张等感觉。

4. 幼儿园环境要促进幼儿的社会交往

儿童天性乐群。在儿童的天地里，凭着通行的文化密码，不同种族、不同年龄的儿童间可以做到没有障碍、交往甚欢。幼儿园要满足幼儿乐群的天性，就需在环境创设上作出一些回应。第一，在幼儿园整体设计上多使用连廊、广场这样的设计创意，将不同的建筑物连通，以支持全园幼儿的深度交往。第二，不同活动室之间建有宽阔的走廊，打破班级与班级之间的交往壁垒，支持不同年龄段、不同班级间幼儿的充分互动。第三，班级区域环境设置有弹性，不固化不同活动区域之间的边界，支持幼儿以自己的游戏主题为主线，实现区域与区域之间的内容整合、材料整合及角色整合，更好地展开生活角色与游戏角色之间、不同游戏角色之间的跨界交往。

活动 3

研究性学习：环境中的儿童感

理论深度 ★★

能力要求 ★★★★

如果说环境中的"儿童性"更多突出环境对幼儿认知上的回应，那么，"儿童感"则更为强调环境对幼儿情感上的认同、接纳、回应与提升。一所幼儿园、一个班级的环境有没有儿童感，成人不是判断的主体，孩子才是审议的主角。

研究过程

一、问题提出

1. 为什么幼儿园环境、班级环境要具备儿童感？
2. 什么是儿童感？儿童如何理解？成人如何理解？
3. 如何判断一所幼儿园、一个班级的环境是否具备儿童感？
4. 怎样支持一所幼儿园、一个班级的环境具备儿童感？

二、研究设计

1. 概念界定

所谓"儿童感"，通俗点说，是儿童在幼儿园的日常生活中，体验到"主位"与"客位"的"在场感"。从"主位"来看，"儿童感"表现为幼儿的"我感""我们感"，即"我在这儿""我看见""我探索""我发现""我反思"。从"客位"来看，"儿童感"表现为"我被看见""我被看懂""我被接纳"。从抽象定义来看，"儿童感"是指幼儿园环境要支持幼儿获得存在感、掌控感。一所幼儿园、一个班级的环境是否支持儿童获得

"儿童感",成人不是判断的主体,儿童才是审议的主角。

2. 研究方法

基于儿童立场与儿童视野,研究采用马赛克方法。

马赛克方法(Mosaic Approach),又译为镶嵌法,强调使用多种方法倾听儿童的声音,马赛克方法中运用每一种工具的目的在于增强研究者对幼儿看待事物方式的理解。具体可以采用以下方法。

(1)自主摄影。即幼儿拿着相机(研究者事先会引导幼儿掌握基本的拍摄技能),围绕幼儿园的整体环境,自主拍摄幼儿园中"我喜欢的环境"与"我不喜欢的环境"。自主摄影的目的在于记录幼儿对环境的关注点。

(2)谈话。以照片为媒介与幼儿进行谈话,获取幼儿对班级区域环境的认识与理解,激发幼儿的参与热情。

(3)绘画。儿童绘画是儿童表达自己对周围环境的感受和内心意愿的主要方式之一。本研究中,幼儿围绕"我喜欢的环境""我讨厌的环境""我来设计自己喜欢的环境"等主题自主绘画。绘画结束后,幼儿讲述自己绘画作品的含义。

(4)幼儿会议。幼儿会议更强调是"幼儿"的"会议",由幼儿作为与会主体围绕问题自由表达、自由交流,譬如,围绕"我喜欢""我不喜欢""我希望的"等关键词进行讲述。

(5)幼儿之旅。幼儿扮演导游角色,带领研究者参观幼儿园、班级环境,为研究者介绍区域的分布及自己的喜好。在"幼儿之旅"的过程中,幼儿面对直观具体的幼儿园大环境和小环境,往往具有交流表达的积极性,研究者要注意采集儿童的重要观点。

3. 研究伦理

注意保护儿童的隐私,以匿名的方式呈现儿童的作品、儿童的谈话。同时,也要保护幼儿园的隐私,照片仅用于研究交流,不用于任何商业或有损幼儿园利益的活动。

4. 收集资料

通过抽样的方式在一定区域范围内实施马赛克的方法,并将采集的所有资料进行分类汇总,注意邀请幼儿作为研究主体,倾听幼儿的声音。

三、研究结论

儿童感的核心是儿童的"在场感"与"我感",其直接表现为儿童是否强烈地体验到自己在幼儿园及班级一日生活中的存在感与掌控感。

1. 支持幼儿获得存在感的策略

幼儿的自我存在感表现为两个方面:一是在幼儿园的大生态圈中,二是在班级的小社群中。因此,支持幼儿的自我存在感也从这两个方面展开。

第一,支持幼儿在幼儿园大生态圈中获得存在感。

通俗地说,幼儿在幼儿园大生态圈中的存在感,意味着幼儿园要让幼儿感受到自己是某某幼儿园不可或缺的一员,是无人可以替代、独一无二的。如何才能做到这一点?可行的做法通常包括一系列策略。譬如,支持幼儿认领幼儿园的一棵树、一丛花、一片池塘、一个鸟窝、一个大型玩具等,与它做三年的好朋友,跟踪它、陪伴它、观察它、记录它,在此基础上积累不同物种生命历程的细节,制作"儿童海报"。或者,支持幼儿扮演幼儿园的值日生、升旗手、饲养员、小导游、小园丁、小礼仪等,从一个纯粹的游戏者、学习者角色转向对自己、对他人、对生活、对环境负责任的"小小公民"。其目的是要通过扮演一种不可替代的角色,承担一份不可替代的责任,发展出一种与众不同的能力。因为,任何人的存在感都不是一种虚无的存在感,而是一种实实在在的"我感"。

第二,支持幼儿在班级小社群中获得存在感。

全国著名班主任魏书生有一句名言:"我是全国最闲的班主任。"他何以做到这一点?在他的班级管理中,鼓励每个孩子自己解决问题,并积极参与到班级事物的讨论与管理中。每个孩子都是班级的主人,都是班级生活中不可替代的一员。

在幼儿园的班级生活中,幼儿通常被无限制地照顾,而忽略了责任担当能力、自我服务能力。因此,在班级生活中,支持幼儿"人人扮演一个班级角色",充分参与班级日常管理是必须的选择。幼儿只有承担了班级的责任,才能体验到自己在班级中的存在感。

2. 支持幼儿获得掌控感的策略

对于幼儿园的环境,儿童感不仅表现为满足本体性需要的存在感,更表现为助力自我实现需要的掌控感,即"我的地盘我做主",不再处处时时受成人支配,而是能对自己所生活的幼儿园大环境、小环境有发表观点、参与决策的机会。

第一,支持幼儿在幼儿园大生态圈中获得掌控感。

幼儿能否真正地在幼儿园一日生活中体验到掌控感,关键在于幼儿园环境从整体建筑创意、到户外空间规划,再到某一活动区的设计,是否邀请了幼儿的参与,体现了幼儿的审美,彰显了幼儿的逻辑。譬如,在镇江扬中三个圈幼儿园的图纸设计规划阶段,幼儿便充分参与了创想,他们希望自己的幼儿园能够变成三个封闭的圆形,他们可以在其中快乐地奔跑。在建筑设计师的努力下,孩子们的愿望最终变成了三个圈,孩子们也最终把自己的幼儿园命名为"三个圈幼儿园"(图1-1-8);又譬如,在常州宝龙幼儿园的户外环境规划中,幼儿希望有更大的材料超市、更起伏的骑行通道、更开放的沙水区域,于是,在教师的支持下,幼儿与教师一起规划设计,最终将幼儿园户外空间改造成幼儿更喜欢、更自主、更具有参与性的活动空间;再譬如,在无锡立人幼儿园的种植园设计中,幼儿希望把小菜地的田埂变成"跨田埂"游戏的场所，经过孩子们自己的规划、创意、铺设，最终设计了不同挑战系数、不同风格的跨田埂游戏区（图1-1-10）。

图1-1-8　儿童创想的三个圈幼儿园 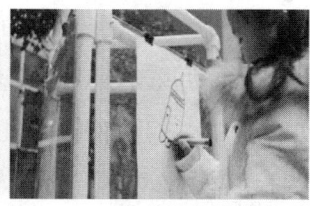　　图1-1-9　儿童创想的带轮子的运输工具 　　图1-1-10　幼儿创想的跨田埂游戏区

第二，支持幼儿在班级环境创设中获得掌控感。

在成人本位的视野中，幼儿所生活的班级环境如何规划、如何布局，很少倾听幼儿的想法，了解幼儿的创意。幼儿只是班级环境的享受者、适应者，很少成为规划者、创意者、改造者。在常州天宁区实验幼儿园的班级环境改造中，教师充分尊重幼儿的创意，鼓励幼儿大胆设计，将班级空间从教师的设计转换为幼儿的设计。首先，儿童分组或集体讨论现有班级空间，提出自己的观点与看法。譬如，班级环境哪里比较喜欢，哪里不太喜欢，为什么；其次，儿童形成学习小组，将自己的班级环境创意做成积木模型图；再次，全班幼儿针对六组创意班级模型进行集体投票，选出得票率最高的创意模型；最后，儿童将选出的创意模型变成真正的班级空间。在班级环境的改造过程中，幼儿既开展了班级整体结构的儿童化改造，也聚焦班级区域环境进行儿童化改造。

图1-1-11　幼儿的班级改造创意 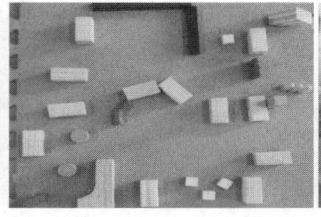　　图1-1-12　幼儿投票表决的班级规划 　　图1-1-13　幼儿重新设计的阅读区

> 环境的"儿童性"与儿童的"儿童感"是相辅相成的。只有当幼儿园环境中充满"儿童性"时,儿童才能充分感受并体验到"儿童感"。也只有当儿童充分体验了存在感和掌控感时,环境中的"儿童性"才会进一步彰显。人是环境的产物,不同的幼儿园环境会型塑不同的儿童。当我们希望儿童更自主、更自信、更有能力时,我们便要与儿童一起创生出一个适宜幼儿自由自主品质生长的支持性环境,推动一个小小公民的诞生与成长。

相关阅读

1. 卡洛琳·爱德华兹等:《儿童的一百种语言》,罗雅芬等译,南京师范大学出版社2006年版。重点阅读第三部分"教育及保育的空间设计"和"教师的角色:伙伴、园丁和向导"。

2. 朱莉·布拉德:《0—8岁儿童学习环境创设》,陈妃燕、彭楚云译,南京师范大学出版社2014年版。重点阅读第一章"创设学习环境的指导原则:教师的角色"、第二章"教师在支持勇气圈中的角色"。

主题二　环境创设中的教师角色

　　传统环境创设中的最大误区便是将环境创设的任务无条件地推向教师，从而使儿童成为环境创设中绝对的旁观者。这种做法既是缘于一种权利义务的倒错，即无条件地放大教师的义务，忽略儿童的权利；也是缘于一种"教学关系"的误解，即强调教师认认真真地教，而忽视幼儿创造性地学。在儿童为本的教育理念下，幼儿园环境创设中教师的角色不是强势的创意者、规划者、评判者，而是积极的陪伴者、守护者、支持者、留白者，即坚守"儿童是脚，教育是鞋"的教育主张，从教育者角色转化为催化者角色，以激发、唤醒、点燃的方式支持幼儿的探索性行为，避免管理、规训、控制、过度帮助等行为，实现幼儿园环境创设中真正的儿童转向。

关　键　词	预研究；教育者；催化性角色；旁观者；局外人；环境留白；弹性作息；化生为熟；化熟为生
学习目标	1. 感知弹性作息与刚性时间表对师幼行为的不同影响。 2. 学习预研究的基本逻辑。 3. 尝试对户外、室内、公共环境进行留白式设计。 4. 理解不同类型环境创设中的合理挑战系数。
实践关注	1. 观察教师与幼儿在幼儿园环境创设中的静态与动态关系。 2. 访谈教师，获得其环境创设行为的缄默性知识。

活动 1

启发讲授：有准备的环境的设计者

理论深度 ★★

能力要求 ★

坚守环境创设中的儿童立场，并不意味着教师的放任无为，恰恰相反，它需要教师付出更多的智慧、思考与假设。在传统的教师为本的环境创设中，所谓有准备的环境，是指教师为幼儿准备了一个刚性的、只许反应不许探索和尝试的封闭性环境，即有准备是教师的单向准备。而在儿童为本的环境视野中，所谓有准备的环境，既是教师充分预研究、留白式设计的开放性环境，也指激发幼儿好奇心、唤醒幼儿探索欲、刺激幼儿想象力、满足幼儿掌控感的未完成的环境，这里的有准备是双方的有准备，既包括教师的准备，也包括儿童的准备。

> **课前互动**
> 1. 根据你的观察，你觉得幼儿园教师在环境创设中扮演了一个怎样的角色？为什么是这样的角色？
> 2. 基于儿童本位的教育理念，你觉得幼儿在幼儿园环境创设中应该扮演一个什么样的角色，承担何种责任？
> 3. 你觉得在幼儿园的环境创设中，教师的角色要作出怎样的调整？

一、弹性作息与儿童为本的时间筹划

环境中的紧张感或流淌感都是时间规划下人为设置的结果。在当前我国的各行各业中，普遍存在一种奔跑性思维和加速度倾向，落后就要挨打和被迫出局的伤痛记忆促使着人们不断向前、向前、再向前。在赶超思维下，教育人也在以百米冲刺的速度进行着本应为张弛有度的学前教育，流淌的时间感被钟表急促的嘀嗒声所取代，幼儿园已经不是福禄培尔眼中的花园（kindergarden），人们在自己加速的幼儿园中急速奔跑。没有人知道为什么要奔跑，只是因为大家都在奔跑。

幼儿园一日生活作息时间表

7：30 来园活动	11：30 观察、散步
8：45 早操	12：00 午睡
9：20 点心	14：30 起床
9：35 教学活动	14：55 点心
9：55 户外活动	15：15 午操
10：20 游戏活动	15：20 户外活动
10：50 餐前准备	16：40 游戏活动
11：00 进餐	17：00 离园

　　通过这份作息时间表，也许你会明白幼儿园的教师和孩子们为什么那么匆忙，那么焦虑，那么不淡定、不优雅。在这样的时间场域中，每个人都被迫像铆足了劲的发条，不停地旋转再旋转，直到筋疲力尽。在江苏省的课程游戏化改革中，改革的设计师们创造性地提出了"弹性作息"这一支架，它实际上发挥了撬动幼儿园过度紧张场域的杠杆作用。

　　所谓弹性作息，强调时间安排要追随教师、幼儿的生理节奏和心理节奏，而不必受制于绝对的钟表节奏。从操作的意义上来看，弹性作息回应着"教育要像呼吸一样自然"的主张，将原来刚性的、频繁转换的一日生活变成了流淌的、悠长的自然节律，将原来一天16个环节的活动变成了弹性的8~10个活动，活动的起止不是缘起于钟表的嘀嗒，而是缘起于教师和幼儿的身心节奏。通过让生活慢下来，教师不再是一个机械的时间执行者，而是一个儿童观察者、支持者。更为重要的是，弹性作息催生了一种新的思维模式——弹性思维、儿童本位思维。有了这种新的思维模式，教师和幼儿便会慢慢形成一种新的行为习惯。

二、充分的预研究与"化熟为生"的智慧

在儿童本位的环境创设过程中，教师扮演的角色不是无为、放任，而是开展充分的预研究，准备好一桶水，随时回应孩子的点滴兴趣。但这种随时回应并不意味着孩子有好奇心或问题便随时回答，恰恰相反，面对孩子的好奇心，教师需要将自己对问题的高度熟悉转换为高度陌生，保持与孩子同样水平的好奇心、探索欲，不是简简单单地给孩子一个答案或一个支架。智慧的教师是通过"教"而实现"不教"，以授"渔"来代替授"鱼"。

（一）充分的预研究

通过以上的案例，我们发现，把幼儿园环境创设的创意权、规划权、布置权、评判权还给幼儿，邀请幼儿全程参与环境创设过程，并不意味着教师袖手旁观，而是要做好充分的预研究。所谓的预研究主要包括信息准备、材料准备、策略准备。

1. 对环境信息进行深度研究，做好知识准备

教师心里要有一桶水，才能随时给孩子一滴水。教师的预研究首先是信息的自我武装，即将环境中蕴含的各种可能信息进行深度挖掘，将其类别化、关联化和策略化，以满足幼儿漫无边际的好奇心，做好充分的知识准备。

在知识准备的过程中，教师尤其要关注信息与幼儿的关联，挖掘其中可能的课程价值和发展价值，以某种低结构的问题导引、材料支架或活动设计激发幼儿探索环境的欲望。

2. 对活动材料进行深度探索，变身材料魔法师

教师支持幼儿的最好方式不是问题导引，而是材料的刺激。即通过在环境中提供一些材料，隐性地支持幼儿问题的方向、速度、逻辑及策略，推动幼儿发现材料与问题之间的关联。比如在《甘蔗有多高》这个案例中，当幼儿发现非标准化的测量工具无法进行交流时，标准化测量工具的应用就呼之欲出了。但此时教师不是直接把尺子交给幼儿，而是在活动区里悄悄地投放各种标准化测量工具，刺激幼儿发现新工具与老问题之间的逻辑关联。①

3. 对支持策略进行深度挖掘，准备好多种工具箱

教师对幼儿的预研究往往要进行各种预案的储存，以回应不同幼儿对不同问题的需要。即便是同一个支持策略，也要根据幼儿的发展差异进行不同系谱的选择与设计。有经验的教师在与一群陌生的孩子相遇时，总是先试探孩子的最近发展区，找到一个合适的区间展开活动。

在幼儿园认识物种的课程项目跟踪中，发现有梯度、分层次、难易有序的策略库储备是教师重要的基本功，只有准备了多种工具箱，面对孩子不同方向、不同角度的好奇心时，教师才能随时"接住孩子抛来的球"，并以合适的高度、速度抛回给孩子。

（二）"化熟为生"的智慧

在幼儿园环境创设中，教师不仅要准备好，而且在真正面对幼儿时，还要努力将自己对环境信息的熟悉还原为陌生状态，以保持与幼儿同样的好奇心，实现情绪的共振。生活中的大量常识是：当你对一件事情"成竹在胸"时，你的语速、思维和气势会处于一种快速旋转的状态，会相对忽略眼前不熟悉的人的心理需求，无法与之产生共鸣。因此，当教师们在预研究的基础上已经准备

---

① 此案例详见台中市爱弥儿幼教机构.甘蔗有多高?——幼儿测量概念的学习[M].南京：南京师范大学出版社，2003.

好时，也要充分考虑到幼儿对来龙去脉的一片混沌以及幼稚的好奇心。

三、留白式环境是对儿童的无声邀请

当下的幼儿园环境布置中暴露出来的一个重要问题便是环境的信息超载，越是基础好的幼儿园情况越严重。教师恨不得360°无死角地将幼儿园的大小空间，特别是班级空间进行全副武装。殊不知这样的班级环境会给人造成一种压抑感、紧迫感、倦怠感，甚至拒斥感。一个以儿童为本、从儿童视角出发的环境会更多考虑儿童的心理诉求，通过适度留白、悬而未决、一连串休止符、问题墙、情绪表、勇气圈等更好地导引儿童。

1. 为什么要有留白式环境

从某种意义上来说，留白式环境回应了幼儿的几种心理需求。第一，人有完形倾向。对于那些不完整、不连续、不清晰的事物，我们每个人都有填补的冲动。第二，人有创造本能。对于那些未完成的、残缺的、混沌的事物，我们总有一种出自本能的画句号意识。第三，人有主动的惰性。即在面对一个完整的环境时，人们不再去创造、破坏，而是更多的接受、等待、被动获取。

2. 什么是留白式环境

留白式环境包括两层含义：一是物理层面的留白，即空着；二是心理层面的留白，即设置疑问情境、悬念、混沌布局、想象空间，具有未完成性。

3. 如何规划留白式环境

留白式环境的规划主要指向心理层面的留白，主要做法包括设置成提供问题墙、和平桌、情绪大转盘、魔镜花园、低结构材料等。

图1-2-1　班级和平桌　　　　　　图1-2-2　低结构的留白式材料

四、环境是对儿童的导引而非规训

幼儿园环境创设是为了成就儿童、引导儿童，而不是限制儿童。因此，环境创设过程中的教师角色必须作出调整，从规训者、管理者、教育者走向引导者、支持者、合作者。

案例点击

常州宝龙幼儿园大班幼儿对班级环境的两次改造

一、案例的背景

在传统的幼儿园班级环境创设中，幼儿通常只是班级环境的旁观者和享用者。教师付出时间去对班级环境进行整体的规划，从上到下，事无巨细。然而，孩子们喜欢老师替他们全权张罗的班级环境吗？他们有没有什么想法？

二、幼儿对班级的第一次改造

为了更多地倾听幼儿的意见，大班的教师组织了一次谈话，了解孩子们对班级环境的看法。谈话的结果让教师颇感意外，原本教师觉得无可挑剔的班级环境其实并没有完美地回应孩子的需求。孩子们认为教师

第一章　通过环境支持儿童的发展　| 35

现在规划的班级空间让他们觉得有较多不舒适的地方，最不舒适的便是半圆形的教学空间+贴边布置的开放性区域空间。幼儿觉得这样的空间让他们始终暴露在教师的目光监控之下，感觉没有安全感、隐私感。所以，孩子们有时会选择躲进卫生间、睡觉房，以逃避教师的目光追踪。

当教师授予幼儿自我班级规划权时，孩子们做的第一件事便是拆掉半圆形的教学空间，将桌子椅子移进活动区变成围挡，形成半围合或围合效应。如图1-2-3和图1-2-4所示。

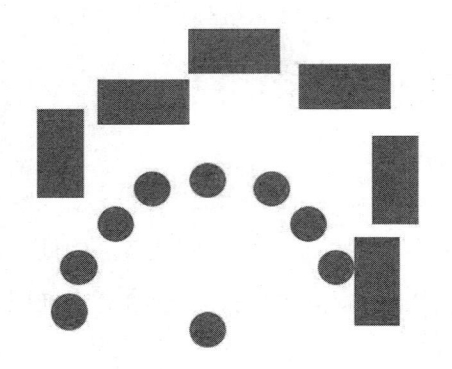

图1-2-3　班级原来的空间布局 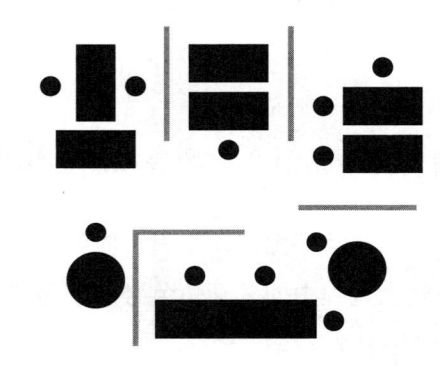　　　　图1-2-4　幼儿的第一次空间改造

三、幼儿对班级的第二次改造

经过幼儿的第一次改造，班级空间更多地变成了孩子们的游戏空间，孩子们很开心地享受着自我规划的空间氛围，再也不用躲进卫生间去逃避教师的目光监视了。可好景不长，一个月以后，孩子们觉得这样的班级空间还有不尽如人意的地方。譬如，所有的游戏区域仍然存在老师的规划痕迹，沿着活动室一周摆放，区域与区域之间的距离比较远，且活动室中间有一大片空地；再譬如，活动区中的区域材料几乎都是棱角分明的方形、长方形、三角形，孩子们觉得不够温馨，比较刚硬、冷峻。

有了不满意的地方，那就继续动手改变它。这一次，孩子们选择的是全面改造，而不是局部调整。调整前与调整后的图示如下（图1-2-5、图1-2-6）。

图 1-2-5 改造前

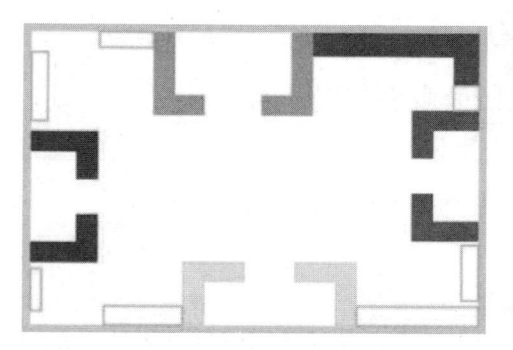

图 1-2-6 改造后

从以上的案例可以看出，原来的班级空间以教师为中心，这是为了方便教师进行班级管理而设计的空间布局。幼儿在这样的班级空间中更多感受到的是规训，是不自由。当教师学会退后，学会赋权，把班级空间的规划权还给孩子时，孩子们自己的创意设计实实在在地触动了教师，引起了教师的自我反思。

其实，不仅大班孩子有参与环境创设的欲望与能力，小班孩子，甚至托班孩子也可以做到。教育的力量就是把不可能变成可能，相信儿童，教师便会发现一个不一样的儿童。

图 1-2-7 小班幼儿娃娃家的空间设计

第一章 通过环境支持儿童的发展 | 37

> 活动 2

研究性学习：积极的旁观者与局外人

理论深度 ★★

能力要求 ★★★★

教师是儿童成长的支持者、合作者和引导者，而在真实的教育现场，教师实现自身角色的方式是多元且多变的。

研究过程

一、问题提出

问题一：儿童是环境的建构者还是使用者？

问题二：当教师从儿童的活动现场抽离与隐退，可以从哪些方面支持儿童的自主成长？它们是如何实现的？

问题三：作为积极的旁观者与局外人，教师如何把握"进"与"退"的度？

二、研究设计

1. 概念界定

（1）旁观者与局外人

所谓的"局外人"是指在意识、心理、组织及行动与某事无关的人，是与局内人相反、对立的词语。[①]旁观者的内涵与局外人的内涵相近，但更强调行为上置身事外、不参与。

（2）积极的，意思是肯定的、正面的，是主动的、热心的，促进发展

---

① 李洋．"局外人"论纲——西方文学中"局外人"形象的内涵及精神轨迹［D］．长春：东北师范大学硕士毕业论文，2002：14.

的、努力进取的,一般用于形容心理、态度、行为、方式,反义词是消极。

2. 研究方法

(1) 资料分析

查阅关于儿童主动学习、学习环境的理论基础等文献资料,初步了解教师、环境与儿童自主学习之间的关系、影响因素及支持策略。

(2) 推荐阅读

环境促成儿童自我调节的原理、机制:《学习环境的理论基础》。

教师创设环境的多元角色与多元策略:《0—8岁儿童学习环境创设》。

环境支持儿童的自主学习:《学习的心智倾向与早期教育环境创设——形成中的学习》。

成为进退有度的教育者:《有准备的教师:为幼儿学习选择最佳策略》。

环境供给儿童心灵养分的实操案例:《蒙台梭利儿童教育手册》。

(3) 现场观摩

选择3所教育理念各异的园所,通过录像、直播、参观等方式进行环境观摩,感受、记录与分析其中所体现的儿童通过环境进行的自我建构以及教师借助环境实现教育意图的环境创设。

表1-2-1　环境支持实现儿童主体性的方式与原则

园所环境	儿童的成长				环境的特点	体现的原则
	自主规划	主动参与	主动探索	自我评价		
园所1						
园所2						

续表

园所环境	儿童的成长				环境的特点	体现的原则
	自主规划	主动参与	主动探索	自我评价		
园所3						

（4）案例研讨

在现场观摩的过程中，选择和聚焦3~5个教师通过环境作用于儿童学习过程的案例，综合运用以上学习的理论与现场的反思，对儿童真实的学习现场、教育实践中常见的问题情境进行辨析。

三、研究结论

积极的旁观者与局外人蕴含着辩证统一的关系：旁观者与局外人意味着疏远、脱离，是负面的行为，而积极是一个正向表达，因而积极的旁观者与局外人本身就蕴含了矛盾统一的两个方面。这就意味着，教师既要敢于放手，又要密切关注；既要予以赋权，又要共同建构；既要从儿童的活动现场中抽离出来，又不能消极地无所事事，而是要时刻准备着、观察着、记录着、反思着，以"儿童在前，教师在后"的方式，支持儿童的自我规划，邀请儿童主动参与，支持儿童的自主探索，推动儿童的自主评价。

四、研究反思

反思1：你的研究结果与阅读材料有何不同？请说出你的新发现，并反思与阅读材料结论不一致的原因。

原因：一方面，积极与消极、局内人与局外人的概念是辩证统一地存在于教师身上的，何为适宜的度，可以通过探讨形成理念或原则，但实践中没有一个统一的答案。另一方面，教育实践现场受到个体的个性特点、班级活动、突发事件、园所管理等多种因素的影响，这些因素也一直处于动态变化之中，因而现实场景中很难清楚地辨析教师的角色与儿童的学习。

反思2：儿童在环境中自主建构的方式，除了与教师的环境创设策略、赋权的程度有关系，还受到哪些因素的影响？比如与教师的教育理念、幼儿园的课程模式、幼儿园教学管理、所处的地域文化等有何关系？请进一步探讨。

五、小组报告

分小组报告，按照环境支持儿童发展的不同作用进行汇报：自我规划，主动参与，自主探索，主动评价，综合使用多种资料论证该作用达成的多种方式及其效果，并总结教师成为积极的旁观者与局外人应当遵循的原则与方法。

六、教师点评

教师针对小组材料收集与分析的充分程度、观点论证的深度与广度、小组合作的形式与效果等进行点评。

拓展阅读

扫描下面的二维码，阅读其中的案例，分析教师在幼儿园环境创设中扮演的角色类型。

二维码1-2-1　沙盘诞生记

（本活动由北京市棉花胡同幼儿园史贝贝撰写）

活动3

翻转课堂：有效的支持者与记录者

理论深度　★★
能力要求　★★★★

教师与幼儿是一对相互依存的概念，具有明显的相互嵌入性关系。教师的角色膨胀会导致幼儿的角色萎缩，教师的过度主导会导致幼儿的依赖等待。支持幼儿成为环境创设的主人，教师要学会角色留白、角色克制，避免自己的教师感、责任感、义务感过于放大，侵害儿童的权利感、担当感、责任感。但教师的角色反省并不意味着走极端，从过度的主宰走向完全放任，而是要慢慢地释放出责任和义务，试探幼儿的最近发展区，支持幼儿环境创设能力的发展。因此，教师要小步退后，幼儿要小步前进，师幼之间形成一种共振和谐的进退节奏。在这样的状态下，教师的留白才能被幼儿接住，幼儿的创意也才能被教师发现。从操作层面来看，教师要成为幼儿环境创设过程中有效的支持者与记录者，为儿童提供有准备的环境，减少儿童的问题化行为，并在环境参与中设置合理的挑战系数。

一、课前活动

在进入课堂学习之前,请先思考以下几个问题。

> 1. 你觉得教师成为幼儿环境创设过程中的支持者,需要什么样的观念变化与行动变化?当下的幼儿园管理哪些方面会成为制约因素?哪些方面会成为促进因素?
> 2. 教师对幼儿环境创设的支持有哪些类型?表现为怎样的行动状态?
> 3. 在不同的年龄班,教师支持幼儿参与环境创设的可能策略有哪些?
> 4. 教师如何提供有准备的环境才能支持幼儿更好地卷入环境创设中?
> 5. 教师如何记录幼儿的环境创设过程?有哪些实践类型?

二、课堂学习

角色是一种规定性的社会关系,其中包含着权利与义务。不同教龄的教师在从传统的主导性角色到儿童本位下的支持型角色转换的过程中,所面临的挑战与阻力是不一样的。作为大学生,尤其需要在观念与行动之间形成联结,信仰任何一种教育观念或教师角色,不只是一种言语上的信仰,要给言语信仰找到循序渐进的实现路径,这样才能实现从理念到实践、从语言与行动之间的跨越。

1. 自主学习

请思考以上五个问题,并尝试举例说明,每个案例最好有正例和反例,并尝试分析每个案例的条件与改变可能。以一种"做中学"的精神来提升自己未来面对幼儿时的真正实践行动力。

2. 小组讨论

借助实习或见习机会，真正地尝试教师角色的转换，并通过同伴支持来获得行动的智慧与策略。建议小组重点分享问题1和问题3。

3. 师生总结

语言与行动之间总是存在距离，成为支持者、记录者不只是想法，更是做法，是一系列伴随的角色行动。因此，教师要在实践中努力进行三个方面调整。

（1）提供给儿童有准备的环境

什么是有准备的环境？有准备的环境应当是提供给幼儿心理和物质的双重准备。心理的准备，即幼儿看到这样的环境，视觉上是被吸引的，心理上是愿意主动融入其中的。根据3~6岁儿童的身心发展特点，这样的环境必然是安全、温馨、整洁、美观的。物质的准备，即幼儿在主动参与环境中时，有材料可操作，材料适合儿童操作，并且材料丰富、多层次，对儿童具有一定的吸引力和挑战性。

譬如，在参观了幼儿园小果林的柿子树后，教师跟幼儿共同讨论接下来想做什么，许多幼儿提出想自己画一棵高大的柿子树。教师提出问题："在哪里画？用什么材料画？"因为要画一棵高大的树，大班的孩子们根据自己以往的经验提出在墙上画。哪里有这么大的空墙呢？大家发现走廊上有空墙壁。教师接着又抛出问题："能直接在墙上画吗？"孩子们说不可以，但是可以铺上一层透明膜。教师追问怎么画，幼儿说用水粉颜料画，可以画得高高的，上面结满红红的柿子。"除了用水粉直接画树干，还可以用什么表现树干？"大班孩子提出用撕贴的方式，或者直接找树皮贴上去……接下来，教师带领幼儿去资源室寻找材料，大家领了一卷透明膜，一些排笔、颜料、树皮、树枝、油泥、报纸、篓子等带回教室。下午大家推选了五名幼儿与教师一起在走廊上布置环境。

第二天幼儿入园，远远就看到了班级外面的走廊墙壁，上面挂好了透明膜，从窗户边缘一直垂到地面。左边贴上了大幅的幼儿园柿子树照片及树干、柿子、树叶等局部特写图片。右边放置了一个便于幼儿拿取材料的架子，材料架上整齐地摆好了幼儿创作需要的材料。第一层用罐子将不同型号的排笔分类装好；第二层放置调好的颜料罐和同色系的颜料喷壶，有赭石色、褐色、土黄色、中黄色、橘黄色、大红色等；第三层用不同罐子装红色、黄色、绿色等超轻黏土，以及用篓子装好的废旧报纸。材料架旁用S形钩挂好幼儿创作需要的护衣、护袖，以及用整理箱分类放置的树枝和树皮。

图1-2-8　教师和幼儿共同创意的柿子树环境

大班幼儿对这部分由他们和教师共同布置的环境非常感兴趣，在区域活动时间纷纷要求来走廊创作柿子树。有的幼儿一手拿调色盘，一手握笔，说："老师，你看我像小画家吗？"有的幼儿拿起有颜料的喷壶往墙上喷一喷，发现大面积的颜料雾蒙蒙的，很有效果；还有的幼儿在中午弟弟妹妹散步经过走廊时，邀请他们欣赏自己创作的柿子树，并请他们用轻黏土搓些红柿子挂在树上……

这样的环境是有准备的，表现为三个方面：第一，材料是丰富、有层次、适合不同幼儿需要的，幼儿可以根据自己的喜好选择材料，如油泥搓、水粉画、报纸撕贴、树皮粘贴等；第二，材料具有探究性，教师增添了颜料喷壶，这是幼儿之前没有预想到的，幼儿在自主操作中发现喷壶具有大面积营造气氛、渲染美的作用，自然乐在其中，于是自由、大胆地创作；第三，材料是有秩序的，摆放的高度方便幼儿拿取、操作、探究，辅助材料的提供还能提醒幼儿养成良好的绘画习惯、卫生习惯，如教师提供的罩衣袖套、放杂物的小篓子、铺在地上的报纸、分颜色摆放的笔筒等。

这个案例充分体现了环境创设中儿童本位的理念，教师抓住了环境创设的契机，主动抛出问题，引发幼儿思考，讨论中教师耐心倾听幼儿的诉求，充分支持幼儿的想法，巧妙接球的同时又将球抛回给幼儿，引导幼儿进一步深入探究，讨论后教师带领幼儿为环境创设共同收集材料、布置环境，最终教师适当做了筛选和补充，帮助幼儿完成了环境创设任务。

（2）减少儿童的问题行为

常常听到一线幼儿园教师抱怨："今天又有小朋友动手打人了""×××咬到别人的耳朵了""总有小朋友喜欢在××时推别人"……教师每天充当警察的角色，此起彼伏的状况常令他们疲惫、困扰。当孩子在集体生活环境中出现种种问题行为时，教师有没有及时反思：是不是环境创设出了问题？空间拥挤吗？是否存在区域划分不合理的问题？材料数量不充分？心理学家皮亚杰提出，"儿童是在周围环境的影响下，通过主客体的交互作用而获得心理发展的"。《幼儿园教育指导纲要（试行）》（以下简称《纲要》）中也明确指出，"环境是重要的教育资源，应通过环境的创设和利用，有效地促进幼儿的发展"。环境作为班级的"第三位教师"，对幼儿有着极为重要的影响，好的环境能够潜移默化地影响幼儿的言行，从而减少问题行为。

环境对幼儿不是规训，而是鼓励性地引导。小班幼儿刚入园一个月，集体活动结束后的饮水时间段总有幼儿打小报告，教师也发现接水处人多拥挤，地面总有洒水，且这一时间段幼儿容易出现问题行为。在一次社会活动"我会排队"结束后，教师再次观察幼儿课间喝水的情况，发现问题并没有发生明显的改善，于是教师向幼儿发起了一次谈话活动。

师:"刚刚喝水又有小朋友报告说,'老师,×××用杯子敲我的头''×××的水洒到我身上了',怎么办呢?"

幼:"向他道歉!""擦干净。""像小猴子一样排队!"

师:"人多的时候排队是好方法,怎么排队呢?后面有玩具柜呀。"

幼:"可以拐弯,就这样,这样画个图吧。"腾宝宝边说边用脚比画。

师:"你们同意吗?"

幼:"同意!"

在小朋友的提议下,教师有了环境创设的灵感,接下来就是将幼儿的想法付诸实践。教师用即时贴剪成约3厘米宽的长条,在接水处贴了一条L形的线路,并且在入口和出口处分别贴了一双小脚丫。幼儿在班里看到了教师的这项工作。

"开飞机喽!"教师刚刚完工,就有幼儿迫不及待地上"轨道"玩起"开飞机"的游戏。幼儿看到地面上的路线后都非常高兴,来到接水处自觉放慢了脚步,自己从小脚印开始,一个接着一个向前走,一直走到水龙头前。有个别幼儿不遵守规则,插队或者把队伍排歪了,立即就有同伴指出来,"你插队!""你掉下去了,重来!"大家态度坚决,不遵守规则的小朋友只能走到队伍后面重来。即使是人少的时候,幼儿也愿意主动站到线上排队,教师甚至发现,班里不爱喝白开水的幼儿也愿意主动排队接水了。这么一来,拥挤、洒水、推搡、敲打等问题行为得到了明显改善,幼儿在环境的提示下慢慢养成了排队的好习惯,并且相互提醒、相互监督。

喝水这一最为平常的生活环节恰恰蕴含着教育契机,教师通过观察、倾听,发现问题,通过与幼儿的交流,获悉幼儿的想法,借助环境的创设,将教育理念蕴含其中,尊重、支持幼儿的想法,帮助幼儿减少问题行为,养成良好的习惯。

(3)设置合理的挑战系数

根据维果斯基的最近发展区理论给予教育实践的启发,儿童需要用鹰架式指导来不断挑战现有的知识水平，从而向更高发展水平发展。教师作为充分、有效的支持者，在幼儿园环境创设中，应善于创设合理性挑战系数，支持幼儿与环境发生更持久、更深入、更高级的互动。

设置合理的挑战系数需要教师充分了解3~6岁不同年龄段儿童的身心发展特点、本班幼儿的发展状况，甚至本园特色等；需要教师细致、持续地观察、记录、反思，了解幼儿的关注、需要、诉求、兴趣等；更需要教师遵循"儿童本位"的理念，在实践中不断调整、更新。下面以大班户外运动环境创设为例。

大班上学期的户外活动主题为"梯子和轮胎"，第一次接触这样大型的材料，教师和幼儿都感到有些棘手。梯子和轮胎体积大、质量重，搭建过程中存在一定的安全隐患，且收放材料也是一个令人头疼的问题。起初，教师凭借经验将梯子和轮胎进行组合，搭建成一条高矮不一的攀爬道，幼儿很感兴趣，纷纷试着走一走、爬一爬。在接下来的观察中教师却发现，这条攀爬道对部分幼儿来说太难了，又长又高，幼儿不敢独自站立或者爬行，需要教师全程陪伴，时间一长就产生了畏难情绪；但是对另一部分幼儿来说又比较简单，能够很快通过，起不到有效锻炼的作用，也容易失去兴趣。显然，攀爬道的设置不合理，并不能满足所有幼儿的需求，怎样进行调整，设置合理的挑战系数，从而体现材料的层次性、科学性呢？

经过讨论，教师和小朋友们决定将攀爬道从一条改为两条，一条是短道，矮一些；另一条是长道，高一些。同时在短道下面平铺了轮胎作为缓冲铺垫，并且两头梯子的坡度较缓。改造后，教师发现幼儿在攀爬时会自主判断和筛选，大部分幼儿一开始会直接选择难度系数小一些的短道，平时畏难情绪较大的幼儿发现自己能够完成攀爬道后非常开心，自信心不断提升，参与运动的兴趣逐渐增加。在能够独自熟练攀爬短道后，胆大的幼儿开始尝试难度系数大一些的长道，运动兴趣进一步提高。

经过一段时间的观察后，教师又发现了新问题，幼儿的攀爬能力越来越强，有些幼儿已经不满足于用四肢攀爬，而是尝试用腿在高高的梯子上行走，原先的短道也越来越无人问津，长道越加拥挤，看来又需要调整难度系数了。大班幼儿已具有初步的活动计划能力，于是教师在跟幼儿讨论后，布置了一项周末亲子活动任务——跟爸爸妈妈一起讨论如何玩梯子和轮胎，并且将自己的想法用图画的形式记录下来。周一入园，幼儿纷纷将自己的计划表跟同伴展示、分享。教师惊讶地发现，幼儿的规划更开阔、更有趣味性。

于是材料的提供又增添了新的难度系数：除了固定的长道外，教师将闲置的轮胎和梯子也搬到操场上，供幼儿自由搭建和攀爬。如何将设想变成现实？幼儿拿着自己的图示不断尝试，发现有的设想虽好但难以实现，也发现有时候凭借一个人的力量还远远不够……教师在观察中发现了这些问题，活动后引导幼儿积极讨论，引发了接下来的集体项目活动、小组合作，梯子和轮胎的搭建探索就这样螺旋上升地进行着。

图1-2-9　幼儿自主搭建的轮胎+梯子环境

教师不断观察、记录，追踪了幼儿在环境中的发展状况，反思环境创设的问题，不断调整，通过设置合理的挑战系数，激发幼儿兴趣，引导幼儿与环境发生更加充分、持续、深入的互动，从而满足不同能力水平幼儿的活动需求，满足幼儿不同发展阶段的需求。

（本活动由南京市太平巷幼儿园汤婷婷撰写）

主题三　儿童经由环境参与课程建设

幼儿园的环境既不独立于儿童之外,也不独立于课程之外,儿童、环境、课程三者之间是以儿童为中心,你中有我、我中有你的融合关系。环境是儿童参与创意的环境,课程是儿童参与建构的课程,儿童从来都不应该是环境创设和课程建构的旁观者,教师也从来不应该是环境和课程建设的唯一责任方。儿童在参与环境创设中自发地催生着课程,课程也在儿童的不断卷入中再造着儿童本位的环境。

关 键 词　儿童本位；儿童创意；环境；课程

学习目标　1. 理解儿童、环境、课程三者的相互关系。

2. 理解儿童在环境创设过程中的角色。

3. 理解儿童在课程创生中的角色。

实践准备　1. 收集儿童参与各种环境创设的案例或图片。

2. 分析儿童本位与教师本位的环境与课程的不同。

活动 1

启发讲授：儿童通过环境成为课程的主人

理论深度　★★

能力要求　★

儿童通过环境成为课程的主人，儿童通过环境去探索和学习，通过环境，让自己的经验和同伴的经验产生互动，通过环境看到自己的经历和成长。环境反映儿童当下经历的关键活动及个体故事，分享儿童的差异资源，在互动中促进幼儿成长。

> **课前互动**
> 1. 为什么说儿童通过环境成为课程的主人？主要体现在哪几个方面？
> 2. 儿童如何通过参与环境卷入课程的？

一、儿童是环境的主人

环境到底是谁参与创设的？在过去，环境的创设者多是教师，但现在我们越来越感受到，儿童参与环境创设的过程非常重要，因为这个过程就是经验积累和学习的过程。于是，在环境创设过程中，我们开始询问儿童的想法：你需要什么样的环境？你想把环境创设成什么样？同时我们要思考环境用什么素材来进行创设。环境的主人既然是儿童，就要和儿童的生活和经验相关。那它的来源应该是儿童日常生活游戏的素材，譬如，儿童的创意、儿童的记录、儿童的海报、儿童的作品、儿童的照片，教师关于儿童日常观察的故事等。

二、儿童通过参与环境卷入课程

环境要凸显课程的味道，环境要反映班级主题课程推进的痕迹，反映儿童当下经历的关键活动及个体故事，要分享儿童的差异资源，同时，更重要的是要诱发、支持幼儿的活动。通过环境的刺激，激发儿童的兴趣和探索行为；通过环境呈现问题，分享经验，支持儿童的学习和游戏。把课程发生、发展的过程在环境中呈现，并借助环境再促进幼儿经验的碰撞和提升，就是让儿童通过环境成为课程主人的体现。

> **问题导引**
>
> 问题一：儿童是如何通过环境成为课程的主人的？
>
> 问题二：儿童如何通过参与环境卷入课程？

1. 材料阅读

阅读下面的材料，并结合以上的两个问题进行思考。

阅读材料

玻璃上的雪花

圣诞节，在讨论如何装饰教室的话题时，孩子们提出可以在窗户上贴雪花，那如何做呢？孩子们提出可以用纸剪雪花，可以用黏土做雪花。经过一番讨论后，大家一致决定用超轻黏土来尝试做一些雪花。于是，我们的雪花故事也就拉开了帷幕。

一、第一次做雪花：引发雪花究竟长什么样的讨论

在第一次操作过程中，教师充分放手，鼓励幼儿自主探索，呈现幼儿的已有经验。在孩子的第一次探索中，每个人做的雪花都不一样，有的是五片，有的是六片，有的是一个点。那么雪花究竟长什么样呢？带着这个问题，每个孩子都回家展开了调查。

二、环境分享调查表：雪花长什么样

在调查后，孩子们认识到雪花一般都是六角形，有的两端是尖的，和针一样，很小、很薄。孩子们画下了自己调查到的雪花的样子，并和

老师一起把调查表做成了"问题经验墙"。

三、游戏分享：雪花怎么能上玻璃

1. 第一次分享交流：探索结构和方法——拨的方法

在对雪花进行调查之后，教师将几个标准的雪花图片悄悄地放在了区域里，同时做了几个黏土雪花贴在教室的窗玻璃上。萌萌第一个尝试，她直接在教师投放的雪花图片上做了雪花黏土，但在把黏土雪花作品撕下来时，出现了断裂的现象。于是在分享交流时间，萌萌和大家分享了此事，生成了如何用"拨"的方法将黏土雪花撕下来。

2. 第二次分享交流——力度的把握、手部肌肉的控制

经过了萌萌的分享和交流，大家讨论出了操作的基本方法。越来越多的小朋友参与到了制作黏土雪花的活动中，但在制作过程中，却出现了扁扁的、边缘不光滑的雪花。

3. 第三次分享交流：小细节的完善——连接

随着窗户上的雪花作品越来越多，孩子们参与的热情也越来越高。教师发现在雪花的末梢处，有很多小零件拼接，如果没有按紧就非常容易掉下来。针对这个小细节，我们进行了做雪花的第三次分享和交流。

四、环境故事：孩子的成长看得见

在经历了多次操作、调查分享和区域深度探索后，孩子们对雪花的认识加深了。更重要的是，在此过程中，教师和孩子们不断参与到雪花的制作过程中：发现问题、分享交流、寻找策略、解决问题。同时，教师不断支持幼儿把整个探索过程以表征的方式记录下来，这些小故事链接的就是儿童与教师在环境创设中创生的课程。

---

2. 教师总结

意大利著名教育家蒙台梭利强调，要为幼儿提供有准备的环境，为幼儿建

立一座"桥梁",让周围的世界回应幼儿的发展。而在当下,我们认为,有准备的环境,准备主体不只是教师,也包括幼儿。由此,幼儿做事的过程便成为环境创设的过程,成为课程开展的过程,而这样的过程无疑又成为一种环境氛围,影响着幼儿延续课程,创造课程,从而形成新的课程故事。在当前的教育理念下,儿童参与环境,成为环境的主人,通过参与环境又成为课程的主人是必然的,也是自然的。

环境是无处不在的,哪怕是一方空间、一棵草都是环境的组成部分。环境是动态的,并非一蹴而就,而是随着幼儿的活动在变化和调整。环境也是需要留白的,要给幼儿参与的空间。教师要保持敏感之心,在与幼儿的互动中发现他们的兴趣、能力,把空间、时间和材料都还给幼儿。

(本活动由常州市银河幼儿园徐志国撰写)

活动 2

研究性学习:环境中的课程实施无处不在

理论深度 ★★★★

能力要求 ★★★★

幼儿园环境的教育性不仅蕴含在环境之中,也蕴含在环境创设、使用、完善的整个过程中。教师应该将这种意识转化为自己真实的环境行动与课程行动,真正使环境创设和课程建设相互依赖、相互包容、相互影响。

> 研究过程

一、问题提出

　　1. 环境如何引发课程？

　　2. 环境创设本身是课程实施的过程吗？

　　3. 针对"环境是幼儿的，环境的创设和推进的主动权都应该还给幼儿"，你会如何理解和实践？

二、研究设计

　　1. 概念界定

　　环境是相对于某一事物来说的，环境因中心事物的不同而不同，随中心事物的变化而变化。《幼儿园教育指导纲要》指出，空间、设施、活动材料、常规要求、幼儿的同伴群体、教师集体、教师的态度和管理方式等都是幼儿园环境的范畴。

　　课程实施是通过特定的教育行动将预定的课程目标不断展开并实现的过程。

　　2. 研究方法

　　（1）随机采集任一幼儿园的环境照片，分析其中是否有引发课程展开的可能性因素，是否有课程推进的痕迹。

　　（2）随机访谈不同教龄的教师，了解其对环境和课程关系的理解。

　　（3）研究两篇相关案例，思考其中的课程实施路径。

　　3. 研究伦理

　　（1）尽可能采用随机取样或分层取样的方式，以使研究发现更具代表性。

　　（2）采用小组交流的方式，针对同一篇案例，各抒己见，倾听同伴的不同思路。

三、收集资料

阅读后面的《开学第一周》《缸的故事》《植物身份证》三个案例，思考环境创设过程与课程实施过程的关系，讨论创设什么样的环境可能产生什么样的课程，思考环境与材料和课程的关系。

四、研究结论

1. 有环境在，课程就有发生的可能

环境是幼儿的"第三位老师"，幼儿生活的场域即环境，幼儿在环境中生活、游戏，与场域中的环境发生着互动，在与环境的互动中建构着经验。有意义的环境，让有价值的课程有存在的可能；幼儿在有意义的环境中，有价值的课程才有可能发生。

2. 环境创设的过程便是伴随课程实施的过程

环境的创设过程是一个循环往复的过程，其目的就是将环境和孩子的生活建立联系，把足够的空间、时间和充分的材料都还给幼儿。什么是真正有意思且有意义的活动？它一定是教师从孩子的原有经验与自然体验中观察了解他们的兴趣点，并基于此和孩子们一起参与课程从计划、实施到评价的全过程，真正支持孩子获得经验，获得发展的活动经历，而且，最终落实课程质量的点也依然是孩子的真实发展。

3. 留白式环境，幼儿的课程会更精彩

我们在进行环境创设时不妨把环境的创设定位在："和幼儿一起创造充实的生活。"也就是说，环境创设是教师与幼儿合作、幼儿能以小主人的身份亲自参与的教育过程。即教师要学会环境留白，给幼儿以自我探索、自我生长的空间。当然，教师的环境留白必须一点一点地完成，因为，孩子创生环境的能力需要一点一点地生长。当孩子还不具备创生环境的能力时，教师的过度留白会成为环境放任，最终损害孩子的可持续发展能力。

五、研究反思

1. 幼儿园环境的教育性不仅蕴含在环境之中，而且蕴含在环境创设的过程中。在课程实施的过程中，教师要思考环境创设本身对幼儿发展的价值，尝试和幼儿一起逐步创设。

2. 环境创设和教育是相互依赖、相互影响的。要放慢教师的脚步，邀请孩子的参与，让过程的价值最大化。

六、小组报告与教师点评

1. 课堂小组报告

根据小组的探索主题进行全班的汇报交流，重点汇报对两篇案例的分析讨论收获，以及日后自身工作的简要计划。

2. 教师点评

教师的反馈需要关注：

第一，形式上的反馈，即用什么形式来展开汇报更精彩；第二，观点的深化。在学生讨论的基础上，拓展学生的已有研究，用行动践行冯友兰对做学问的三种境界：照着说、对着说、接着说。

拓展阅读

扫描以下二维码，阅读幼儿园实践中的相关案例。

案例：开学第一周　　　案例：缸的故事　　　案例：植物身份证

（本活动由常州市银河幼儿园徐志国撰写）

> 活动 3

翻转课堂：儿童的环境与儿童的课程

理论深度 ★★★
能力要求 ★★★★

一系列幼儿园的探索表明，幼儿只有参与了环境创设，卷入了课程创生，其与环境、课程的关系才不是一个事不关己的状态，而是有更多的参与、卷入后的认同、珍惜和自豪。作为成人，我们需要为儿童提供一个低结构的、半开放的、充分留白的有准备的环境，而不是给孩子提供一个不可改变的、封闭的环境。在环境创设中学会留白，学会邀请式导引，是对幼儿主动卷入环境、卷入课程的更大激励，它既能刺激幼儿的探索、填充欲望，又能支持幼儿在实践中收获感恩、民主和权利等未来生活的品质。

一、课前活动

阅读以下案例，思考后面的问题。

案例点击

我们的小菜地

（一）咦，幼儿园里怎么多了一块地

2014年的暑假，幼儿园从隔壁的单位要回了一块地。这是一块由建筑垃圾回填的土地，上面长着三棵树。为了跟踪幼儿会如何规划这块地，幼儿园采取了留白的方式，即让这块地空着，等孩子们来发现。开学了，孩子们很快发现幼儿园里多了一块地，纷纷问这块地是做什么用的，可每次老师的回答只有一个，即"不知道呢，要等着你们来发现"。

图1-3-1　咦，幼儿园里多了一块地

（二）幼儿来当设计师

最初，孩子们对如何使用这块地并未有任何想法，他们已经习惯了成人为他们规划好一切。可是，当这块地一直空着时，孩子们想起了老师说过的，"等着你们来发现"。他们开始策划把这块地变成什么，可是能变成什么呢？孩子们的经验实在太有限了。看着雨后土块黏到一起的样子，大班的孩子说："要不然，就变成菜地，我们种菜吧。"可这时候，老师却说："你们这样想还不够，因为这块地是全园小朋友的公共用地，得经过全园小朋友的同意。"大班的孩子们经过多方努力，最后终于获得了全园小朋友的象征性同意。于是，他们开始勘察现场、规划菜地。

图1-3-2　幼儿在勘探现场

孩子们按照不同的想法分六组进行设计，在分享了各组的设计创意后，孩子们进行了投票表决，选出了一个他们认为最好的设计图。

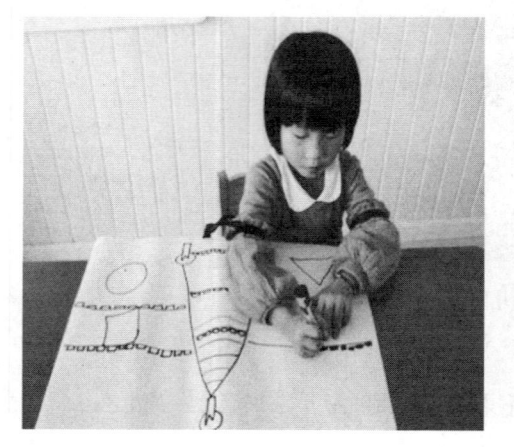

图1-3-3　幼儿在当设计师

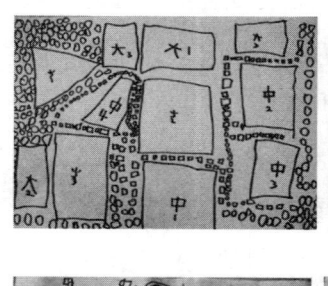

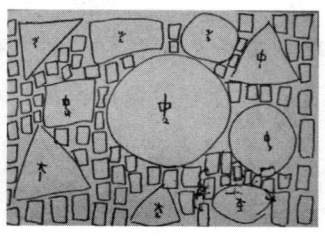

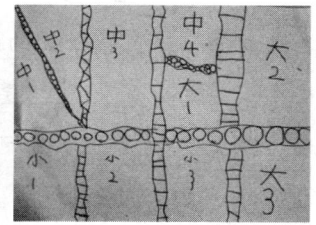

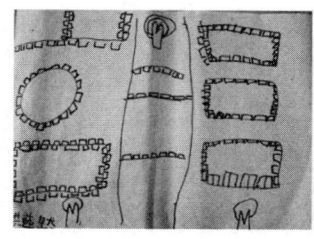

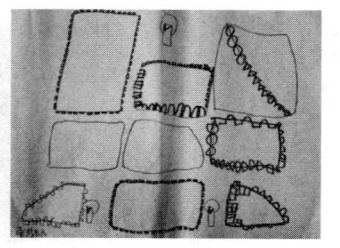

图1-3-4　幼儿设计的作品

（三）幼儿来当施工员

有了集体票选出来的设计图，接下来的主要任务便是将设计图变成施工图，支持创意成为现实。孩子们首先丈量土地，然后根据设计图来铺设地块之间的田埂。

图1-3-5 幼儿在铺设田埂

在铺设田埂的过程中，幼儿越来越觉得这个工作太无趣，便创造性地将铺设田埂变成了"跨田埂"游戏。其中，跨田埂的规则因幼儿年龄的不同而不同，用来作田埂的材料也因"跨"的需要而有所不同。

图1-3-6 幼儿想出的各种跨田埂游戏

（四）小菜地里种什么

小菜地规划好了，可是种什么菜好呢？对此，幼儿的想法各不相同。于是，教师便提议，请孩子们将要种的蔬菜画下来，但每个人选择播种的菜不要超过四种，以便协调。当孩子们将自己想要播种的作业单带到幼儿园并进行全班分享时，教师说："原来，你们有这么多播种的愿望呀！可是，全班30个孩子，每人4种选择，怎么才能知道全班小朋友最想要播种的菜是什么呢？"

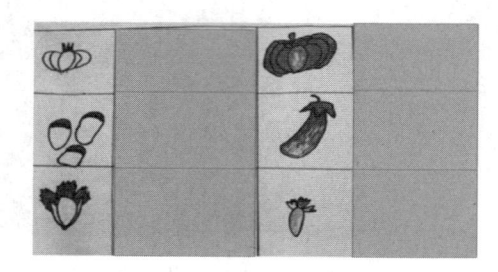

图1-3-7　幼儿自己设计的统计工具

在教师的支持下，幼儿最终设计出了一张统计表，并选择用点子计数的方式来统计。结果发现，全班幼儿最想要播种的是蚕豆和大蒜。

（五）幼儿选择优质的种子

有了想要播种的菜品，接下来，不是教师们把种子收集到位，而是孩子们自己要去收集种子，并且要在收集来的蚕豆、大蒜中挑选出优质的种子。可是，什么样的种子才是优质的种子呢？孩子没有经验？这时，教师想给孩子一个假设的机会，便提示：你觉得什么样的种子是优质的，你就可以进行一场优质种子的证明活动。幼儿要有条件地预设、猜想、验证、跟踪和记录，最后，用自己的经历、用种子自身的生命历程来评判什么是优质的种子。优质种子的核心特征是什么？是长得饱满的、漂亮的，是个头比较大的、光滑的，还是长得好看的、精致的？

图1-3-8　幼儿在收集种子　　　　　　图1-3-9　幼儿在判断优质种子

（六）幼儿自己养护小菜地

与以往成人播种、幼儿偶尔观察的小菜地不同，这是一块完全属于幼儿自己的小菜地。幼儿要学习播种、施肥、灌水、捉虫、松土，他们要静等菜品发芽、长叶、开花、结果。因此也是幼儿的科学实验、审美体验、语言修辞、数学逻辑、社会交往、公民责任、学习品质、思维能力的培育基地。

图1-3-10　幼儿在播种、施肥、浇水

（七）幼儿自己的菜地课程

在小菜地中，我们体现的是"用植物的一生来教育孩子"的教育理念，我们与孩子一起喜、一起忧、一起探索、一起迷惘，在不断的实践与超越中，幼儿的经验在不断地生长，在与菜地互动过程中生发出的项目活动也不断增多，我们先后创生出了种子小实验、蚯蚓的日记、真树假树、葵花朵朵、茎叶博物馆等项目活动。在持续开展的菜地追踪活动中，我们一起建构着环境、创生着课程、生长着自我。

（本案例由镇江扬中市八桥镇中心幼儿园幼儿和老师集体提供）

请根据上面案例的线索，思考以下问题：

问题一：在小菜地的建设过程中，哪些元素让你觉得与众不同？

问题二：在小菜地的建设过程中，儿童与环境是什么关系？

问题三：在小菜地的建设过程中，儿童与课程是什么关系？

问题四：在小菜地的建设过程中，环境与课程是什么关系？

问题五：读完从小菜地的案例，你有什么收获和思考？

二、课堂学习

1. 自主学习

以个人为单位，将《我们的小菜地》中的五个问题做成关键词图谱和思维导图框架，并以此案例反思当下幼儿园环境创设、课程建设中的诸多问题，分析可能的原因，找出可操作的改善对策。

2. 小组讨论

借助小组的智慧，完成三项工作：第一，将关键词图谱和思维导图框架进行对比组合，整合出小组的观点；第二，分析小菜地环境创设、课程创生的社会条件，譬如，文化氛围、制度土壤、课程理念、幼儿基础、家长构成、教师专业等影响要素；第三，细化出不同起点幼儿园环境创设、课程改造的可能路径。

3. 师生总结

与成人社会的工业化思维、加速度逻辑不同，幼儿园应该是一个充满慢生活和自然节奏的地方。因为，这里生活着一群年幼的孩子，他们以游戏为生命的重要内容，他们以好奇的心态、探索的眼光、泛灵论的思维、艺术家的直觉一点一点地感知、打量、建构他们的经验世界。其中，包括他们的环境，他们的课程。

（1）环境是儿童的环境

环境是儿童的环境，这一判断包含着两层意涵。

第一，一个吸引幼儿、接纳幼儿、邀请幼儿的幼儿园环境一定是充满"我感""我们感"的，它向幼儿昭示着你就在那儿，你就是主角的自信、责任与不可替代。这种"我感""我们感"的真切获得来自环境创设中两条原则的坚持，即坚持环境要充满儿童性，回应儿童的认知节奏；坚持环境要充满儿童感，满足儿童的存在感、掌控感。

第二，幼儿园环境是儿童的。这里也包括两层意涵：首先，它是儿童的，并且是所有儿童的。因此，幼儿园环境必须充满全纳意识，回应所有儿童的个性化需要。同时，幼儿园环境还要具有层级性、挑战性，回应儿童的发展性差异，支持幼儿在环境探索中不仅获得"兴奋"，更要获得"兴趣"的高峰体验。其次，它不是教师的，这里的"不是"，不仅指实然层面，也指应然层面。中国的幼儿园教师背负了太多的环境创设的责任，耗费了太多时间、精力、智慧，这样的结果不仅损毁了教师的职业幸福感，也助长了幼儿的依赖性，任何一方都未从教师的过度劳动中获得收益。这是一个完全没有理由存在的事实。

（2）课程是儿童的课程

幼儿园课程实施是一个极具张力和自由度的过程。只要不违背幼儿发展的根本，不无视课程创生的基本规律，"怎么都行"的逻辑其实可以畅通无阻。当下幼儿园课程建设过程中的过度依赖教材、过度忽视幼儿的现状，其实是成人世界急功近利的选择性结果。作为理性的课程建设者，我们完全可以将成人的一堆成见放空或留白，跟上幼儿的探索性步伐，采用"化熟为生"的社会学思维，采取"见招拆招"的灵活性智慧，陪伴幼儿的游戏过程，在幼儿自身的探索过程中生长出属于幼儿自己的课程内容。《我们的小菜地》已经用行动向成人世界展现了儿童世界伟大的创造力。

（3）环境与课程的共生

幼儿园环境既是课程实施的载体，也是课程创生的来源。在以往的课程实施中，我们只是将环境定义为课程实施的载体，用工具论的思维打量幼儿园的环境创设。当我们跟上小菜地中儿童的诗性逻辑，便会发现以目的论的方式看待环境才是根本所在。

环境与课程不是一种工具性关系，而是一种共生性存在。在儿童本位的课程逻辑与环境视野中，环境是课程，课程是环境，两者并没有楚河汉界，不必用清晰的认识论边界将其完全区分开来。也许，在儿童本位的环境创设与课程创生中，模糊论、灰色思维、弹性逻辑是成人世界最明智的选择。

> 在户外环境中,幼儿可以使劲地奔跑、大声地尖叫、尽情地游戏。户外环境可以释放孩子的身体能量、助推爆发力、发展自然智能、生长野性思维、萌发世界情怀。
>
> ——题跋

第二章
可探索的、有挑战性的户外环境

思维导图

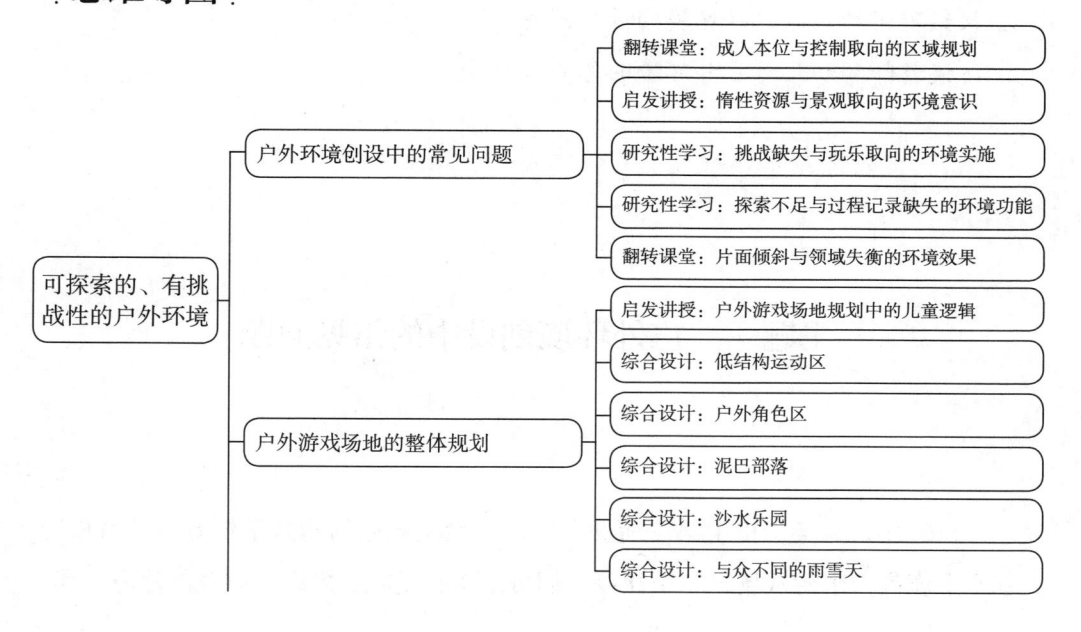

可探索的、有挑战性的户外环境
- 户外环境创设中的常见问题
  - 翻转课堂:成人本位与控制取向的区域规划
  - 启发讲授:惰性资源与景观取向的环境意识
  - 研究性学习:挑战缺失与玩乐取向的环境实施
  - 研究性学习:探索不足与过程记录缺失的环境功能
  - 翻转课堂:片面倾斜与领域失衡的环境效果
- 户外游戏场地的整体规划
  - 启发讲授:户外游戏场地规划中的儿童逻辑
  - 综合设计:低结构运动区
  - 综合设计:户外角色区
  - 综合设计:泥巴部落
  - 综合设计:沙水乐园
  - 综合设计:与众不同的雨雪天

```
                                          ┌─ 翻转课堂：与幼儿一起规划户外探索空间
         教师支持幼儿户外活动的有效策略 ─────┼─ 翻转课堂：与幼儿一起建设户外材料超市
                                          └─ 翻转课堂：与幼儿一起制定户外活动规则
```

学习目标

1. 知道幼儿园户外环境创设中的常见问题。
2. 建构以儿童为本的户外环境设计思路。
3. 尝试进行以儿童为本的户外环境的整体设计。

学习方法

1. 在自主调查基础上进行小组分享。
2. 借助理论视角分析幼儿园户外环境创设共性问题的认识论基础。
3. 开展以儿童为本的户外环境的综合设计。

实践关注

1. 收集不同幼儿园户外环境的设计图片。
2. 访谈教师和幼儿对户外环境的体验与感受。

主题一 户外环境创设中的常见问题

　　1861年，人类历史上第一所幼儿园，即欧文创办的幼儿学校诞生的时候，基本上就是一个游戏场，一个让孩子们可以恣意跳跃、攀爬、游戏的地方。那里有最古老的旋转木马、旋转秋千、攀登架、山坡、草地、轮胎、沟渠等。目前来看，中国幼儿园的户外环境已经越来越走向城市化、工业化和景观化，蓝天下的学校、沙堡上的幼儿园、森林幼儿园等这些理想离我们的幼儿园现实渐行渐远。

关 键 词　成人本位；控制取向；惰性资源；景观取向；挑战缺失
学习目标　1. 了解城市、乡村幼儿园户外环境创设中的常见问题。
　　　　　2. 分析幼儿园户外环境创设中儿童缺失、自然缺失的原因。
　　　　　3. 建构儿童视角户外环境创设的基本元素与可能逻辑。
实践准备　1. 收集中外各种幼儿园的建筑设计平面图和实体图。
　　　　　2. 采集一些儿童与环境对话的照片、音频或视频。
　　　　　3. 尝试将幼儿园的户外场地交给幼儿，跟踪其创设环境的过程。

活动 1

翻转课堂：成人本位与控制取向的区域规划

理论深度 ★★
能力要求 ★★★★

环境不是空洞的，更不是无意义的。幼儿园环境通常是文化品位、教育理想、课程图景的反映。幼儿园的建筑位置、建筑风格往往反映了其与社区、家庭的关系。与欧美幼儿园与社区浑然一体的建筑风格不同，中国幼儿园的最大特点便是夸张、跳跃、与众不同、极有个性，让人一眼便能从诸多建筑中将其区分出来。幼儿园这种建筑风格诉求的是区别，表达的是不同，它用一种封闭的建筑空间与独特的建筑特点将其与周围的世界隔离，形成独特的"圈子意识"。在这个封闭的世界内，成人的逻辑、偏好与审美大行其道，幼儿成了成人主宰环境下的装饰品。

一、课前活动

根据要讨论的内容准备足够的平面设计图，围绕提供的案例及下面的思考进行学习。

> **问题思考**
> 1. 你觉得大多数幼儿园户外空间规划的立场和逻辑是什么？
> 2. 做一些先期调查，了解幼儿对现有户外环境中喜欢元素与不喜欢的元素。
> 3. 访谈几位园长，了解其户外环境创设的全过程，分析其立场、态度。

扫描下面的二维码，阅读案例《三个圈幼儿园诞生记》并观看视频和课件，思考幼儿园环境审议中儿童本位的意义。

二维码2-1-1　三个圈幼儿园诞生记

二、课堂学习

1. 自主学习

找到一些幼儿园的空间规划图,根据对园长、幼儿的访谈,发现幼儿园户外环境规划的困境、困难与改革突破。有条件的学生可选择不同类型的幼儿园,譬如,新建园、老园、规划园等,了解在幼儿园建设的不同阶段,幼儿园在户外空间规划中的想法和做法。

重点阅读《三个圈幼儿园诞生记》,关注其特殊的儿童视角。

2. 小组讨论

形成学习小组,交流讨论不同地区、不同发展阶段幼儿园户外环境规划存在的问题及特点。以《三个圈幼儿园诞生记》为例,讨论成人本位与儿童本位下户外环境的不同取向。

3. 师生总结

通过个别总结和小组交流,我们会发现,绝大多数幼儿园依循的都是成人本位与控制取向的规划设计理念,很少像三个圈幼儿园一样,能够从头到尾始终坚守儿童立场,追求儿童利益最大化。

(1)效率优先下的空间最大化

成人主导的效率优先在现实的幼儿园户外场地建设中,表现为以下五个方面的突出问题。

第一,盲目堆砌下的空间最大化。幼儿园直接购买玩具商的一些户外器械来堆砌,形成"传统游戏场",场地空旷,一览无余。最常见的就是滑梯、秋千、跷跷板、攀登架等金属或者钢制器械被零散地固定在地面上。幼儿园省时省事,如同目前小区里的健身器械区,没有从地形地貌、实际多元用途出发,进行多样性考虑。

第二，包办代替下的空间最大化。一些新建幼儿园请设计公司进园，在没有办园理念引领下，直接设计形成了户外空间布局；一些旧园在户外改造时同样如此，让设计公司包办代替，形成"现代游戏场"，又名"设计者游戏场"，虽经过专业设计，美观和安全性有所提高。一般包含了攀爬架、滑梯、平衡木、隧道、吊桥、缆绳等运动器械，组合后集中摆设并固定在地面上，方便省事，但类似公园里的儿童乐园。

第三，临时应付下的空间最大化。各类创建迎检时，园内找几个有美术特长的老师在网上找图，然后东拼西凑、杂乱无章地在自己园内进行户外区域布局，没有真正从孩子兴趣出发，也没有邀请孩子参与，应付式完成任务，追求立竿见影。

第四，照搬效仿下的空间最大化。很多幼儿园在外出参观学习后，只注意别的园户外有什么新活动区、新材料（也主要是看数量和摆设），特别是与本园不同的户外区域，在没有领悟其设计原理和内涵，没有考虑遵循什么原理，是否符合本园实际情况、是否满足本园幼儿实际需要的情况下，立刻照搬、盲目模仿。追求速度和显性效果，户外规划有的只是其他园的影子，少了本园独特的自我存在。

第五，错误理念下的空间最大化。理念缺失下户外偏重体能发展，一味增添体能区域，造成区域内的功能构造缺失；或是盲目追求户外空间利用最大化，户外所有空间一味以摆设、玩具等填充，区域设置流于形式，只注重琳琅满目的视觉效果，没有留白，没有给孩子和老师拓展创想的空间。

总之，在成人的视野里，什么样的户外空间规划是合理的，第一选择便是效率最大化，而非体验最大化。在效率的视野下，户外空间首先被规划成方方正正的一片区域，每个边角都尽可能地发挥教育的价值，充分地动员与运用起来。这种效率优先的取向在那些户外空间相对不足的幼儿园会更加突出。

其实，当户外空间面积不足时，最好的办法不是节约空间，而是创造空间，实现空间的立体布局，从而既有效率，也有体验感、层次感。譬如，幼儿园可以充分利用树与树的联结形成三维的立体运动区，上层是空中挑战游戏区，中层是攀登等低结构运动区，下层是迷宫、涵洞、土坑区。任何一块空间都可以进行三个层面的切割，向上的造势与向下的挖掘本身便对幼儿充满了吸引力。如果向上、向下设计拓展的过程也邀请了幼儿的参与，那么，幼儿在游戏中的体验会达到成人无法想象的高峰状态。

案例点击

孩子们想要什么样的迷宫

一、幼儿园原来的迷宫

镇江句容下蜀镇中心园有一片很大的户外场地，为了充分利用空间，老师们将一大片空间设计成了大迷宫。如图2-1-1所示。

图2-1-1　原来的迷宫

但这个大迷宫是一个固定不变的造型，幼儿只能在迷宫里奔跑、玩耍，虽然幼儿游戏的空间变大了，但是这种空间最大化的场地设计，却忽视了区域本身的合理性和幼儿的实际需要，所达成的效率也只是表面上的震撼和热闹，而不能促进幼儿健康全面地发展。

二、了解幼儿的想法，进行迷宫区的改造

2017年7月，快放暑假时，老师邀请小朋友去迷宫区观察，并且对部分幼儿做了调查。

你喜欢玩迷宫吗？你想把迷宫改造成什么样子？

参与迷宫调查的幼儿对迷宫的想法（喜欢：18人，不喜欢：6人，喜恶参半：7人）

喜欢	陈奕宏：喜欢，因为好玩啊。 张诗雅美：我喜欢玩迷宫是因为小朋友捉不着我。 张尹茜：迷宫里面有好多花，我可以摘花。 陈依依：迷宫可以绕来绕去的，很有意思。 邱姝雯：在迷宫里我可以和几个小朋友在一起寻找"宝藏"。 黄雨萱：在迷宫里面，我走不出去的时候，别的小朋友可以来救我。 赵艺：我喜欢和小伙伴们一起在迷宫里躲猫猫，这样他们就找不到我了。 王露：我就喜欢和好朋友坐在迷宫里的小凳子上面一起唱歌，我还喜欢在迷宫里捉蝴蝶。		朱轩熠：我最喜欢迷宫弯弯曲曲的，还有很多花花草草。 叶子轩：我喜欢在迷宫里面走。 吴喧岢：我喜欢迷宫里面的小花小草，小草丛里面还有小鸟。 童诗语：我喜欢迷宫里面那个小鹿（雕塑）。 徐轩軒：喜欢迷宫，最喜欢它中间的小动物，特别漂亮。 徐蕴新：我喜欢这里的小火车，还有长着耳朵的外星人。 蔡语新：喜欢，因为可以在里面找宝藏。 汪期宇：我喜欢迷宫这里的小花，颜色好漂亮。 潘新宇：我喜欢这里面成长的大树，我可以捡树叶玩。 曹成林：喜欢，因为我们可以在里面捉藏，还可以玩旺旺队的游戏。
不喜欢	缪易函：迷宫太危险了，里面的草好多，我害怕里面会有蛇。 郭雨钦：不喜欢，因为我觉得没意思。 钟宇皓：不喜欢，我一会儿就能从迷宫走出去，太简单了。 江瑞皓：我不喜欢，我还是比较喜欢有表演的东西。		解宇然：因为在迷宫里面走着走着就会迷路。我想把它换成一个超级大的气垫跳床。 倪志远：因为迷宫太大了，走得很累。有一个大火车，和很多爬梯的地方。
喜恶参半	徐子淇：我喜欢小鹿可以骑，不喜欢地上的草，草里面有好多小虫子。 朱汐瑶：我喜欢轮胎，可以在上面跳，不喜欢那个草，上面有好多蜘蛛网。 陈锦欣：我喜欢花，如果变成花园就好了，迷宫地上的草太多了，好多小虫子。		顾珂悦：我喜欢里面的花，不喜欢蜘蛛。 王俊逸：我喜欢那个（手指着小鹿），不喜欢这个（指着旁边的迷宫护栏）。 王晨熙：我喜欢迷宫，不喜欢这个（指着中间的大灌木丛），因为这里过不去。 李晨瑶：我喜欢迷宫，就是里面位子太多了。

三、幼儿设计的迷宫

在充分尊重幼儿想法、满足幼儿需要的基础上，结合目前幼儿园室内外环境创设的最新理念，详细制订了暑期幼儿园改造计划，逐步实施。

图2-1-2　孩子们自由建构的迷宫　　图2-1-3　孩子们在自由建构的迷宫中游戏

（本案例由句容下蜀镇中心幼儿园杨华俊提供）

（2）教师立场下的秩序最优化

在传统的环境创设过程中，为了教师的管理方便，秩序感、规则感常常是教师的第一追求，在现实层面表现出对幼儿的几种限制。

第一，一成不变的区域布局和材料选择。为了保证户外活动的秩序，有的幼儿园户外区域布局多年不变，无一更新。而且，区域规划中，幼儿参与动手动脑的少，教师动手动脑的多，忽视户外区域的教育功能。

第二，体现教师意志的组织形式。在一些户外区域活动中，从游戏的总体要求到具体的游戏规则，从材料的收集到材料的使用，从角色的生成到角色的分配，从游戏过程到游戏评价，都存在体现教师个人意志的专制性规则。譬如，有的教师为了保持户外区域秩序，设置了"由教师分配或指定角色""每个区域由教师限定人数""选择好区域后不能随意离开"等规则，或者教师凭个人意志去评判幼儿在户外区域游戏活动中的表现，等等。众所周知，户外区域创设的目的旨在为幼儿提供自由选择、大胆探索、合作创新的环境，从而促进幼儿身心和谐发展。而这些专制性规则的采用，在方便教师的同时，却大大束缚了幼儿户外区域自主选择的权利，把本来是幼儿作为主人的区域舞台演变成教师主导的个人秀，使幼儿的主动权、参与权以及区域活动成效大打折扣。

由上述表现可见，由于教师较多地承担了环境的责任，在实际的户外活动中，师幼之间常见的行为表现是教师布置场地、指导游戏、收拾场地，耗费了较多的精力、体力。所以，教师在进行环境设置时，不得不考虑材料收放的简便。在此思维下，教师的控制性取向便越来越明显。譬如，开放尽可能少的区域，提供不用太麻烦的材料等。而现在的课程改革越来越强调幼儿自己承担学习的责任，即在游戏的全过程中自主计划、自主监控、自主执行、自主调节、自主分享、自主评价。当幼儿自主承担了游戏的权利与义务时，教师便不再为收拾、打扫、整理而烦恼，幼儿可以任意取放材料，譬如，低结构的运动性材料，大型的创意涂鸦材料，玩沙玩水区的诸多开放性材料等。

（3）管控思维下的风险最小化

幼儿园户外活动中，幼儿教师最担心的便是安全。因此，无论是户外环境的规划布局，还是户外活动的实际展开，教师的防范性思维、限制性思维都会比较突出，生怕会导致什么严重的安全事故。幼儿教师经常的做法是将容易引起幼儿过度兴奋与忘我投入的区域进行隔离，限制幼儿的冒险性游戏，中止幼儿的探索性冲动。图2-1-4是无锡市滨湖区育红实验幼儿园的整体规划，此规划处处考虑到了幼儿的好奇心和探索欲望，通过发展幼儿的自制、自控来获得户外安全感，减少盲目风险行为。

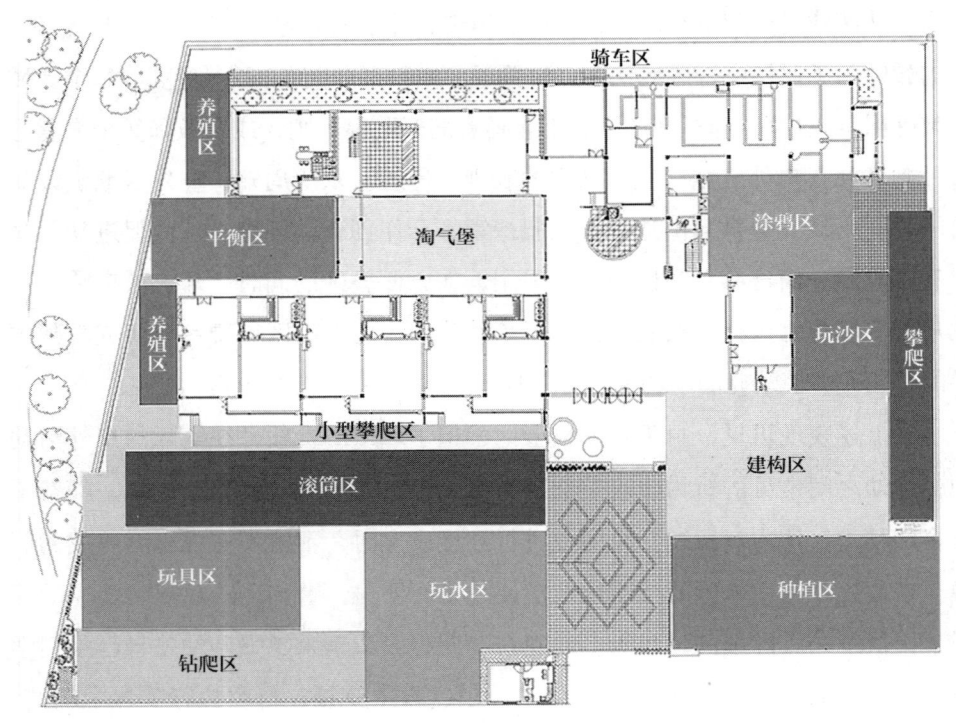

图2-1-4　无锡滨湖育红实验幼儿园的户外设计示意

第三，各种各样的命令性、限制性规则随时可见。在户外区域活动时，例如"不要跑来跑去""不准争抢材料""禁止在指定区域外搭建""禁止大声喧哗"等命令性规则、"选区后不能随意再更换游戏区域""禁止将游戏材料带出该区域"等限制性规则比比皆是。户外区域活动中的命令性规则,它在体现教师对幼儿户外区域活动要求的同时,也挫伤了幼儿参与户外区域的主动性、积极性。这样的规则不仅模糊了幼儿对规则重要性的认识,更会造成幼儿不便玩、不愿玩。

我们来看一则石头坊的案例:在一次户外区域活动中,石头坊的幼儿搭建了一座汽车迷宫,于是"城堡探秘"的游戏生成了,热闹的游戏场面吸引了附近区域幼儿的强烈兴趣,但此时,教师担心活动材料丢失、凌乱,区域规则要求汽车、障碍等材料仅限于在石头坊中展示和使用,其他区域的幼儿只能眼巴巴地看着,想参与的孩子只能等下次活动时再选。

这样的区域规则,就不是站在幼儿立场上制定出来的,它只是方便教师管理的产物,忽视了规则的根本目的,忽视了执行规则的幼儿的合理需求,更没有兼顾到幼儿的兴趣点,影响了幼儿的户外游戏质量。

(本活动由扬中市新坝镇中心幼儿园戴迎庆撰写)

活动 2

启发讲授:惰性资源与景观取向的环境意识

理论深度 ★★
能力要求 ★

与社会治理中示范心理和窗口效应相一致,传统的幼儿园户外环境创设也存在着观赏效应和景观取向。即幼儿园的环境创设不是出于幼儿探索的目的和需要,而是基于成人世界的脸面与竞争。在这种思想影响下,户外环境规划与建设中的花草树木、小菜地便更多地成为了观赏性风景,雕塑、假山、嬉水池也更多地成为了中看不中用、可看不可玩的道具。

> **课前互动**
> 1. 观察幼儿园户外环境中的花草树木、小菜地、绿篱笆、嬉水池等，分析其与幼儿的关系。
> 2. 观察幼儿在户外环境中的行为，考察环境的设计与幼儿的人—物、人—人互动有何关系。
> 3. 访谈园长、教师、幼儿，了解其对环境设施的想法。

幼儿在园内的一日生活都是课程，充满了发展的价值。在传统的依赖教材的课程语境中，只有教材才是课程，只有上课才是教学。因此，户外环境创设中的诸多惰性资源与景观取向也不足为怪，但随着课程改革的发展，人们越来越意识到环境是重要的活性资源，是影响幼儿发展的重要媒介。

一、花草树木等物种资源只是自然的植被

幼儿园这个概念刚刚诞生的时候，其隐喻是花园、乐园。成为花园，意味着幼儿园是长满植物、花卉的生机盎然的地方；成为乐园，意味着幼儿园是孩子们的游戏天堂、冒险圣地。但审视当下中国幼儿园的户外环境，表面的花园、乐园依然存在，但激发幼儿深度学习，刺激幼儿协作探索的意味还不够，花草树木成了景观摆设，无法植入幼儿的内心世界，无法成为幼儿重要的经验积累。

从空间地理学的角度来看，不同空间下的物种资源除了具有它本来的意义之外，还具有不同空间的生成性意义。即幼儿园里的花草树木与大街上、公园里的花草树木是不一样的。幼儿园里花草树木的特殊意义在于：与幼儿、教师、家长等发生联结、形成关系、生成故事。因此，要让幼儿园里的花草树木真正

成为影响幼儿的重要力量，成为宝贵的课程资源，花草树木就得与幼儿发生关系。譬如，开展物种课程建设，进行物种大调查，支持幼儿入园时每人认领一棵树，支持幼儿追踪记录幼儿园里的任何一个自然物，支持幼儿撰写种花日记等。只有让幼儿与花草树木间产生了相互依赖，原本作为风景和道具的花草树木才会成为激发幼儿生命能量的活性资源。

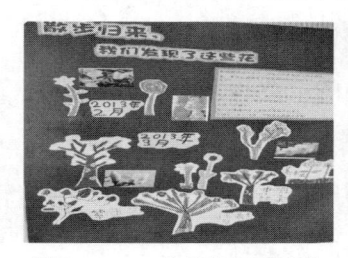

图 2-1-5　一朵花的四季变化　　图 2-1-6　一棵树的每周变化　　图 2-1-7　一棵包菜的一生

二、小菜地与种植园只是幼儿观察的对象

在条件允许的情况下，几乎所有的幼儿园都愿意在户外开辟一块小菜地或种植园，一方面供幼儿观察欣赏，另一方面供应蔬菜。但总体而言，无论是出于哪种目的还是功能，小菜地都是成人规划、劳动的结果，儿童只是偶尔的旁观者、参与者，幼儿与菜地间形成的是一种几乎可以忽略不计的弱联结。

如何支持幼儿真正地参与小菜地建设，并在此过程中生成多重价值，在第一章里提到的扬中八桥镇幼儿园的经验是值得分享的。"用土豆的一生教育孩子"是很多幼儿园户外环境创设的重要支架，在无锡立人幼儿园，孩子们不仅参与小菜地建设，更参与

图 2-1-8　幼儿研究的小菜地

第二章　可探索的、有挑战性的户外环境　｜　79

小菜地管理。

小菜地对于幼儿而言，是一个巨大的宝藏，现在的孩子之所以远离了自然，是因为成人世界不仅在幼儿与自然之间设置了太多的屏障，而且，成人还经常用急功近利的心态将知识的获得作为第一要素，忽略了知识的探索过程和探索方法。

从普遍的情况看，作为摆设的小菜地和种植园应该为数众多，孩子们只是偶尔的观光客，以欣赏者、观察者的方式与小菜地中的生命和现象建立起断点式的联系，缺乏持续的探究与浸入式的跟踪。在这样的互动方式与情感关联中，不利于引发幼儿对生物生长的连续关注，对生命过程的研究，不利于培养亲近自然、热爱生命、懂得感恩等品质。

幼儿园的小菜地要用"全收获"的理念来对待，这种全收获既是对孩子，也是对教师。在这种理念指导下，幼儿园的小菜地不是为了展示，而是为了发展幼儿的各种能力。因此，每个幼儿亲自种养一棵菜具有重要的意义，这种意义不是为了最后的收获，而是为了全程的陪伴、探索与体验并学会负责与担当。

菜地里的课程是丰富多彩的，规划建设阶段的设计、丈量，播种阶段的选种、施肥，拔节阶段的发芽、开花，收获阶段的采摘、搬运……比如在土豆生命的任一阶段，只要有了幼儿的卷入，土豆便不再是自然界的、作为食物的土豆，而是成了幼儿心爱的游戏伙伴、好奇的探索对象。

图2-1-9　蚕豆每周长多高　　　　图2-1-10　青菜每周长多高

三、绿篱笆与嬉水池只是装饰性自然景观

作为幼儿园绿化达标的重要指标，几乎每所幼儿园都有一些装饰性的绿色篱笆。与公园中的绿篱笆不同，幼儿园的任何地方都应成为孩子的探索场，而不应成为儿童禁足之处。幼儿园里种植的厚厚的绿篱笆往往是限制孩子进入，也限制孩子探索的。譬如，在下图（图2-1-11、图2-1-12）中，幼儿园的主体建筑周围都有类似的绿篱，但后来考虑到幼儿的探索性需求，对绿篱笆与幼儿的游戏需求进行双重整合，形成了功能叠加的效应。

图2-1-11　装饰性的绿篱笆步道 　　图2-1-12　装饰性与探索性的探险通道

除了将装饰性的绿篱步道改造成具有叠加功能的游玩通道外，大面积的绿篱笆还可以变成孩子们的探险乐园。譬如，下面（图2-1-13、图2-1-14）的方形迷宫和螺旋式迷宫都是由篱笆改造而来，前者是成人的创意，后者是幼儿的创意。

图2-1-13　成人创意的方形迷宫 　　图2-1-14　儿童创意的螺旋式迷宫

除了绿篱笆外，幼儿园常见的装饰性风景还有使用时间较短的嬉水池。除了少数全年较热的地区外，中国的大多数地区一年中只有夏天适合玩水，嬉水池便会成为长期弃之不用的装饰品。在幼儿园的户外规划中，一定要结合幼儿的需要，多元化地使用嬉水池，使其一年四季都能给幼儿带来游戏乐趣。

> **案例点击**

我们的小路

一、背景及缘起

幼儿园的角落里有一个很大的花坛，花儿很多，树也很密，遗憾的是孩子们进不去，只能在外面张望。

二、花坛中开辟出一条路

看到孩子们对花坛很好奇，教师设计了一条小路。可路边的黄杨树较高，小朋友既害怕又兴奋，想走进去，可又有一些担心。

图2-1-15　教师在黄杨丛中开辟的一条路

三、小路上能干什么

这里到底能干什么呢？教师刚提出这个问题，孩子们就纷纷举手抢着回答。捉迷藏、探险、种菜、藏宝……到底听谁的好呢？我们用绘画的形式表达出自己的奇思妙想吧!

四、用什么铺路

图2-1-16 孩子们设想的铺路材料

五、画铺路设计图

有了材料不能立刻开始铺路,还要想着怎么更漂亮,更有艺术性。好,我们一起来设计这条小路吧。

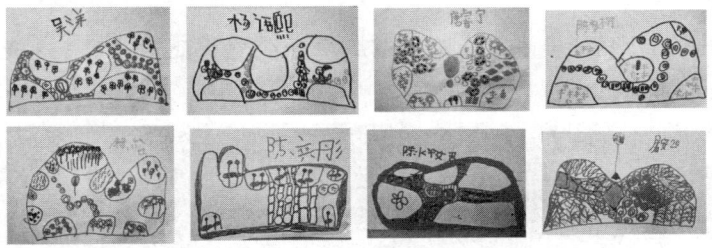

图2-1-17 铺路设计图

六、大家一起来铺路

有了这么多张设计图,到底用哪一张好呢?还是投票来决定吧。投票结果出来了,大家就一起动手来铺设我们喜欢的创意小路吧。

木块组

砖头组

轮胎组

报纸组

图2-1-18 不同小组的幼儿在协作铺路

第二章 可探索的、有挑战性的户外环境 | 83

七、我们的小路完成啦

经过小朋友的齐心协力,一条由轮胎、石头、砖头铺成的小路完成了。看着漂亮的小路,小朋友们好开心呀!

图 2-1-19　轮胎、石头、砖头铺成的路

八、丛林大冒险

只是在平面的小路上走平衡、玩迷宫,孩子们觉得还不过瘾。于是,丛林大冒险的游戏开始了。

图 2-1-20　幼儿的丛林大冒险

本案例由常州市刘海粟幼儿园提供

活动 3

研究性学习：挑战缺失与玩乐取向的环境实施

理论深度 ★★

能力要求 ★★★★

幼儿园是一个教育机构，主要是一群 3~6 岁幼儿集体生活的地方。幼儿园进行环境创设的目的是通过环境支持儿童的发展。儿童是一个完整的发展个体，什么样的环境就会造就什么样的儿童。所谓染苍则苍、染黄则黄。户外环境之于幼儿的核心价值便是游戏场，其第一特征便应是挑战性、冒险性、野趣性。其中挑战性是最能激发幼儿原始生命本能的要素。户外环境中的挑战性不是单一维度的体能比拼，而是体能挑战、认知挑战、人际挑战三元合一。

研究过程

一、问题提出

1. 基于儿童立场，在幼儿园户外环境的几大区域中，充满体能挑战、认知挑战、人际挑战的区域如何规划、如何平衡？

2. 刺激幼儿体能发展、认知发展、人际智慧的户外环境如何进行层级性规划？

3. 户外环境规划中的挑战性与玩乐性如何平衡？

二、研究设计

1. 概念界定

体能挑战是指教师在组织户外活动时，要遵循幼儿的生理负荷曲线，刺激幼儿走、跑、跳、钻、爬等方面的运动能力，发展幼儿身体的爆发力、协调性、柔韧性、敏捷度等。

认知挑战是指在户外活动中,要激发幼儿的好奇心和探索欲望,支持幼儿的深度学习,推动幼儿在语言、逻辑、思维结构等方面获得发展。

人际挑战是指在户外活动中,要扩大幼儿的混龄交往,增进幼儿和同伴之间的合作游戏,发展他们的人际交往能力。

2. 研究方法

(1) 观察法。通过观察,了解幼儿在挑战性程度不同的户外环境中的游戏行为。

(2) 访谈法。访谈不同幼儿园的教师和幼儿,了解户外环境挑战性层次的设计意图及课程关联。

3. 研究伦理

在与教师、园长的访谈中,不仅是信息的交流,更要进行观念的分享与传递,引导园长、教师尽可能多地尝试倾听儿童的想法,了解儿童的诉求,学会基于儿童立场的环境决策和课程决策。

三、研究结论

通过观察和访谈,我们发现,出于保护主义倾向和安全第一的考虑,幼儿园户外环境创设中存在着明显的挑战缺失与玩乐取向,这会使幼儿失去许多在身体、认知、情感、社会性等方面的发展机会。

1. 体能挑战不足,影响幼儿的身体韧性与竞争意识

心理学家皮亚杰认为,儿童的思维发展与其动作发展高度相关,儿童如果缺少足够的动作练习,其思维能力的发展也会受到影响。在户外环境创设中,幼儿园要充分扩展户外环境的自然特点,将泥坑、山坡、索道、轮胎揉进户外环境中,增进幼儿的野性思维、冒险意识与竞争精神。一些幼儿园的户外环境原来比较平面,改造后不仅立体感增强,且探索性、挑

战性也有很大提升。如下图所示。

图 2-1-21　原来空旷的走廊　　　图 2-1-22　加了挑战性运动设施的走廊

图 2-1-23　大树间有梯度的挑战性设计

2. 认知挑战不足，阻滞幼儿的实验意愿与冒险精神

户外环境创设中不仅要关注幼儿的体能挑战，也要关注幼儿的认知挑战，促进幼儿在各个户外活动区的深度学习。譬如，幼儿最喜欢的积木区、沙水区、种植园、角色区、运动区等，都需要在材料的选择、规则的开放、层级的设计上进行多元性设计。

以积木区为例。在积木区，不同类型、不同规格、不同造型的材料非常重要，材料的数量不足或类型单一都会导致幼儿无法专注于深度学习和同伴协同，被材料牵扯掉更多精力。

以沙水区为例。几乎没有一个幼儿不喜欢沙水区，不少幼儿园的沙水区总是无法吸引幼儿，其原因很简单：沙水区的吸引力一方面在于沙的可塑性特征，另一方面在于辅助性沙水材料的选择与投放。譬如，用于挖掘、搬运、塑形、漏筛、实验、水文类的科学性游戏，用于装扮、假想、采摘等角色塑造类的象征性游戏，用于雕塑、创意、喷画类的艺术性游戏，用于沙滩排球、足球、蹦极、沙包等的运动性游戏。

3. 人际挑战不足，延缓幼儿的合作能力与共情品质

与室内同龄幼儿间的交往不同，户外活动的最大特点便是幼儿会遇见各种人、经历各种事，这种开放性的交往方式能够更好地支持幼儿人际智慧的发展，引导幼儿以一种更包容的方式与人相处。

以户外角色区为例。与班级的角色区不同，户外角色区是一个开放空间，不仅空间上更开放，材料、玩伴、规则、过程也具有了更多的开放性和弹性，它不仅让幼儿以室内空间为圆心的狭隘思维圈不断扩大，也更支持幼儿以兴趣为中心，结成更加异质的游戏小组和朋友圈。

当然，并不是所有的人际智慧都是在面对面的互动中习得的，幼儿可以通过小伙伴们在活动区中留下的活动轨迹来进行社会分享，实现人际交流，推动自己的探索行为、交往行为的革新。

理念决定人的行为，环境创设的背后都有着一定的理念支撑。当教育工作者越来越意识到环境的挑战性特征对幼儿多方面的价值时，娱乐取向、景观为主的户外环境便会慢慢消失于公众的视野，幼儿也在一个支持其探索发现的环境中获得更丰盈的成长。

活动 4

研究性学习：探索不足与过程记录缺失的环境功能

理论深度 ★★
能力要求 ★★★★

我国著名的儿童心理学家陈鹤琴先生认为，小孩子是对世界是充满好奇心和探索欲的。在成人眼里熟视无睹、平淡无奇的环境，到了幼儿眼里处处都是宝藏、哪里都有神奇，幼儿总是用一副探索者的目光注视他所经过的区域，发现成人无法发现的玄奥。可是，扫描当下的幼儿园环境，我们便会发现，当今中国不少幼儿园的户外环境，不仅缺少丰富多样的微地形，也缺少基于这种微地形下的日常生活。

研究过程

一、问题提出

1. 收集不同国家、不同地区幼儿园户外环境的图片，分析其户外地形特征，探讨其可能产生的儿童影响。

2. 比较城乡之间、区域之间幼儿园户外地形的材质，分析其基本特征，尝试解释原因。

3. 通过访谈幼儿，了解不同地形、不同区域、不同材料对幼儿游戏兴趣的影响，分析幼儿户外区域深度学习的影响因素。

二、研究设计

1. 概念界定

微地形是指在幼儿园户外环境创设中，依照天然地貌、仿大自然的起伏变化趋势，人为造出的像微小丘陵似的地形。微地形一般用地规模较小，以人工改造后的地形为主，具有造景功能、生态功能及辅助功能，比如山坡、涵洞、迷宫、草坡、水系等。

深度学习是一种主动的、探究式的、理解性的学习方式，要求学习者掌握非结构化的深层知识，并进行批判性的高阶思维、主动的知识建构、有效的迁移应用及真实问题的解决，进而实现元认知能力、问题解决能力、批判性思维、创造性思维等高阶能力的发展。

2. 研究方法

观察法。观察幼儿在不同微地形中的活动状况，比较山坡、洼地、水系、泥坑、迷宫、巷道中幼儿的游戏行为。

访谈法。了解幼儿在不同微地形中的活动体验，更好地改造幼儿园户外环境。

3. 研究伦理

譬如拍照时避免正面拍摄幼儿的脸，保护幼儿的隐私权。如果需要使用有幼儿活动的照片时，要给幼儿的脸部打上马赛克。对幼儿的访谈资料采取化名的方式。

三、研究结论

也许是受空间和环境条件的制约，从总体上看，当前我国很多城市幼儿园的户外环境存在着探索不足与展示取向，而国外的幼儿园户外环境开放性较强，微地形较多，儿童权利意识较强。

1. 平面的地形与一览无余的空间

走进中国的很多幼儿园，尤其是城市幼儿园，其户外环境最大的特点便是一眼望到边，缺少神秘感，无法引起人们的好奇心。而在幼儿的世界里，那些充满了遮挡、透视、起伏、神秘感的幼儿园却是他们最喜欢的。

从儿童的视角来进行户外环境设计，幼儿园就会有更多的微地形，更多的遮挡效果，更多的神秘色彩，更多的吸引幼儿走进去探索的小世界。譬如，下面这些幼儿园的户外设计。

图2-1-24　旋转爬梯

图2-1-25　水循环

图2-1-26　丛林探险

图2-1-27　泥巴坑

2. 硬化的路面与塑胶优先的生态

一个儿童为本的幼儿园，环境中处处有对儿童需求与兴趣的回应。孩子喜欢奔跑，因此，幼儿园会建成环形的；孩子喜欢探索，因此，幼儿园到处是迷宫、是探险地；孩子喜欢小动物，因此，幼儿园到处都是活动着的小生命，天空的鸟儿、地上的虫儿、水里的鱼儿。

遗憾的是，在不断地城市化、现代化的进程中，幼儿园的路面越来越多地变成了水泥地、砖头地、塑胶地，家长们要么对泥土充满爱恨交加的复杂情感，希望幼儿园避免其孩子身上的乡土气息，要么过度保护孩子，用塑胶地将幼儿全方位地保护起来。硬化的路面一方面扼杀了孩子与草地、泥巴、泥塘、沙地进行亲密接触的机会,另一方面阻断了孩子可能的伟大发现、伟大创意、伟大作品。四处曼延的塑胶地在保护了幼儿突发性的摔跤跌倒事故的同时,也把幼儿的风险防范能力、自我保护意识与闯荡世界的雄心消磨得干干净净。

幼儿园户外环境创设要支持幼儿回归自然,譬如,以下图片中呈现出的幼儿园的各种努力。

图 2-1-28　足球场　　　　　　图 2-1-29　小小生态池

图 2-1-30　蜿蜒的石头池

吊环　　　　　　蓄水塔　　　　　　大树
图 2-1-31　用来发展上肢动作的环境设施

空间的向上延伸和巧妙利用,不仅拓展了幼儿活动空间,增加了更多的学习机会,也在一定程度上提高了幼儿对环境的探索兴趣。

3. 硬件的铺陈与探索过程的缺失

一个以儿童为本的环境,不仅表现为眼里心里有幼儿,更重要的是通过环境支持儿童的深度学习。儿童的经验都是在与客体世界的相互作用中不断自我建构起来的,经验的质量不仅取决于环境本身,也取决于幼儿在环境中的活动,更取决于教师对幼儿活动的引导与支持。

在瑞吉欧幼儿园,孩子们的各种探索活动中,最重要的一条是教师支持孩子用各种象征性语言将自己的探索过程记录下来,形成一种可交流、可展览的文本。这种文本不仅供他者阅读,更供孩子进行自我欣赏。当孩子们的作品与记录被无数次阅读时,孩子对其作品的投入与重视也会与日俱增。

图 2-1-32　幼儿记录的青菜宝宝成长记 　　图 2-1-33　幼儿发现的幼儿园大变样

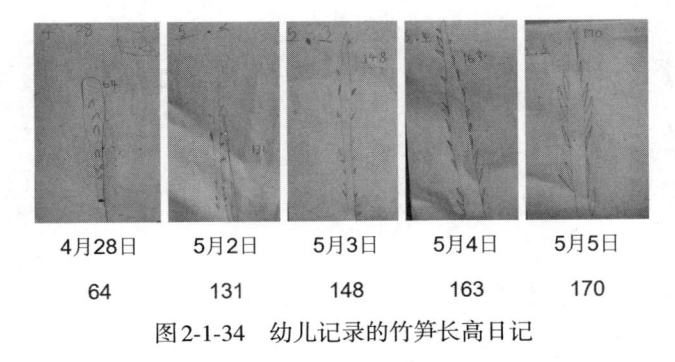

4月28日	5月2日	5月3日	5月4日	5月5日
64	131	148	163	170

图 2-1-34　幼儿记录的竹笋长高日记

> 在记录与反思中，幼儿重新回到其探索过程，抓住其探索过程中的关键事件与核心问题，用自己的创造性表征来表现与表达。从元认知的角度看，幼儿的游戏过程充满了认知的激活，而记录与反思的过程则促进了元认知的发展。

活动 5

翻转课堂：片面倾斜与领域失衡的环境效果

理论深度 ★★

能力要求 ★★★★

户外环境设计是一项涉及多项平衡的创造性工作，它既需要有思想、有创意，也需要有经验、有技能，更需要懂儿童、懂教育、懂美学。若不如此，环境创设就无法做到儿童和成人的平衡、晴天与雨天的平衡、局部与整体的平衡、全面发展和个性特质的平衡。教育者的智慧便是寻找儿童的最近发展区，推动户外环境更好地支持儿童的发展。

一、课前活动

> **问题思考**
> 1. 幼儿园户外环境的功能有哪些？如何实现不同功能间的平衡与协调？
> 2. 平铺设计与立体设计的户外空间会如何影响孩子的探索行为？
> 3. 不同地区雨雪天的户外活动如何开展？
> 4. 发展幼儿上肢动作的运动项目有哪些？需要什么样的环境支持？

二、课堂学习

幼儿是成长中的个体，对生活环境有高度的依赖。有所偏向的环境会对儿童发展造成有偏向的刺激，一个平衡的环境在内外两个方面支持幼儿有质量的发展。从外在方面看，平衡的环境支持幼儿生活在一个和谐的人际空间、自然空间中，有利于幼儿人际智能的发展；从内在方面来看，平衡的环境支持幼儿获得生理、心理的双重舒适，这有利于孩子获得内部生态的协调。

1. 自主学习

在课前，请重点围绕"平衡""协调""全面发展"来审视户外环境对幼儿的影响。

2. 小组讨论

根据准备话题的不同，形成讨论小组，围绕大家共同感兴趣的话题进行分享、争鸣，达成一定程度的共识。

3. 师生总结

户外环境创设中的"平衡"取向并不意味着"均衡"或"面面俱到",而是有舍有取、总体平衡。在当下的户外环境创设中,存在着以下三方面的问题。

(1) 追求平面效应,忽略立体设计

不少幼儿园喜欢用平铺的方式进行户外空间设计,其实,不论幼儿园户外空间大小,立体设计、层次分明都是基本原则。因为幼儿偏好立体的空间,那样的空间探索性更强,神秘感更多,邀请感更盛。当幼儿一头扎进这样的空间大迷宫时,其浸入后的流连忘返效应非常明显。

图 2-1-35 向上悬挂的轮胎　　图 2-1-36 爬树中的幼儿　　图 2-1-37 大树回廊

因此,不论如何,幼儿园的空间设计要追求立体思维,追求对幼儿的全方位刺激,形成 360° 无死角的螺旋式思维。这就意味着户外环境的立体设计,不仅意味着空间的立体化,也意味着思维方式的立体化。譬如,不要把某个游戏材料仅仅当作某一个特定功能的游戏材料,而是进行立体化的拓展,穷尽材料的最大功用。如下图所示。

图 2-1-38 筒可以滚　　图 2-1-39 筒可以装饰创意　　图 2-1-40 筒可以乘坐

有了对户外空间的立体式关注，有了对材料功能的立体式挖掘，幼儿的思维品质便会既发散又深度聚焦，从而形成一种复杂性思维方式，刺激幼儿的深度学习。

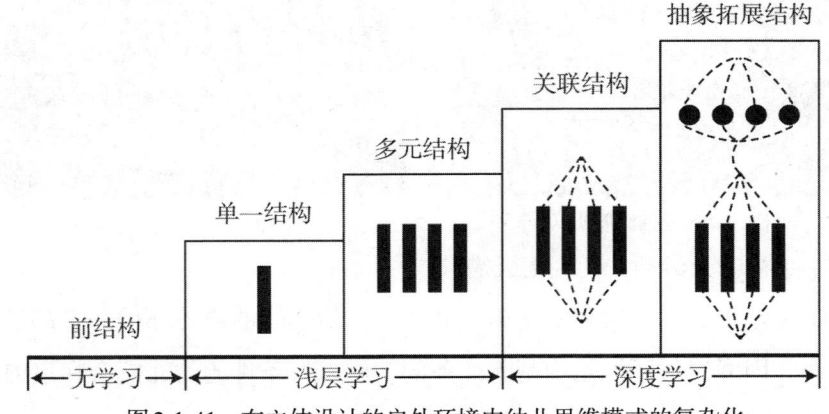

图2-1-41　在立体设计的户外环境中幼儿思维模式的复杂化

（2）关注下肢动作，忽视全面发展

在《3—6岁儿童学习与发展指南》中，幼儿的动作发展既包括下肢的走跑跳，也包括上肢的悬吊、攀爬，因此，户外环境的空间布局要考虑到领域的均衡和发展的全面。譬如，下图中环境设置的重点旨在发展幼儿的上肢协调性。

图2-1-42　走荡桥　　　　　图2-1-43　翻跟头　　　　　图2-1-44　拉吊环

臂力是体现幼儿动作发展的重要指标，也是幼儿身体全面协调发展的关键要素。在当下不少幼儿园的户外环境规划中，较少考虑到孩子的上肢动作，导致幼儿托举、悬挂、攀爬、引体向上等动作的滞后。在图2-1-45、图2-1-46中，

第二章　可探索的、有挑战性的户外环境　|　97

常州东青镇中心园就利用了各种纸筒来发展孩子的动作协调性。

图2-1-45　纸筒挑战　　　　　　　　图2-1-46　纸筒走高跷

（3）重视晴天活动，无视雨天需求

出于保护主义的倾向和安全第一的心态，幼儿园的户外环境几乎都是为晴天准备的。因为户外环境是为晴天准备的，所以有条件的幼儿园会在室内建设风雨跑道、室内运动馆等，造成了资源的严重浪费。

其实雨雪天的户外活动并不需要特别的场地、设施，只需要有一些基本装备。譬如，雨衣、雨鞋、雨伞、水枪、水管、PVC管等。有了这些装备，孩子的各种户外活动便可以正常开展，尤其是沙水区、种植区、运动区、泥巴区、乐器区、科学区、涂鸦区等。

倘若是雪天，可以提供的装备更多，譬如，堆雪人的各种工具和材料，铲子、胡萝卜、树叶、纽扣、围巾等；扫雪的工具，如扫把、盐、簸箕等；打雪仗的工具，如油彩、手套、树叶等；科学实验的工具，如盐、热水、量杯等。

主题二　户外游戏场地的整体规划

　　户外游戏场地是室内游戏区的补充和延展，是促进幼儿身心发展的开放性空间资源。户外游戏场的规划需要根据幼儿园现有的空间资源、地貌资源、设施资源、材料资源等方面进行综合考虑，整体规划。既要满足幼儿的体能动作发展的需要，也要满足幼儿的艺术创造、社会交往、科学探索等方面发展的需要；既要考虑幼儿经验获得的连贯性，又要考虑幼儿经验获得的整体性；既要因地制宜地利用现有空间特性和设施设备，又要满足幼儿的探索愿望和需求；既要考虑规划的整体性和综合性，又要考虑因地制宜、因人制宜、因资源制宜。

关 键 词　户外游戏场；低结构；角色区；运动区；沙水区；涂鸦区；种养区

学习目标　1. 了解儿童本位户外环境设计的基本元素。

　　　　　2. 尝试进行儿童视角的户外环境设计。

　　　　　3. 建构儿童视角户外环境创设的基本策略。

实践准备　1. 收集不同幼儿园户外不同区域的平面图和实景图。

　　　　　2. 采集一些儿童与环境对话的照片、音频或视频。

　　　　　3. 邀请幼儿参与户外某一区域的环境创设，跟踪其创设环境的过程。

活动 1

启发讲授：户外游戏场地规划中的儿童逻辑

理论深度 ★★

能力要求 ★

户外游戏场地的规划主体是成人，但是规划的视角、规划的需求、规划的逻辑必须来源于幼儿。户外游戏场地是为幼儿准备的，幼儿是场地的主人，幼儿的需要应该主导游戏场地的走向和立场，甚至是幼儿直接参与到场地的规划中来，真正让游戏场地符合幼儿的需要，支持幼儿的学习与发展。

> **问题导引**
>
> 1. 户外游戏场地的规划一般需要符合哪些原则？如何体现儿童的主体地位？
> 2. 户外游戏也是课程的重要组成部分，在户外课程实施过程中，场地需要满足哪些条件，才能更好地促进幼儿发展？
> 3. 户外游戏场地如何满足不同年龄、经验、能力幼儿的需要？怎样设置一定的挑战，不断满足幼儿的需要？

一、以儿童的眼睛来看：好好玩

幼儿不会考虑哪一个区域发展我的哪一种能力，而是放眼四望：哪里好玩？还有哪里也好玩？在幼儿的眼睛里，可以撒开腿狂奔的地方好玩，能把自己藏起来的地方好玩，有蝴蝶飞舞的地方也好玩……

1. 多变的内容

游戏场地的内容设置要符合幼儿的兴趣和需求，要依照幼儿的心理、生理发展特点，要遵循和顺应幼儿的认知规律和能力水平。

图2-2-1　木屋吊桥

幼儿对大自然充满了神秘的向往和无限的渴望，自然元素的游戏内容，是在规划中需要重点考虑的。如利用自然环境创设的活动场地：大片的草地，幼儿可以肆意地奔跑，尽情地撒欢；茂盛的小树林，为幼儿的游戏增加了几分神秘感和多种探索机会；有观察、探索生命机会的种植园地，不同季节时令的瓜果满园，感知自然与人的关系；有需要管理和照顾的小动物饲养，兔子、鸭子、山羊，甚至鸽子和孔雀，探索生命的奥秘；有沙子、有流水、有池塘、有泥地、植物迷宫、树屋、地窖、可以攀爬的自然障碍物等，满足幼儿多样化操作和认知发展的需求。

幼儿喜欢参与各种运动，低结构运动区里有陡峭的攀爬架，低矮漫长的钻爬网，有可以随意搭建组合的器械，可以围绕院子骑行的蹬车，有摇摇晃晃的平衡板……运动区满足了幼儿的体能发展需求，也满足了幼儿多样化体能锻炼需要。

游戏场的位置、空间和材料不一，幼儿开展的游戏内容也会根据自己的兴趣需要发生改变，随时都可能进行角色扮演、音乐表演、科学探索等游戏行为，教师应给予支持与鼓励，相信幼儿的眼睛，满足幼儿的发展。

2. 多样的形式

幼儿游戏中既需要个体专注探究，也喜欢群体协商合作。在活动形式上，根据活动内容采取集体、小组和个体的不同形式，更受幼儿欢迎。

专注地研究西瓜虫怎么爬、用扑蝶网捉蝴蝶、观察油菜花的花瓣、爬到树上用望远镜寻宝、双手承重过独木桥、双脚走绳索、使用工具给干果去壳等，这些活动幼儿也许喜欢一个人玩儿。给幼儿自己玩耍、探索、尝试的机会，便于幼儿专注地研究、用心地琢磨、反复地推敲。用碳化积木搭建城堡、娃娃家里生日会、给孔雀喂食，幼儿可能会喜欢同伴一起参与，可以协商，借助同伴的力量来推动游戏，让游戏变得好玩、有趣。当然，幼儿也特别喜欢一些有组织的小组对抗性的竞赛游戏，如在规定时间内小组接力运球、小组合作垒高竞赛、小组累计跳绳次数，等等，适度的竞赛项目，幼儿的集体感、求胜心、积极性爆棚，热情会更加高涨。有些游戏也可以集体进行，一些传统的游戏贴锅饼、滚铁环、舞沙包，以及皮球大战、舞台剧、两军对垒等，幼儿集体进行，会自然出现竞争的、合作的、求助的、多样化的参与机会和学习机会。

图 2-2-2　挖地寻宝

二、以儿童的体验来判断：足够嗨

幼儿喜欢直接的、直爽的，没有经过处理的声音，那种声音来自幼儿最真实的感受，来自幼儿的心灵深处。最本原的一种渴望，最本真的一种表达，最愉悦的一种反应，就是游戏中酣畅淋漓的兴奋，克服困难后满足的窃喜声，以及游戏成功后的欢呼声。

1. 充裕的时间

时间是幼儿进行游戏的基础，更是推动幼儿游戏高水平发展的基本保障。幼儿有了充足的游戏时间，才能在游戏中更好地进行交往、交流、表达等尝试和体验，学习解决游戏中的问题，不断积累经验。

运动类型的游戏，需要幼儿进行器械的组合、搭建等准备，需要幼儿之间相互合作并形成共识，需要共同参与规则的制定，需要幼儿在游戏过程中尝试新方法、新难度、新挑战，解决新问题、新困难。社会性游戏中，需要幼儿之间发生关系，并不断交互，使幼儿从中学习解决冲突、矛盾，形成共同规则并遵守规则的方法。认知类的游戏中，幼儿需要身心专注地投入对某一事物的追逐，锲而不舍地寻求问题的答案。支持幼儿这些行为，以及伴随其间发展起来的情感，需要时间作为重要的保障条件。幼儿积累经验需要时间，幼儿解决问题需要时间，幼儿的能力递增需要时间，幼儿的情感发展也需要时间。充足的时间保障能为幼儿的发展提供一切可能，让幼儿的游戏"嗨"起来。

2. 充足的空间

空间是幼儿游戏的场域所在，也是真实的存在。空间使用的合理性和科学性能够最大化的发挥作用。幼儿园的空间格局大小不一，但是合理利用却可以让其变得"充裕"而饱满，进而让幼儿穿梭其间，忘乎所以地"嗨"起来。

合理划分。游戏场域需要根据场地、资源以及幼儿的发展需求进行整体规划，满足幼儿多样化游戏的需要。如幼儿的运动能力发展、社会性发展、认知发展以及情绪情感的发展等，将场地划分成不同功能的区域空间，为幼儿提供各种类型活动的需要。

安全的空间。儿童进行户外游戏，安全问题是第一考虑。设施设备符合一定的安全标准，要定期进行检修和维护，确保万无一失。幼儿可能摔落的地面，如攀岩、秋千、跷跷板、滑梯等玩具，需要进行地面软质化处理，泥土地、沙土地、木屑地、草地、塑胶地、碎轮胎片等都是不错的选择。

向上延展。将空间向上延伸，利用大树、山坡、墙壁、亭台楼阁以及教学楼楼顶，因地制宜设置一些攀爬、攀岩、翻滚、拖拽、轨道滑坡、躲闪的游戏，让幼儿在富有变化和挑战的环境中嗨翻天。

三、以儿童的头脑来想：有挑战

幼儿天生就是一个思考者，他们清楚地知道自己需要的是什么，想要的活动是怎样的。游戏怎样更好玩？材料怎样更有效？场地怎样规划更合理？幼儿会用行动告诉你——什么叫好玩，什么叫挑战。

1. 刺激深度学习的复杂环境

错综复杂的游戏场景、游戏内容会给幼儿带来兴奋和挑战，刺激幼儿的深度学习，对幼儿充满着无限的吸引力。

幼儿会很愿意和渴望参与、尝试和挑战。高高的树梯、高高的爬网、高高的塔楼，幼儿一定会去，也许第一次、第二次都不一定成功，但是幼儿还会第三次、第四次，直到能够爬上去、翻过去，在上面灵活自如方才罢休。高，高得让其害怕，高得不能一次完成，高得想去尝试，就是有挑战，幼儿也就愿意挑战。由灌木、树桩、水泥管道组成的灌木迷宫，变幻莫测，幼儿行走其间，时而钻爬、时而踮脚行走、时而杂草中穿梭。能成功走完吗？能缩短时间吗？这些对于乐在其中的幼儿来说，已经不再重要。在一次次碰壁、一次次脱险中，幼儿自由设置迷宫的难易程度。找不到通道会开启一扇门，降低挑战；顺利闯关会自己设置两个障碍，给自己增加挑战性，一个迷宫游戏，幼儿可以反反复复，百玩不厌。

幼儿最初热衷于轮胎本身，滚轮胎，在轮胎上行走、跳跃，将轮胎垒高钻进去。后来幼儿使用轮胎进行建构，搭建飞机、坦克、摩托车等，开展角色游戏；和竹梯结合使用，让轮胎作为抬高竹梯的阶梯；再后来，幼儿使用轮胎、竹梯、油桶、滚筒等材料进行大型搭建，建造出战斗机、大炮、军舰等。

幼儿用行动来说明，他们喜欢什么，喜欢的游戏是什么样的，希望的挑战有多高。

2. 充满留白空间的未知环境

当幼儿满怀憧憬与期待地投入游戏中时，他们并不知道今天会发生什么。因为未知，所以充满期待。

是什么样的未知，具有如此的吸引力呢？

建构区的幼儿，在建构一个昨天没有完成的城堡。围墙已经初见规模，但是最高的主建筑却迟迟没有建出来，昨天在搭建的过程中倒塌了两次，今天要换一种建构的方法，是否能成功呢？

玩水区的幼儿，穿着雨裤进入了池子里，手里拿着一个渔网，在捉泥鳅吗？能捉到吗？旁边的伙伴已经架好了锅，等着泥鳅入锅呢。

图 2-2-3　今天有突破吗　　　　图 2-2-4　谁爬得快

草坪上、树底下的幼儿拿着放大镜、昆虫器和小铲子,在寻找蚂蚁和蚯蚓。蚂蚁和蚯蚓住在哪里?什么时候会出来?在哪里能找到?

孔雀园边的幼儿,手拿着画笔,眼睛看着孔雀。他在等孔雀开屏呢,准备画孔雀开屏的样子。孔雀今天会开屏吗?

对幼儿来说,户外是一个充满未知的世界,他们渴望去了解的东西太多。怎样才能知道答案呢?需要幼儿自己去尝试、去寻找。未知和探寻未知的过程,本身就对幼儿充满了挑战。

户外场地的规划,要有整体意识和整合意识,注重场地的整体性规划、幼儿的整体性发展,幼儿能力水平的整体性提高;整合各种资源、人员、材料、场地等的意见、优势,让户外场地充满儿童气息和发展可能,让场地成为幼儿多元发展的催生地。

(本活动主要由无锡市育红实验幼儿园王瑜撰写)

活动 2

综合设计:低结构运动区

理论深度 ★★

能力要求 ★★

运动区域一般是满足全园不同年龄班幼儿运动需求的区域,低结构运动区,就是运动区域中材料的投放、时间的安排及空间的使用等均具有开放性、灵活性,幼儿可以根据自己的需求和发展水平,灵活决定在哪里玩、玩什么、怎么玩、玩多久。低结构运动区的创设需要纳入幼儿的需要,并结合空间、时间、材料等综合考虑:既要结合幼儿园的空间位置、地形地貌和空间大小,又要满足幼儿攀爬走跑跳等多种运动技能的需求；既要满足体能较强幼儿的高挑战、大运动的需要，又要考虑满足动作发展还不够好的低龄幼儿的需要；既要满足幼儿大肌肉动作的发展，又要提供发展精细动作的机会。在创设低结构运动区时，可以将不同的运动内容分布到各个角落，鼓励幼儿创造性地使用。同一种功能材料，要有层次性投放，满足不同发展阶段的幼儿需要。

二维码2-2-1　运动区的关键经验

一、低结构运动区常见的问题

1. 材料库远离运动区，不利于幼儿自主取放

运动区一般会分散在幼儿园的所有空间场域中，贯穿幼儿园的门前屋后，幼儿活动是分散在东西南北不同方位的，但是材料却是集中的，材料集中在一处或者两处，集中放置，集中管理。因此，无形中给幼儿的取放带来了很多不便，进而会出现搬运部分材料、搬运轻巧方便材料，甚至教师直接组织集体游戏等情况，不利于幼儿对材料的使用和自我管理。

2. 运动区材料种类、数量不足，难以满足幼儿参与运动的需要

不同的材料，发展幼儿的不同能力，单一的材料类型不能支持幼儿多种运动的需要，种类不足严重影响幼儿动作全面均衡地发展。数量不足，也是一个常见的问题。不能满足幼儿全部参与到各种运动中的需要，不能满足幼儿自选材料的需要，导致运动区对幼儿缺乏吸引力，难以激发幼儿的自主性。

3. 运动区材料以简易、自制为主，形式单一、易损易破

许多幼儿园为了解决经费不足的问题，采用一些自制教玩具，充实到运动区中供幼儿使用。但是，自制的材料一般都是小型的，发展动作灵活性的居多，很难有机会满足幼儿大肌肉动作的发展和耐力、力量的锻炼。这类材料最大的弊病，就是易损易破，经不住幼儿的多次使用。

4. 运动区存在安全隐患，不能保障幼儿人身安全

运动区最容易存在各种安全隐患，有器械自身的磨损和老化，如钉子松动、材料表面破损、链接物磨损、尖锐的棱角、器械老化等。还有地形地面、设施设备存在的隐患，如平地边缘的路牙、过于凸凹的地貌、通道中间的障碍物等。另外，还有一类隐患，如过高的梯子、柱子，幼儿在跳跃和攀爬时，有可能损害骨骼的正常发育和心理发展等。

5. 运动区缺少规则意识，幼儿处于无规则状态

户外游戏犹如放养的世界，教师把幼儿放开了，只要不出安全事故，幼儿想干啥就干啥，不管不问。幼儿在收取材料、使用材料、发生冲突、遇到困难等等时，教师很少给予支持和帮助，致使幼儿在活动中缺少协商的共识，难以形成一定的游戏规则，幼儿的游戏处于无序、无进展、无提升的状态。

6. 教师高控现象仍然存在

户外游戏还处在教师"教"的意识层面，处处以教师为主，教师统一指挥，统一调配，幼儿在教师的要求和规则下游戏，看似整齐、有组织，实则幼儿缺乏自主活动的机会，处于教师高控下活动。当然，高控有教师观念转变不到位的问题，也有出于安全考虑的问题。

二、教师支持幼儿开放性运动的有效策略

低结构的运动区意味着具有多种可能性和开放性,低结构也就意味着材料多样性的玩法、多样性的组合、多样性的适宜人群。如何让运动区具有开放性?如何让不同水平的孩子都能嗨起来?如何支持幼儿的持续发展?

1. 提供多样化的材料,满足幼儿多种运动的需要

幼儿的天性就是玩,而多样化的材料是对游戏中幼儿的最好支持。材料不一样、材质不一样、功能不一样、游戏的内容不一样……幼儿的参与度和运动的频率也会不一样。变化丰富的材料会具有神奇的魔力,吸引幼儿主动参与。

图 2-2-5　走直线 　　　　　图 2-2-6　跳跃

走的运动,其实是可以和每一天的生活紧密结合在一起的。但是,运动区设有高低不同的平衡木、平衡板、障碍物、吊桥、荡桥、晃桥、独木桥、绳索、坡道等,幼儿可以参与直线走、曲线走、弧线走、跨跳走、蹦跳走、携重物走、高空走、坡道走等,这些趣味十足的运动会让幼儿更加乐意参与行走。

跑的运动,不仅可以在跑道上跑,还可以在田埂上跑、在树荫下的砖道上跑、在大型玩具的周围跑、在大滚筒的里面跑等。跑的形式也可以多样,接力

第二章　可探索的、有挑战性的户外环境

跑、拉车跑、拍球跑、推球跑、滚铁环跑、踢球跑、追逐跑等。适宜跑的环境就会自然地引发幼儿跑起来。

跳的运动，常见的跳房子、跳绳、踢毽子、跳皮筋。另外，跳竹竿、高空跳、跳过障碍物等，也可以吸引幼儿参与双脚跳、单脚跳、跳远、跳高等。

图 2-2-7　利用轮胎架钻爬

爬的运动，设置土坡、木屋斜坡、爬网、低矮的钻爬网、登架、狭小细长的钻爬洞、竹梯、树梯、树屋等设施，满足幼儿向上爬、向前爬、匍匐爬、钻爬的运动需求。

转的运动，可设置旋转椅、秋千、吊环等材料，开展拉手转、转身接球、转身接物、快速躲闪等活动，让幼儿适应轻微的摆动、颠簸、旋转，促进平衡能力的发展。

投掷的运动，可提供小型的沙包、球、飘带、哑铃等材料，设置相应的情景，喂老虎、打倒大灰狼、投篮、射击等，满足幼儿投掷、抛物的需要，锻炼手臂力量。

2. 提供低结构材料，鼓励幼儿开放性使用

低结构的材料，需要教师开放、包容及支持的态度，允许幼儿按照自己的意愿和想法去玩，幼儿的参与度、幼儿活动的发展机会都会发生变化。比如下面对陀螺和滚筒的使用。

小型的滚筒和陀螺是放置在操场的一个角落里。这天，大班的幼儿使用了这块场地，书豪、曦曦、嘉怡和潇潇四个幼儿玩起了滚筒和陀螺。他们先将滚筒一个一个推倒，陀螺翻过来和滚筒间隔着扣在地上，美其名曰"挑战者大闯关"。跳过陀螺，翻越滚筒，从另一个滚筒里爬过……这些滚筒和陀螺，已经不再是单纯的滚筒和陀螺的原有功能，而是超越了"滚"和"旋转"，还具有了跨越、跳跃、翻滚、钻爬等运动的要素，另外还增加了游戏的情境性和竞争性，激发了幼儿的参与热情。

　　玩了一会儿游戏后，他们又将滚筒一个个竖起来，围成了一圈。书豪找来一个充气的锤子站在中间，其他三个幼儿以及后来加入的两名幼儿一起钻到了桶里，玩起了打地鼠的游戏。滚筒变成了地鼠的"洞"，给了幼儿快速躲闪、蹲起的锻炼机会。

图2-2-8　打地鼠

　　竹梯不仅可以架在轮胎上走，也可以架在油桶上行走、架在木架子上行走、架在大树上攀爬、架在墙上攀爬，还可以放置在油桶上做跷跷板，平放在地上跳格子、多个梯子组合玩等。这样使用，竹梯对于幼儿的发展来说，其意义和价值就变大了，可以发展幼儿的走、跳、爬、攀等运动技能，促进幼儿动作协调性以及平衡能力的发展。同时，由于竹梯的长度、大小不一样，架起的高度不一样，组合的材料不一样，能够满足不同发展水平幼儿的运动需求。

骑行的、跳跃的、走跑的、推拉的等，大、中、小型的各类材料，都可以用开放性的思路去支持幼儿进行多种组合，采用多样的玩法。给幼儿开放性的空间，材料的价值也就会倍增，幼儿发展的机会也就会更加多元。

3. 支持幼儿的深度学习

深度学习，在户外的运动区一样也会发生。当教师提供的环境、材料、空间、时间等要素足够时，幼儿的深度学习就会成为可能。请看下面大班幼儿的综合搭建案例。

第一次游戏：开汽车

一天，孩子们来到户外开展活动，场地边新增的几个油桶引起了轩轩的兴趣。轩轩走到油桶旁想搬动油桶，发现油桶搬不动，于是他想了想，用力一拽油桶，"哐当"一声倒在地上，接着轩轩继续把剩下的两个油桶也拽倒在地上，看着油桶在地上滚动。过了一会儿，轩轩走到竹梯旁，他用手抓住竹梯的中间，一个人"吭哧吭哧"地搬来竹梯，在我的帮助下，他把竹梯放在油桶的上面，然后又去搬来了废旧轮胎。十分钟后，轩轩一个人坐在废旧轮胎里，手推着竹梯，嘴里发出"嘀嘀嘀"的声音，玩起了开汽车的游戏。

图2-2-9　开汽车

游戏分享的时候，轩轩介绍自己今天玩了轮胎、滚筒和竹梯。

第二次游戏：公交车

又到了孩子们最喜欢的户外游戏时间了，丁丁提议用竹梯和油桶搭一辆公交车，诚诚随即响应。

来到户外，丁丁、诚诚和浩浩直奔油桶和竹梯区。丁丁和诚诚把场地边的油桶推到场地中间，然后把三个油桶并排放整齐；丁丁又和浩浩搬来一架长长的竹梯，把它搁在油桶上。诚诚来到轮胎区，他把架子里的轮胎拉出来，把它推到油桶旁。然后，和丁丁一起把轮胎抬上竹梯，丁丁调整了一下轮胎的位置（平放在一头当方向盘），得意地说："哈哈，看，我们的公交车搭好了，我要来当司机。"说完就迫不及待地往竹梯上爬。没想到，油桶一晃动，丁丁从竹梯上掉了下来。丁丁围着油桶转了几圈，想了想，跑到轮胎区拿了几个小轮胎，然后把小轮胎垫在油桶的两侧，用手推了推，看到油桶没有滚动，于是在另外两个油桶的两侧也垫上了小轮胎。接着，丁丁又爬上了竹梯，开起了汽车。诚诚和浩浩也坐了上去，丁丁一边开车一边喊着："车辆启动，请拉好扶手，下一站——梅园。"玩角色游戏的孩子们都被吸引了过来，纷纷加入他们的游戏，孩子们坐在晃晃悠悠的公交车上开心地笑着、说着……

图2-2-10　公交车

游戏结束后,我和孩子们一起回顾了刚才20分钟的游戏过程。丁丁分享了自己的游戏经历,还告诉大家他的一个新发现——"怎样让公交车开得稳"。

第三次游戏:开飞机

孩子们在晨间计划时间,知道今天有大户外游戏,就在一起讨论今天的游戏内容。多多拉着好朋友哲哲和小赟,头凑在一起叽叽咕咕讨论着什么。一会儿,多多告诉我说:"我们今天要搭飞机,欢迎大家来坐我们的飞机。"我问:"你们知道飞机是什么样子的吗?""知道,知道!"孩子们赶紧找来笔和纸画起来。只见他们不仅画了飞机的模型,还有三个好朋友的分工,以及需要的材料——我让他们介绍了自己的计划。

来到户外,孩子们就开始实施自己的计划了。他们分工合作,丁丁和多多把场地边的两个油桶拽倒,然后把油桶一个一个推过来,并排摆放好。丁丁提醒多多说:"你的那个油桶放得太远了,再推过来些。"这时,哲哲和小赟搬来了一架长竹梯,他俩把竹梯架在油桶上,丁丁把一端的油桶往竹梯中间推了推,然后又去推来一个油桶,把它推到竹梯的下面。丁丁推动竹梯,让下面的油桶滚动,并调整三个油桶之间的距离。多多推来了一个轮胎,丁丁指着两个距离较大的油桶中间,说:"这里地方大,你把大轮胎放在这儿夹住。"又指着两个距离较小的油桶中间说:"那边地方小一点,你再去拿个小轮胎放在那儿。""别忘了,再放两个大轮胎在油桶的两头。"

图 2-2-11　搭飞机机身　　　　　　图 2-2-12　坐飞机

看油桶已经固定好，多多就想坐上去，丁丁说："不行，飞机还没有翅膀呢！"说完，跑到摆放竹梯的区域拿来一架短竹梯，把竹梯横放在长竹梯的一头说："这是飞机的机翼。"接着，又拿来一架短竹梯，放在长竹梯的另一头说："这是飞机的尾巴。"小赟说："我们上飞机还要有楼梯的。"哲哲说："对的，你们看那边有小木梯，我去搬过来。"……孩子们忙得不亦乐乎，30分钟很快过去了，一架小飞机慢慢地搭建好了。孩子们坐上飞机，一起开心地游戏着。

三次游戏中幼儿学习情况对比表如下。

次序	参与人数	搭建目的性	搭建复杂度	搭建者投入度	持续时间
第一次	单人	拽倒油桶引发搭建，边想边做	油桶和竹梯的组合	投入但持续时间不长	10分钟
第二次	多人	预设游戏主题——公交车	1. 油桶、竹梯和轮胎的组合。有车身、车轮和方向盘 2. 小轮胎起到固定油桶的作用	1. 发现并尝试自己动手解决问题 2. 搭建游戏演变成了"乘坐公交车"的角色游戏	20分钟
第三次	多人	1. 预设游戏主题——飞机 2. 用符号、标记制订计划，画出使用材料以及具体玩法	1. 油桶、竹梯、大小轮胎和小木梯的组合，种类和数量都增多 2. 飞机的构造更加复杂，有机身、机翼、机尾、方向盘，还有登机的梯子 3. 采用大小轮胎来固定油桶，防止滚动	1. 游戏时间较长；分工合作，围绕主题开展搭建游戏 2. 搭建活动中专注投入，坚持完成任务后再开始角色游戏	40分钟

第二章　可探索的、有挑战性的户外环境

拽倒油桶引发的搭建游戏，使孩子们对竹梯、油桶和轮胎等材料产生了兴趣。三次游戏，两次飞跃，每一次飞跃都是在原有经验上的进一步递增，无论是从搭建的目的性、搭建的复杂性、搭建者的投入度和搭建持续时间，都能看出幼儿在游戏中的深度学习。在不断的探索中，幼儿不仅了解了不同材料的特性，还获得了空间关系、数量关系、排列组合等方面的经验，培养了合作能力、想象力、创造力、解决问题的能力等，同时还表现出了良好的学习品质。

（本案例由无锡市育红实验幼儿园沈梅提供）

在游戏过程中，教师放手，给幼儿自由探索的空间，自己解决问题的机会，进而不断支持幼儿原有经验的进一步提升和深度学习，体验成功的喜悦。

活动3

综合设计：户外角色区

理论深度 ★★
能力要求 ★

户外，不仅仅是教室的延伸，它还承载着一种"广场"的功能，是幼儿扮演、交流和交往的中心，是幼儿各种点子和想法的诞生地和出发地。这里的每一个幼儿都是身心在场的、有责任心的社区公民，每一个幼儿都是被欢迎和接纳的，每一个幼儿都是有责任感和公民意识的。

一、户外角色区常见的问题

1. 环境过于开放，缺乏实质指导

户外环境是开放的，幼儿游戏的发起、实施及结束，几乎完全脱离教师的视线，幼儿游戏的水平、经验，教师未必能够掌握和了解，势必给有效指导和跟进带来一定的限制。即便是教师的偶尔关注，也无法基于原有经验的观察，对于识别幼儿的游戏行为并无实质性的帮助，教师的指导大多处于盲目和低效的状态。

2. 幼儿经验不足，教师支持不够

许多教师对于幼儿角色游戏的发展阶段认识不足，不知道如何指导以进一步支持幼儿经验的获得，师幼的交流和分享仅仅停留在"在哪里玩？""跟谁玩？""玩了什么？"的水平上，幼儿的角色游戏水平得不到教师的实效性支持，经验在原有水平上徘徊和低水平重复。

3. 材料过于单一，环境层次缺乏

角色区的材料仅仅停留在锅碗瓢盆上，仅供幼儿开展娃娃家游戏，材料无法支持幼儿多种角色行为的体验，幼儿的经验得不到拓展和延伸。户外角色区的环境均是开放性的空间，环境缺少变化，环境的层次性不够，不能支持不同经验水平幼儿的经验提升。

4. 资源示意不够，缺少整合意识

幼儿园现有的人、物资源，教师视而不见，不能因地制宜、因资源制宜地组织开展户外角色游戏。幼儿在游戏中出现某些行为和认知需要时，教师不能将恰当的资源纳入幼儿游戏中，支持幼儿对游戏行为的高水平拓展。资源，仅仅是幼儿游戏之外的、无关紧要的、束之高阁的观赏事物，教师缺乏挖掘、利用和整合的意识和能力。

二、教师支持幼儿多元角色体验的有效策略

户外角色区为幼儿提供了开放性的角色体验空间和机会，幼儿可以进入任何一种自己向往的角色中去体验。教师如何支持幼儿在不断变化的角色中获得有意义的经验，并促进幼儿在原有水平上的发展，需要教师根据幼儿的实际需要提供适宜的支持，并在过程中不断提炼和总结。

1. 创造自由宽松的游戏氛围

幼儿在宽松、愉悦的氛围中才能自由自在地感受和体验，才能有个性化的节奏和多样化的角色体验机会。教师需要和幼儿建立亲密的、平等的人际关系，需要创设自由宽松的游戏氛围，让幼儿在自我决定、自我协商、自我解决问题的过程中提升经验。

譬如，在一次游戏中，幼儿的计划是开饼干店，但是过程中却因为无顾客而改变了计划，转开烘焙馆。这是幼儿努力延续游戏的一种尝试，体现了幼儿游戏中的创造性和灵活性，教师没有制止或者提醒幼儿所谓的坚持，而是给了幼儿一个自我调整的时间和机会，并对幼儿的调整和尝试给予认可和肯定，使游戏得以延续和拓展。

游戏中，幼儿可以自己决定玩什么，怎么玩，以及跟谁玩。可以根据游戏的需要改变和调整自己的原有计划。教师给幼儿创设了开放性的空间。

2. 关注幼儿游戏的内容和形式

当幼儿逐步熟知了各种游戏的基本规则，熟悉了游戏的计划、工作、回顾的流程，游戏内容会随着幼儿的经验提升而不断产生变化，幼儿的游戏水平也

会得到迅猛发展。但是，当幼儿的游戏达到一定水平时，会出现停滞或徘徊无法深入的现象。如何有效促进幼儿游戏的进一步提升，值得进一步的思考与尝试。

有新意的。幼儿发现每次的游戏内容相同，光顾的客人就会逐渐减少，如何改变其现状？那就是每次都要有新意，材料使用的新：如火锅下面加一个轮胎垫子，可以变成旋转的火锅，就和以前的不一样了。使用竹签插树叶做的串串，这次使用菜地里收红薯留下来的茎和叶子做烤薯串。于是，户外的各种自然材料、很多未被使用的低结构废旧材料，就会不断地被幼儿开发和创造性使用。内容新：经常开美容院，这次开个舞蹈院，还配有专职舞蹈教练，就会一下子吸引很多顾客。于是，游乐场、洗浴中心、高铁站、海盗船等，幼儿看到过的、经历过的各种生活经验，都变成了游戏的内容，幼儿也就有了更多样化的体验。设施新：游泳馆里有配套服务项目，免费送果酱、薯片、饮料等小吃，有休息区和停车场。宾馆里有免费游乐项目和餐厅。设施越来越多样化和人性化，设施之间的联系也越来越紧密。一个"新"让社区充满了活力，每天都有不一样，都有新的变化，充满了吸引力。

耐心服务的。为什么有的游戏客人愿意参与并能停留一段时间，有的游戏客人去了一会儿就离开了？分享游戏经验后，幼儿发现，有的游戏店主很热情，就能留得住客人。如一个理发店里，客人来干洗头发。店长轩轩走过来向顾客推销焗油膏："浩宇，我们店里新来了一批焗油膏，要不要？""不要。""今天有活动，半价销售。要不要？""不要。""我们的焗油膏味道香香的，是世界上最香的茉莉花香，很好闻，深受顾客喜爱。你买了焗油膏我们免费送按摩，还有茶水。""好，我要一瓶。"成交了！轩轩不厌其烦地做好说服工作，又提出半价和免费服务，最后终于成交。耐心，不厌其烦增加服务项目，促成买卖的达成。耐心服务的，可以吸引顾客，推动游戏发展。

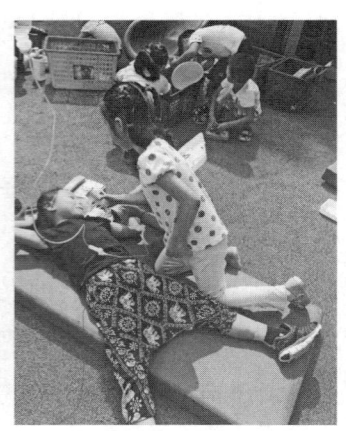

图2-2-13 今天的特色是什么

环境整洁的。在回顾时间，幼儿发现有些店里乱糟糟的，满地都是水果。有些店里把纸箱摆满地，也不整理。如何解决呢？幼儿提出要采取评分制，给最整洁的、有序的游戏评分，每次评出最喜欢的游戏。结果，每次游戏时，幼儿都会认真摆放材料，活动过程中也注意随时整理。今天，强浩准备玩活鱼餐馆游戏，在创设情景时，他将瓶子、管子和活鱼摆放在台子上。强浩花了一段时间将活鱼从大到小放在一起，排成一排，将易拉罐和瓶子从高到矮分别排成一排。

这些策略不是教师单方的要求，而是幼儿在活动过程中和教师一起总结出来并在游戏中实施的。幼儿是规则的制定者和执行者，也是游戏内容的发掘者和拓展者，幼儿才是游戏的主体。怎样才能更好玩？怎样才能玩出不一样？怎样玩能让大家都有机会？这些，都是幼儿说了算。内容不断变化，挑战不断更新，幼儿发展的机会也在不断增加。

3. 支持幼儿游戏的纵深发展

户外角色区的自由性和自主性，使得角色之间的交往和互动频率增加，幼儿相互学习的机会增多，但是也会造成经验的低水平重复现象。作为教师，需要随时关注幼儿游戏进展中的经验水平和兴趣点，随时给予帮助和支持，促进幼儿前后经验之间的连接，支持幼儿对游戏情节、内容的持续发展，支持幼儿的深度学习。

扫描下面的二维码，阅读案例《中班户外野战队》。

二维码2-2-2　案例：中班户外野战队

作为一名幼儿教师，陪伴幼儿游戏，更要支持幼儿对游戏的热情与投入，支持幼儿游戏的深入开展，让幼儿在游戏的过程中能够获得多种体验，让游戏成为幼儿主动学习获取经验的主战场。

活动 4

综合设计：泥巴部落

理论深度　★★
能力要求　★

泥巴是万物生长的起源，爱玩泥巴是每一个孩子的天性。也许是因为怕脏、怕不安全、空间场地限制等诸多顾虑，大多数幼儿园都会利用陶泥、橡皮泥、超轻黏土开展相关的泥塑活动，真正来自自然的玩泥活动是很少的，而同样专属于自然泥巴的打泥仗、摔泥碗、造泥屋、涂泥浆等活动带来的那种释放天性的愉悦和快乐是玩橡皮泥、陶泥等无法替代的。因此，在幼儿园户外环境创设中，为孩子创设一个玩泥空间，让他们在这个空间自由、豪放地玩泥巴是非常需要的。

二维码2-2-3　玩泥巴对于儿童的意义

一、泥巴区的常见问题

1. 玩泥巴的形式比较单一

玩泥巴仅仅是泥水混合后的随意堆砌，以及泥块塑形等，几种主要的玩泥形式，泥粉、泥浆、稀泥、干泥块等其他形式很少见或者根本不存在，玩泥形式单一，在一定程度上限制和影响了幼儿对泥的特性的深入了解。

2. 泥巴区域设置空间太小

玩泥区域狭小，只有一堆泥，少量设备，不能给玩泥的多样化形态和多种方法提供空间支持，幼儿玩泥受到局限，创意性的玩法、多人合作游戏、持续多天的复杂创作、大型的泥塑等，这类复杂性、高水平的游戏机会就会缺失。

3. 泥巴区的材料种类不足

玩泥需要大量的辅助材料，不同的辅助材料可以分别起到移动、链接、支撑、装饰、改变形状、改变硬度等作用，使泥的玩法更多样、泥的形态更多样，呈现出千变万化的效果。但是，实际情况却大不相同，更多的幼儿园是辅助材料明显不足，仅有铁锹、铲子等简单工具，缺少辅助材料，不利于幼儿发挥想象和创造。

4. 泥巴区的配套设施缺乏

玩泥，区域的设置不仅仅只是"泥"而已，干泥区、湿泥区、稀泥区、练泥区、材料区、清洗区等，区域设置是为了保障玩泥的多样、深入和有效，不同的区域需要不同的设施准备，如沉泥的缸、练泥区的池子、搅拌的搅拌器、摸泥的铲子等。没有相应的配套的设施和工具，既难以形成区中区供幼儿选择，又无法支持幼儿创造性地拓展经验。

二、教师支持幼儿乐享泥巴的有效策略

1. 创设开放多元的空间环境

艺术源于探索，融于生活，最好的艺术表现发生在充满信任、支持和无竞争压力的环境中，环境创设须真正支持幼儿的玩泥游戏，激发幼儿参与游戏活动欲望、符合幼儿发展需要，从空间规划、材料与工具等物质环境和宽松、自然、信任支持的心理环境等方面入手，进一步让环境服务课程，让幼儿的游戏经验螺旋式提升。

（1）储藏空间

一般的活动所需要的泥，不需要特殊的储藏空间，而用来塑形、徒手涂抹等特殊活动需要的泥，就要进行一些特殊的加工和储藏。如为了确保塑形类泥材的湿度和黏度，需要将泥块用塑料袋密封后放在加盖的密封盒内，并每隔一周向袋子内撒少量清水，保持湿度。为了方便塑形类泥块的循环使用，用过后的硬泥块可以浸没在缸或其他容器内，等其融合、沉淀排出空气后，再次利用。泥粉类的材料在筛除杂质后也需要保存在有盖子的密封盒子内，需要时，按量拿取。另外，还需要一个存放各种工具、材料、雨鞋的空间，做好各类标记，方便孩子取放、归类。

（2）玩泥活动空间

为了满足玩泥浆、挖泥洞、打泥弹等多种玩泥活动的需要，可以结合园所户外环境的特点，结合本地泥的特性，对场地进行泥巴场、泥地、稀泥池等不同区域的划分，环境中原有的水泥地、水泥墙、种植园、地面、墙体等也都能成为幼儿玩泥的空间，并在融合中凸显各自不同的功能。

泥巴场。土质较松、空间较大，幼儿可以在里面玩凿泥洞、挖水渠养泥鳅、堆小山、围迷宫、寻宝等各类游戏活动。利用这片场地还可以进行空间建筑类的创作活动。幼儿是在一个三维世界生活、运动和玩耍的，因此，做雕塑和建造的任务是一种自然的过程，当他们进行此类活动时，发展了与三维世界相关的思维。

图 2-2-14　泥巴场

稀泥池。场地需要进行下沉式的围合，方便储存泥浆。其中的泥巴一般需要经过筛选、过滤，去除杂质。为避免其他杂物进入其内，可以在不用的时候做一个塑料套子遮盖起来。

在这里，夏天，幼儿可以直接赤脚下池进行打泥仗、涂泥墙、抓泥鳅等活动。秋天可以穿着雨鞋在里面玩各类拓印游戏。稀泥池四季有不同的变化，孩子们会在游戏的过程中发现泥浆的裂纹、泥浆与水的分离、泥浆上冰冻的霜花花瓣造型的不同。

涂鸦区。这个空间使用的一般都是干湿不同状态的泥浆，便于在地面、墙面的不同空间进行创作活动。同时，可以提供各种形状、大小不一的KT板、长短、大小不同的滚筒、梯子等辅助工具和材料，为幼儿进行二维的

图 2-2-15　涂鸦区

墙体创作提供支持。

泥地。指比较平坦、结实的泥地空间。适合开展打泥弹、炸碉堡等竞技类、趣味挑战类的游戏活动。如"抢占泥洞""泥弹钻山洞""泥弹争霸赛"等。

种植园、果树林等其他空间，到处都有泥土覆盖，幼儿可以在其间自由探究，与其他相对固定区域的玩泥活动互相补充，让幼儿获得更多元的发展。

（3）清洗空间

结合场地特点和幼儿活动需要，在每个空间都设置相应的清洗空间。除了一般的水池之外，还可以设置以下清洗空间并做好各个空间的清晰流程图。

工具清洗空间。用各种大小不一的水缸并列，幼儿使用的缸的高度需适合他们的身高比例，可在每个缸的侧面凿一个小洞，作为出水口，在防止溢水的同时可以沉淀工具上留下的泥浆。

工作鞋清洗空间。设置低矮的水龙头和一排长凳，地面铺设防滑地砖。方便坐着清理雨鞋和脚上的泥土。

泥浆区喷淋式清洗空间。喷淋设置有固定的，也有手持式，便于夏季幼儿玩泥浆之后冲洗身体、手臂等。

图2-2-16　工具清理　　　　图2-2-17　工作鞋清理区

2. 提供泥材、工具和辅助材料

(1) 不拘一格的泥材

不同地方挖来的土，颜色、质地、温度，甚至特性都不同。就泥巴的特性及所处的位置而言，我们简单地分为熟泥和生泥。"熟泥"指裸露在地面上，经常受太阳暴晒的，一般比较疏松、黏性较差、吸水性极强，比较适合开展堆、挖、填、埋等户外运动游戏。"生泥"，一般指的是当地水田地下一米处的泥，颜色深、黏性强、有自然的肌理花纹，经过一定的处理，能在较长时间内保存，可塑性强、不易风化、可反复利用，适合开展泥塑造型类的活动。

图 2-2-18　生泥 　　　　　　　　　　　图 2-2-19　熟泥

(2) 工具及辅助材料

幼儿是天生的科学家。在一系列的探究过程中，教师可以和幼儿一起寻找适合、丰富多样的玩泥工具。适合且容易使用的工具能帮助幼儿成为有能力的、独立的学习者。幼儿在自由摆弄工具材料的过程中，会创造出很多新的游戏、生成很多新的活动，同时也会寻找到更适合的工具，通过改造某种工具而形成新工具，形成的新经验，为之后的继续学习提供了可能。

图 2-2-20　自制泥地打洞工具

自然材料。大自然中的很多东西都可以成为幼儿玩泥的工具和辅助物。如：捡一段小树枝，变成一把树枝刀；用磨盘草的种子做印刻、叶子装饰；石子、石块、瓦片、青砖、草茎等都能成为孩子玩泥的独特装备，这些自然、简单且随手可得的辅助材料，稍不留神就能让幼儿玩出不拘一格的精彩。

生活类材料。生活中的很多废旧物品如易拉罐、饮料瓶、果冻盒、月饼盒、鞋盒、各类勺子、吸管、纱窗等都能成为幼儿玩泥的工具。教师可将工具按质地分类，如瓶罐类、盒子类、管子类、纱窗布袋类、勺子类等，幼儿根据活动需要，自由选择不同类别的工具进行活动。如：棉线主要用来分泥。这个创意来源于当地蒸年糕时分割年糕的方法，由于生泥黏性大，遇到分割困难时，用一根细细的棉线切割，就能轻松地把泥块分开，而且会随拉线的方向、角度而让孩子有惊奇的发现。当孩子以棉线为主要工具进行泥塑活动时，不同的切割角度、不同的捆绑方式、不同的用力方向等，带给孩子的艺术视觉效果不同，引发的艺术创造也是多元的。如：滚筒，由于它可以滚动、转换角度方便、延展性强，能呈现如水墨画般的浓淡干湿变化，因此是孩子玩大型泥浆类游戏特别喜欢的工具之一。幼儿在与滚筒、泥浆的互动中，感受因滚筒的方向不同、用力的大小、重叠的交叉、泥浆的多少、速度的快慢等带来的美，体验着由此带来的艺术创作的成就感。

图2-2-21　滚筒不同面的探究

3. 鼓励幼儿探索多形式的玩泥游戏活动

幼儿的玩泥活动充满了各种可能性，他们会用所有的感官去和环境、材料互动。多种形式的玩泥活动，让幼儿在每一种游戏中体验由同一种材料带来的熟悉和变通的游戏乐趣，并在探索、学习、发现及实践中产生新的需要，在变通和创作中不断挑战着自我。除了用泥进行泥塑、泥浆涂鸦游戏之外，还可以开展一些探索类、体育类、表现类和结合原生态泥巴特性的玩泥活动。

（1）原生态的玩泥游戏

幼儿原生态的玩泥动作多种多样，徒手动作如摔、搓、团、捏、踩、盘、扔、堆、拉、卷、掷、拧、甩等。这一类活动可将之归为原生态的玩泥游戏。通常幼儿在室内玩泥时，泥的量一般比较少，大多以精细动作为主，而户外玩泥活动更多的满足于幼儿控制泥巴的快感和自信，在摔、捏、揉、捶、踩、切、拉、抓、垒等活动中，体验到一种全然释放的快乐，会被每一个动作带来的形状、肌理变化而吸引，也会在看似简单重复的动作中发现由此带来的惊喜，形成自己的认知经验和审美情感。

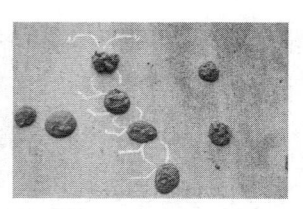

图2-2-22　泥巴开花

"敲"，一般借助木榔头在大块的泥上尝试用不同方式敲。如方向不同、力度不同、用同一把榔头不同的面、次数和频率不同等都会带来不同的视觉效果。在整个探索过程中，幼儿能够在之前经验的基础上自主探索用不同的方式敲、用不同的辅助材料敲来进行创作。如在表现城堡的过程中，幼儿能根据需要，用长方形木块平放在泥巴上敲出平整的台阶、用圆形的大木块敲出大大的门洞、用两个柱形积木敲房间的纵深空间等。

图2-2-23 捣泥　　　　　　　　　　　图2-2-24 敲泥

"踩"，是幼儿对于大块泥巴最直接的原始动作。他们会积极尝试用多种方式踩泥巴，感受鞋底的花纹在泥巴上留下的特别痕迹，同时感受踩踏泥巴的过程中，鞋底与泥巴之间发出的声响和黏性带来的乐趣。在这类活动中，可提供湿度不同的泥，让幼儿来感受脚踩在湿湿的、黏黏的泥巴上和踩在稍微干一些的泥巴上，或者是很干的泥巴上有什么不同，观察不同湿度的泥踩过之后有什么不同的变化，如泥的厚薄有什么变化、花纹是不是一样清楚等。踩过的泥巴可以引发幼儿进行形状的联想，用添加辅助材料的方式进行平面创作，也可以运用卷的方式，将踩过的泥片进行立体组合造型。

图2-2-25 踩泥巴　　　　　　　　　　图2-2-26 泥片鸡

通过原生态玩泥动作，引发幼儿关注泥的形态变化，发现泥的多样方法。教师也可以通过对幼儿玩泥动作及泥的形态的研究，用多种方式归纳、梳理幼儿玩泥的多种方法；探究不同年龄段幼儿玩泥的简单动作的不同特征，以及在作品中的巧妙运用；用儿歌、绘本、图片等形式归纳和总结幼儿的玩泥技巧。

第二章　可探索的、有挑战性的户外环境

（2）民间传统游戏

教师可以结合泥的不同特性，以民间游戏为切入口，巧妙融入艺术、体育、益智等方面的游戏元素，鼓励幼儿开展多种形式的活动。主要以打泥仗、打泥弹、赶小猪、套圈圈、炸碉堡等体育类游戏为主，通过身体大肌肉动作，锻炼幼儿的力量、协调性等，提高竞争意识、规则意识和团结协作意识。

"打泥弹"是大家耳熟能详的民间游戏，适合中大班幼儿。幼儿在掌握打泥弹的要领之后，第一阶段两人（或两人以上）进行对垒，谁击中泥弹就胜利；第二阶段可比赛谁的泥弹先"进洞"，练习手眼协调及手部力量；第三阶段在泥洞上标注号码，按指令"进洞"；第四阶段幼儿可自由设置、调整游戏场地，利用原有的玩泥经验逐步设置障碍，丰富游戏的情境性。

图2-2-27　打泥弹

又如，在"摔泥碗"游戏中，幼儿先用拇指在泥团中间挖个坑，然后用拇指转动泥团，用食指配合使其外部形成碗状，最后，把"碗"底捏薄，使其薄于其他部位。游戏规则是两人轮流摔，看谁能把泥碗摔破，还能发出响亮的声音。一方符合要求，另一方则要从自己的泥巴上分出一块把洞补上。最后看谁的泥巴多，就算赢了。

（3）建构类游戏

幼儿自制各种形状的泥块、泥条、凹槽等泥制品，晒干后，可自由进行拼搭建构，属于低结构建构材料。幼儿对各类泥块进行组合、调整、搭建和不断地调整，形成空间、远近、大小、比例、对称等空间关系和围合、垒高、架空等建构技能，并通过"泥弹"、软泥块等辅助物的支持，引发幼儿多种探究的欲望。同时，建构的作品也可以成为幼儿游戏的道具，如在"空中飞弹"游戏中，幼儿合作将泥块自由排列，搭建立体轨道，将球从高处入口往下滚落直至准确无误地掉进洞中。在此过程中，幼儿需调节轨道之间的距离、球滚落的速度，再调节最后的入口距离，体验游戏的乐趣。

除此之外，幼儿也特别喜欢用立体泥塑的方式进行三维空间建构，来表达自己对周围环境的想法。他们在进行合作式的创造活动中，通过不断的堆积、敲击、组合等动作技能，借助树枝、绳索、木条等辅助材料进行空间连接，探究几何空间的概念，解决关于结构的问题。在这一过程中，幼儿呈现并运用已有经验，构建新经验。教师应支持幼儿主导的学习，关注幼儿，协助幼儿提出建议，帮助幼儿获得各类资源。

图2-2-28　泥块建构游戏　　　　图2-2-29　三维立体泥塑

（4）科学小实验

面对泥的不同状态和质地、花纹等其他特性时，幼儿总会发现很多问题，如"都在地球上，为什么泥巴的颜色会不同啊？""为什么种植园地里的泥巴是黑黑的，而泥巴场里的泥巴却是有点白白的？"他们在观察中思考，在问题中进行探索，在发现问题、解决问题、再发现问题的循环反复中进一步提高科学探究能力。

例如，大班幼儿探索泥浆流动速度快与慢的原因。他们先对泥浆流动的速度进行实验，在过程中发现速度与泥浆水分的多少、落差的高度、倾倒的速度等因素相关。幼儿通过探索和实验，得出在等量的水里加的泥粉越少，泥浆跑得越快；泥粉加得越多，泥浆跑得越慢；还可以借助外力让泥浆流动得更快或更慢。又如，在玩泥的过程中，他们又提出了如何让混浊的泥水变干净的问题，并进行了探索和实验。为了让混浊的泥水变干净，幼儿尝试了纱布过滤、沉淀、棉絮过滤、面纸过滤等多种方法，并对"生活中的自来水是如何过滤的"进行课程延展。

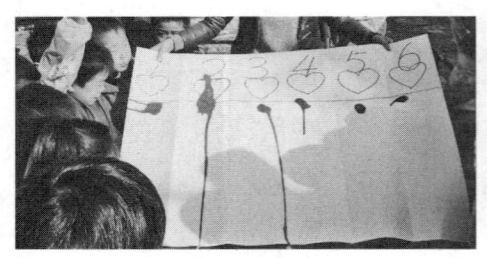

图2-2-30 泥浆赛跑　　　　　　　　图2-2-31 泥水变干净了

（5）象征性游戏

幼儿的生活是以游戏为主的，象征性游戏是幼儿发展中重要的一部分。在游戏中，幼儿间彼此协调所扮演的角色，有争执、有妥协、有分工、有合作，会尝试去共同面对并解决问题。他们时刻在科学家、艺术家以及各个社会角色身份中自由转换，重现他们来自真实生活中的经验，并利用这些泥材和所扮演的角色来加深他们对周围世界的认识。

例如，在积累了不同比例的泥浆配比游戏经验的基础上，幼儿在娃娃家开了冰淇淋店、卖起了奶茶和拉花咖啡；用榔头把泥敲成大饼、牛排和比萨；摘来树叶和花瓣撒到泥巴上，卷一卷，制作美味的培根卷；在刚煮开的火锅内，撒上泥粉当作胡椒粉。他们通过泥材，结合环境，运用语言、动作、作品来想象、再现或延展生活中的熟悉场景和社会活动，使认知和自我控制、社会交往、合作等能力都得到了发展。

图2-2-32 "巧克力"奶茶铺　　　　　图2-2-33 泥饼店

又如，在大班"造房子"游戏中，幼儿以"建筑公司"设计师、建筑师等身份参与活动。等房子造好以后又自然玩起了看房、卖房的游戏，搭建了临时的售楼大厅。当有顾客来参观时，售楼经理会向看房子的人介绍楼房，也会引发一些如"你的楼梯在这里不合适！""院子太小！""没有自动门"等的互动。这样的互动，除了让幼儿对搭建作品本身有了再次回访的机会之外，也让幼儿的经验得到提升。

4. 支持幼儿深度探索泥材

在经历了早期使用泥材的实验阶段之后，幼儿，特别是大班的幼儿更乐意挑战有主题的、合作式的三维泥雕塑创作活动。在此过程中，幼儿基于自己的真实问题，深入、积极投入地探究。教师应积极为幼儿的深度探索提供时间，包括对材料，工具和程序的探索，促进幼儿的合作能力、解决问题的能力、艺术表达能力、身体运动能力等多方面能力的发展。幼儿获得了成就感和喜悦感，而这种成就感和喜悦感又可以激发幼儿不断尝试，成为他们不断努力获取新经验的动力。

扫描下面的二维码，阅读完整的幼儿玩泥活动案例《造房子》。

二维码2-2-4　案例：造房子

（本活动由无锡市雪浪中心幼儿园沈小玲撰写）

活动 5

综合设计：沙水乐园

理论深度 ★★

能力要求 ★

沙水是幼儿身边最直接、最常见、最易于感知的天然材料。沙水属于结构性极低的材料，甚至可以说是无结构材料。也正是结构低、形态多变、可塑性强的特点，备受不同年龄段幼儿的喜爱。

[二维码] 二维码2-2-5 沙水区对于儿童的意义

[二维码] 二维码2-2-6 沙水区的关键经验

一、沙水区的常见问题

1. 沙水分离，沙子无水

玩沙、玩水区域在规划的时候就相距很远，没有沙水混合的意识，沙子和水是完全割裂的两块区域。沙池里因缺少水，只有干沙没有湿沙，沙子的玩法就缺少了很多变化，像塑形、挖洞等高技能的游戏就无法进行，幼儿获得的经验比较单一。

2. 沙水区材料单一

沙水区的材料仅限于铲子、棍子、车子等几种常见的材料，材料的种类和数量较少，缺少可变性和多样性，不能满足幼儿的操作需要，也减少了沙水区的趣味性，幼儿的持久性游戏也难得一见。

3. 教师的指导较少

许多教师认为，幼儿比较喜欢沙水区，进了这个区域幼儿有得玩，教师就可以不用"操心"了，幼儿想怎么玩就怎么玩，致使幼儿的游戏材料得不到调整，幼儿游戏经验明显裹足不前，游戏水平滞留在较低的程度，得不到更好地提升。

4. 幼儿在沙水区的经验很难提升

在游戏过程中，幼儿应该观察什么、如何观察？教师何时介入、如何指导？这一系列的问题困扰着教师。面对幼儿的沙水游戏，教师无法判断幼儿的游戏经验和水平，更不知道下一个发展阶梯在哪里。因此，幼儿的游戏得不到来自教师的有效支持，经验提升缓慢。

二、教师支持幼儿沉迷沙水的有效策略

1. 创设干、湿沙区，靠近水源

沙子中是否含水，其外形、质感、玩法和可以使用的材料都是不一样的，幼儿在其中获得的经验也会有所不同。多种形态的沙子的学习价值远比单一形态的沙子的价值要大，因此，应尽量将户外沙水区分成干沙区和湿沙区。

图 2-2-34　干沙区　　　　　　　　　图 2-2-35　湿沙区

　　在可能的情况下，也可以将玩沙区进一步细化，如干燥程度不同的干沙区。干燥的沙子，可以结合流动、滑动、筛选、转动等内容使用。有潮气但依然松散的沙子，可以开展"沙漠寻宝"的游戏，使用铲子在沙地里挖宝藏，如把磁铁包裹在布里，在沙里吸铁屑等。这样，既能玩得开心，又能减少扬沙对幼儿身体的影响。

　　湿沙区，也可以有所区别，一种是通过喷洒水使沙子湿透，这样的沙子是可以用来塑形的，可供幼儿使用各种材料向下挖、埋、填，向上堆、砌和塑形。还有一种就是在沙池中引入水流进行游戏，教师可以使用管子、水槽等工具，直接将水流引入沙池，水流不断，在出水口慢慢形成水坑，引发幼儿使用手扒、棍挑、掀挖等方式，进而更加深入地引发幼儿挖沟、架桥、造路、植树……形成持续不断的探索活动。

　　水源也是可以有变化的，是有多样化学习机会的。水源是直接安装在沙池里，还是有些距离，有距离怎么引水？使用什么材料？是软管子还是硬管子？是直通水槽还是多节水槽？是一次提供足够长度，还是给幼儿拼接、搭建的机会？是可视水流动？还是不可视？这些都是需要思考的，哪一种可以给幼儿更多的学习机会，让幼儿投入更多的精力去解决问题？学习处处都在。

2. 提供丰富多样的辅助材料

在沙水游戏中，幼儿主要是通过操作材料与沙水互动，来实现游戏的娱乐功能和认知功能的。因此，要发挥幼儿在玩沙水中的探索精神，提高探索能力，辅助材料的选择与运用是必不可少的。可选的辅助材料有如下三种。

自然材料。自然界天然的材料，许多都可以用来玩沙，或者作为辅助材料增加玩沙的趣味性。鹅卵石、雨花石，可以作为宝物埋藏在沙子里，幼儿根据同伴设计的藏宝图，在沙池里挖沙寻宝。大大小小的碎石子，混合在沙子一起，可以根据用途进行筛选和分类。树棍、树枝、树叶，可以做篱笆、围栏、大树、花朵等，贝壳、鱼骨头、干果壳、松果，能够和沙堆、沙坑、沙粒进行组合，形成形态各异的纹样和艺术作品。

图 2-2-36　材料框

废旧材料。生活中的废旧材料丰富多样，根据其材质和形态可以直接和沙子结合使用。如洗衣机管子、水管子、PVC 管子、塑料水管子、不锈钢管子等，质地不同、软硬不同、粗细不一，都可以结合沙子开展活动。比如，让幼儿进行操作和比较，发现管子的软硬、管子内壁的光滑度、管子的长度、管子的弯曲度、管子的高低差，对沙子流动的速度都会产生影响。平锅、瓷砖、瓦片、勺子等生活用品和建筑用品，投放后幼儿可以直接作为工具使用，用来挖沙和盛放沙，制作模具等。各类纸盒、塑料瓶、陶罐、废旧玩具等，都可以根据幼儿的游戏需要即时性投放。

自制材料。将自然材料或者废旧材料进行人为加工和改造的再造性材料。竹子可以改造成竹筒、竹片、竹棍、竹筒，当作工具用来倒沙、装沙、挖沙、平沙、刮沙等，也可以作为材料来用，进行装饰、链接、架空等。塑料的油桶、矿泉水瓶子、洗发水瓶子、洗衣液瓶子等塑料制品，可以经过切割改造，制成铲子、耙子、舀子、勺子，以及等高的器皿、等容积器皿等，让幼儿在挖、运、倒的过程中感知和学习比较、测量等概念。其他的箩筐、纸盒等许多材料都可以稍作改进后投入使用。

3. 保留和展示幼儿的经验

幼儿处于形象思维阶段，保留和展示幼儿的作品可以让幼儿能够直观地看到自己的经验，也可以将个体经验拓展成集体经验，并成为引发幼儿新经验的基点。保留和展示幼儿经验的方式，可以有过程性保留展示和结果性保留展示。

图 2-2-37　大小沙粒分放　　　　图 2-2-38　流水渠

过程性是指教师作为一个观察者，对幼儿的活动过程，包括使用材料的过程、解决问题的过程、形成经验的过程等，用图像的方式对幼儿活动中的言语、行为以及和周围事物的互动情况进行的记录，结束后和幼儿针对教师记录的图像进行经验分享。还可以是，幼儿用符号表征的方式自我记录与评价：画出玩了什么、是怎么玩的、使用了几种材料、怎么解决问题的、怎么合作进行的等。教师提供空间将幼儿的经验在环境中展示和共享，将经验固化、拓展和延续。

结果主要是幼儿活动后的痕迹及成果，包括幼儿完成的单次作品，挖的山洞、架的桥梁、做的比萨、印的花园等，已经完成的作品。对于大部分幼儿来说，里面蕴含着新经验，就有保留的价值。第二就是幼儿个体或小组合作进行的半成品和成品，幼儿没有完成的作品予以保存，以使幼儿可以多次进行，进而支持幼儿复杂、大型和连续的游戏内容。

对于结果的保留和展示，就是将作品就地保存一段时间，可以拍照保存并展示，也可以保存幼儿的图示记录等。

4. 支持多人参与的合作性主题游戏

在沙水游戏中，沙水容易塑形、改变形状后视觉冲击力强、便于幼儿合作，这些特质使得幼儿很愿意多人合作。教师从空间、时间、材料等多方面给予支持，幼儿的协商性、合作性、主题性的作品就会带给人惊喜。

在建构的过程中，幼儿的规划设计能力、艺术表现能力、沟通交流能力、观察比较能力、问题分析能力等都得到了较好的发展，尤其是幼儿积极、投入、专注、勇于想办法解决问题等良好的学习品质，将是其终身学习的良好基石。

扫描下面二维码，阅读幼儿玩沙活动案例《城堡坍陷记》

二维码2-2-7 案例：城堡坍陷记

（本活动由无锡蠡园实验幼儿园陈艳、锡市育红实验幼儿园王瑜、无锡市通江实验幼儿园鲍雪华撰写）

活动 6

综合设计：与众不同的雨雪天

理论深度 ★★
能力要求 ★

"雨天活动安排"一度让幼儿园陷入了"雨雪天只能在室内活动"的误区。雨雪天不能外出活动吗？当这个问题真正被思考的时候，才能恍然大悟：没有坏天气，只有穿错衣服的人！雨雪天是大自然赐予的自然现象，是课程实施的天然资源和绝佳契机，当然不能错过。

二维码2-2-8　常州宝龙幼儿园雨天活动视频

一、雨雪天对于儿童的意义

雨雪天是一种自然现象，在幼儿成长的过程中具有独特的意义和价值，应该充分利用雨雪天的资源，给幼儿成长提供多元化的学习发展平台。

1. 雨雪天可以增加幼儿认识自然现象的机会

春有百花秋有月，夏有凉风冬有雪。春夏秋冬，阴晴雨雪，有不同的生活趣味，也各有各的认知价值。

图 2-2-39　雨天兴奋的幼儿　　　　　　　图 2-2-40　铲雪了

雨水有大有小，有强有弱，雨的大小强弱和云层中含水量及气温变化有关，这些关联现象可以鼓励幼儿去观察、比较和猜测，引导幼儿主动关注和思考现象的成因。

大雨、小雨落下来有什么区别？伸手去感受一下，仰脸去体验一下，拿出一些器材，如纸、碗、茶杯、木板、树枝等材料，去接雨水观察一下，雨水落在地面上、水洼里、草丛中、大树上会有什么不同？落在水泥地、瓷砖地、塑胶地、泥土地、沙土地、木屑地上又会有什么不同？将空盆翻过来，盆底朝上，倾听雨打盆底的美妙乐音。站在窗户边，静听雨水和树叶在说什么悄悄话。

雪花飘落像什么？落在地面有什么变化？用手去接一接，用嘴去尝一尝？观察雪花飘落在水泥地、塑胶地、草地、瓷砖地上各有什么不同。雪可以怎么玩？大家一起来玩一玩，做个小实验，雪变水，水变冰，冰变水……一定很有趣。

一系列的开放性问题背后，是教师对幼儿认识雨雪天自然现象的激励和支持。大自然是神奇和美妙的，带给幼儿许多遐想和渴求，当教师对自然现象也同样保持着一颗好奇心的时候，幼儿的小小求知欲往往就会被激活。雨雪天，是天然的自然课程，只需要时间、空间、机会及教师的支持，幼儿对自然现象的认知也就具有了无限的可能。

2. 雨雪天可以引发幼儿独特的探究活动

幼儿是天生的科学家，是在与环境的互动过程中建构自己的认知的，也是在互动过程中不断发现问题、解决问题，进而不断提高对事物的探究能力的。雨雪天的特殊环境和现象，可以给予幼儿多种生发问题、寻求问题答案的探索可能性。

图 2-2-41　倒灌 　　　　　　　　　图 2-2-42　观察

雨雪天，无论是雨雪前、雨雪中还是雨雪后，无论是气温、气象还是现象，都是在不断变化的，同时也引发了自然界中相关事物的变化，故而可以引发幼儿思考的问题很多，可以参与探究的机会很多。利用雨雪天的资源，提高幼儿的探究能力也就理所当然。

下雨、下雪之前有什么现象？太阳哪里去了？云层是什么样子的？是不是每次下雨雪前都有风？下雨的时候，小动物在干什么？雨后有什么变化？为什么有的地方会有水洼，有的地方却没有？雨雪后的植物有什么变化？雪覆盖了地表，小动物哪里去了？这是为什么？等等。

这些问题，可能是来自幼儿，也可能来自教师，无论来自哪里，最终引导幼儿主动探究的问题，一定是每一个幼儿自己的问题。教师需要倾听和观察幼儿，观察他们在做什么，说什么，使用什么材料，判断活动的发展走向，随时为幼儿的探究行为提供有效支持。引导他们进行猜想、预测、观察、分析、比较、统计和实验，进而寻求问题的答案，让所有答案的来源都源自幼儿自己的探究结果，从而切实有效地提高幼儿的探究能力。

3. 雨雪天可以锻炼幼儿动作的灵活性，发展平衡能力

雨雪天的户外活动，对幼儿提出了不一样的挑战：穿上了雨衣、雨鞋，厚厚的棉衣，打着雨伞。雨衣是在外衣之外加上的，雨鞋一般是塑胶的，较为厚重，所以对外界的敏感度大大降低，幼儿在运动时无形中增加了难度，对幼儿动作的灵活性和身体平衡能力提出了更高的要求。

图2-2-43　雨中玩积木　　　　　图2-2-44　打雪仗

雨中、雨后需要根据雨水的大小、气温的高低等因素，来考虑游戏的内容。下小雨和中雨的话，可以撑起雨伞到户外去雨中漫步，在泥地里穿梭，在水坑中游走，在水洼中踩踏，在各类平衡器材，如平衡木、梅花桩上行走。也可以照常使用小车、滚筒、轮胎等材料游戏……雨后，更是可以肆无忌惮地开展各种活动，弃去雨衣雨伞，放开手脚，在水沟里捉泥鳅，在小水塘里捞鱼，在大操场吹泡泡，在草丛里捉虫子……大雪纷飞，更是带来了无穷多的机会，如在雪地里奔跑、堆雪人、打雪仗、清扫积雪、做小实验等，可以肆无忌惮地和大自然做游戏。

这些活动开放、有趣、具有挑战性，幼儿活动需要身体的大肌肉参与，他

们要克服雨鞋的笨重负担、水的阻力、泥泞的阻力参与活动。需要防止滑倒和摔跤，努力保持身体的平衡，努力平稳地走、跨跳、攀爬、蹬踩……雨雪天的活动不仅发展了幼儿的耐力、力量，促进了大肌肉动作的发展，还有身体动作的协调性、灵活性和平衡能力。

4. 雨雪天可以增强幼儿的安全意识，提高自我保护能力

雨水打湿地面，积雪融化，会降低地面及各种设施的防滑度，给活动中的幼儿带来一些不安全因素。但是，也正是因为存在这些小小的不安全因素，才会让幼儿从中认识到如何进行自我的安全保护，进而增加了幼儿的安全意识。

穿上雨鞋走在质地不同的地面上，如青苔的地面、瓷砖地面，泥土地面等，会感受到什么样的地面是滑滑的，滑滑的地面走路要小心谨慎，速度放慢，不能做危险的动作。雨雪天这些地面需要有防护措施，要尽量减少在此类地面的活动。那些不滑的地面，如塑胶地面、木屑地面、水泥地面、石子地面等，可以放心地走路，进行走、跑、跳等游戏活动。

雨雪天外出需要根据季节的变化做好防护措施。教师可以结合本班幼儿的体质等现实情况，和幼儿讨论，让每一个幼儿都能够认识到为什么防护和怎样防护。夏天一把雨伞也许就够了，春秋季节需要雨衣（雨伞）、雨鞋；雪天需要做好保暖措施，全副武装，做好自我的保护。有的季节雨天会打雷，打雷外出是很危险的事情，打雷的雨天不能在户外游戏，更不能在树下躲雨。

结合幼儿的经验和雨雪天的各类要素，有针对性地组织开展雨雪天的安全教育，可以有效学习并掌握自我保护的方法，提高安全意识。

5. 雨雪天可以提高幼儿的艺术审美能力

雨雪天蕴含着丰富的审美教育契机，雨天的风声雨声、雨打树叶的沙沙声；大自然中云朵、山水、植物的颜色及姿态的变化；雪花的形状、颜色，雪堆积后的样子，雪花飘落时的样态，用积雪塑形进行创作，等等，这些大自然赋予

的审美要素，给了幼儿很多感官参与的机会，可以用眼睛、耳朵、鼻子、脚、手、头脑去触摸、去感知，并进行联想和再现。可以说，审美感受的契机贯穿在雨雪天的始终。

雨雪天给大自然带来的特殊审美现象，除了云、雨、雪，还有山川、河流、植物、动物，以及身边的环境

图2-2-45　幼儿园雪景

等，都会因为雨雪天而有所变化和改变，呈现出各不相同的审美状态，或浓妆艳抹、或娇艳动人、或峰回路转、或曲径通幽……艺术审美无处不在，幼儿身处其中，在教师的引导下，去发现美、感受美和表现美，大大提高了幼儿的艺术审美能力。

二、雨雪天活动的常见问题

1. 对雨雪天的价值认识不够

许多教师没有认识到雨雪天潜在的教育价值，而将雨雪天视为妨碍正常活动的障碍，避而远之。还有一种认识是，雨雪天不是计划中的活动，属于活动的额外之物，更是教师的负担。

2. 对雨雪天的安全顾虑太多

认为雨雪天会相伴出现淋湿衣服着凉、滑倒摔跤、行动不便等问题，幼儿的安全得不到保障，进而拒绝雨天参与户外活动。

3. 缺乏和雨雪天活动配套的设施和材料

幼儿园缺少雨雪天支持幼儿参与户外活动的相关材料，雨衣、雨鞋、雨伞、备用衣服等；缺乏活动场地的防滑、安全标志提示等安全防护措施，无法保证幼儿户外活动的正常开展；缺少专为雨雪天进行观察、比较、操作、实验而准备的户外专属材料，不能为幼儿在雨雪天获得相关经验提供支持。

三、教师支持幼儿雨雪天游戏的有效策略

雨雪天活动既要让幼儿无拘无束，又要具有多元发展的机会和可能；既要让幼儿玩得嗨，又要对其发展有意义和价值，教师的支持尤为重要。教师如何支持幼儿雨雪天的游戏，促进幼儿可持续发展呢？

1. 提供丰富、多样的探索材料

材料是支持幼儿学习的重要因素，也是引发幼儿相应行为的直接因素。雨雪天的材料不仅要指向雨雪天特有的游戏内容，指向幼儿多种经验的获得，更要考虑到同一经验的不同获得方法和途径，材料的丰富性尤为重要。

（1）自我防护类的材料

根据气温的高低，适时提供支持幼儿雨天探索的防护材料和设施。夏天，可以穿凉鞋甚至光脚、不带雨具进行游戏；温度稍低，就需要准备雨鞋、雨衣、雨伞，也可以撑起大的雨棚、雨伞，为幼儿遮风挡雨，户外的回廊和亭子也是不错的选择。雪天需要增加保暖的材料，棉衣、棉帽、棉手套都是必备的。采用什么材料需要根据幼儿园户外空间的特点、季节、气温等情况，以及幼儿的活动情况综合考虑。同时，教师要做好保护措施，如玩多长时间不会着凉，衣服淋湿后如何保暖，身体是否有条件及时清洗等。

图2-2-46　雨具

图2-2-47　盛水容器

（2）探索事物类的材料

支持挖渠引水、挖沟架桥的材料。铁锹、铲子可以支持幼儿雨中、雨后、雪融化后，在沙池、泥地上挖沟引水；木棒、木板可以用来架桥和分割区域；水桶、水瓢可以用来搬运水；水管可以用来引流水。

支持幼儿观察、捕捉的材料。放大性盒子，可以观察和比较石头的纹理；一个放大镜，就可以让幼儿全神贯注地观察一草一木；一个放大性昆虫容器，可以清楚地看到昆虫的身体构造；双筒望远镜能够看到远处栖息在树枝上的小鸟；小铲子能够顺着小洞找到昆虫；捕捉网可以捕捉飞蛾和蝴蝶。

图2-2-48　玩水工具

支持幼儿采集和实验的材料。滴管、吸管能够帮助收集、导流雨滴；瓶罐能够收集雨滴、观察雨滴的变化；量杯可以对雨雪水进行测量和比较，也可以

第二章　可探索的、有挑战性的户外环境　｜147

进行蒸发等实验；相机、笔、纸能够记录观察到的现象。提供密度不一的弹珠、泡沫球、塑料玩具、积木等材料，进行沉浮的实验；提供大小不一，钻有大大小小、多少各异的小洞的塑料瓶子，进行喷水、流水、瀑布的实验；提供废旧报纸，折叠小船，比比谁的小船游得快、载得重；粉笔可以将雨后水泥地上的水坑画出轮廓，后期观察水的蒸发过程；提供给幼儿做冰雪融化实验的玻璃器皿或者冰盒，进行融化、蒸发、测量等观察、比较小实验。清扫积雪的铲子、小铁锹、拖板车等工具。

（3）趣味挑战类的材料

装满水的水枪，可以开展水枪激战游戏，练习瞄准、射击和躲闪；装满水的桶，如何运到树屋上，提供滑轮，学习简单的机械原理；车子用来装水运输。漏斗、容器、水管等均可以支持幼儿将水从一个地方运输到另一个地方；小拖车可以将积雪从一个地方集中拖运到另外一个地方，进行堆积或者雕塑。

2. 创造开放性的玩乐空间

空间是幼儿玩乐的基础保证，空间的特质在一定程度上决定了内容。开放性的空间提供，可以给幼儿更加多样化的选择。

水池。水池戏水，雨天更有别样趣味。提供多样化的材料，幼儿可以在其中开展水的流动游戏，矿泉水瓶装满水，瓶身上打有高低不一、多少不一的洞，观察水流速度和时间；提供大小不一的瓶瓶罐罐、水舀、水盆，进行装水、运水和测量比较；提供水管、弯管进行拼装，尝试让水从一头流向另一头。将轮胎摆放在水池，可以在上面行走；也可以将积雪堆积在水池中，观察积雪如何变成水。

水沟。雨天水沟溢满雨水，开沟引渠、捞鱼捉虾，自然天成。铁锹、铁锹、渔网、箩筐、水盆等，都是绝佳的材料。

图 2-2-49　小桥　　　　　　　　　　　图 2-2-50　沟渠

大操场。制作泡泡，满操场吹泡泡，在雨后呈现出色彩斑斓的样子。水枪射击目标物，固定的物体，放置远近不一，进行比赛。水枪射击滑动的物体，如飞盘、气球、轮胎等，趣味更强。雪后堆雪人、打雪仗、在雪地里行走，奔跑追逐，听咯吱咯吱的声音。

种植园。踩着小路走进菜园，看看植物和晴天时有什么不同；寻找小动物跑到哪里去了；观察植物雨后有什么变化；了解积雪覆盖后对植物的生长有什么影响。

小树林。雨雪后踩踩地有什么感觉，看看地上会有什么发现。大树露出的根、树皮、树叶都有什么不同？摇一摇树会发生什么？想一想怎么会有这样的现象。

开放性的空间，因为没有过多的限制和束缚，幼儿会有更多的机会参与其中，开展自己喜欢的游戏。

3. 鼓励结伴式的小组游戏

结伴式的小组游戏，会给幼儿相互学习的机会，可以增加协商、妥协、合作、竞争的机会，还能够增强游戏的趣味性和挑战性，延长游戏时间，引发幼儿更多的游戏行为。

合作式游戏。小组同伴在一起，比较容易有成就感。比如用滴管收集水滴，一个人的力量比较小，但是一个小组的同伴在一起，很容易看到本组的成就。比如，雨中漫步、品尝、触摸，幼儿会交流自己的感受，分享自己的体会，给幼儿分享的机会。雨后寻找昆虫的行动任务，幼儿会在一起讨论哪里可能有昆虫，去哪里抓，怎样分工。这样的小组协商目标清晰、责任到人，小组活动就变得有意义。水里涂鸦，当小组中的每个成员将颜料在水里涂抹时，同伴们都会发出惊呼声，颜色深入水中，渗透、游走、扩散，呈现出浓淡多姿的色彩变化；当不同的颜色又触碰在一起时，又会让幼儿更加兴奋、刺激和惊喜，小组的活动成果会更加丰富。

竞赛式游戏。小组竞赛往往是在合作基础上的竞争，小组内形成共同的目标任务，对抗其他组，形成积极进取的状态。如：小组合作堆雪人，看看哪个小组堆得高、有创意、用时短。比赛抓鱼，小组有了抓到鱼这个共同目标，每一个幼儿都是为了能够小组胜出，尽最大的努力。在水枪激战中，幼儿分为两个小组，用水射击对方，每一个幼儿既要努力射到对方，又要躲避对方的射击。过程中幼儿建立起相应的规则：规定时间内，被射中次数少者为胜。大组协商、小组合作，共同建立规则，相互配合射击和躲闪，这些能力的获得是幼儿在竞争式游戏中逐步建构的。

4. 支持持续性的多次探究

多次的持续探索，有利于幼儿将经验系统化和连续化，幼儿获得的经验也就较为完整。同时，有助于幼儿对同一内容的深度学习，有助于良好学习品质的培养。

连续性地多次探索雨，不仅将幼儿的兴趣点集中在对雨水的关注上，也增加了幼儿对乌云、下雨等自然现象的认识，引发了幼儿对雨的味道和色彩的联想，促进了幼儿将雨天经验和两维表征建立起联系。使幼儿形成对雨天的多领域、整合化的经验。

扫描以下二维码，阅读幼儿雨天活动案例《下雨啦》。

二维码2-2-9　案例：下雨啦

（无锡市育红实验幼儿园沈梅、钱力颖、陶菊芳老师，无锡市胡埭中心幼儿园强玉老师，无锡市芦庄实验幼儿园鲍雪华老师，无锡市滨湖区雪浪中心幼儿园何雅君老师提供了相关活动案例）

拓展阅读

1.［美］朱莉·布拉德：《0—8岁儿童学习环境创设》，陈妃燕、彭楚芸译，南京师范大学出版社2014年版。

2.［美］安·S.爱泼斯坦，伊莱·特里米斯《我是儿童艺术家》，冯婉桢等译，教育科学出版社2012年版。

主题三　教师支持幼儿户外活动的有效策略

儿童是户外环境创设的重要参与者，没有儿童的参与，户外环境就会较多地表现出成人倾向与控制色彩。在户外环境创设的过程中，教师一方面要主动邀请、积极刺激、智慧地支持幼儿参与环境创设，另一方面要努力建构儿童立场、回到儿童视角，充分了解幼儿的想法，倾听幼儿的声音，采纳幼儿的意见。真正与幼儿一起规划户外探索空间，建设户外材料超市，讨论户外活动规则，分享户外活动过程，反思户外活动效果，支持儿童在幼儿园户外环境中获得存在感、掌控感，让幼儿园户外环境充盈儿童视角、洋溢儿童色彩、彰显儿童权益、增进儿童福利，最终使幼儿园成为幼儿真正的游戏乐园。

关 键 词　户外游戏场；空间规划；材料超市；平面图；许愿树

学习目标
1. 探索儿童本位户外环境规划策略。
2. 探索儿童本位户外材料超市建设策略。
3. 探索儿童本位户外活动规则制定策略。
4. 建构支持儿童分享户外活动过程的策略。
5. 建构支持儿童反思、评价户外活动效果的策略。

实践准备
1. 收集幼儿参与户外环境规划、材料超市建设、户外活动规则制定、户外活动分享、户外活动反思的典型案例。
2. 采集儿童参与幼儿园户外环境改造过程的照片、音频或视频。
3. 准备儿童参与户外环境规划、材料超市建设、户外活动分享、户外活动反思的支持策略。

> 活动 1

翻转课堂：与幼儿一起规划户外探索空间

理论深度 ★★

能力要求 ★★★★

在传统的幼儿园户外空间规划中，幼儿很少有参与权、发言权，即便是教师也未必有权利改变户外的规划格局，这就导致幼儿和教师常常不得不在一个别人限定好的空间里活动。教师邀请幼儿参与户外空间规划有多种方式，可以是新园建设过程中的全程参与、老园改造过程中的局部参与，也可以是部分户外区域规划中的全程或零星参与。对于幼儿而言，关键是要有主动参与环境创设的意识、权利与能力。对于教师而言，要有邀请幼儿一起参与的意识、行动与策略。基于此，教师要了解不同年龄段幼儿对户外探索空间的心理需求，支持幼儿规划并绘制户外空间的平面图，推动幼儿将规划蓝图变成实景效果图或自然日记。

一、课前活动

在课前做好两件事：一是进行问题思考；二是进行案例学习。尝试在问题思考与案例阅读中，进一步反思儿童参与户外环境规划的可能性与限制性，找出可能的策略。

问题思考

1. 不同年龄段的幼儿参与户外环境规划需要什么样的前置经验？教师如何支持幼儿的前置经验？
2. 不同年龄段的幼儿参与户外环境规划可能遇到的问题有哪些？如何预防或避免这些问题？
3. 教师如何寻找适时支持幼儿参与户外环境规划的契机？
4. 幼儿发起的户外环境规划中教师的角色是什么？如何避免干预幼儿的自发行为、自主选择与自由创意？

阅读下面两个案例，案例一指向的是幼儿户外游戏环境的整体规划，案例二指向的是幼儿自主发起的户外环境的局部改造。用关键词的方式描述这两个案例的共同特点，假如你是案例中的教师，你会怎么做？你觉得哪些可以进一步改进，哪些非常值得学习与借鉴？

二维码2-3-1　我们来设计户外游戏场地

二维码2-3-2　我们来设计停车位

在以上案例中，幼儿的参与是教师邀请下的被动参与，案例二则是幼儿自主开展的游戏活动。尝试比较两个案例中教师的角色有什么不同。

二、课堂学习

幼儿的经验是通过直接感知、实际操作、亲身体验获得的。有了参与户外环境规划的经历，幼儿的小主人意识才会慢慢生长出来。当小班的幼儿慢慢地参与由中班和大班幼儿发起的各种环境规划活动时，其对环境负责的能力也就慢慢在同伴、成人的影响下拓展开来。

1. 自主学习

以个人为单位尝试回答以上四个问题，并比较两个案例中的教师与幼儿，分析幼儿参与环境规划的可能性与制约性。

2. 小组讨论

根据内容需要分成三个学习小组，每组负责研讨不同年龄段幼儿参与户外环境规划全程所需要注意的事项、教师应做的准备、可能遇到的困难、可以提供的支持策略等。

3. 师生总结

邀请幼儿一起规划户外探索空间需要教师从形式到内容、从观念到策略的全方位改变，至少要做好三件事。

（1）了解不同年龄段幼儿对户外探索空间的心理需求

不同年龄段幼儿参与户外环境创设的能力与需求是不一样的，教师要充分了解幼儿的心理需求，预判幼儿的能力阶梯，预估幼儿的参与环节。对小班幼儿来说，重要的是对环境的归属感而不是胜任感，所以，在小班幼儿的规划参与中，教师较多的是环境留白，给予小班幼儿尽可能多的参与体验。

中班和大班幼儿则不同，他们有了更多经验，也开始更多地主张我的地盘我做主。因此，中班和大班幼儿的规划参与要具有全程性，教师更多地扮演激发、催化、支持、协助角色，而不是指导、要求、带领的角色。教师的角色退让给了中大班幼儿角色前进的可能性。当然，教师为中大班幼儿提供的平台必须是循序渐进的，要不断支持幼儿生长出独立环境规划的能力，然后慢慢放手，直至幼儿完全能够独立完成。

（2）支持幼儿规划并绘制户外空间的平面图

规划图的设计不同于绘画，它需要幼儿对空间方位、透视效果更敏感，对表征语言、符号标识有更多储备。如果幼儿没有准备好便开始参与环境规划，那么幼儿首先获得的常常不是自豪感，而是挫败感。

图 2-3-1　幼儿参与制作的幼儿园模型　　　　图 2-3-2　幼儿绘制的幼儿园户外平面图

对于不同年龄段的幼儿而言，为了激励幼儿更多参与环境规划，发展起元认知能力，教师要首先做好不同年龄幼儿的经验储备工作。譬如，要通过简易规划图让小班幼儿直观感受空间规划的一些基本元素，如边框、线条、方向、色彩、造型、结构、位置等，此外，还要进一步感知整体与局部、放大与缩小、平移与翻转的流动关系。

对于中班和大班来说，除了规划的基本元素外，幼儿要不断形成的是创意、想象、关联、组合、变形、细节，同时，要注意微地形塑造与实际地势、空间的刺激性与游戏的安全性、整体联通与局部造景、创意效果与可能施工之间的平衡。

图 2-3-3　幼儿制作的幼儿园模型　　图 2-3-4　幼儿绘制的幼儿园空间平面

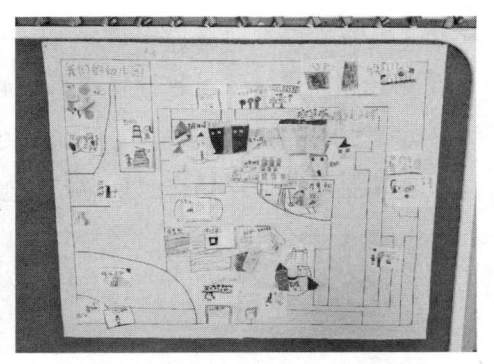

环境规划特别能够发展幼儿的元认知能力中的计划、监控、平衡、调节。教师要珍视幼儿参与环境规划带来的可能价值，从《我们的小菜地》《我的地盘我做主》等案例中汲取有益经验，支持儿童通过环境实现全方位发展。

图 2-3-5　幼儿在绘制幼儿园整体地图

（3）推动幼儿将规划蓝图变成实景效果图、自然日记

当幼儿不只是环境规划者，还是环境施工者时，他们便会从图纸到施工的过程中习得什么叫实践智慧，什么叫纸上谈兵。规划图关注的是理想，施工图诉求的却是现实，幼儿要拿捏好两者的关系才能顺理成章地实现跨越。

在幼儿参与环境规划的任何一个阶段，进度与效果不是教师关注的重点，教师要努力引导幼儿去体验过程，感受过程中的各种经验、情绪、思维、逻辑、

第二章　可探索的、有挑战性的户外环境　| 157

人际的积淀。幼儿是在做中学、玩中学的，学到什么不是主要期盼，学的过程更值得珍惜。遗忘了过程性思考、记录、表达，幼儿慢慢也会习得成人世界的功利，忘却生命本真的意义。因此，引导幼儿一边慢慢地做，一边慢慢地想，一边慢慢地体验，一边慢慢地用幼儿独有的表征语言进行创造性记录，这才是儿童教育本来应有的样子。

活动 2

翻转课堂：与幼儿一起建设户外材料超市

理论深度 ★★

能力要求 ★★★★

在传统的幼儿园户外环境规划中，材料通常放置于固定的场地上，有的材料可以移动，有的不可移动。这样的材料设置实际上是成人限制幼儿自主选择的一种方式。因为材料固定在场地上，场地的功能便容易被固定，游戏的形式与内容也容易受到限制或某种暗示，幼儿的弹性选择空间、变形可能性就会被压缩。因此，如何让场地流动起来、弹性起来，材料超市的规划与建设就显得非常重要，这是把材料选择的自主权、游戏形式的自主权还给幼儿的前置条件。

一、课前活动

扫描下面的二维码，观看视频，并思考以下四个问题。

二维码2-3-3　常州市宝龙幼儿园的户外材料超市

> 问题1：比较传统的幼儿园户外材料设置方式与现代的材料超市有何不同？尤其是教育观、课程观、儿童观、材料观、学习观的不同？
>
> 问题2：小班、中班和大班幼儿在户外材料超市建设过程中扮演什么角色？他们能做什么，不能做什么？
>
> 问题3：固定的材料超市与流动的材料超市，其设置原则与建设过程有何不同？
>
> 问题4：在材料超市从规划到布置、采集、分类、标识、管理的全过程中，教师扮演什么样的角色？

二、课堂学习

所谓材料超市，即游戏材料的超级市场，具有超市的几个核心特征：商品分类摆放，开放陈列，顾客自我选择、自我服务，材料从哪里拿送回哪里去。材料超市可大可小，可具有专一性也可具有普遍性。幼儿园户外环境中建设材料超市的核心目的是支持幼儿自主游戏、弹性选择、自我管理。

1. 自主学习

以个人为单位，仔细观看视频中的材料超市建设过程，思考并尝试回答以上四个问题。

2. 小组讨论

根据以上问题形成讨论小组，针对个人感兴趣的话题展开前期调查基础上的小组合作。在小组中充分地讨论，分享个人观点，并将个人观点进行整合，形成小组共识，绘制出思维导图或学习地图，以备全班交流。

3. 师生总结

在传统的教师专业技能认识中，教师要求掌握最多的是如何教，可在儿童本位的改革背景下，教师要不断地学习如何与幼儿共同生活，如何通过不教而实现教。与幼儿一起建设户外材料超市，对不少老教师是一次考验。

（1）召开幼儿小组会议，讨论材料超市的工作逻辑

邀请幼儿参与户外材料超市建设，意味着教师对幼儿程度不等的赋权，更意味着教师智慧的增能过程。因为，一个从来没有独立走路经验的孩子是不敢独自行走的，不仅在材料超市建设方面，在任何幼儿可以参与的活动中都是如此。

教师对幼儿的赋权增能是从教师的自我角色反省、角色留白、角色退后开始的，教师要仔细观察不同年龄段、不同个性特征的幼儿需要什么样的教师支持，给予多大的放手空间。同时，教师还要善于运用同伴的力量支持幼儿学会独立行走。

图 2-3-6　材料超市远景一　　　　　　　图 2-3-7　材料超市近景

图2-3-8　材料超市远景二　　　　　图2-3-9　材料超市内部

对于小班幼儿而言，参与户外材料超市建设的可能性也许在于空间寻找基础上的搜集、整理、分类、标记、规则、管理，但显然这一切工作更多是象征性的、观察性的。对中大班的幼儿则不同，他们可以更多地参与材料超市的选址、空间造型、内部设计、材料分类、材料标识、监督管理等，这一切显然更多是具体的、操作性的。

大班的幼儿甚至可以发起幼儿小组会议，专题讨论材料超市的工作。这种小组会议可以是班级内部的，也可以是班际之间的。幼儿会议甚至可以有主持人、参与人、记录人、拍照人等分工，也可以邀请一些幼儿充当会议观察员，列席会议。在瑞吉欧幼儿园中，不少与幼儿有关的事务都是通过幼儿自我发起的幼儿会议商议决定的。当幼儿在幼儿园生活中感受到了民主参与和权利尊重，其自身的责任担当意识、公共情怀便会悄悄地萌发和生长。

（2）我分类，我命名

不论小班，还是中班、大班，在参与户外材料超市建设过程中实质性参与部分都是材料的收集、分类、标识。在上面的视频中，常州宝龙幼儿园的孩子们从头到尾都参加了材料超市的建设，从采集、汇总活动区材料，列举各个活动区材料清单，到给物品分类排序，再到给材料做多元风格的标识。

给物品分类排列时，幼儿必须要考虑到不同年龄幼儿取放时的便利性，小规格的材料需要先放到储物箱里再放进材料超市里。孩子们给材料超市做的标识可以用不同的底板，譬如木板、树桩、调色盘、纸箱板，几乎都为自然材料，具有环保特点。

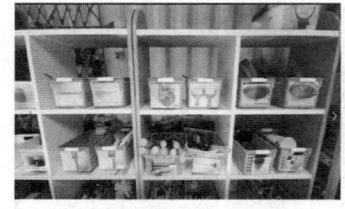

图2-3-10　分类放置的材料超市　　图2-3-11　木板做的标识　　图2-3-12　树桩做的标识

有的幼儿园在材料超市建设过程中，还与幼儿一起进行材料游戏效果的讨论总结。在右图（图2-3-13）沙水区的管子游戏中，孩子们收集的管子，从最左边的圆形管子，发展到中间的有更多的半圆、切割、粗细的区分的管子，再发展到最右边的有更多的红色标识的管子。在这样的材料超市建设过程中，幼儿的参与是卷入性的，是通过自身的游戏体验来深度推进的。

图2-3-13　不同规格的水管

（3）小轮子，大创意

为了让材料超市更方便幼儿的搬运与活动需要，轮子的创意自然而然地诞生了。通过轮子，所有原本无法移动的材料都变得流动起来，幼儿的游戏活动不再囿于材料超市的远近，在教师和幼儿的共同努力下，固定的房子有了轮子，无法移动的轮胎动起来，装积木的小筐也轻便了，小朋友甚至可以带上有轮子的手推车，根据自己的游戏需要自选游戏材料。

图2-3-14　幼儿的轮子创意　　图2-3-15　轮胎装上轮子　　图2-3-16　房子装上轮子

图 2-3-17　移动的积木筐　　图 2-3-18　拖拉的轮胎车　　图 2-3-19　自选手推车

活动 3

翻转课堂：与幼儿一起制定户外活动规则

理论深度 ★★

能力要求 ★★★★

在户外活动中，幼儿将与环境、材料、人进行互动。在广泛的互动中，人与物、人与人之间会出现一些矛盾，这些矛盾会阻碍户外主题活动的有效开展。因此，为了户外活动的顺利开展，就需要形成一些"契约"，制定出大家都必须遵守的规则。反观当下的户外活动规则，呈现两个明显特点：第一，自上而下的规则路径，体现教师本位的特点，即规则基本是教师自己制定的，要求幼儿遵守这些规则，幼儿也许并不理解这些规则，也不清楚为什么需要遵守这些规则；第二，否定为主的规则语境，体现"禁止"特点，即规则基本以"不能""不可以""不允许"等形式规定不能做的事情，而缺少积极正面的引导和示范，如可以怎么做，可以做什么……

因此，制定户外活动规则需要从"教师本位"转向"儿童本位"，从"不可以"转向"可以"。在具体实施中，需要支持儿童参与到户外主题活动规则的制定过程中，让儿童自己发现户外主题活动的问题，自主讨论解决问题的方法，自觉制定和遵守规则。

一、课前活动

◆ 步骤一	和孩子一起调查幼儿园环境中呈现的户外主题活动规则，并对规则进行汇总和分析； 对教师进行个别访谈，了解户外主题活动规则的来源和效果
◆ 步骤二	结合前期拍摄的规则图片，与幼儿开展谈话活动，请幼儿说一说、画一画，在户外主题活动中需要遵守哪些规则？ 以图文的形式记录孩子对户外主题活动规则的理解
◆ 步骤三	与幼儿一起讨论还有哪些规则是需要遵守的，并请幼儿画下来； 与幼儿一起制定户外主题活动规则

二、课堂学习

（一）小组分享课前调查

以饼状图的形式呈现户外活动规则的制定过程中，教师、幼儿分别占的比例，分享和交流幼儿园户外活动规则中儿童参与的情况。

以饼状图的形式呈现户外活动规则中肯定语境和否定语境的比例，分享和交流幼儿园户外活动规则的语境特点。

以解读儿童画（话）的形式呈现儿童参与制定的户外活动规则的特点，分享和交流儿童参与制定户外活动规则的方法和策略。

（二）重点交流焦点话题

1. 探讨支持幼儿创想户外活动规则的意义

从权利保护的角度来说，儿童参与户外主题活动规则的创想，是儿童应该享受的一种权利。《儿童权利公约》规定了儿童的四类基本权利，其中的儿童参与权强调：所有有主见能力的儿童都有发表自己意见的权利；儿童有权对影响到其本人的一切事项自由发表自己的意见；儿童的意见应按照其年龄和成熟程度得到适当的看待；儿童权利的保护需要儿童参与；儿童有权参与涉及自身利益事务的讨论与决策。

从儿童观的角度来说，儿童有能力参与户外活动的规则创想和制定，儿童本身是儿童问题研究的专家。从现代儿童观出发，"儿童视角"的研究包含三个基本内涵：第一，承认、尊重并保护儿童的独特价值；第二，给予儿童自由表达的机会；第三，尊重儿童的每一个观点，不以成人的标准对其进行评价，并且成人应该站到儿童的一边，了解儿童的生活体验，并对教育观念和实践进行反思。

2. 探索支持幼儿创想活动规则的策略

在支持幼儿创想户外活动规则的过程中，可以创设条件，让幼儿主动发起制定活动规则的话题，也可以师幼共同发起话题，幼儿主动参与制定；在幼儿制定活动规则的过程中，教师要充分尊重幼儿的意愿，允许幼儿有不同的想法；在户外活动中，支持幼儿根据自己制定的规则活动；在户外活动结束之后，支持幼儿根据实际游戏需求调整规则，不断丰富和完善规则。

（三）师生总结

户外活动于幼儿的吸引力是自由、自主，因此，在游戏规则、责任担当、值日生制度方面建立起充分的幼儿参与制度，邀请幼儿一起讨论户外活动规则非常必要。

1. 基于年龄的户外活动责任区

户外活动责任区，顾名思义，将户外活动区交给幼儿"负责"，幼儿是活动区的"负责人"。幼儿园中有一些基本的户外活动区，适合所有年龄段的幼儿活动，但是，我们可以依据不同年龄阶段的幼儿的游戏特点，将户外活动责任区交托给不同年龄阶段的幼儿。

小班幼儿的游戏无明确目的，更容易受到玩具、材料的影响，且由于年龄小，认知能力有限，规则意识较弱，所以一些高结构、规则性不强的活动区更适合小班幼儿。如大型滑滑梯、攀爬架等活动区。

中班幼儿精力充沛，游戏形式较小班更为丰富，需要更大的活动空间。中班幼儿大肌肉和小肌肉动作发展较小班幼儿更为成熟，并且他们的合作意识、探索能力有了进一步的发展，他们也开始做有规则的游戏，游戏具有一定的目的，所以一些活动范围大、有角色分工的活动区，如户外运动区、表演区等更适合由中班幼儿负责。

大班幼儿合作意识、探索能力增强，其规则意识初步形成，游戏有明确目的，且游戏持续时间长，如一些竞技类游戏；大班幼儿对结构性、规则性游戏感兴趣，如建构游戏等，所以一些低结构、规则有弹性的游戏适合大班的幼儿玩，如户外大型建构区、户外探索区等。

2. 支持幼儿创想户外活动规则

在进行户外活动时，很多教师因为考虑安全或便于管理，而制定一些限制性较大的规则，硬性规定幼儿的游戏方式。长此以往，幼儿对游戏活动只是机械的重复，兴趣很快减退，甚至有可能对此类活动产生抵触心理。并且活动规则由教师制定，幼儿遵守规则不是自主自发的，而是被要求的，所以大多数时候，幼儿并不能理解为什么要遵守这些规则，也不会自觉遵守。教师设定过多的规则也容易束缚幼儿的自主性，或使他们产生对规则的过度服从意识，甚至依赖心理。在创设户外环境时，支持幼儿参与规则的制定，既可以减少规则对幼儿的外铄作用，也可以促使幼儿更好地内化规则。

二维码2-3-4 幼儿创想户外沙水区规则

3. 户外探索区全园幼儿值日制度

户外探索区是一个适合小班、中班和大班各年龄幼儿的活动区，是一个利用各种有趣的探索器材激发幼儿探索欲望和解决幼儿困惑的地方。在探索区，幼儿可以直接以触摸、品尝、嗅闻和观察等方式去感受。在探索区，幼儿可以自主动手操作，而教师也可以帮助培养幼儿的好奇心。

材料的"无意破损"（幼儿在游戏过程中不爱护玩具，导致玩具经常破损）是户外活动区中一直存在的问题，即使在活动前，教师告诉幼儿要保护玩具和环境，幼儿也经常会忘记，尤其是材料丰富的户外探索区。所以在户外探索区可以尝试采取全园幼儿值日制度，即将探索区活动场地的保护、材料管理和规则制定交给幼儿，让幼儿承担起活动区责任人的角色。上文提到小班幼儿由于年龄的限制，可能在值日方面有较大的难度，但是，我们采用混龄制，引导中班、大班的幼儿与小班幼儿共同值日。在活动过程中，不同年龄阶段的儿童相互交流，中班、大班幼儿起到榜样作用，带领小班幼儿逐步学会操作，且中班和大班幼儿在值日的过程中也会逐步意识到自己在游戏中的行为对材料和环境的影响。这样下去，幼儿的责任意识不仅会逐步增强，对幼儿本身的游戏行为也有正确的自我暗示作用。

（本活动由无锡市峰影幼儿园赵娜、杨海玲，句容市下蜀镇中心幼儿园周颖共同撰写）

拓展阅读

1. ［日］高山自子：《与孩子们共同生活——幼儿教育的原点》，华东师范大学出版社2009年版。

2. 黄力：《我心目中的学校——儿童视角的教育研究》，光明日报出版社2011年版。

3. 莫迪：《儿童视角研究：儿童研究的新转向》，华东师范大学出版社2015年版。

4. ［英］罗杰·哈特：《儿童参与——社区环保中儿童的角色与活动方式》，科学出版社2000年版。

> "广场"不仅仅是空间的延伸,也是一个鼓励许多不同的意见和活动的场所。对我们而言,广场代表了意大利城市的中心,是一个人们可以见面、谈天、讨论以及参与政治、生意往来、街头艺术或是抗议示威的地方。"广场"是一个信息川流不息的地方,……是一个想法降临和出发的地方。
>
> ——马拉古齐

第三章
共享的、有公共精神的室内公共环境

思维导图

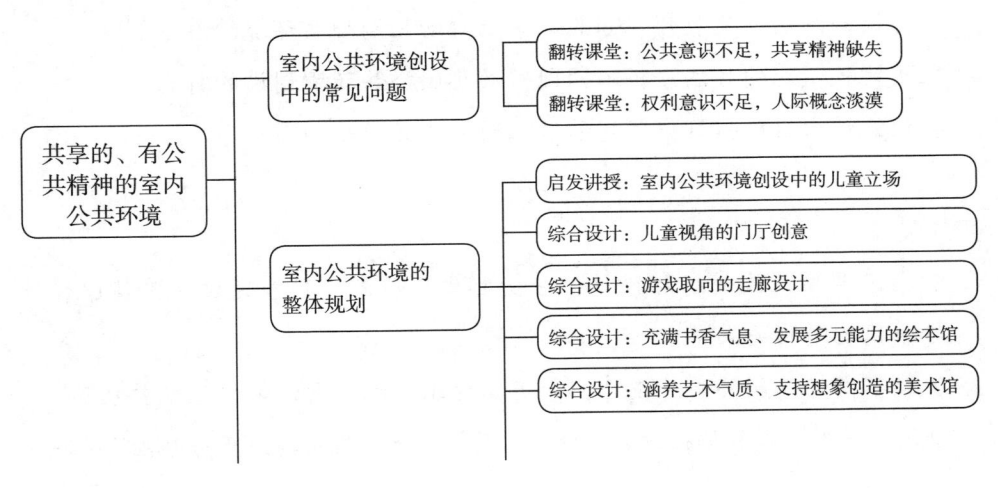

```
共享的、有公 ─┬─ 室内公共环境创设 ─┬─ 翻转课堂:公共意识不足,共享精神缺失
共精神的室内    │  中的常见问题      └─ 翻转课堂:权利意识不足,人际概念淡漠
公共环境        │
                └─ 室内公共环境的 ─┬─ 启发讲授:室内公共环境创设中的儿童立场
                   整体规划          ├─ 综合设计:儿童视角的门厅创意
                                     ├─ 综合设计:游戏取向的走廊设计
                                     ├─ 综合设计:充满书香气息、发展多元能力的绘本馆
                                     └─ 综合设计:涵养艺术气质、支持想象创造的美术馆
```

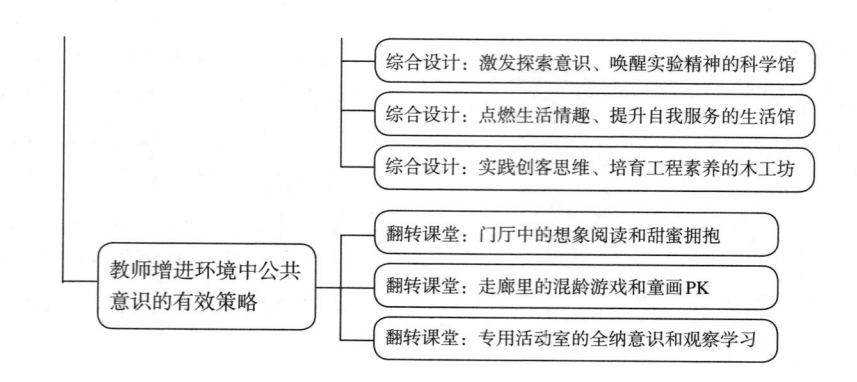

```
                        ┌─ 综合设计：激发探索意识、唤醒实验精神的科学馆
                        ├─ 综合设计：点燃生活情趣、提升自我服务的生活馆
                        ├─ 综合设计：实践创客思维、培育工程素养的木工坊
教师增进环境中公共 ─────┤
意识的有效策略          ├─ 翻转课堂：门厅中的想象阅读和甜蜜拥抱
                        ├─ 翻转课堂：走廊里的混龄游戏和童画PK
                        └─ 翻转课堂：专用活动室的全纳意识和观察学习
```

学习目标

1. 了解幼儿园公共环境的类型、特点。
2. 理解瑞吉欧幼儿园的"广场"内涵。
3. 理解幼儿园室内公共环境与户外环境、班级环境的互动关系。
4. 发现幼儿园各类公共环境创设中的常见问题。
5. 建构儿童参与各种类型幼儿园公共环境创设的相应策略。

学习方法

1. 对区域范围内不同类型幼儿园的室内公共环境进行抽样调查。
2. 采用马赛克法呈现儿童视野中的幼儿园公共环境。
3. 用访谈的方法收集教师、园长、家长对幼儿园公共环境的看法。
4. 采用比较研究的方法分析不同国家幼儿园公共环境创设的特点。
5. 尝试设计出自己心目中理想的幼儿园公共环境平面图。

实践关注

1. 观察不同幼儿园的门厅设计，分析其文化追求、功能定位、价值取舍及与课程之间的关系。
2. 观察不同幼儿园的走廊设计，分析其功能定位、设计主体及主要缺陷。
3. 观察不同幼儿园的楼梯设计，分析其功能定位、儿童视角及与课程的关联。

4. 观察不同幼儿园的专用活动室，分析其理念定位、价值选择、课程视角及优缺点。

主题一　室内公共环境创设中的常见问题

对于幼儿而言，幼儿园是其人生进入的第一个正式组织，是一个有公共规则的公共生活空间。从个体成长的角度来说，幼儿园是幼儿获得群性、社会性的重要场所；从社会发展的角度来看，幼儿园是幼儿习得社会规则，承担公共责任，扮演公共角色，培养公民素养的最初平台。在幼儿园公共环境创设过程中，我们要借鉴瑞吉欧的"广场"思维，从个体的发展和社会的需要两方面展开规划，让幼儿在幼儿园公共空间中的公共生活成为涵养未来民主社会公民素养的重要载体，通过公共环境的开放性、共享性、公共性来成就幼儿的公共生活素养。譬如，关心集体、服务他人、爱护公物、勇于承担责任、对人对事宽容大度的人际品质。

关 键 词　公共环境；公共意识；共享精神；公共情怀；广场

学习目标　1. 了解幼儿园公共环境的类型、特点。

2. 发现幼儿园公共环境创设中的常见问题。

3. 理解幼儿园公共环境创设的重要性。

实践准备　1. 收集世界各地幼儿园的门厅、走廊、楼梯图片。

2. 收集不同风格幼儿园美术室、绘本馆、生活馆、科技馆、木工坊的图片。

活动 1
翻转课堂：公共意识不足，共享精神缺失

理论深度 ★★
能力要求 ★★★★

与班级的独占性空间不同，门厅、走廊、楼梯、专用活动室是共享性空间，是人人都可能经过的地方，无论成人还是儿童。因此，从空间的社会属性上来说，这些空间具有天然的公共性、共享性。作为一个共享的空间，它可能让任何人都体验到接纳感、存在感、认同感，也可能让任何人都产生拒斥感、疏离感、无关感。好的空间对空间中的人产生积极的影响，它鼓励人们停留、邀请人们参与、欢迎人们倾听、感谢人们分享，而坏的空间则让人变得冷漠、自私、狭猫，甚至唯我独尊。

一、课前活动

围绕幼儿园公共环境设计中的公共意识与共享精神，提前思考下页四方面的问题，关注证据与观点的逻辑自恰性。

以小组为单位制作交流讨论用的PPT。

问题导引

1. 收集3~5所中外幼儿园的门厅照片，访谈不同年龄段幼儿、教师、家长、社区人士，了解其对门厅的第一感觉，他们理想的门厅有什么特点。
2. 比较中外不同幼儿园的楼梯设计，有装饰的、无装饰的、儿童视角的、成人视角的、成人专用的、儿童专用的，思考幼儿更喜欢什么样的楼梯。
3. 比较中外不同幼儿园的走廊环境，分析其功能定位、四周装饰、使用效果。
4. 关注中外不同幼儿园专用活动室的设计逻辑、活动内容、活动材料、活动规则、管理规定，分析专用活动室的年龄特征、层级性和挑战性。

二、课堂学习

围绕课前布置的四个思考问题，展开个人的观点碰撞、小组的想法分享，并在此基础上形成明确的问题意识、比较的国际视野、清晰的建构思路以及尝试改变的实践勇气。

（一）自主学习

以个人为单位，将以上四个问题的思考以关键词、思维导图、标明逻辑关系的维恩图[①]呈现出来，并尝试建构不同公共空间之间的逻辑关联，譬如，门

---

① 维恩图（Venn diagram），是在所谓的集合论（或者类的理论）数学分支中，在不太严格的意义下用以表示集合（或类）的一种草图。它们用于展示在不同的事物群组（集合）之间的数学或逻辑联系，尤其适合用来表示集合（或）类之间的"大致关系"，它也常常被用来帮助推导（或理解推导过程）关于集合运算（或类运算）的一些规律。

厅与楼梯、走廊与楼梯、门厅与专用活动室等，分析不同公共空间的定位对其他公共空间功能的影响。同时，进一步比较中外不同幼儿园公共空间的同与异。

（二）小组讨论

根据课前学习小组协作情况，先在全班范围内确定分享重点，以保证每一个维度、每一个方面都有涉及，保证信息的完整性。

（三）师生总结

根据前期调查与访谈，总体上，幼儿园在公共环境的创设与使用过程中表现出公共意识不足、共享精神缺失的问题。可着力从以下三个方面加以完善。

1. 专用活动室既是中大班的，也是小班的

专用活动室在幼儿园中的普遍出现，其历史的合理性有待考证。但无论如何，专用活动室都是从拓展幼儿活动空间、深化幼儿关键经验获得的角度来设计和创造的。基于此，专用活动室是属于全园所有幼儿的，不论其年龄、性别、兴趣爱好，即专用活动室具有共享性、公共性。因此，这就区别于班级环境设计的年龄定位，它要为所有孩子服务，支持所有来游戏的幼儿获得存在感、掌控感。如何支持所有孩子的深度学习，有两种选择可能。

第一，开展混龄活动，支持幼儿学会跨年龄交往。生活的正常生态是参差多样、和而不同的，幼儿从同年龄的班级群体中的同伴交往，走向专用活动室公共空间中的混龄交往，本身便是一种跨界行动，能支持幼儿学会跟着大孩子或带着小孩子，学会承担不同的身份角色，完善自我的社会化。

第二，进行层级设计，支持幼儿基于经验的深度学习。幼儿在幼儿园生活中获得的真正存在感是：在哪里都能发现自己能探索的材料、喜欢的游戏，即环境总是回应幼儿的认知基础，形成对其的接纳与提升。专用活动室要有适合每个年龄段幼儿探索的材料、开展的活动。其中，材料是核心，材料不必供应到位，恰恰要做到供不应求，给幼儿更多自我创造、组合的机会。因此，无论

什么内容的专用活动室，其材料应以低结构、可变化为基本特点，保障幼儿成为材料魔法师。

2. 门厅应包容、接纳每一个来访者

与专用活动室的幼儿独享性不同，门厅是一个川流不息的地方，它要温暖每一个到达，祝福每一个出发。如何接纳、包容、回应每一个来访者，如何支持所有的人获得宾至如归的感觉，这是教育空间设计的艺术性、人文性之所在。门厅要支持幼儿获得安全感、好奇心、探索欲望，要支持家长获得信任感、接纳感，支持教师获得温馨感、幸福感，支持来访者获得专业感、质量感。在中国人的语境里，门厅便是幼儿园的脸，是幼儿园的文化气息、办园追求、课程理念的集中呈现。如果空间不允许门厅进行复杂化表达与表现，那么，最朴素的选择便是回应孩子的需求。因为，幼儿是幼儿园存在的理由，也是家长、教师、来访者的核心关切。

3. 通过环境熏染儿童的公共情怀

环境是第三位老师，具有润物无声的作用。走进一所幼儿园的门厅，如果满墙的标语、规章，你便知道这是追求窗口效应，眼里只有领导、只有位高者，而没有儿童、没有教师、没有家长的幼儿园。瑞吉欧幼儿园空间设计中的"广场"思维，采用落地的玻璃窗、环形的活动联廊，面向广场的活动室，让所有的孩子始终被看见，也始终看见，孩子一直浸润在一个你中有我、我中有你的空间中。

人与人之间的联结性不是自动形成的，个体对社会的责任担当也是在逐渐感受关爱中慢慢生长的。公共空间建筑设计中呈现的排斥与吸纳、开放与封闭、个人与社会的关系张力，它会以潜移默化的方式影响空间中的人，实现空间对人的教化、成就与规训功能。

> 活动 2

翻转课堂：权利意识不足，人际概念淡漠

理论深度 ★★
能力要求 ★★★★

从诞生的意义来看，幼儿园本是幼儿的花园、乐园，是幼儿生活、游戏、探索、学习的地方。幼儿园因为幼儿而有了存在的价值。然而，在当下的幼儿园环境创设中，"目中无童"的现象并不少。无论是室内环境、户外环境、公共环境，其创意、设计、布置、评价都远离幼儿，只顾及成人的审美、成人的逻辑、成人的偏好。成人在幼儿园的环境创设中，既一手遮天、唯我独尊，又疲惫不堪、叫苦连天。成人拼命压缩了儿童参与公共环境创设的权利，但又让自己陷入周而复始的环创任务中。

在公共环境创设上，教师如何走出成人—儿童对立的怪圈，彰显儿童权利，赋予儿童责任，从而惊叹儿童创意，分享儿童决策，释放环创压力？幼儿园要选择一条与幼儿分享权利与荣耀的路径。在环境创设中，教师越是独裁，幼儿越会依赖，最终的结果是两败俱伤，儿童可能成为没有担当、没有责任、没有感恩的儿童，教师则是筋疲力尽、疲于应付、负重前行的教师。

一、课前活动

阅读《儿童的一百种语言》第五章，结合中国幼儿园室内公共环境的特点，尝试思考以下问题。既可以采用独立学习的方式，也可以采用小组协作的方式。

问题导引

1. 访谈幼儿园园长,了解幼儿园门厅、专用活动室建设过程中儿童的参与度。
2. 区分成人代表儿童参与环境创设,与儿童真实参与环境创设的同与异。
3. 公共环境创设的逻辑与儿童的公共情怀、人际敏感度有何关系?
4. 不同年龄的幼儿如何才能参与到公共环境创设中去?

二、课堂学习

扫描以下二维码资源,围绕瑞吉欧幼儿园建筑设计师的一系列建筑案例,重点分析瑞吉欧幼儿园公共空间设计的特点,关注其如何将建筑与教育、成人与儿童进行完美对话的。

二维码3-1-1 课件:建筑与教育

(一)自主学习

根据课前的访谈、相关问题的思考,整理关于儿童与公共环境的相关经验,努力厘清儿童权利、教师责任与公共环境三者之间的关系。

吸收《建筑与教育》讲座中的核心观点,思考建筑如何服务于教育,建筑如何成就与涵养儿童的公共情怀。

(二)小组讨论

聚焦几个核心话题展开小组分享,鼓励不同观点的争鸣,鼓励有证据基础上的辩论。

1. "广场"式建筑中的儿童立场。
2. 色彩、光线与儿童。
3. 公共空间与私密空间的平衡。

扫描以下二维码，分享现场听众与建筑师之间的对话。

二维码3-1-2　关于"建筑与教育"的讨论

（三）师生总结

相比于瑞吉欧的公共空间，我国幼儿园的整体设计上缺少建筑视角与教育视角的融合，缺少成人与儿童的对话，缺少儿童对环境的参与。可着力从以下三个方面加以完善。

1. 参与环境创设是儿童的基本权利

陈鹤琴先生说过，儿童用自己的双手和思想参与布置的环境，会使儿童有更多的认同感、珍惜感。儿童参与了公共空间的建设，就在实际上承担了一份公共空间的责任，扮演了一种公共空间中的社会角色。这种角色经历、责任担当会内化为幼儿参与公共生活的一种自觉意识，也会在儿童与幼儿园之间形成更深一层的情感联结。

在江苏省课程游戏化建设过程中，无锡市侨谊幼儿园金科园对幼儿生活的公共空间门厅与门头进行了儿童视角的改造。

图3-1-1　原来的门头　　　　　　　图3-1-2　儿童设计的门头

当儿童参与了门头的设计，并以一种庄严的仪式将其悬挂在幼儿园的大门处时，可以设想一下当这一届小朋友离开幼儿园，某年某日经过幼儿园，看到当年的这个集体创意，幼儿心中会作何感想？而当幼儿有了一次参与环境创设的经历，他便有了再次参与的诉求，孩子的参与意识、参与能力便慢慢生长起来。而成人也便慢慢学会了与幼儿共享权利、共享荣耀。

二维码3-1-3　无锡侨谊金科园：六一儿童节幼儿门头创意作品展

2. 让公共环境成为瑞吉欧的"广场"

好的建筑会给人带来好的教育与影响。瑞吉欧幼儿园在场地的中心区域总会留出一大片空地，被称作"中心广场"。中心广场是一个连续的通道，具有物质作用和文化载体的双重功能。

图3-1-3　某瑞吉欧幼儿园"中心广场"展示

从物质作用的角度来看，幼儿园中的广场是通道，是联廊，是透明的玻璃围合出来的可见的世界。每个幼儿园室内都有一个很大的广场，一般有三个不同的入口，不同年龄班的孩子可以通

第三章　共享的、有公共精神的室内公共环境 | 179

过不同的入口进入中心广场。

建筑师通过外走廊（雨棚）、延展平台（地面）、天台、园中园来实现"广场"效应，传递"内外呼应"的理念。

（1）外走廊

三面围合、三面开放的走廊既是内外空间呼应最典型、也是最普遍的做法。这样的空间不仅能为儿童提供庇护，发挥其遮挡的实用功能，而且能提升过渡的层次感，丰富儿童的审美感受和经验。

图3-1-4　外走廊

（2）延展平台

地面由内向外延伸的平台往往是通过色彩、质地、肌理的过渡，从而形成视觉和空间感受的过渡，给儿童一种心理上的连续空间体验，但具体设计时也需要注意各种条件下的防滑度、反光度、儿童行走和奔跑的舒适度以及声响。

图3-1-5　延展平台　　　　　　　　图3-1-6　天台

（3）天台

天台是幼儿园建筑的顶层向更上方扩张的部分，为了儿童的安全，多设护栏、扶手或矮墙围绕着平台。天台可以作为儿童室外活动场地的组成部分，上方开阔的空间能够为儿童提供听觉、视觉和空间感觉的不同体验。

（4）园（幼儿园）中园（花园）

幼儿园主体建筑对花园形成的包围或半包围结构，是外部自然空间与内部人为空间的另一种呼应方式。两个部分互为主体，又互为补充，儿童在其中任何一处活动时，都能感到另一处切近的存在。

图3-1-7 "园中园"

在瑞吉欧，人们希望为儿童建立一个真正适合儿童、关爱儿童身体的场所。建筑师和老师们注意到了儿童生活的地方与周围环境的联系性，努力创造出确保儿童和教师一同生活的公共空间，同时也积极欢迎家庭成员的加入，中心广场由此诞生。这就是建筑与教育的结合。

3. 通过环境启蒙儿童的民主意识

环境是儿童的教科书，环境向儿童传递了什么，儿童便可能生长出什么。瑞吉欧的"中心广场"传递的便是一种融合、联合、协作、分享、共担的空间理念。在幼儿园的每个地方向外眺望，幼儿都能看到中心广场，看到各种人的各种活动，设计者给了幼儿充分想象的空间、充分进入的权利。"中心广场"在加强儿童身份认同、支持儿童获得自我存在感、社区公民感的同时，也引领了一种尊重儿童权利文化的形成。

瑞吉欧的"广场"思维也不是一日形成的，它经过了一个漫长的演化。在20世纪初期，意大利儿童之家虽重视空间环境对儿童民主意识与公共情怀的作用，但总体空间较为封闭。到20世纪30年代，意大利开始采用大规模、现代化、先进技术的建筑设计，越来越注重自然环境和自然元素的引入。从40年代开始，意大利幼儿园开始设置活动区和花园，采用透视玻璃窗设计思路，将室内室外的世界开始联通。20世纪70年代，马拉古奇创建瑞吉欧模式，采用中心广场、花园、工作坊等元素，用长廊、延伸平台、屋檐等进行内外衔接，创生出了独一无二的广场建筑。瑞吉欧广场建筑的诞生是建筑设计师结合教育学理念、关注儿童视角的结果。

主题二　室内公共环境的整体规划

　　幼儿园是一个群性空间，既有班级空间下、熟人社会中的同伴交往，也有班级空间下、陌生社会中的混龄生活。互动频繁的班级生活建构了幼儿与同伴之间，以情感为纽带的个体生活；偶尔相遇的园内活动联结了幼儿与他者之间，以规则为基准的公共生活。作为联结幼儿个体生活与公共生活的平台，幼儿园如何基于儿童的视角建构充满童趣的门厅，一个探索性的走廊大迷宫，一个充满魔法色彩的绘本馆、美术馆、木工坊、科技宫、生活馆……凡此种种，不一而足。

关　键　词　　门厅；走廊；楼梯；绘本馆；美术馆；生活馆；木工坊；科技馆

学习目标　　1. 了解儿童本位门厅设计的基本要素。

　　　　　　2. 掌握儿童视角专用活动室设计的核心创意。

　　　　　　3. 尝试从理论与实践两个层面寻求解决问题的多元策略。

实践准备　　1. 收集中外各种幼儿园门厅、走廊、楼梯的平面图和实体图。

　　　　　　2. 采集成人视角与儿童视角专用活动室中儿童的活动视频。

　　　　　　3. 尝试将门厅、走廊、楼梯的设计权交给幼儿，支持其展开创意，并跟踪其创设环境的过程。

活动 1

启发讲授：室内公共环境创设中的儿童立场

理论深度 ★★

能力要求 ★

作为一个公共生活空间，幼儿园是一个提升幼儿人际智能、建立情感差序格局、扩大自我同心圆的特殊场域。如何缓解幼儿在家庭—园所之间的跨界焦虑，如何联通作为个体的自我与作为公民的超我之间的发展鸿沟，幼儿园在公共环境创设中要坚决捍卫儿童立场，满足儿童参与权利，倾听儿童内心真实的声音，提升儿童对幼儿园的归属感。因此，幼儿园室内公共环境创设要遵循马斯洛的需要层次理论，在无条件满足孩子安全感的基础上，不断唤醒并激发孩子的探索欲望、审美冲动、认知挑战及人际吸引，将幼儿园变成孩子的探索大迷宫、交友大平台。

课前互动

1. 如果你是一个孩子，你觉得什么样的公共环境会给予幼儿安全感？
2. 什么样的公共环境会更多激发幼儿的探索欲望？
3. 什么样的公共环境会刺激幼儿之间的同伴交往？
4. 什么是公共环境创设中的儿童立场？

一、公共环境创设中的儿童立场

儿童既是幼儿园公共环境的建设者，也是公共环境的享用者，是公共环境创设中的重要成员。一个具备儿童立场的公共环境至少包括两层含义：一是公共环境的创意、规划、设计、布置中包含儿童视角；二是儿童在公共环境创设中有话语权、参与权、决策权，从而最终支持儿童在公共环境中体验到安全、舒适、有趣、有吸引力。即环境创设要从成人决策，走向儿童视角的象征性参与，走向儿童决策的实质性参与。

从公共环境的儿童视角来看，成人建设者在创意、规划、设计、布置的每一个环节、每一个步骤、每一个流程中都充分考虑到这是儿童的幼儿园，是一群3~6周岁儿童生活、游戏的地方，因此，充满童趣、安全、温馨是成人建设者的第一考虑。同时，成人建设者必须考虑到这是一个儿童的生活空间，因此，所有的创意、规划、设计要有更多的儿童的偏好，譬如，色彩偏好、图像偏好、结构偏好、内容偏好，甚至高度偏好。

从公共环境创设中儿童的权利来看，儿童不仅是一个游戏者，更是一个创意自己喜欢的游戏空间的建构者。因此，公共环境创设中不只是有成人的创意、成人的审美、成人的偏好，或者成人以儿童视角所产生的创意、审美或偏好，更要有儿童自己的全程卷入，即在与幼儿有关的任一阶段倾听儿童的声音、了解儿童的想法、关注儿童的需求、吸收儿童参与决策，支持儿童成为一个实质的环境参与者，而非象征性参与者。

二、幼儿园是一个安全的游戏大天地

安全感是所有孩子对所有空间的第一需要，幼儿园公共环境创设必须首先满足这一需要。所谓安全，包括生理与心理两个层面。生理安全即某种意义上的身体安全，即幼儿的各种生理需要能够在环境中得到满足，幼儿在游戏时不会遭遇身体上的伤害，幼儿的各种感官的基本需要得到满足。譬如，眼睛对色彩的追求，耳朵对表扬的声音、乐音的追求，双手双脚对探索性世界的追求等。

心理安全是指幼儿在幼儿园生活游戏中获得的稳定感、可控感、自信心。

譬如，门厅中所呈现的童趣、温馨，专用活动室中所传递出来的对不同年龄段幼儿的接纳、鼓励等。一个回应儿童心理节奏的公共环境会支持幼儿积极探索世界，乐于与同伴展开分享性互动，提升幼儿在园生活的愉悦体验。

三、幼儿园是一个快乐的探索大迷宫

幼儿是一个天生的游戏者，对世界有着与生俱来的好奇心，对其熟悉的、不熟悉的任何材料都充满着解构、重组、关联的欲望。为了支持幼儿在园一日生活中的深度学习，幼儿园的公共环境创设要充满探索、求异、可变色彩，充分激发起幼儿与环境深度互动的欲望。目前，不少幼儿园采用幼儿园空间大冒险、幼儿自制地图的方式支持幼儿展开空间探索活动。

1. 幼儿园空间大冒险

幼儿园对于任何新入园的孩子而言都是一个充满未知的大迷宫，如何支持幼儿快乐的探索幼儿园，减少对幼儿园的焦虑感与混沌感，幼儿园可邀请幼儿一起，设计一个适合不同年龄幼儿的空间大冒险主题活动。

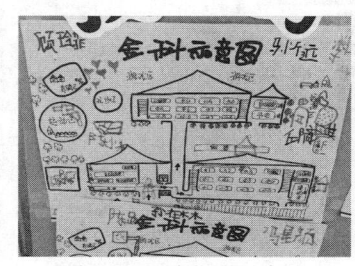

图3-2-1　幼儿园示意图　　图3-2-2　幼儿在探索幼儿园　　图3-2-3　幼儿园大变样

对于小班幼儿来说，空间大冒险的核心在于无论从哪里出发，其终点都是自己的班级，幼儿要在哥哥姐姐的帮助下快速从不同起点回到自己的班级。因此，小班空间大冒险所需要建构的关键经验是所在班级的楼层分布、班级周围的典型特征、班级与门厅的相对位置。对于中班幼儿来说，空间大冒险的乐趣

在于反向的探索，即从班级出发，向不同空间迈进所须经过的风景，幼儿要能自制路标、记号，要能把立体的空间转换成平面的路径，要既能自己标记，又能识别同伴的标记。不仅如此，幼儿也要能够在不同空间中找到一条最近的回班之路。对于大班幼儿来说，空间大冒险的挑战在于以自己的班级为圆心进行放大缩小的游戏。从放大的角度来看，幼儿的班级不仅在幼儿园中，也在周围建筑中，在社区中，在一个以自己为中心的同心圆中。幼儿不仅需要了解自己的班级，更要了解自己所处的社区，了解自己在社区中的位置和责任。从缩小的角度来看，幼儿需要有清晰的幼儿园布局图，需要承担作为大班幼儿在幼儿园空间中的责任，通过自制地图、空间手册等来发展幼儿的存在感。

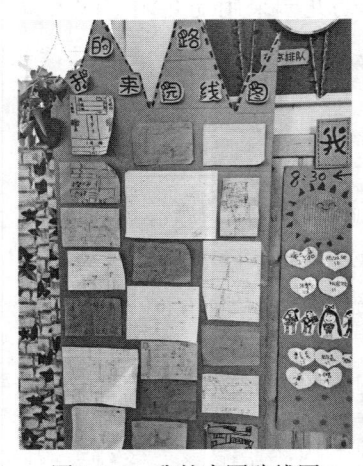

图3-2-4 我的来园路线图　　　　　图3-2-5 我的班级在哪里

2. 自制幼儿园地图

幼儿园是一个幼儿生活的熟悉的三维空间，如何在熟悉空间中"化熟为生"，激发起幼儿对空间的持续好奇心，将三维生活空间转换成二维的平面空间，对所有年龄的幼儿都是一个挑战。自制幼儿园地图是幼儿可以持续探索的分年龄项目活动。

小班幼儿的自制地图通常只需要幼儿绘制出基本轨迹，譬如，幼儿园的粗略结构，班级的楼层位置，然后可用一些小型实物进行布局模拟；中班则可以加大难度，不仅需要幼儿绘制出幼儿园精细结构，也要进行楼层的立体设计，甚至包括楼梯连接、各种设施。大班则要进行更有挑战性的活动，譬如，要有精细的幼儿园的框架结构、楼层分布、设施布局，要有方向、距离、地形、标尺，甚至更多的透视效果。

图 3-2-6　幼儿的自制地图　　　图 3-2-7　幼儿的自制户外地图

四、幼儿园是一个开放的交友大平台

作为一个集体空间，幼儿园的公共环境不仅是可以探索的大迷宫，更是交友的大平台。幼儿不仅在自己的班级生活中遇到同年龄的伙伴，也在公共环境中遇到不同年龄的伙伴，甚至成人。如何支持幼儿打破年龄、打破班级的局限，形成一种开放性交往格局，公共环境的建设中要有物质材料、课程理念、全纳意识的全面渗透。譬如，幼儿园门厅设计中的流动小展厅创意、楼梯设计中的乐器大比拼、影子追踪、活动室设计中的全纳意识等。

1. 门厅创意：流动的展厅，流动的人际

对于幼儿园而言，门厅是一个人来人往、备受关注的地方。对于幼儿，门厅则是一个不停地遇见、不停地告别的人际循环圈。如果每个幼儿在三年的幼儿园生活中都有一次万众瞩目的机会，那么，最好的选择莫过于一次在门厅的个人海报展。这些海报可以来自于儿童的户外探险、种养日记、游戏记录、活动创意、学习反思、主题足迹、艺术签到等。

当儿童有了一次个人海报展时，从海报的选择、布展、策展、宣传、导览、回顾都由幼儿为主体进行，幼儿可以邀请自己的同伴来协助，也可以邀请父母或教师来参与，但唯一的原则是，孩子是自己海报展的主角，既承担责任，也享受荣耀，更在责任与荣耀中生长能力与担当，尤其是幼儿的自我开放意识、同伴协同能力以及人际统筹智慧。

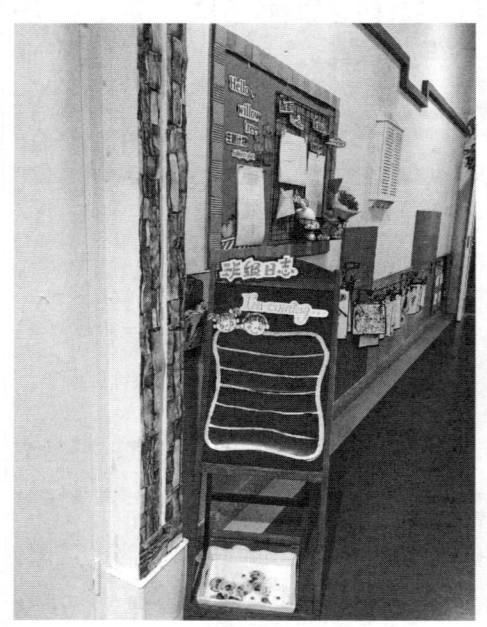

图3-2-8　班级门厅创意宣传　　　　图3-2-9　班级门厅创意八音盒

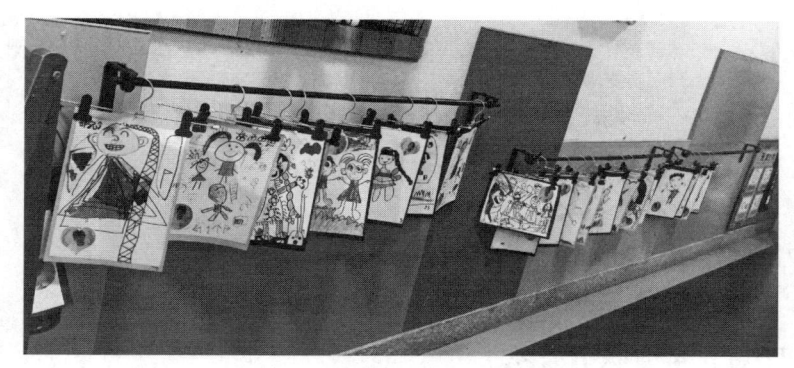

图 3-2-10　班级门厅创意展览内容

2. 楼梯创意：开放的自我，跨界的同伴

楼梯通常是交通要道，其重要功能是安全通行。但楼梯的拐角处却是缓冲、停留、驻足之处。如果幼儿园在此处有一些互动性的设计，也许可以实现自下而上、自上而下相互交汇的意外后果。譬如，某师大附属幼儿园曾经在楼梯拐角处创设"我家乐器大比拼"展台，将楼梯拐角处变成一个流动的自制乐器展厅，来扩展全园小朋友的社会性交集。

图 3-2-11　楼梯转角处的乐器大PK

每周会有七个家庭的自制乐器展示在拐角处，所有的孩子都可能是评判者，他们可以给他们喜欢的乐器打分，贴上喜欢的标志。如此循环往复。评判的标准有两个：一是有多种玩法；二是久玩不坏。

基于此，每一个幼儿在自家乐器展览期间都有责任去推销、宣传、维护、修复、跟踪，在各种责任承担中，幼儿与不同年龄的孩子相遇，有了不同的人际体验，也通过同伴了解了自制乐器的吸引力秘诀。

> 活动 2

综合设计：儿童视角的门厅创意

理论深度　★★
能力要求　★★★★

一、门厅对儿童意味着什么

1. 进入活动室的前奏

儿童在进入活动室前的状态是相对无拘束和自由的，但是在幼儿园内每一个儿童都必须面对"制度内的自由"，这就需要他们遵守幼儿园内的规则。门厅是儿童进入幼儿园后移动路径的第一个抵达点，也是儿童从园外到活动室内的一个过渡地带。因此，门厅承担着帮助幼儿调试园外到园内状态的责任。门厅中的一些活动能够在儿童进入门厅的时候就吸引他们的注意力，并支持他们亲身参与到有趣的活动中来，在活动中慢慢适应幼儿园的规则氛围，也因此逐步地从幼儿园外社会空间下的大自由调试到幼儿园活动室内的小自由。

2. 沟通交流的空间

每一个儿童都是与周围环境存在着紧密联系与交流的。进入门厅，儿童可以在这里碰见不同的人物，而这些人与他们在班级内所接触到的有很大的不同。在班级内儿童对于同一个班级的儿童和老师都已经存在较大的熟悉度，但是在门厅内，儿童碰见的极有可能是他素未谋面的人，可能是幼儿园里其他班的小朋友，可能是幼儿园里不认识的老师，也可能是不同孩子的家长，而这种邂逅的陌生感，也在刺激着儿童的社会性行为与交流能力的发展。每一次遇见都有可能是一次不同的交流经历。而门厅也就成为了一个创造所有相遇、包容所有交流的空间。

3. 认知学习的机会

幼儿园的每一个角落都应该能够给予儿童认知学习的机会，门厅也不例外。门厅相较于活动室有更为宽阔的空间，可以让孩子们大展拳脚，在空间上有更多探索的机会。每一个儿童都能够在这种亲身探索中获得对于活动材料、形式的更多感知以及不同的知识，同时通过每一个儿童独特的探索方式加深自我的认知能力。儿童是幼儿园的主人，幼儿园的每一处环境布置都可以让儿童参与进来。在这个过程中，儿童可以在观察设计、实施布置与调整修改中充分调动他们的想象力和创造力。

4. 家园互动的平台

家庭与幼儿园作为儿童成长的两大主要环境，需要时刻保持交流和沟通，以此来形成默契的相互配合，达到一致的教育理念。门厅是一个提供给儿童、教师、家长的重要交流平台。幼儿园的办园理念、活动主题以及儿童的活动过程与成果都能在门厅的环境布置中得以呈现。家长能够在进出幼儿园的时候，或走马观花式的、或细细品读式的，对幼儿园的课程与生活有一个更加全面的感受和了解。

5. 文化体验的环境

幼儿园的环境氛围和教育理念组成了每一个幼儿园独特的园所文化。这种文化的集中展示不仅体现在幼儿园的日常活动与教学方式中，还体现在对环境的精心布置里。门厅作为幼儿园建筑内部第一个进入儿童视野的部分，在整体上给儿童一个对于幼儿园独特文化的最初感知。在一个有参与感的门厅中，儿童能够在欣赏和活动中进一步了解园所文化，并且在独特的文化氛围中，潜移默化地进行美好人格的塑造。此外，儿童在参与到门厅的环境布置中，将自己感受到的文化通过布置再一次展现，也是对园所文化的一种延续与再创造。

二、门厅环境创设中的常见问题

在门厅的环境创设中，成人最常犯的错误便是忽略儿童的参与性，把儿童置之度外。其实，儿童视角的参与能够让门厅变得与众不同。在一项好的门厅创意中，没有儿童的参与是不可想象的。

1. 在创设中教师起到主导和决定的作用，忽略儿童性

儿童在幼儿园内的一日生活是某种意义上的未来生活的准备。因此，门厅的环境创设理念要与儿童的生活相联系，多与儿童的一日生活各个环节相联系。但是，在实际的创设过程中，幼儿园公共区域环境创设更多的是分配任务式的由教师完成。教师很容易根据自己对儿童的主观判断来进行整体设计，并且大包大揽，使得儿童置身事外，参与门厅建设的程度较低。而教师设计出的成果又处处透露出成人的思维痕迹、审美取向，忽略了儿童视角。因此，在幼儿园门厅的建设中应该体现儿童的主体性地位，邀请他们更好地参与到门厅的创意中来。譬如，以下是南京市太平巷幼儿园的门厅，这些以儿童身高为据的、张贴在通透的玻璃门的画，会自然而然地给予幼儿一种强烈的自我认同感。

图3-2-12　透视的玻璃门厅　　　　图3-2-13　门厅里幼儿的自画像

2. 环境与主题活动脱节、缺少适当变化，忽略时效性

幼儿园的环境布置与课程主题是相辅相成的，所以幼儿园的环境是能够跟

随活动主题进行一定的变化的。然而，在目前很多的幼儿园中，可以做到班级内部的环境创设配合主题进行适时的更换与调整，但在幼儿园公共区域的环境布置中就存在着长时间不调整、不改变的问题。而这也就导致在实际的教学效果中存在着环境教育与主题教育之间的不匹配，造成了教育成效的时间差。因此，不仅是活动室内的环境布置需要配合教育主题，整个幼儿园的公共区域都应该能够配合主题及时更换，以便更好地达到环境渗透教育的目的，实现教育的时效性。

3. 门厅环境装饰性色彩较强，忽视教育性

正如蒙台梭利所强调的要给儿童提供"有准备的环境"，所以门厅的环境创设有一个很重要的原则就是"环境育人"。但是，在目前很多幼儿园的门厅设计中，往往只重视门厅布置的装饰功能，注重对门厅内部美观的追求，而忽视了门厅环境的教育功能，这体现在幼儿园门厅环境中只注重提供静态的、高结构的材料，符合幼儿园整体主题的色彩以及使用具有美学意义的图案和线条进行装饰，但是却忽略了门厅环境的教育功能开发和利用。

阅读以下案例，分析在好大的门厅变成好玩的门厅中，幼儿的作用是什么，教师是如何借助幼儿的智慧、创意成就一个从此百玩不厌的门厅的。

案例点击

好大的门厅如何变成好玩的门厅

◆ 缘起与背景

无锡市立人幼儿园有一个超级大的门厅，在入园与离园环节，门厅里熙熙攘攘，但除了这两个时间段，门厅里冷冷清清，小朋友们都不愿意在门厅停留太长时间。

◆ 好大的门厅可以怎么玩：成人的想法

如此大的门厅长期处于闲置状态，而功能室却经常排班玩耍。门厅

能变成孩子们的玩乐天地吗？孩子们愿意在如此大的门厅中玩什么呢？难道要将门厅进行分区设置？

图 3-2-14　超级大的门厅

◆ 好大的门厅可以怎么玩：幼儿的想法

既然成人没什么好主意，那干脆去听听不同年龄段幼儿的想法吧。有的说这么大适合转圈圈，有的说可以骑车，还有的竟然想玩打仗游戏，……

◆ 好大的门厅也许可以这样玩

在百般尝试的基础上，教师决定接受幼儿的建议，玩纸筒游戏。纸筒是幼儿最常见的材料，幼儿园周围有好几个纸筒工厂。于是，幼儿园先从纸筒厂运来大型纸筒，慢慢地又添加了各种规格的纸筒。于是，嗨翻天的纸筒游戏就登场了。

图 3-2-15　纸筒的创意玩法一 　　　　图 3-2-16　纸筒的创意玩法二

图 3-2-17　纸筒的创意玩法三　　　　图 3-2-18　纸筒的创意玩法四

◆ 反思与启示

可见，玩法与创意并不难获得，关键是有一颗改变的心，要有一种追随幼儿的心态。有了这样的心态变化，幼儿园里的一切都可以变得儿童化起来。此外，幼儿园的一切创意活动都要在确保安全的前提下展开。

4. 门厅环境展示性倾向较强，忽略游戏性

在目前很多幼儿园的门厅布置中，教师们都选择用儿童的活动成果或是记录下的活动过程来作为门厅内的装饰。这种布置方式一方面是能够利用公共区域对幼儿园内的儿童活动进行展示，另一方面也是作为公共区域的一种美化方式。但是，在这种环境创设中，儿童只能够通过单一的视觉感官来浏览和欣赏一些活动记录，而不能通过动手实践来感受，也就体会不到游戏的快乐。因此，在门厅的环境创设中不仅关注提供展示的部分，更要能够通过巧妙的设计来实现门厅活动的游戏性，让儿童真切地在实际操作中感受游戏的乐趣。

三、童味十足的门厅创意

充满童味的门厅应该是什么样的呢？让我们扫描以下二维码，一起来领略几个非常有创意的门厅设计案例吧。

二维码3-2-1 森林门厅　　　二维码3-2-2 迷宫门厅

二维码3-2-3 魔法积木门厅　　　二维码3-2-4 大树主题门厅

由以上案例不难发现，幼儿园门厅环境创设的根本目的是要与儿童一起创设具有儿童性、儿童感，充满吸引力、探索欲、邀请感的环境。为了达到这个目的，一个充满儿童味的门厅设计应该具有以下几个特性。

1. 儿童性

一个充满童趣的门厅环境不仅是从儿童视角来进行设计，更应该处处体现儿童的主体性。一方面，环境创设应该从儿童的实际想法出发，通过儿童视角来观察，用充满童趣的儿童式语言和符号来实体化，以儿童为主体来展开思考和表达；另一方面，引导儿童更好地参与到门厅的环境创设中来，支持儿童成为环境的主人，在创设过程中体现儿童的主体性，全面发挥儿童的能动性和创造性。

2. 探索性

一个能够吸引儿童的门厅环境一定是可以给予儿童源源不断的新鲜刺激的，但这种刺激不应该是成人主动给予，而应该由儿童在活动中自发地探索得到。这种环境的可探索能够让儿童在活动中不仅是在"面"上从不同的材料和活动中获得更多的经验，锻炼儿童对于新鲜事物的学习和接受能力，以材料和活动为媒介在群体中的社交能力等社会素养。同时也能够在某一个"点"上进行更加深入的挖掘和探究，启发儿童的观察力、创造力、好奇心等科学素养。因此，充满童趣的门厅环境一定是可以供儿童探索和发现，对他们有着深深的吸引力，时时刻刻能够在活动中迸发惊喜的环境。

3. 互动性

在欣赏的同时，门厅的环境创设还要能够提供给儿童"玩"的机会。不同的装饰墙面可以让儿童自己进行涂鸦和创作，在门厅的不同功能区，儿童能够接触到不同的活动，从而在实际操作中获得真正的锻炼和发展。只有重视了门厅环境的欣赏性与实用性的结合，才可能支持儿童在其中既获得审美体验又能提高认知与技能，从而使环境变得有意义，具有生命力。

4. 动态性

一个充满童趣的门厅环境是像儿童一样拥有动态生命力的，这体现在门厅环境变化的灵活性上。门厅环境的灵活性一方面是门厅的整体装饰风格和主题能够根据季节时令、节日以及幼儿园主题教育活动等进行及时地调整与布置；另一方面是在环境布置的过程中需要用到的材料和空间划分合理，能够真正让儿童有大施拳脚的机会，让儿童有所收获，有所成长。此外，门厅环境也承担着创设具有社会动态的环境的责任，帮助儿童通过门厅看向幼儿园外广阔的社会，为每一个儿童成为一个社会人奠定一定的基础。

5. 象征性

如案例中提到的，在门厅中可以为每一个儿童设置一个专属的小空间来代表他们在幼儿园中存在的证明，可以是毕业的时候在门厅中留下一个代表自己的独特标志，也可以是在每一天来到幼儿园的时候作为到达的一个象征。但无可厚非的是，这种带有儿童每一个人独特风格的烙印一定是让儿童在心理上能够汲取到不竭的归属感的。这种烙印不仅可以存在于门厅，也可以安置在幼儿园内其他的区域，对于门厅来说，并非是一种必需品，但依然可以在门厅的环境创设中被仔细考虑。

（本活动主要由南京师范大学15级学前教育专业耿佳莹、肖芸、马玥旻、唐琨合作完成）

活动 3

综合设计：游戏取向的走廊设计

理论深度 ★★

能力要求 ★★★★

幼儿园走廊是指依附于幼儿园建筑主体而存在的一种线性中介空间，具有开放性、动态性、引导性、过渡性等特点。根据幼儿园走廊的特点，我们可以将幼儿园走廊文化定义为通过幼儿园走廊这种中介空间体现的幼儿园所特有的，并为多数成员共同遵循的价值标准、基本信念和行为规范的总和。幼儿园走廊文化是幼儿园文化的重要组成部分，蕴含着幼儿园的办园宗旨、理念、社会责任、管理模式、园风园貌、精神气氛等。[1]

一、走廊对儿童意味着什么

在教师和幼儿的眼里，走廊的意义是不一样的。在教师的眼里，走廊是活动室功能的拓展与延伸；而在儿童的眼里，走廊是奔跑、游戏、探索，自我欣赏、自我放飞、自我沉迷的一片新天地。

1. 走廊是幼儿自我展现的前台

我们在进入一个班级之前，首先注意到的便是这个班级的走廊，是绿意盎然、妙趣横生，还是枯燥乏味、僵硬死板？一看走廊便知幼儿的每日生活是如何发生的，幼儿是如何自我展现与集体创意的。幼儿园的走廊环境提供了一个幼儿、教师、家长相互沟通的交流平台，譬如，走廊里的儿童主题海报展，鲜活地呈现了幼儿的问题—探索—发现；走廊里的游戏记录本向家长诉说着孩子们每天的经验累积；走廊里的幼儿作品展览厅用立体的视角、艺术的氛围向所有的走廊经过者展示着孩子们丰富的想象。

图 3-2-19　宁波二幼孩子们自己参与创意的 GIRL 街及 GIRL 街宣言

2. 走廊是幼儿作品的立体展厅

幼儿的作品包括多种类型：传统的美术作品，包括绘画、泥工、纸工、扎染等。在成人本位的思维下，幼儿的美术作品展仅仅是幼儿的优秀美术作品展，且是否优秀的判断标准来源于教师。在儿童本位的走廊环境创设中，即便是传统的幼儿美术创意展，也应该是人人参与、缺一不可的，所有孩子的作品都有权利被自己、被同伴、被成人看见。

在儿童视野下，幼儿的作品类型除了传统的美术作品外，还有更多元的类型，只要是源于幼儿自身探索发现的结果，都是幼儿自己无可替代的伟大作品。因此，在幼儿眼里，作品的类型还包括纸质的建构作品、游戏计划、游戏记录、观察日记、种植日记、主题海报、创编故事、学习故事，音频视频类的游戏过程、班级采风、锅碗瓢盆交响曲、星光大道、小剧场等。

图 3-2-20　幼儿的主题海报展 　　　　图 3-2-21　幼儿的个人创意展

图 3-2-22　大班的班级名片一 　　　　图 3-2-23　大班的班级名片二

3. 走廊是幼儿尽情游戏的天地

走廊属于幼儿园公共区域的一部分，对于幼儿来说，它的意义不仅仅在于一个交通疏散的过道那么简单，如果走廊有一定的宽度，它也是一片儿童自由游戏的新天地。这里没有教师目光的时刻追随，没有班级规则的高度约束，幼儿可以有更多的自我主张、自由创意、自然节奏。在这个短时避免关注的空间中，孩子们会创造出一些教师无法预设的精彩。

譬如，幼儿利用走廊地面设计系列体育游戏，如练习连贯准确地行走、跳，发展动作协调性和灵活性的"脚印小路"，专门练习单双脚变化跳的"调皮毛毛虫"，传统游戏"跳房子""地面大迷宫"等，这些简单而蕴含多种玩法的游戏项目让幼儿玩得津津有味。每当幼儿走过这些游戏地面时，总会不由自主地玩起来。还可以根据每一个年龄段的特点制定不同的发展目标，如在"脚印小路"游戏中，小班幼儿只须踩着脚印过小路，中班幼儿则须双脚并拢沿着脚印向前跳，大班幼儿要求更高一些，能按指定路线和方位点向前跨跳。这些幼儿自我创设的地面游戏内容，不仅能丰富幼儿的室内活动内容，还能很好地促进幼儿运动能力的发展。

二、走廊设计中的常见问题

现有幼儿园的走廊设计和走廊游戏中，最根本的问题是儿童视角缺失、儿童参与缺失，成人过度用自己的思维与逻辑建构了一个幼儿游戏生活的世界。

1. 教师色彩过浓，幼儿参与不足

在幼儿园日常生活中，一些教师对幼儿不信任，也缺乏对自己教育活动的反思。在两者的叠加下，教师宁愿自己受累，也不愿意思考为什么要创设环境，为什么要接受检查。在不反抗、不反思、不创新的"三不"思维下，教师继续做传统的教师，幼儿继续做被动的幼儿。

走廊环境创设思维的不变化带来的是刻板行为的代际传递，教师体验不到幼儿参与后的惊奇，幼儿体验不到自我卷入后的自信，教师与幼儿在相互不对话、不张望的情境下一年又一年，教育创新举步维艰。

2. 结构材料过多，弹性材料太少

幼儿是天生的探索者与解构家，任何东西到了幼儿手里，其第一反应不是欣赏，而是拆解。因此，在走廊这个幼儿游戏的新天地中，教师要与幼儿一起进行区域规划、材料采集、分类命名、规则制定，幼儿参与得越多，其对游戏空间的认同感越强。

现在大多数幼儿园的游戏材料是由教师投放到活动区中的，幼儿没有参与这个过程，也没有经过自己的选择，而高结构材料是教师比较容易打理与收拾的。但从游戏者的立场来看，游戏的材料结构性越高，探索性越低，趣味性越弱，挑战性近乎无。缺少有吸引力的、有挑战性的低结构、开放的、弹性的材料，幼儿对游戏区的归属感就会严重弱化，幼儿能够获得的探索性经验也越会减少。

图 3-2-24　高结构的游戏材料一　　　图 3-2-25　高结构的游戏材料二

3. 与主题不匹配，更新速度慢

幼儿的游戏兴趣是随着探索内容的变化而变化的。从主题活动与区域游戏的关系来看，两者是相辅相成的。幼儿可以在走廊的区域游戏中拓展、深化、延伸主题活动中的经验，幼儿也可以将在区域游戏中积累的经验辐射到主题学习中来。

不少幼儿园走廊区域空间的更新速度缓慢，不论是空间规划、主题内容，还是游戏材料、活动规则都缺少动态性。根据经验，游戏材料的适时更新是教师支持幼儿提高游戏水平的最重要策略。然而，当游戏空间的材料处于一成不变的情况下时，幼儿除非有强烈的一物多玩的创造力，否则无法从陈旧的游戏区域中获得新乐趣。

4. 重视美化，渗透教育不足

目前，不少幼儿园的走廊更多关注走廊内部的墙面、地面、天花板的立体装扮，追求美观层面的视觉效果，不注重走廊空间教育资源的幼儿参与。从美学观点来看，教师布置出来的环境也许无可挑剔，但这样的唯美取向到底能带来多少幼儿的变化呢？为了装饰而装饰不利于幼儿在"做"的过程中进行知识建构。

环境绝不是装饰品，也不仅仅是硬件设备的堆砌，而是和教育相互依赖、相互包容、相互影响，两者不可分割。如果走廊的布置过度追求了美化效果，便失去了走廊作为一个玩乐空间的本来之意。

三、玩味盎然的走廊空间

幼儿在园的主要任务便是游戏，即玩中学、做中学。因此，一个玩味盎然的走廊是一个从地面空间、墙壁空间，到吊顶空间、延展空间的全方位游戏大本营。这样玩味盎然的空间的营造，需要教师充满玩性、富有游戏精神，需要幼儿的全程参与、不断搭建支架。当充满玩性的成人遭遇以玩为生命的幼儿时，走廊的游戏大本营色彩一定会跃然纸上。

1. 玩味盎然的地面空间设计

走廊的地面空间可以有多种用途：走、跑、跳、爬、钻、玩，这些功能可以通过传统游戏实现，也可以通过现代游戏实现。譬如，在走廊上放置一些小型体育器具，如呼啦圈、跳绳、毽子、铁环等用具，这些用具不仅能够引发幼儿参与活动的兴趣，还可以起到锻炼身体的作用。

从传统游戏的角度来看，教师可以和幼儿一起设置迷宫、跳房子、棋盘、地图，也可以支持幼儿自己进行小组设计、小组规划、小组创意，然后支持幼儿去走廊实际操作，不断尝试，发现问题，解决问题。在幼儿设计走廊地面游戏的过程中，作为教师，只需要提供材料、支架方向、澄清问题等。

图3-2-26 探索性的钢琴地面

这些地面游戏可以用粉笔勾画，也可以贴纸，还可以投影。贴纸的好处是清晰，而投影的好处在其多变性，可以设置很多不同的场景和小游戏进行不断的变化，也比较环保。譬如，地面棋盘游戏。幼儿可以自己设计棋类游戏的规则，通过地面棋盘，可以获得数学的经验，在下棋过程中，通过和同伴的协商、合作、交流，可以获得人际交往和遵守规则的社会经验。再譬如，小迷宫找东西游戏，可以激发幼儿探索的热情，发展人际交往的能力。此外，地面空间还可以根据幼儿的意愿设置不同的角色区、积木区、图书区等学习性区域。

从现代游戏的角度来看，教师可以和幼儿一起规划扫雷区、植物大战僵尸、熊出没等游戏区。

2. 玩味盎然的墙壁空间设计

与幼儿园其他空间的墙壁不同，走廊的墙壁通常特别长，有一种纵深感。

在条件不同的走廊中,墙壁的设计有不同的思路,但有一个总体的原则是教师的预设计在先,儿童的参与性设计在后,以便教师给幼儿足够多的支持。

(1)活动墙。墙壁可以是嵌入性的小蜂巢,可以是攀岩墙,也可以是1.3米以下的互动墙,如涂鸦、迷宫、钉板、植绒、蛋壳画等。如下图如示。如设置攀岩墙壁供幼儿攀爬,或者设置小蜂巢,让幼儿可以钻爬坐卧等。

图3-2-27　走廊中的攀岩墙

图3-2-28　走廊中的挑战运动区

图3-2-29　走廊中的塑粒墙

图3-2-30　走廊中的钉板墙

(2)作品墙。除了互动类墙壁外,还可以设置作品墙。较有视觉冲击力的大型作品、同类的保持性较好的小作品等。孩子们自己加工过的笑脸墙也是不错的创意。

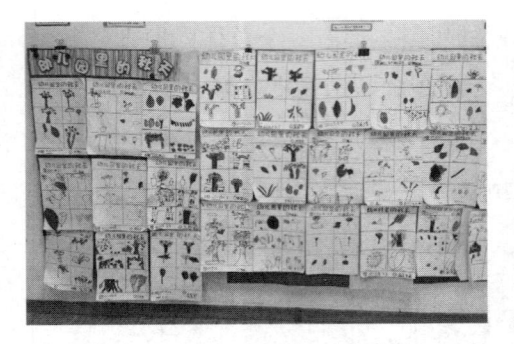

图 3-2-31　幼儿园里的秋天（幼儿的记录） 　　　图 3-2-32　为了建造一座桥（幼儿的计划）

（3）触摸墙。可以设置触摸墙，提供不同的材料，比如：布料、棉花、木头、树枝等，通过触摸感受不同材料的特点。

（4）光影墙。还可以设置光影墙，运用走廊通透效果玩光影游戏，可以是自然光，也可以是地面投影。幼儿园可以借鉴瑞吉欧的光影设备，用光柱来吸收光，能够让孩子参与到环境里，感受不同颜色的道具和影子的关系，以及不同颜色的影子在地面和皮肤上的关系。

（5）绘本墙。可以以故事长廊的方式设置绘本墙，选取那些幼儿喜爱的绘本进行大型环景创设，把走廊做成连贯的故事场景再现。有条件的还可以让幼儿在理解绘本的基础上自由创作。

（6）趣味墙。可以用镜子等来设置趣味墙，可以有一般的平面镜、三棱镜，也可以有使人看起来变高、变矮、变胖、变瘦的哈哈镜。

图 3-2-33　三棱镜的世界 　　　　　　　　图 3-2-34　三面镜的世界

3. 玩味盎然的吊饰空间设计

吊顶最好悬挂幼儿的作品，至于如何悬挂，以怎样的形式挂上作品，如何进行再装饰都是由幼儿讨论设计的。天花板上可以根据不同的主题进行装饰，比如，动物标本或者图案，可以由幼儿合作设计图案，也可以和地面上的光影游戏结合起来，投射到天花板上会比较清晰，还可以和娃娃家结合起来，营造一定的情境或氛围。

除了空中吊饰外，空中隧道也是非常棒的创意。日本仙田满先生设计的富山县儿童未来馆中就有这样的设计元素，带孔洞的筒装管道悬于半空中，由刚性绳索灵活固定，幼儿在其中蜗行摸索，摇摇晃晃又能在孔洞中的光线下体验梦幻的感觉。

图3-2-35　日本富山幼儿园的空中隧道

4. 玩味盎然的走廊设计创意

怎样组合走廊的地面空间、墙壁空间、吊饰空间，我们在和幼儿访谈的基础上将以上创意进行了组合尝试，并在此过程中反复征求幼儿的意见。

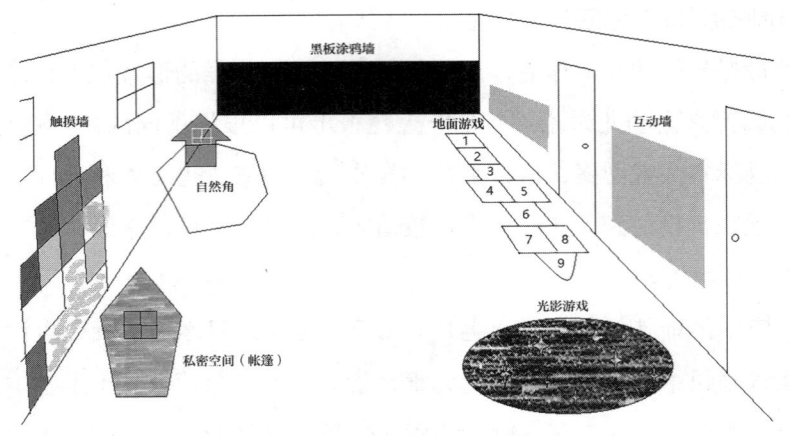

图 3-2-36　走廊设计创意图例

在这个创意中，走廊的尽头是一面幼儿可以自由涂鸦的黑板和墙面，绘画材料可提供粉笔、丙烯、画笔、黑板擦、水等，走廊的一边是类似跳格子的地面游戏和光影游戏，墙面上是师幼互动墙；走廊的另一边是不同质地材料组成的触摸墙，还有幼儿亲近自然、感受生命的自然角，自然角里有绿植、小鱼小虾、小乌龟、小兔子、蚂蚁等动植物，并配有观察记录的小册子，幼儿可用自己的方式来记录动植物的成长；在墙角搭建一个小帐篷，营造属于幼儿的私密小屋，让幼儿可以在老师的目光之外做一些自己喜欢的事。天花板上悬挂的是幼儿自己的作品，家长在接送时幼儿可以就作品进行交流，平时孩子们在走廊间穿行时也可以互相交流。

（本活动部分内容由南京师范大学2015级学前教育专业唐琨、耿佳莹撰写）

活动 4

综合设计：充满书香气息、发展多元能力的绘本馆

理论深度　★★
能力要求　★★★★

幼儿园绘本馆具有两大功能：一是活动功能，为班级空间较小的幼儿拓展读写活动空间；二是藏书功能，为班级读写区补充绘本，或为家庭提供可借阅的绘本。良好的绘本馆环境对激发幼儿的阅读兴趣，养成良好的阅读习惯和阅读能力至关重要。创设有效的绘本馆环境，能支持幼儿成为有效的说话者、倾听者、阅读者、写作者和表演者等。

一、绘本馆中的常见问题

目前，很多新建幼儿园都设立了绘本馆，但在绘本馆环境创意方面也存在一些问题，主要表现在三个方面：非整体化的创设理念、非专业化的指导过程、非儿童化的环境风格。

1. 非整体化的创设理念

所谓整体化有三方面的内涵：一是指绘本馆作为幼儿园整体的一部分，与美工室等各功能室、各年龄班教室等应共同发展、共同发挥作用；二是指绘本馆创设的整体与部分细节统一，细节的设计应有助于发挥绘本馆整体的价值；三是绘本馆要更多地考虑与班级读写区的联通与延伸。在绘本馆的创意与设计过程中，这三方面的设计理念都比较缺乏，使绘本馆成为一个孤立的存在。

2. 非专业化的指导过程

非专业化的指导方式体现在以下两方面：一是指向幼儿自身阅读活动的非专业指导，主要表现为不指导、被动指导、单一指导这三个层次；二是家园合作阅读活动的非专业指导。与指向幼儿的指导不同，指向家园合作阅读活动的突出问题是不指导。造成非专业的原因是缺乏正确的早期阅读观以及专业的早期阅读指导策略。

3. 非儿童化的环境风格

儿童化要求体现儿童的利益、儿童的兴趣、儿童的参与。因此，非儿童化体现在儿童的利益、兴趣、选择、参与感的缺失。首先是利益的缺失，主要表现在场馆卫生问题上；其次是兴趣的缺失，主要表现在绘本的选择上；再次是选择的缺失，表现为幼儿进馆活动不自主；最后是参与感的缺失，集中体现了成人过多的代劳甚至包办，而不提供给幼儿参与的机会。

二、多元化阅读——创意空间的营造

绘本馆是一个集多种功能为一体的室内综合活动室，集藏、读、写、做、演、听、查、修等活动于一个开阔的空间。所以功能分区显得尤为重要，宜采用开架式阅览布局和清晰的分界。绘本馆不仅是一个阅读空间，更是一个支持儿童全面发展的多元空间。一个好的绘本馆应在环境创设过程中具备儿童视角，采用多元、安全、纯粹、舒适的方式进行。

二维码3-2-5　绘本馆的创设理念

绘本馆的环境和材料要定期更新，对于基础环境的更新，根据幼儿的使用情况，可以一学期或一学年更新一次，如坐垫、墙饰、吊饰的颜色可根据季节进行更换，给幼儿新奇感和向往感。其他区域的基础性材料要保证，非基础性材料要根据幼儿的兴趣和需要及时添置和调整。

1. 藏书区

拥有丰富的、高质量的绘本是创设绘本馆的基础。幼儿园绘本馆藏书应达到人均不少于10本，相同的绘本要有复本，以保证幼儿的阅读需要，阅读频率高的绘本可再增加数量；破损的绘本要及时修补或更换，要及时购置新出版的绘本。基础绘本可按主题和种类等分类放置在篮子或架子上，可用彩色点子给图书编码，这些彩点与书架上的记号配对，方便幼儿取放。与当下课程、主题相关的绘本可作为重点推荐。推荐时要展示封面，并用开放式的夹子展示其内文。

图3-2-37　依墙设置的书架

2. 阅读区

阅读区的主要功能是为幼儿提供阅读需要。阅读区应设于绘本馆光线良好的位置，可以设幼儿的桌椅、豆袋椅、坐垫等，幼儿根据自己的喜好，选择喜欢的位置和座位的方式。为避免幼儿频繁坐落、站起、走动去换书干扰其他幼儿，可以为幼儿提供书篮，一次将要看的书全部取回，看完后一次性送回原处。

图3-2-38 阅读区一角　　　　图3-2-39 电脑查阅区

3. 电脑查阅区

在靠近倾听区的地方，可放置三台电脑，幼儿可根据阅读需要自主操作电脑、查阅资料。在查阅过程中，幼儿可以熟悉电脑操作的技能，感受电脑可用于查阅资料、播放电子书等的多种功能，体验自主发现式学习的快乐。为避免查阅有声资料、播放电子书等对其他幼儿造成干扰，每台电脑应配备耳麦。

4. 倾听区

倾听区为幼儿提供讲述、倾听的机会，可以促进幼儿倾听能力、口语表达能力的发展。投放材料包括：说故事围裙、说故事绳索（幼儿用夹子把故事图片按顺序夹在绳子上讲故事）、耳麦、播放器、分类标记的CD、录音机、手偶等。也可以将电脑查阅区设置在视听区内，作为视听设备，兼查阅功能。

图3-2-40 靠近电脑查阅区的倾听区　　　　图3-2-41 书写区的桌椅

5. 书写区

书写区要求光线良好，且应设于绘本馆中安静、不易被打扰的位置，以满足3~6岁幼儿前书写的需要，包括绘画、自制绘本等。投放材料包括：书写者桌椅，不同类型、颜色、尺寸的书写材料（卡纸、皱纹纸、速写纸、布等）、书写工具（水彩笔、勾线笔、油画棒、铅笔、发光笔等）、印泥、墙面激励物（文字、图片）、电脑、词汇库、贴上标志的作品存放架等。此区也可以取名"作家俱乐部"或"文字区"。

6. 手工制作区

手工制作区是基于阅读后的探索和体验而创设的区域，幼儿通过动手剪、拼、贴、画等操作，自主探索绘本画面的艺术表达方式，开展自制绘本、制作相关道具等活动，表征对绘本的深入理解。制作区可投放绘画材料（各种颜料、笔、纸等）、自然物（树叶、植物种子等）、废旧材料（蛋壳、牙膏盒、饮料瓶等）、粘合和装订材料（毛毡、不织布、针线包、剪刀、胶水、订书机、纱线、打孔机、回形针）等。

绘画材料中可以提供制作封面的材料，如织物、墙纸和美术纸等。制作区可靠近书写区，方便幼儿绘制好书本后拿到制作区装订。

图3-2-42 手工制作区材料

7. 表演区

表演区应置于绘本馆中相对独立、分离的区域，如放在隔音效果较好的"神秘树"内，避免了嘈杂的表演区声音影响他人安静阅读。表演区可投放的材料包括：表演服装、道具、音乐播放器、话筒、小舞台、手偶、纸杯偶、棒偶、纸戏剧表演材料等。手工制作区制作的道具可以在表演区使用，幼儿需要其他表演材料时可以到手工制作区制作。如果绘本馆较小，也可移至活动室内，将活动室作为绘本馆功能的延伸。

8. 修补区

修补区也可叫"绘本修理铺"或"图书医院"，供幼儿修补损坏的图书，以增强幼儿爱护图书的意识，让幼儿体验修补图书的快乐。修补图书的材料可以有：工具箱（透明胶、固体胶、橡皮、剪刀、订书机），记录本、笔等。记录本和笔用于登记修补时间、修补书目、修补人等信息。幼儿可以自主用图画、符号等记录修补信息，或在教师帮助下完成修补信息登记。

图3-2-43　幼儿的修补活动

9. 借阅登记工作区

借阅登记工作区一般设置在绘本馆进门处，以方便班级幼儿、教师或家长借还绘本时办理借还手续。为提高借还登记效率，可借助相关软件系统为每本绘本设置条形码并录入电脑，管理人员登记时扫码即可，如有用户微信端可方便教师、家长在微信上挑书、借书。为方便幼儿作为借阅人办理借还手续、作为绘本管理志愿者完成登记工作，借阅登记工作区应根据成人和幼儿身高设置高低两个工作台，分别为成人和幼儿服务。

（本活动由连云港东海幼儿园张书琴，南京师范大学2015级学前教育专业韩琳、孙琪瑞、胡修文、喻潇越共同撰写）

活动5

综合设计：涵养艺术气质、支持想象创造的美术馆

理论深度 ★★

能力要求 ★★★★

艺术是一种生活方式，一种眼光，一种美好的体验。它存在于画画时、做饭时、穿衣时、静思时、布置活动环境时……它存在于每个狭小的生活片断中。幼儿园美术馆环境可以支持儿童从美学的角度交流和表达自己，把他们灵动的艺术想象和艺术理论传递出来。

一、幼儿园美术馆中的常见问题

艺术是幼儿感受美、表现美、创造美的重要形式，也是幼儿通过自身观察、

感受后表达对整个世界认知的独特方式。一幅大师的名画、一个灵动的雕塑、一堆可供幼儿自主选择、创意表现的生活材料，都可带给幼儿美的享受和自由表达的乐趣。但在幼儿园美术馆环境创设中，也容易出现一些问题。

（一）活动空间较不足

很多幼儿园都设置了专门的场馆作为美术馆，一些条件较好的幼儿园，美术馆的大小与幼儿活动室基本相同，但其他一些幼儿园只用了活动室的一半作为美术馆，其中还包括美术用品的储藏和陈列展示的空间，幼儿进入场馆活动的空间明显不足。研究表明，密度水平或每平方米所容纳的幼儿数量，会对幼儿的行为造成影响，高密度可能会导致压力感、攻击性行为和低成就感，以及注意力的分散，不利于有效开展美术馆活动。

（二）活动时间不充分

美术馆作为幼儿园的公共场馆，为全园的所有班级分时共享，由幼儿园统一安排使用的时间，平均每班能进入活动室的时间约每2周1次，偶尔还会因其他各种事项取消美术馆活动。进入场馆的活动时间也十分有限，甚至于幼儿无法完成一次基本的美术创作就要离开场馆，幼儿没有充分的时间去进行对艺术的感受和自我表达，这样短暂零散的活动时间会导致幼儿活动内在动力的降低，注意力时间缩短以及对教师更多的依赖性。

（三）活动内容较浅显

在美术馆活动内容的设计中，多数是以幼儿园的园本课程、幼儿园特色活动及各年龄段当前主题活动为主。从活动内容的安排到活动材料的提供都由教师安排妥当，幼儿少有自主选择的机会。美术馆是幼儿感受到美并且能自由想象和进行思考的地方，他们与自然的和艺术的环境融为一体，可大部分活动的形式仍以传统的教学模式开展，与班级的集体美术活动几乎无异，活动内容缺乏挑战性和吸引力。为"作品"而活动,对艺术活动中的感受少、体验弱,重结果而轻过程。幼儿有了创造艺术作品的机会,还要有欣赏、观察、讨论艺术的机会,用以创造出更有深度的艺术作品,了解艺术存在于生活之中。

(四)物质环境太丰富

大部分幼儿园的美术馆在建设时会考虑到基本的硬件设施配备,比如清洗池、空调、灯光、家具等。但在操作材料的配备中则显得过于"丰富"。各种材料琳琅满目,比如绘画材料(包括各色水粉颜料、水粉笔、油画棒、水彩笔、各类画纸等)、手工材料(包括剪刀、胶棒等工具及纸杯、纸盘、纽扣、毛根、松果、树叶、石头、贝壳等)、雕塑材料(包括纸黏土、油泥、陶土等)分装在置物架上,全部"展现"在幼儿的面前,就连成人也觉得眼花缭乱,叹为观止,但由于数量大、品种多、更换慢,导致很多材料形同虚设。虽然如皮亚杰提出的,"儿童的智慧源于材料",但只"有"材料是远远不够的,不考虑幼儿的年龄特征、个别差异,会导致幼儿"有"材料而无从下手,反而限制了幼儿的创作潜能。

(五)环境缺少儿童互动性

不少幼儿园的美术馆都非常好看,这个"好看"多指材料齐全而且有很多的作品展示。多但不够巧妙,不够生动。这样的环境缺少和幼儿的互动,比如展示作品时把作品挂得很高,高于幼儿力所能及的触摸与欣赏范围,或者环境布置以不支持幼儿参与的景观性陈设为主,即为了环境创设而创设,抑或只挑成人审美下"优秀"的作品进行展示,等等。幼儿不能从环境中得到自己感兴趣的新的刺激,也就很难增加关注、学习的兴趣和动力。

二、艺术气息与自由创作空间的营造

好的环境可以有效地支持幼儿的学习，拓展幼儿的经验。正如蒙台梭利所说："教育对儿童的巨大影响，是以环境作为工具，让儿童受到环境的浸染，从环境中获得一切，并将其化为己有。"幼儿在环境中受到激励，这样才能兴致勃勃地投入到活动中，幼儿通过与环境的积极互动构建知识。

（一）符合幼儿生理需求的硬件设施

整洁、精心的环境愉悦着幼儿的感官。自然质地且低矮的家具营造家一般的温馨与安全；合适的色彩创造不同的视觉感受；充足的自然光和灯光不仅让空间变得更美丽，还能有效保护幼儿的眼睛；适宜的温度让幼儿更加舒适、放松；盥洗室的设置能让幼儿在大胆、自由地创作时没有后顾之忧。

图 3-2-44　江苏丹阳正则幼儿园美术室全景

（二）符合幼儿创作需求的区域划分

区域活动的划分能够促进幼儿发展独特的知识技能、社会技能和行为习惯。一个高质量的区域，要有清晰的目标，独具特色的吸引力和美感，并且提供符合幼儿发展水平的、有趣丰富的材料与之发生互动。

美术馆的区域划分大致可以分为绘画区、雕塑区、设计区。绘画区主要以平面的视觉创作为主；雕塑区主要以立体的造型创作为主；设计区是一个综合性较强的区域，主要以手工创作为主。三个区域的划分可根据幼儿的需要、课程的需要灵活调整。

图 3-2-45　江苏无锡侨谊金科园美术室全景

"儿童的智慧源于材料"，材料作为幼儿进行学习、探索的对象，是进行艺术创作的物质基础。区域的创设尊重幼儿的创作模式和兴趣，每个区域里有与之相关的操作材料。

绘画区：画纸类（素描纸、速写纸、宣纸、砂纸、油画框等）、画笔类（油画棒、马克笔、彩色铅笔、色粉棒、毛笔等）、颜料类（水粉颜料、水彩颜料、丙烯颜料等）、其他工具类（海绵、钢丝球、滚筒刷、牙刷等）。

雕塑区：媒介类（油泥、黏土、陶土等）、工具类（转盘、木槌、括刀、切泥刀、海绵等）。

设计区：由于是综合性区域，除了绘画区与雕塑区的部分材料外，还可以有回收的材料（珠子、纽扣、毛线、吸管、塑料泡沫、CD、花布等）、自然材料（石头、干果、贝壳、树叶、树枝、干花等）及一些基本的工具（剪刀、胶棒、胶带、压花机等）。

美术馆区域之间要有固定且能互相看到对方的隔断，比如透明的玻璃墙、陈列格等，即不会让空间显得狭小、压抑，又能陈列精致美观的作品来装饰空间，还能让各区域创作的幼儿互相看到，增加了幼儿间的联系和空间的趣味性。

图 3-2-46　南京市第三幼儿园美术室全景

（三）符合幼儿审美需求的物品摆放

审美是一种全身心的精神活动，美感的产生是将人的肉身与感、情、理全部调动起来的，而之所以将想象单独列出，就因为它重要——身、感、情、理正是由审美想象所调动的。幼儿时代"对于快乐的追求和记忆"乃是最初的审美情感。用赏心悦目的方式去呈现材料，能激发幼儿参与的积极性，提高兴趣，吸引幼儿观看、触摸感受材料。比如摆放整齐的各类纸张，陈列有序的工具，按照色谱有序摆放的各色颜料，用"水晶"罐子盛放的贝壳、石子、纽扣、干果，错落有致的各色彩带，还有藤筐里的毛线团，环境中有精美的材料和空间，每一个角落都备受关注，与整体又相得益彰。

图3-2-47　南京市鹤琴幼儿园美术室全景

作为幼儿园的公共场馆，美术馆中提供的材料要做到多而不乱，过多的材料会导致幼儿难以选择，或者难以找到他们所需的材料。材料的选择与投放要符合当前入馆幼儿的发展水平，了解幼儿的经验与能力，为不同发展水平的幼儿提供不同层次的材料，及时更新、更换材料。将材料不同层次地呈现，也可以让幼儿从易到难、循序渐进地提高自己的艺术创作能力，带给幼儿美的享受和成功的情感体验。

图3-2-48　常州市宝龙幼儿园美术室局部

（四）符合幼儿认知发展的课程设计

加德纳在儿童艺术品直觉发展阶段论中提到，2~7岁的幼儿处在符号认知阶段，这个时期的幼儿所有成形的艺术品，如图片、图画、泥塑作品和雕刻艺术作品等，都能够被他们理解为真实世界的代表。在课程的设计上，要根据孩子的认知发展特点，选取与幼儿生活、经验、兴趣等相关的主题进行美术馆的活动。

可以以月为单位设计主题，阶段性的开展美术馆活动。比如当前馆内主题为"家具"，与幼儿的生活紧密相关。在对家具的种类、造型、工艺、功能有了一定了解后，在绘画区，小年龄幼儿可以在家具上进行二次涂鸦，大年龄幼儿可以设计家具，绘制家装效果图等；在手工区，小年龄幼儿可以对家具进行点、线、面的装饰，大年龄幼儿则可以使用各种材料和媒介制作家具，或是制作模型样板间；在雕塑区，幼儿可以通过立体造型的方法制作有花纹浮雕的家具，等等。每个区域都以一个主题为线索，展开各种形式的艺术创作，并且鼓励幼儿创造出有深度的作品，通过重复使用材料、回访以前的作品，再到用不同的创作方式及材料重新审视自己的创作想法，幼儿也能从各种形式的艺术创作中感受生活中的美和创造美的奥秘，创作出更有深度的艺术作品。

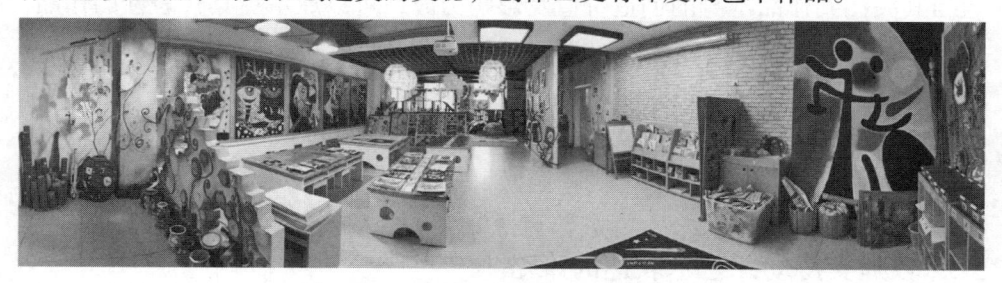

图3-2-49　常州宝龙幼儿园美术室全景

（五）符合幼儿心理需求的创作环境

艺术创作的过程是对自己感受和体验的表达过程，在美术馆播放优美的音乐、好闻的味道还能帮助幼儿体验不同的感觉。通感就是把不同感官的感觉沟通起来，借联想引起感觉转移，在艺术创作和鉴赏中，各种感觉器官之间的相互沟通，"以感觉写感觉"。在通感中，颜色似乎会有温度，声音似乎会有形象，冷暖似乎会有重量。审美是人类特有的活动。提高幼儿的通感，就是在人们的审美活动中调动各种审美感官，打通它们之间的通道，运用通感，可突破人的思维定势，深化艺术。

图3-2-50　商丘市二幼美术室全景

展览还能为幼儿提供美的享受，激发他们的想象力与创造力，激发他们对某个话题的兴趣，并能成为幼儿互动学习的材料。展示幼儿的作品并关注创造本身。作为幼儿园公共场馆，也许不能做到在有限的场馆展示每个幼儿的作品，但当其关注到作品本身的创造价值及影响力时，可以展示更具代表性的作品，或举办主题展，也可以结合幼儿园的力量做幼儿联合画展，让每个年龄段的每个孩子都有机会通过艺术的形式展示自己。

三、教师支持幼儿艺术表达的策略

教师在幼儿进行艺术探究的过程中起到至关重要的作用。教师除了可以与幼儿一起创设丰富的物质环境外，还可以提供人生经验，和幼儿一起探讨艺术，支持幼儿接触不同类型的艺术，了解艺术家及其作品，记录幼儿的创作过程，还能满足所有幼儿的需求。

（一）创设多元生动的环境——激发幼儿美的体验

美术馆中应创设丰富多样、多元生动的环境，利用竹枝、木片、树枝、陶泥等进行艺术化的喷刷、渲染、造型，布置在不同的墙面上，支持幼儿置身于自然与美交融的环境中，激发自我创作表现的欲望。利用廊柱、隔断、造型别致的橱柜、画架等，设置一个个相对安静的半封闭式区域，每个区域有相应的光源，或自然采光、或运用颇具创意的、柔和的灯光等。

（二）提供大师的名作欣赏——唤醒幼儿美的意识

美术馆里需要有欣赏区，用于张贴、展示大师的画作，支持幼儿感受与欣赏。春天，吴冠中的画作中那婀娜多姿的柳叶、星星点点的繁花，婉转吟唱的小黄鹂扑扇着翅膀，似乎要从画上飞下来；夏天，莫奈的"睡莲"静静地横卧在池塘中央，初夏的阳光柔和，翠绿的柳条拂动；秋天，梵高的"向日葵"热烈绚烂，向孩子们展示着生命的力量；冬天，雪花纷飞，富有民俗气息的年画、挂历展现着浓浓的年味。从欣赏到表征，是孩子们的表现与创造必然的经历，孩子们用灵动的双眸与大师的作品对话，用心灵去感悟。

（三）选择自然丰富的材料——引发幼儿美的表达

美术馆的材料应从固化到开放，在孩子的眼中，一片落叶、一段枯枝、一团湿泥、一瓢清水，都是一个个鲜活有趣的生命，能引发孩子无尽的想象与游戏的乐趣。因此，美术馆中应该设置资源库，投放丰富多样的操作材料，例如多种多样的基本材料，如各种笔、纸、颜料、彩泥、陶泥、胶枪等；废旧却干净卫生的瓶子、盒子等；多元化、多层次的自然材料，如各种树叶、果实、花朵、鹅卵石等；有趣、创意的装饰材料，如毛根、毛线、绒球、纽扣、彩珠等。幼儿可以根据自己的意愿自由地选择材料，借助材料开展想象、创造的游戏活动。

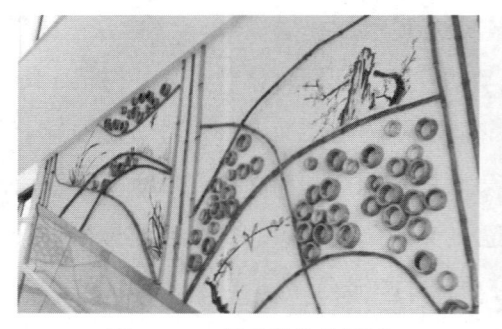

图 3-2-51　竹片装饰的墙面　　　　　图 3-2-52　废旧玩具拼贴的创意墙

（四）支持自主的艺术表现——鼓励幼儿美的创意

作为教师，应当运用多种策略，引发、鼓励、支持幼儿的学习，激发幼儿的艺术表达。

首先，赋予自主灵动的时间，保证幼儿每天都能有固定且充足的时间进美术馆活动。其次，贴近自然生活的课程。教师要关注幼儿的生活、关注幼儿的经验，追随幼儿的兴趣，设置贴近幼儿生活、贴近幼儿经验的课程。再次，呈现丰富多元的作品。作品展现的过程也是一个自我暗示、自我激励的过程。幼儿的作品呈现方式可以是多种多样的，平面二维式、立体三维式，平铺式、堆砌式、悬挂式、摆放式，有的可以借助置物架、隔断来呈现，有的可以通过自然材料来展示。最后，记录幼儿的创作过程。观察和记录下幼儿的艺术发展，可以通过语言、文字、图片、视频等形式收集资料，教师不仅可以通过这些信息了解幼儿，为他们准备合适的材料，还可以成为教师们研究学习的档案，这些记录的成果，是幼儿发展过程中的财富，也是教师在研究和讨论中对幼儿进行"再解读"的重要资料。

图 3-2-53　幼儿参观老街　　　　　图 3-2-54　参观后的作品呈现

扫描下面的二维码，阅读幼儿以"秋天的畅想"作为主题的美术馆设计案例，欣赏幼儿的创意设计。

二维码3-2-6　秋天的畅想

（本活动由南京晓庄学院实验幼儿园李琦、镇江丹阳正则幼儿园潘云霞，南京师范大学2015级学前教育专业滕佳琳、马玥旻共同撰写）

活动 6

综合设计：激发探索意识、唤醒实验精神的科学馆

理论深度　★★
能力要求　★★

幼儿园科学馆也称科学发现室，其设置目的在于激发幼儿的探索意识，唤

第三章　共享的、有公共精神的室内公共环境　｜225

醒幼儿的实验精神。作为一种全园共享的课程资源，科学馆的材料一般不是按照年龄阶段提供的，而是混龄提供的。这意味着，科学馆的空间规划、材料选择、内容玩法等既要有儿童意识，更要有全纳意识，要能够满足不同年龄段幼儿的好奇心，支持他们通过与各种材料的互动，在直接感知、实际操作、亲身体验的基础上萌发科学意识、积累科学经验、掌握科学工具、实现深度学习。

一、科学馆建设的常见问题

从目前幼儿园科学馆的建设和使用情况来看，主要存在以下问题。

1. 游戏材料标本化

据调查，很多幼儿园的科学馆材料投入了标本类动植物、物理实验类材料、自制的物理原理材料，过多此类高结构材料的投入，反而让孩子处于"参观"的状态，使这些材料成了孩子们眼中的"标本"，看完一遍或摆弄一下就失去了兴趣，甚至一学期无变化。

2. 游戏时间随意化

作为共享区域的空间，游戏时间被设定为某个时段的固定活动空间，虽然有制度有安排，但因为材料或空间的因素，教师们在执行时会不按照安排来馆游戏，而是在班级进行区域游戏。有大型活动时也会让玩得好的班级来此走个过场、表演一下自己的游戏水平，而未将科学馆的活动真正普及，也未真正激发孩子们持续参与的兴趣。

3. 游戏水平浅显化

公共空间的游戏材料投放之后，孩子们进去则处于一种放养状态，自由取放材料，爱怎么玩就怎么玩，他们呈现的大部分就是"玩"，教师们只是进行常规的看护，对于游戏的指导以及游戏过程缺少一定的观察和思考。

4. 操作材料单一化

在进行材料投放时，科学探究类材料偏少，多为认知类材料，即认识某类物质、器官等。材料缺乏操作性和探究性，幼儿能够自己动手操作的机会不多，只能来回摆弄某一种玩法或某一类玩具，缺乏与材料、与同伴间的互动。同时，材料更新不及时，且部分材料杂乱无章，使幼儿失去对材料探索的兴趣与欲望。此外，科学材料大部分都是购买的成品器材，日常收集的材料少，幼儿无法与材料形成良性互动。

二维码3-2-7 "高结构"材料与"低结构"材料的不同特点

二、低结构与高结构并存的科学探索空间设计

（一）科学馆的设计布局

根据低结构与高结构材料的特点与价值，根据科学馆的空间大小，可将科学馆分为不同的功能区域，譬如，水工乐园、镜面世界、能工巧匠、光影游戏、丛林探索等。

下面是科学馆平面的创意设计图，图中包括了各区域的位置以及区域中各类活动的位置。

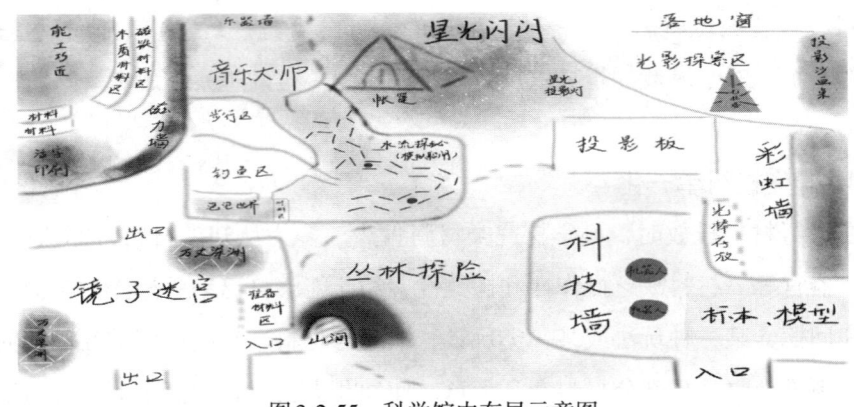

图 3-2-55　科学馆内布局示意图

1. 水流探秘。该区域可置于中心区域，可提供小球、管道、插片等一些较为大型的器械。将小球放置于水中，让球顺着水流移动，幼儿可以用不同的插片来控制小球运动的方向，在这个过程中，幼儿可以感受水流的力量，为自己的小球设计与众不同的移动路线。

2. 模拟船闸。利用小球来模拟船的移动，幼儿可自己操作闸门，来体会闸门的运转。

3. 钓鱼游戏。在水中放置带有磁性的玩具鱼，支持幼儿体验钓鱼的乐趣。

4. 音乐大师。该区域放置在墙角，利用水流的力量来敲击各种乐器（鼓、锣、铃铛等乐器）。在这个过程中，幼儿可以和同伴一起创作乐曲，既可以培养幼儿的音乐素养，也可培养合作能力。

5. 泡泡世界。该区域提供各种能用来做泡泡的物品（篮子、漏勺、筛子、漏斗、开口与封闭的铁丝圈等）。幼儿在玩泡泡的过程中，可进行以下这些活动：在灯光下观察泡泡的颜色；可以用吸管吹出一排泡泡，来探索泡泡的形状；通过实验，探索不同的物体是否会形成不同形状的泡泡；制作泡泡机；探索各种泡泡溶液。

图 3-2-56　水流探秘

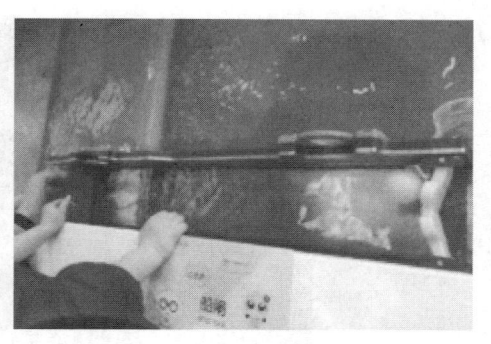

图 3-2-57　模拟船闸

图 3-2-58　音乐大师

（二）镜面世界

1. 镜子迷宫。该区域适合大班幼儿，可设于墙角处，区域有一个入口一个出口。迷宫中放置镜子，需配备手套和泡沫棒，以免幼儿在游戏中受伤。迷宫采用镜子，同时配备彩灯照出花纹效果，地面有镜子或者悬崖的效果，悬崖边缘也有彩带闪动，中间由三角镜子组成。有多条路线可走出迷宫，供幼儿自己探索道路。幼儿在迷宫中可以调动触觉、视觉、知觉等感知觉功能，同时可以和同伴一起游戏，发展其社会性。

2. 显微镜。显微镜观察区内提供一些简易的植物标本、小昆虫等供幼儿自己去观察，培养幼儿对于生命的兴趣。

图3-2-59 镜子迷宫

（三）能工巧匠

1. 木质材料。该区域需要各型各状的木质材料，幼儿可以用这些材料搭桥、搭房子等。

2. 磁铁。该区域可配备各种有磁性的物体（如螺丝钉、铝纸、各种硬币、回形针、不同形状的磁铁），幼儿可运用这些材料来进行搭建、探索磁力。

此外，还可以设置一面磁力墙，将磁性长方块、磁力方形木块和小球放置在上方，用磁力长条木块作为轨道置于磁力墙孔洞的下方，并用磁力方形木块放于终点位置起阻挡作用，再把小球从轨道的较高点释放，使小球能够从起点处的孔洞钻入终点处的孔洞，实现小球接龙。同样运用磁力墙，用管道来运送小球。这类科学游戏可由多名幼儿共同进行。

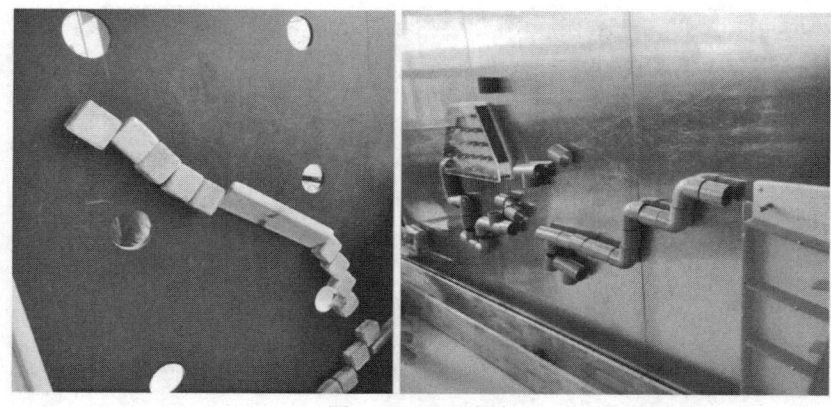

图 3-2-60　磁力墙

3. 活字印刷。该区域须置于角落或安静的区域，提供硬纸板，墨水、木板等材料，幼儿可以在教师的指导下运用滚轴进行活字印刷。

（四）光影游戏

1. 光影探索。光影区设计在靠窗的位置，根据自然光和人造光，通过玻璃、镜子（放大镜、三棱镜、平面镜）、彩色光纸、塑料、光盘等物质，让幼儿感受光的投射及其产生的变化。借鉴瑞吉欧的幼儿光影活动创意，用光柱来吸收光，让幼儿置身于环境里，感受不同颜色的道具和影子的关系，以及不同颜色的影子在地面和皮肤上的不同视觉效果；观察物体在自然光照射下，不同时间段里的影子变化，并用一块白板来画影子，玩影子游戏、表演皮影戏等；还可以进行透光的沙画。

2. 彩虹墙。该区域由一面显示屏和光棒组成，幼儿可以通过插入光棒来进行绘画。

图3-2-61　彩虹墙

3. 星光闪闪。该区域放置遮光的帐篷,帐篷可用银河系、星空等霓虹灯作为装饰,让幼儿感受星星的光影,同时可与宇宙世界相联系,让幼儿了解太阳、地球、月亮。

（五）丛林探秘

该区域需要的面积较大,需要一些仿真的植物、动物,需要搭建山洞、木桩等。该区域可铺满地垫,有些区域可投放海洋球。在植物区,可提供一些简单的动画简介和树叶、花枝等标本;在动物区,可放置各类动物的模型,让幼儿体验行走在丛林中的感受;动物区和植物区应融为一体。同时在该区域,可以设计一些冒险类的游戏,让幼儿自主探索冒险,培养幼儿的挑战性。

三、教师支持幼儿好奇探索的策略

幼儿园科学馆内低结构与高结构并存的系列材料,为幼儿的科学探索提供了更多的可能。在科学馆创设过程中,教师要综合考虑幼儿活泼、好动、爱问的天性,激发儿童学习科学的兴趣与爱好。

（一）支持幼儿提出探索的问题

为不断激发幼儿的探索兴趣，教师可以在孩子进入科学馆之前预先创设一种问题情境，可以是虚拟的小动物的"烦恼"，也可以是与幼儿生活息息相关的问题场景。在问题情境的创设中，支持幼儿围绕疑问在科学馆内寻找答案、主动探索。每一个问题的解决都推动着下一个问题的生成，幼儿在自主解决问题的过程中，能收获自我效能感及持续探索的动力。

不仅如此，教师还要支持幼儿用表征符号记录问题、命名问题、追踪问题，并努力解决问题，最终以海报的形式来整理出属于儿童阶段发生探索的"问题墙"。

（二）支持儿童扮演游戏观察员

在科学馆的活动中，教师可支持幼儿扮演"儿童游戏观察员"，追踪记录馆内各项活动。"小小观察员"需要观察活动中其他孩子的参与状态，譬如"他在玩游戏中遇到了什么问题，是怎么解决的""他有什么创新玩法"等。通过观察和反思其他幼儿的活动表现，幼儿能对如何更充分地使用科学探索区域有更深刻的理解，也可以及时向教师反馈某个区域可以改进的地方。

（三）支持幼儿建立活动档案

每次幼儿在科学馆内的活动都应成为下一次活动探索的基础，教师应当有意识地支持幼儿在活动中建立个人活动档案，总结成果，积累经验。幼儿在科学馆内的活动档案可以由教师和幼儿共同来完成。幼儿负责用相关的图示表征参与的区域活动名称、活动的时间跨度、参与的心情体会，以及在活动中的收获，等等；科学馆内的相应指导教师则主要记录幼儿在该区域的活动情况，即幼儿是如何进行游戏，幼儿游戏的状态是怎样的，幼儿与同伴的互动情况等。

每一位在科学馆中的幼儿都应当携带有一份类似的活动档案，馆内指导教师在当日活动开始前，可依据上一次活动档案的内容，对幼儿活动进行有针对性的指导。幼儿结束活动回到班内，教师可根据幼儿的活动档案开展全体或个别的谈话活动，这样既能充分了解幼儿的兴趣需要，针对不同幼儿的活动特点提供个性化的科学探究指导，又能从幼儿的活动状态中生成科学领域的相关集体或区域活动。

二维码3-2-8　激发探索意识、唤醒实验精神的科学馆

（本活动由镇江句容文昌幼儿园孙建霞，南京市小天鹅幼儿园成静，南京师范大学学前教育系2015级唐裔惠、喻潇越、耿佳莹、唐琨、肖芸、滕佳琳共同撰写）

活动7

综合设计：点燃生活情趣、提升自我服务的生活馆

理论深度　★★

能力要求　★★★★

幼儿园生活馆是为幼儿还原、体验、演绎生活的场所，是班级区域活动的拓展和深化。不同于模拟扮演类的游戏活动，生活馆中的活动是还原生活情景的、真实的、综合的，能够融合多领域学习经验，促进幼儿全面发展。幼儿在生活馆里能够真实地操作工具、改变材料并完成作品；可以独立地从事在家庭里被父母限制的活动，尝试像父母一样烹饪、制衣等，满足幼儿模拟成人生活的愿望。生活馆作为幼儿园的共享空间，打破了不同年龄和班级的界限，有利于各年龄段幼儿的交往与合作。

一、生活馆的常见问题

"生活即课程",幼儿在生活馆活动中能够获取各类经验。目前大多数幼儿园都会配备生活馆以满足幼儿的需要,但建设过程中也存在一些问题。

(一)单一型的功能架构

在生活馆的建构中,目前大多数幼儿园缺少对儿童生活的整体考虑以及对儿童游戏需要的理解,而仅仅局限于"厨房"活动,生活馆因此而等同于"小厨房"。我们发现,多数幼儿园在生活馆中投放的材料多是厨具一类,比如刀具、碗筷等;幼儿进行的活动也多是食物的制作,比如芋圆、寿司、饭团等相似的制作活动。其中蕴含的技巧相似,所获得的经验比较单一,活动设置简单,种类较少。且大、中、小班各个年龄班在生活馆中的操作活动大多相近,活动缺乏层次性。

(二)展示型的内容选择

即使是在"厨房"类的活动中,教师在内容选择上往往也缺少对儿童的信任,以及对在生活馆活动中促进幼儿深度学习和获得丰富经验的思考,这必然带来了对生活馆本质上的错误认识,由此反映出两个内容选择上的问题:一是作品成品化。我们注意到,很多幼儿园在生活馆活动中过于关注做出一个"成品",如一块饼干、一个汤圆等。每次的活动都以品尝美食为终结。从表面上看,这似乎能给予儿童成就感,但如果仅仅以此为目标,则会失去生活馆可能支持儿童整体性发展的教育价值。二是操作过程简单化。为了尽可能展示成品,选择的操作内容和过程比较简单,如仅涉及"搓圆、压扁、辅材点缀"等简单技能,而食物的前期准备或炒菜、汤菜等完全不让儿童参与。三是展示化。如生活馆的"景观性"强,场馆设计及材料投放大多起着摆设装饰的作用,或者为了实现"厨房"高大上的感觉而购买一些先进的电子厨具,平时不用或很少用,而只在有人参观时才用,并且使儿童只需要在客人参观时按电钮即可,能给幼儿带来的劳动的乐趣不够。这两个问题最终都影响了儿童在生活馆中的深度学习,影响了更多经验的获得。

(三)主导型的教师角色

在很多幼儿园的生活馆活动中,教师仍占主导地位,活动方式以教师示范技能、儿童模仿操作为主。即使在儿童操作时,教师和保育员都会在旁边"指导"甚至是包办代替,很多主要的步骤都是由他们来完成的,孩子在活动中只起到了"搭把手"的作用。由此,儿童失去了自主探究的机会,也失去了在"失败"中总结经验的机会。事实上,儿童的尝试、探究是非常可贵的,体现在制作过程中,不仅能获得各类制作美食的技巧,而且能得到数学、科学、表达、创造等多方面的整合的经验,而儿童在不断尝试中养成坚持、勇于探索的学习品质更是使儿童终身受益的。

二、衣食住行"全生活"的设计创意

基于"全生活"的理念,我们将生活馆主要分为四大区域,分别为"衣""食""住""行"四大区域。我们创意设计的生活馆具有五个特点:第一,生活馆内部空间相互连通、通透开敞,采光、布局均应与幼儿的视觉发展相适应,从视觉上对幼儿有直观的吸引力;第二,墙裙及家具为实木色或材料原色,而不采用有光泽的油漆,以免出现眩光而伤害幼儿的双眼;第三,色彩应以暖色为基调,辅以对比色,宜采用高亮度、低彩度的色调,局部可采用鲜艳的高彩度的色调,配以流畅曲线或图案纹饰加以美化,为幼儿营造轻松活泼的活动氛围;第四,操作台的高度应与幼儿的身高匹配,便于幼儿感知和体验;第五,空间通风透气、便于疏散。所有电源插座的安置高度和电器设备的安放均要遵循幼儿身心发展的特点,符合安全性的要求。

（一）以"衣"为主题的生活馆活动空间

以"衣"为主题的生活馆活动空间主要可设置纺织区、时装区、毛线区、针线区、扎染区、展示区等。

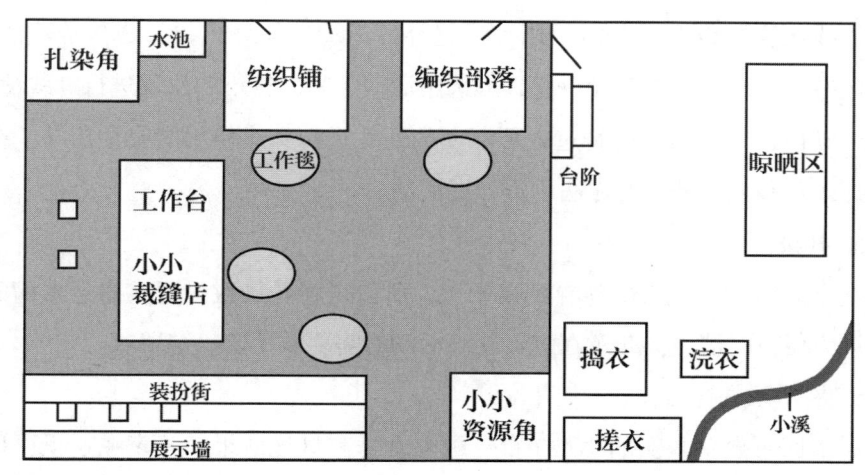

图3-2-62　生活馆"衣"主题活动空间设计

1. 纺织区

纺织区可分设纺线机、织布机、布衣画等区域。将纺线机和织布机放在相邻的位置。儿童使用纺线机纺线后，还可以尝试操作织布机织布，体验到由棉花到线、再到布的完整过程。纺织机的旁边可设置布衣画区域，将织布机织出的零星布料剪剪贴贴，制作布衣画。

2. 时装区

时装区需要提供的操作材料较多，因此需要较大空间，还可以设置一个T台展示区，放在这个区的中心位置。幼儿可以在T台展示区周围自由走动，选取自己需要的材料制作服装。将制作好的芭比娃娃服装作品放在桌上的小T台上展示。在小T台上展示的芭比娃娃又为其他幼儿的制作提供了参考和借鉴。

3. 毛线区

毛线区对技能的要求较高，因此要有适合小班、中班及大班幼儿的不同层次的工具。如可以给中班、小班投放较容易操作的毛线机，大班可以投放长而软的铅笔形毛线针，这种针较传统的毛线针粗，方便幼儿抓取，且有软度，避免了传统毛线针的危险性。

4. 针线区

针线区主要设置一些需要用针线缝补的活动，如缝纽扣、缝袜子等活动。这一区域需要的材料相对少一些，可选用活动空间中较小的位置进行针线活动。针线活动前教师要对未进行过该项活动的幼儿进行针线使用的安全指导，在幼儿掌握了正确使用针线的方法后再开展活动。

5. 扎染区

扎染时容易将扎染颜料弄到桌子上，所以可将扎染区设置在靠近水槽的位置，以方便及时清洗。儿童在进行扎染活动时需要戴手套、穿罩衣。

6. 展示区

展示区可设置真实的小型T台，配上音乐和灯光效果，儿童在这里可以穿上自己扎染的衣服，戴上自己织的围巾和帽子，进行T台服装展示和表演。

（二）以"食"为主题的生活馆活动空间

以"食"为主题的生活馆活动空间主要可设置清洗区、加工区、制作区、品尝区、游戏区。

1. 清洗区

清洗区主要是清洗蔬菜、瓜果等食材，为制作美食做好清洗的前期准备。清洗区的操作台为了方便清洗，可设置在靠近水槽的位置，并且水槽要符合幼儿的身高。

2. 加工区

加工区可以有一个相对独立的区域，分为去壳去皮、磨制、晾晒、腌制等区域完成。各种干果的去壳、瓜果的去皮、磨制豆浆米粉、把蔬菜瓜果切成小块、晾晒毛豆青菜等工作，需要晾晒的食物可拿到室外晾晒，晒好后放入室内晾晒食物区。腌制区腌制种植小农场中送来的自己种植的萝卜、青菜等成果。

腌制的食物放在阴凉避光的地方。

3. 制作区

制作区根据不同年龄段幼儿的特点，不同幼儿的能力水平以及班本课程的需要，开展丰富的制作美食的活动。

适合小班幼儿（较为简单）的制作美食活动：黄金椰蓉球、水果小元宵、糖番茄、切鸡蛋、紫菜蛋汤、切蔬菜、蒸鸡蛋、香蕉奶昔、牛奶馒头、鸡蛋饼、橘子小饼、小馄饨、桂花糕、纸杯蛋糕等。

适合中班幼儿（有一定挑战性）的制作美食活动：雨花石小元宵、水果沙拉、凉拌黄瓜、榨蔬菜汁、菠菜汤、紫薯面条、双色牛奶馒头、草莓蛋糕、牛奶布丁、圣诞饼干、南瓜饼、南瓜娃娃、窝窝头等。

适合大班幼儿（有挑战难度）的制作美食活动：创意饼干、西红柿炒鸡蛋、扬州炒饭、芝麻元宵、寿司、奶黄包、水果鲜奶蛋糕、水饺、紫薯玫瑰花卷等。

制作区可设置大长桌、小长桌、电器操作台等。大长桌是制作区的基本配置，可容纳10~12名幼儿分组制作美食。这里的分组可以是两组都独立完成制作，也可以是两组分工合作，共同完成制作。如何分工、怎样合作由幼儿自己商量决定。小长桌主要可用来进行小型的制作活动，可容纳4~6名幼儿。电器操作台摆放烤箱、电动榨汁机、电动打蛋器等需要在教师帮助下使用的电器。电源插座的安置高度和电器设备的安放应作明显标记，并保证在2米以上。制作区的长桌和操作台每天在使用前都进行消毒清洗，保证制作食物的干净卫生。制作完成后，幼儿自己打扫制作区域。

4. 品尝区

品尝区是幼儿品尝自己劳动成果，以及请其他幼儿分享他们制作的美食的区域。品尝区可以铺上美丽的桌布，桌上放置美观干净的餐具，营造出温馨的氛围。幼儿可以在这里尽情享受分享美食的快乐。幼儿在品尝完自己制作的美食后，可自己收拾碗筷、洗碗、擦桌子、扫地、拖地，保持生活馆的干净卫生，真正成为生活馆的小主人。

5. 游戏区

游戏区可开展与"食"主题相关的游戏活动,涉及科学、数学、美术、语言等多领域。可以是制作美食后延续的游戏活动,也可以通过在这里的一些游戏活动,帮助幼儿理解制作美食过程中的某一现象或内容。

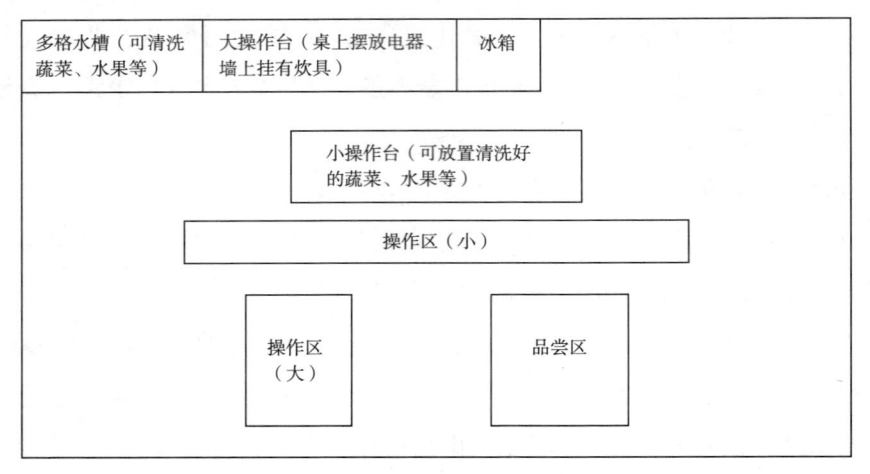

图3-2-63　生活馆"食"主题活动加工区活动空间

(三)以"住"为主题的生活馆活动空间

以"住"为主题的生活馆活动空间,为了满足不同年龄段以及不同兴趣的儿童的需要,主要可设置建构设计区,以中小型积木为主的中型建构区,以泡沫砖、红砖、木板为主的大型建构区——建筑工地。

1. 建构设计区

建构设计区可以设置在建构区门口,紧邻建构区,可摆放桌子、椅子、画笔等。幼儿一方面可以在这里画出他们的设计图纸,另一方面还可以在当日的建构活动结束后,画出当日完成的建筑。这些建筑设计图纸或建筑成果图都可以存放在这里,供下次建构时参考。这里还可以投放各种建构结构图的卡片,关于建构和楼房、桥的书籍和杂志,供幼儿建构时参考,丰富他们的建构设想。

2. 中型建构区

中型建构区中可铺设地垫，在入口处设计拱形门，形成相对独立的舒适的建构区域。这里的游戏与班级建构区比较相似，但提供的材料可以更加丰富些，场地也可比班级建构区更大。幼儿从拱门进入，来到他们的建构天地，可以选择各种建构材料来活动，运用小汽车、塑料树木等辅助材料进行装饰。这里主要可满足年龄较小的幼儿或喜欢用中小型积木进行搭建，并想有较大建构空间的幼儿。

3. 大型建构区——建筑工地

大型建构区——建筑工地可模拟工地进行建设的场景，占地面积可设置较大。建筑工地可提供泡沫砖、红砖、木板、大小不等的纸盒等较大型的建构材料。这里可模拟建筑工地的一些情境，如模拟大吊车、运砖用的小推车等。为了确保安全，进入建筑工地需要戴上安全帽和手套。幼儿在建筑工地不定期的更换主题进行建构，如高架桥、体育馆、长江二桥、高楼大厦、城堡、公园、幼儿园等。建构过程以幼儿分工合作的方式展开。

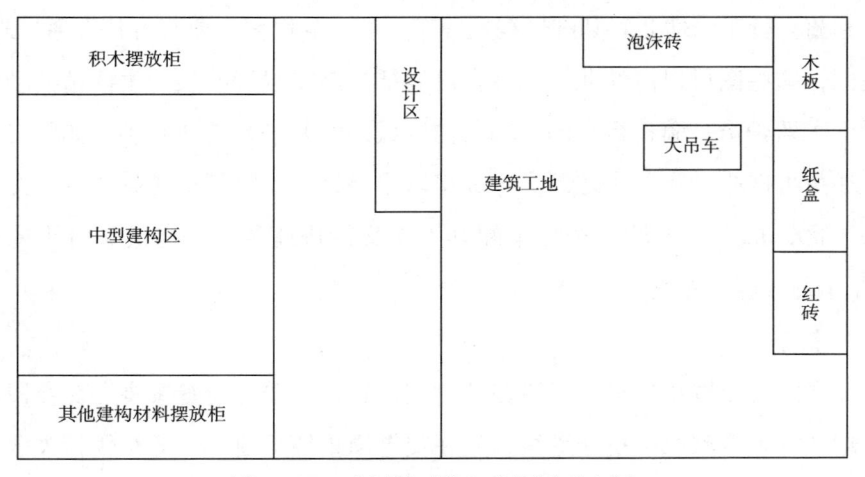

图 3-2-64 生活馆"住"主题活动空间

（四）以"行"为主题的生活馆活动空间

以"行"为主题的生活馆活动空间可模拟城市交通的场景，主要可设置车辆停放区、车辆行驶区、警亭区、汽车品牌区等。四个活动区域是紧密相连的，如驾驶员在车辆停放区开出车辆，行驶到车辆行驶区，当发生汽车事故时，可以到警亭区找警察处理事故。在这里，幼儿在游戏中模拟交通行驶的情境，了解城市交通规则。

1. 车辆停放区

车辆停放区主要可停放玩具小汽车、小自行车，还可设置一个小型的加油站，提供加油站的游戏情境。车辆停放可划分出汽车停车位和自行车停车位，各入其位，整齐有序。

2. 车辆行驶区

车辆行驶区可以是环形的车辆行驶道路，道路上有车辆行驶路线标记，汽车和自行车按行驶路线标记指向行驶，并保持车距。在环形道路的一边有斑马线和红绿灯，这里模拟红绿灯的交通规则，行人看红绿灯走斑马线过马路，驾驶员和骑自行车的幼儿看到红灯亮要停车。相应的墙面上要有各种交通标志图、规则图，这些图可以由幼儿讨论后自己表征。需要强调的是，生活馆活动中应鼓励汽车驾驶员、骑自行车的人和其他区域的幼儿进行游戏互动。如骑自行车的快递员可以去"衣"主题区客户那里取干果订单，将订单送到"食"主题区的加工区，加工区的幼儿按订单配好干果交给快递员，快递员又将干果送至"衣"主题区客户那里。

3. 警亭区

警亭区可设置于环形交通道路的中间位置，主要可设置警亭、交警岗等区域。幼儿穿上警察服装扮演警察，站在交警岗指挥交通，保证车辆行驶区的交通畅通。当驾驶员在行驶中遇到问题时，可前去解决。对遵守交通规则的好市民填写表扬信进行表扬，对违反交通规则的行为可以开罚单处罚或予以教育。警亭是警察处理交通事故的场所，驾驶员或行人遇到交通事故可来此处理。

4. 汽车品牌区

汽车品牌区展示多种品牌汽车模型，墙上展示多种汽车品牌的标志。可设置桌椅，幼儿在这里可观察汽车模型，将车型和汽车品牌的图片进行配对，也可以画各种汽车品牌标志。

三、教师支持儿童开展生活馆活动的策略

（一）从"仿真"到"真实"

陈鹤琴认为，儿童是做中学、做中求取真知识的。"做中学"应该成为生活馆中教师指导的宗旨，要将生活馆的创设从展示型的"仿真"改成真实情境的创设，即在保证安全、卫生的前提下，努力为儿童还原真实的生活情境，如同儿童平时真实生活空间的缩小版，并且儿童在这个空间是充分自主的，拥有"我的空间我做主"的"掌控权"、归属感及解决真实问题的无限可能性，让儿童在直接感知、实际操作、亲身体验中获取经验。

扫描以下二维码，阅读案例《西红柿炒鸡蛋》，说说你从中发现了什么。

二维码3-2-9　案例：西红柿炒鸡蛋

（二）从点状的结果性体验到完整的过程性体验

生活馆的活动绝不能仅仅满足于一个美食"成品"的制作，而要从完整的儿童出发，还给儿童完整的游戏。一是过程的完整性，如游戏前的准备与游戏后的收拾整理，都应交给儿童来完成；二是各区域甚至与其他场域的互动性，如美食部分与种植园地、幼儿园厨房的互动，再如馆内衣食住行各部分的互动等。完整的游戏方能获得完整的经验，儿童也才能获得完整的发展。

扫描以下二维码，阅读案例《小小快递员》，说说你从中发现了什么。

二维码3-2-10　案例：小小快递员

（三）从线性固定的游戏到逐级"进阶"的游戏

生活馆是面向全园幼儿的，生活馆的很多活动都是混龄的，也正因为如此，教师对儿童各年龄段的特点、学习能力、已有经验水平、兴趣都应有更深入的理解，并据此设置适宜的从较简单到有一定难度的不断"进阶"的游戏内容，鼓励儿童不断地自我挑战。当然这样的设置并不是线性固定的，而应该是面状弹性的，是可以让儿童在一个范围内自主选择的，甚至可以"越级"的。而在混龄游戏中，教师外在要模糊处理各年龄段差异，内在又要更清晰不同年龄段幼儿在其中发展的可能性。

扫描以下二维码，阅读案例《小小糕点师》，说说你发现了什么。

二维码3-2-11　案例：小小糕点师

（四）从无为的旁观者到智慧的支持者

生活馆的活动更倾向于儿童自主，即让儿童在自主探索的过程中主动建构经验，其中教师的客观观察、正确分析和科学的支持尤为重要。生活馆中的观察与分析大致有三种类型：一是教师即时的、现场的观察与分析，此时的指导是应急式的；二是教师在游戏中观察记录，作为游戏后经验分享的依据；三是教师观察后将记录交给生活馆专职教师，专职教师要分析多个案例后进行后期调整，如材料、环境的改变等。总之，教师要有一双敏锐的眼睛，发现游戏中儿童的需要、兴趣及困难，及时给予科学的支持。

扫描以下二维码，阅读案例《芭比娃娃》，说一说你发现了什么。

二维码3-2-12　案例：芭比娃娃

（五）从关注游戏成果到支持幼儿创造性表征

儿童经验有一个逐渐变化和丰富的过程，因此在生活馆活动中，教师要鼓励儿童进行经验的表征与分享，让他们把自己探究的过程及发现用喜欢的方式记录下来，游戏后回顾并向同伴介绍玩了什么，是怎么玩的，结果怎样，等等。这些有助于儿童经验的丰富和发展，且有利于形成一种"允许失败"的客观态度和宽松氛围，即成功的经验大家学习，有困难大家想办法解决，同时获得成就感和满足感。

扫描以下二维码，阅读案例《和面》，说一说你发现了什么。

二维码3-2-13　案例：和面

（六）从模仿再现生活到超越创造生活

儿童的游戏总是与生活紧密联系的，生活馆的活动尤其如此。教师在指导生活馆的活动中基本可分成三个环节：一是激起儿童的已有经验，如可以问一问"妈妈平时是怎么洗菜的？怎么洗才能洗得干净？"；二是支持儿童将已有的生活经验应用到生活馆活动中，如引导儿童"那我们就试一试吧"等；三是鼓励儿童将生活馆中的获得经验再应用到生活中，如启发儿童"回去可以把我们的发现告诉妈妈，和她一起做一做"等。

扫描以下二维码，阅读案例《芹菜榨汁》，说一说你发现了什么。

二维码3-2-14　案例：芹菜榨汁

（七）从关注个体知识建构到支持幼儿之间的协同分工

生活馆是一个儿童的"社会"生活场所，与班级生活区的区别之一在于更开放、更自主、更宽松，儿童在其中可以与不同班级、不同年龄段的同伴互动，体验的是一种社会"工作"，而这些"工作"往往更需要与同伴的分工与合作。所以，教师在生活馆中除了关注幼儿生活技能的获得、自我服务能力的提高外，还要关注儿童社会性的发展，包括社会角色的体验、社会工作的尝试，及与其他成员之间的互动等，促进儿童的社会性发展。

扫描以下二维码，阅读案例《磨豆浆》，说一说你发现了什么。

二维码3-2-15　案例七：磨豆浆

（本活动由南京市小天鹅幼儿园成静、应颖，南京师范大学2015级学前教育专业提茗、严怡婷、刘梦、杜芷歆共同撰写）

活动 8

综合设计：实践创客思维、培育工程素养的木工坊

理论深度 ★★

能力要求 ★★★★

创客（Maker），"创"指创造，"客"指从事某种活动的人，"创客"本指勇于创新、努力将自己的创意变为现实的人。木工坊正是以游戏精神为理念，以创新为中心，以设计、制造为核心内容，支持孩子成为自我创作的小主人。

一、木工坊的常见误区

幼儿木工活动能够带给幼儿多元智能的发展，促进幼儿注意力、观察力、想象力、创造力等各方面能力以及学习品质的综合提升，最重要的是能够满足幼儿成为"小小创客"的兴趣倾向，获得工程素养的提升。

（一）观念认识的误区：忽视其价值

长期以来，幼教工作者们常常习惯于认可常态化区域的提供，如建构区、角色区、阅读区、益智区、美工区等，对于木工这样一个特殊兴趣区认识很不到位，认为可有可无。

一是受活动危险系数牵制。许多老师担心做木工的安全性，害怕家长的怪罪，害怕考核机制的惩罚，其实如果儿童正确使用工具，再加上成人适当的监督，木工活动会非常有益而且安全。我们要让孩子从小敢于"冒险"，将来才能避免更多的"危险"。木工坊刚好能在可控范围内让孩子拥有这样一个尝试"冒险"的机会，例如孩子粗心大意，毛毛躁躁，在制作过程中小锤子、小手锯等可能会让他吃点"小苦头"，疼痛让他学会如何正确使用工具。

二是家长及社会认可度不够。许多家长"功利性"较强,长期以来认为孩子到幼儿园应该学习儿歌、故事、画画、唱歌等,而把区域游戏等不看作"学习",认为"木工"也是"玩",既危险又不能带给孩子发展价值,这样的认识误区造成了人们对木工活动的不认同,关注度不高,对待"开不开设木工坊",态度常常是"不配合""不支持"或"无所谓"。

(二)活动开展的误区:存在盲目性

1. 空间设置、材料提供和摆放无规则

由于木工坊空间与环境设置经验的匮乏,许多幼儿园在空间支持上缺乏科学性。一是物理空间上:木工坊可以安排在园内或班级的哪个位置,坊内可以开辟哪些操作区域,不同操作区的桌椅如何提供,工具如何摆放;二是材料提供上:材料可以如何收集,有哪些类别,该如何陈列,等等。缺乏合理布局与规划,常常会顾此失彼,停留在摆设层面,不利于幼儿随时随地使用,不便操作等。

2. 教师的木工活动经验不足,缺乏对幼儿的有效指导与支持

由于教师的木工活动经验不足,从而在如何支持孩子一起参与活动、如何设定规则、如何与孩子形成平等互助的关系等方面缺乏底气,也缺乏有效的经验支持,常常表现出成人保护主义、填鸭式教授、教师主导式侵入等倾向或氛围。

教师对于木工活动的课程和教学经验欠缺,难以根据孩子的年龄特征、原有经验和兴趣爱好展开各种各样适宜的活动,因此需要教师在实践中学习、探索与创造。从目前来看,现有的木工坊课程从理论到实践的方案并不多,国内目前已有专门介绍木工坊活动的书籍。[①]该书详细论述了木工坊的建设与利用,从孩子的兴趣缘起、木工坊的诞生,超越固化模式的目标、资源及活动,工具的联系与使用,组装活动,打磨与装饰活动,收获与评价,来自不同的声音,幼儿的作品等多个方面展开了剖析,能够为我们提供帮助和参考。

---

① 王秀玲. 小小木工坊:幼儿园木工坊的建议与利用 [M]. 南京:南京师范大学出版社,2016.

二、科学与艺术融合的木工空间

一般地，木工活会产生较大的噪声，因而木工坊宜设置在户外或者室内不影响其他区域活动的空间内，也可以作为一个专用活动场所设置在创意美工区附近，便于展开联动。一间好的幼儿园木工坊，应该是一间好玩的木工坊。"好玩"体现在几个方面：首先，空间要大，限制要少，幼儿在这里能够感到自由，不受拘束地想象、表达与创造；其次，要有欢乐的氛围，要充满童趣，这样儿童就会爱上在木工坊的工作，形成一种安全感与归属感，热爱木工，乐于参与木工活动；最后，木工坊既要足够安静、稳定，又要舒适、愉悦，使幼儿既能专注于作业，又不会太过拘谨、刻板，这样才能在情绪放松的状态下，心情愉悦地开展高效的木工活动。

（一）空间与设施

可以提供给孩子足够的操作空间、储藏空间和作品展示空间，配置敦实不摇晃的木工台，提供木工便于携带钉子的小挂包和工具放置区、作品陈列区、规则提示区、制作工具书、幼儿参与的主题活动展示墙，还可投放一些报架，用来盛放木工创意类的书籍、工具目录、儿童制作木工过程和作品照片的文件夹等，便于幼儿随时取用和参与活动。

木工坊空间设施示例：

图3-2-65 木工坊整体环境

图 3-2-66　工具放置墙和幼儿海报分享墙

图 3-2-67　储藏空间

图 3-2-68　作品展示区

图 3-2-69　操作台（高度不同、敦实、不摇晃）

图 3-2-70　木工坊物料摆放区　　　　　图 3-2-71　木工坊书籍区

通常，木工坊应有足够大的操作台，能容纳一些儿童和成人同时开展活动；配有低矮且干净的货架，可以让儿童随时获得他们想要的材料；提供有标签并用于存放工具的工具墙和柜子；应有展示柜和展示台，便于幼儿展示；充足的参考书籍等为儿童提供了观察和欣赏的机会。

（二）材料与工具

木工坊的材料因时、因地、因需而不同，鼓励就地取材，一物多用，可以根据现有资源和幼儿的兴趣、需要等有针对性地提供。可以鼓励幼儿和家长一起收集树皮、树枝、树桩、松树果，硬度不同、呈块状、圆饼状或条状的（形状各异）木块，以及其他废弃的木头、木花、边角料等材料，并提供塑料泡沫、厚纸板等"类木材料"。材料根据类别陈列，呼应幼儿的"秩序感"，帮助幼儿形成有序的习惯。

主要材料——主要材料以各种木料为主，如各种材质、形状、长短、大小、粗细、软硬不一的木条、木板以及木质的半成品。

辅助木工材料——有螺丝、铁钉、木花、木屑、万向轮、滑阀、树皮、废弃把手、插销、砂纸、木工铅笔、弹线盒、颜料、毛根、与木工有关的图书等。

工具材料类——有电锯、钻床、锤子、镊子、木锉刀、手工凿、手工刨、划子、羊角锤、斧、锛、老虎钳、金属夹、刨子、轴锯箱、撬棍、手锯（横切的、制作锁孔的、制作罗盘的）、雕刻刀、螺丝刀（标准的和菲利普斯的）、钻头（手钻、铁钳、碎片）、直尺和卷尺等。投放工具时要注意功能性和层次性，比如可以提供大小不同的锤子、长短不一的铆钉和螺丝刀等。

这些工具完全不必是所谓的"儿童的工具"，即专门为幼儿定制木工工具，儿童可以使用与成人相同的工具，因为儿童和成人共同生活在一起，本没有"儿童的世界"与"成人的世界"一说，人为地将儿童与成人对立起来，反而是画蛇添足。

有条件的话，也可以提供一些幼儿能够掌握其使用方法的电动工具，如锯床、车床、磨床、钻床等。

图3-2-72　整齐摆放的工具

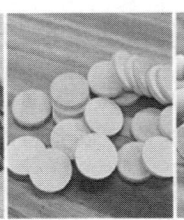

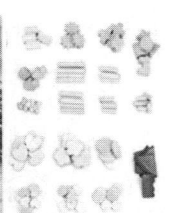

图3-2-73　各种木头材料

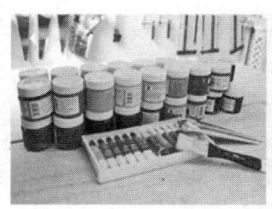

图 3-2-74　各种装饰材料

（三）安全与保护

许多教师担心做木工的安全性，木工坊在安全措施方面可以配置急救箱和防护眼罩、防护衣、防护手套等，提供适合孩子的带手柄的工具。同时，木工坊内要配备医用药箱和安全登记簿。

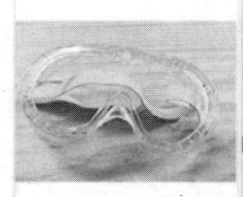

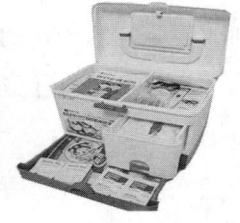

图 3-2-75　各种保护材料（透明护目镜、手套、围裙）　　图 3-2-76　急救箱

（四）人数与规则

可以和孩子一起讨论游戏规则，包括工具使用的方式、方法，让孩子用图片、标志表征使用过程中应该注意的事项等。同时，对木工坊的人数、成人与幼儿比可以视空间大小和师幼互动需要作出明确规定，一般地，每个操作台2~4人能够同时使用为上限，成人与幼儿比尽量控制在1∶5~1∶3，以满足每个孩子自主解决问题的适宜需求。

图3-2-77　幼儿共享空间

好的木工坊一定是空间适宜、材料多样、氛围融洽的，不仅是科学探究的场所，更是艺术创作的天地。教师可以融入编织、陶艺、彩绘、皮具、金属加工、综合DIY、创意美术等课程，让幼儿体验木工制作与多种手工创作相结合的魅力。

图3-2-78　木工与创意制作　　　　图3-2-79　木工与彩绘、陶艺等

扫描以下二维码，了解幼儿园开展木工活动的基本路径，发现木工活动与幼儿全面发展之间的关系。

二维码3-2-16　幼儿木工坊活动的基本路径

三、幼儿木工活动的支持策略

木工坊内，教师是幼儿木工活动的陪伴者、帮助者和支持者。幼儿可以在与同伴、教师、木工师傅的多元互动中，获得健康、语言、科学、艺术、社会性等方面的发展。

（一）孩子是"创客"小主人

木工坊活动中，教师应把孩子当成游戏的主人、创作的主体。教师应和孩子一起讨论游戏规则，讨论参与的主题，鼓励孩子大胆创作，主动展示自己的作品，分享自己的操作经验。

鼓励孩子们自主选择木料，自由敲敲打打锯锯，或根据自己的创想自制设计图，组合拼装、制作，或开展木屑木花创作，或维修破损桌椅，或用木片装饰创作，等等。鼓励孩子自己尝试用手拃、或者用各种测量工具进行测量，自己挑战如何比较钉子或螺丝的长短，体验各种连接方法，如铰链、木胶等，自主寻找适合自己手柄长短的锯子、锤子、榔头、起子等。

图 3-2-80　孩子自己商讨　　　　图 3-2-81　成人陪伴和适宜的支持

（二）支持幼儿形成积极的学习品质

幼儿在木工体验坊里的活动不是无意识行为，而是结合了对木料、操作工具的直观感知，对现实生活经验模仿的有意识的活动，这些材料、工具和已有生活经验，引导着幼儿去思考、去创作。木工活动中，兴趣始终是孩子探索的动力。同伴间的角色分配，过程中的互补学习，困境中的问题解决，都会在幼儿之间的默契合作中得以实现。遇到困难他们会持续努力地设法解决，获得坚持性的发展。

（三）科学观察和诊析，支持幼儿的发展

幼儿的"创客"思维和木工素养是在不断的观察、操作和改进中获得的。在木工活动中，我们一是要分析幼儿对活动内容是否感兴趣，幼儿制作的作品与他的生活有多大的关联性，拥有了多少相关的感知经验；二是要分析幼儿可能获得哪些有益的、具有挑战性的经验；三是依据幼儿年龄特点和现有的经验水平，分析此次制作内容需要的关键性技能，以及幼儿可能遇到的困难等。

活动中，幼儿会碰到各种各样的问题。发现问题比解决问题更重要，也更困难。瑞吉欧教育体系认为："任何会使幼儿停顿与阻碍其行动的问题就是一种'结'，项目活动中包含着很多'结'，就像线团中打结的地方，会使缝纫的过程停摆。"教师应做观察者、引导者和支持者。

（本活动由镇江扬中新坝幼儿园王海英，南京师范大学2015级学前教育专业肖芸共同撰写）

主题三　教师增进环境中公共意识的有效策略

人是社会的动物，是社会关系的产物。幼儿在什么样的环境中成长，就会成为什么样的人。所谓染黄则黄,染苍则苍。自私的家庭难以培养出无私的孩子,博爱之都才能生长出负责任的小公民。如果在幼儿园的公共生活中没有培育出幼儿移情、换位思考的意识和观点采择的能力,我们就不要奢望在独生子女的家庭氛围中养成孩子乐于分享、体察他人的品质。幼儿园环境是一面公共生活的镜子,它会折射出幼儿未来成长的模样。

关 键 词　幼儿创意门厅;班级文化前台;全纳意识;公共情怀
学习目标　1. 了解幼儿园公共环境与幼儿公共意识间的关系。
　　　　　2. 厘清门厅、走廊、楼梯、专用活动室的公共价值。
　　　　　3. 建构儿童本位的门厅、走廊、专用活动室的策略。
实践准备　1. 收集幼儿园门厅、走廊、楼梯、专用活动室的平面图和实体图。
　　　　　2. 关注并追踪幼儿在不同公共空间中的行为。

活动 1

翻转课堂:门厅中的想象阅读和甜蜜拥抱

理论深度　★★
能力要求　★★★★

　　门厅既是幼儿园的一张脸,也是幼儿的一张脸,上面显示着幼儿园的公共情怀、责任担当和专业追求,传递着幼儿园内外的社会关系、人际关系、在社会结构中的位置。在儿童为本的环境创设中,门厅有着认知、情感、社会三个层面的不同意象:首先,门厅是幼儿每天到达与离开、进入与退出的同一空间,是一个双重意象的世界,包含着期望与失落、欣喜与忧伤、聚首与分离;其次,门厅是情绪的栖息地和休整所，是张扬自我、自主探索与社会克制、换位思考的边界区域；最后，门厅是一种交往转换的场所，是家庭与学校、熟悉与陌生、园内与园外的边界跨越之处。

在门厅的公共环境创设中，成人要与儿童一起，积极回应儿童的特殊需求，通过儿童的公共性来体现门厅的公共性。譬如，以门厅为基地的吻别仪式与拥抱游戏，以阅读分享为特点的绘本制作和亲子共读，以海报展览和季节采风为创意的个人展览和景观效应。

一、课前活动

1. 访谈不同年龄的幼儿，了解他们喜欢什么类型的门厅，希望幼儿园的门厅变成什么样，喜欢玩什么样的到达与离开的游戏。
2. 以阅读、展览、游戏为主题，设计几款不同的门厅，有条件的可邀请幼儿一起参与。
3. 考察不同幼儿园的门厅，分析其如何实现公共环境的公共价值。

二、课堂学习

门厅是幼儿园给来访者留下第一印象的地方，是幼儿园高度重视建设的地方，但也是最缺少儿童视角参与的地方。教师支持幼儿参与环境创设最需要克服和挑战的便是门厅的儿童创意与儿童设计。当有了儿童的视角后，幼儿园门厅便能传递出不一样的人际氛围和公共感觉。

1. 自主学习

以个人为单位，搜集世界各地幼儿园的门厅照片，比较中国幼儿园的门厅与国外幼儿园门厅的空间大小、设计创意、主要元素及其中传递出来的社会关系、价值观念。

2. 小组讨论

以小组为单位对共同感兴趣的问题进行分享交流，集中讨论门厅创意设计的可能视角、主要思路、儿童参与，以思维导图的形式记录小组的创意，并制成简要的PPT供全班讨论交流。

3. 师生总结

门厅是幼儿园所有公共空间中最具有公众性、分享性、关系性的地方，一所幼儿园的门厅直接向来访者传递了属于幼儿园的文化密码、课程取向、人际关系，尤其是门厅背后幼儿园的公共生活图景。因此，如何通过门厅增进幼儿的公共意识，温暖每一个到达，祝福每一次出发，是门厅的流动性设计中教师和幼儿共同关注的。这里呈现儿童参与的三种门厅主题：亲情游戏、阅读、展览。

（1）以亲情为主题的门厅游戏

门厅是幼儿与父母告别、与同伴见面的地方，也是与同伴告别、与父母再见的地方。作为一个告别与再见因时而易的区域，幼儿的情绪、父母的情绪、同伴的情绪往往会触景而发，因此，门厅是一个适宜开展吻别仪式与拥抱游戏的空间。

如果孩子们每天来到幼儿园，可以与父母有"五个吻"的告别仪式，也可以有"抱一抱"的同伴游戏，那么，门厅这个空间便会对幼儿显得意义非凡。"五个吻"的告别仪式可以有不同的想象，譬如，小朋友与父母都要去思考今天的五个吻，吻哪里，是吻眼睛、鼻子、脸颊、嘴巴、耳朵、头发、手指，还是纽扣、帽子，是用嘴巴还是用花瓣等其他替代物。有的幼儿园甚至在门厅处有一个记录盖章的地方，记录有没有五个吻、怎么吻的、心情如何等。

再譬如，"抱一抱"的游戏。小朋友每天见到小伙伴、老师都会非常兴奋，如何回应孩子的状态设计门厅中的抱抱游戏,以减缓新入园幼儿的焦虑情绪,增进师幼之间的温馨接触,创造同伴间的花式拥抱?无锡侨谊金科园每年开学初都有别开生面的抱抱节。如下面的图片所示。

图 3-3-1　门厅中同伴间的拥抱

图 3-3-2　吻别仪式后的盖章记录

图 3-3-3　抱抱的魔法一

图 3-3-4　抱抱的魔法二

（2）以绘本为载体的门厅设计

阅读是一件可以慰藉心灵的活动,门厅以绘本、图书为载体进行创意设计,会在很大程度上给幼儿带来情绪上的稳定感、阅读上的好奇心、友好的邀请感。如果门厅的空间格局、色彩创意、内容选择又能较多回应幼儿的阅读兴趣,那么,门厅便会从冰冷的陌生空间变成温馨的熟悉空间,邀请幼儿停下来、走进去。

这里介绍两种以绘本为载体的门厅创意,一种是整体的阅读气息,另一种是多元的阅读氛围。

第一，体现整体阅读信息的童话式门厅。①

整个门厅以童话为主线，在色彩、造型、内容上选择幼儿最感兴趣的元素，从正面、侧面、上面、地面等立体空间整体渲染出一种童话的氛围和阅读的意境。如下图所示。

图3-3-5　门厅正面的绿野仙踪布景

图3-3-6　门厅侧面的梦想城堡大书

图3-3-7　门厅正中的童话长廊

图3-3-8　每个班级围合的童话城堡

第二，多元阅读内容的门厅设计。

除了整体上的门厅阅读创意外，不少幼儿园也采用局部阅读创意的方式，譬如，《我不是完美小孩》的绘本展开、多元绘本阅读空间的营造，后者在某种意义上兼具了绘本馆的功能。

---

① 以南京宏图上水幼儿园为例进行说明。

图3-3-9 《我不是完美小孩》 　　　　　　图3-3-10 多元绘本阅读门厅

（3）以展览为主题的门厅设计

其实，从幼儿的个体需要出发，最能展示其存在感、掌控感的门厅是幼儿自主发起的个人创意作品展或小组创意展，那是一个完全意义上的儿童门厅，是儿童自己全程参与、全景呈现的带有更多"我感"的门厅。这里，我们提供两种以展览为主题的门厅创意。

第一，幼儿参与的四季采风景观展。

这里有来自两个幼儿园的四季采风景观展，第一组来自宁波市第二幼儿园，其以幼儿园的两个吉祥物涂涂和妮妮为核心，形成了一个每月一展的门厅创意。

图3-3-11 科学探索中的涂涂和妮妮 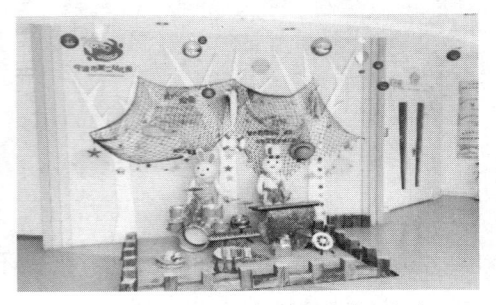　　　图3-3-12 音乐探索中的涂涂和妮妮

图 3-3-13　开学第一天的涂涂和妮妮 　　　　图 3-3-14　迎接新年的涂涂和妮妮

第二组来自南京市太平巷幼儿园,在其门厅中有伴随着田野课程内容变化的景观展厅。

图 3-3-15　伟大的祖国(全景) 　　　　图 3-3-16　伟大的祖国(局部)

图 3-3-17　丰收的季节(全景) 　　　　图 3-3-18　丰收的季节(局部)

第二,幼儿自主发起的个人、小组作品或全班作品展。

作品展的形式多种多样,可以是个人、小组,也可以是全班;可以有主题也可以无主题;可以是大型展也可以是小型展。但不管何种性质的展览,其核心只有一条：展览必须是自主发起、自我策划、自我宣传、自我导览、自我总结的。以下是无锡侨谊金科园的桂花节作品展。

图3-3-19　金秋桂花节展牌

图3-3-20　制作桂花树认领牌

图3-3-21　金科园的大树有几棵

图3-3-22　我眼中的桂花树什么样

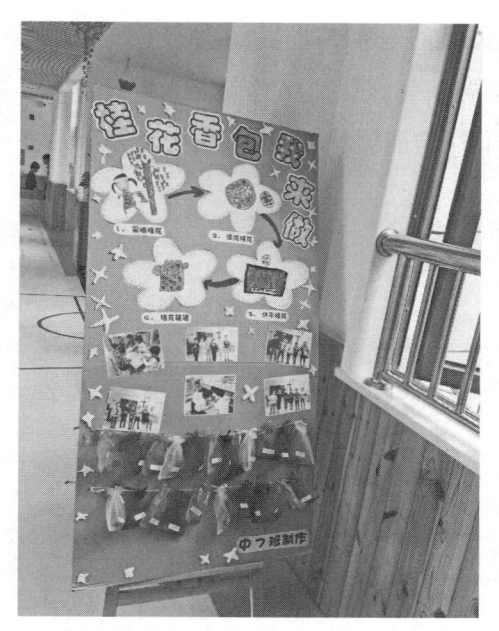

图 3-3-23　桂花树小档案

图 3-3-24　桂花香包我来做

图 3-3-25　品桂花美食

图 3-3-26　过重阳佳节

第三章　共享的、有公共精神的室内公共环境

当然，以上的案例还可以更多地强化幼儿的创意、幼儿的整体设计、幼儿的门票设计、幼儿的海报宣传、幼儿的策展导览、幼儿的过程全记录。当我们与幼儿一起将其探索的过程呈现出来时，孩子们一定能更多地从过程中全面学习。

活动 2

翻转课堂：走廊里的混龄游戏和童画PK

理论深度 ★★
能力要求 ★★★★

走廊是幼儿园重要的公共空间，是联通室内与室外、班级与班级之间的重要通道。如果说活动室是班级生活的前台，那么，走廊则是某种意义上的班级生活的后台，是孩子们逃离制度约束、放飞想象空间的心灵栖息地。从某种意义上来看，走廊也是幼儿从班级自我走向班际自我的重要通道，是从熟悉的人际生态圈走向陌生的人际生态圈的重要过渡环节。在幼儿园公共环境创设过程中，走廊的合适意象是：联通、扩展、延伸、开放，教师可以邀请幼儿一起将走廊变成联通游戏与心灵的桥梁、立体的展厅及班级文化的前台。

一、课前活动

观摩一所幼儿园的走廊布置、儿童的混龄游戏情况、作品呈现方式等，并思考下页的问题。

1. 走廊在混龄游戏中起到哪些联通作用？幼儿是如何在走廊游戏中与他人进行交往的？
2. 在幼儿园的走廊上，哪些材料是幼儿作品？在这些幼儿作品中，反映了教师怎样的儿童观？表现出怎样的幼儿混龄游戏水平？在幼儿作品展示或材料提供上哪些方面需要改进？
3. 在幼儿园的走廊上，哪些事物直接表现出班级文化？是什么样的班级文化？在这些班级文化中，哪些是以儿童为中心的？哪些是教师本位的？如何改进走廊环境？

二、课堂学习

走廊是幼儿园楼宇公共环境的重要组成部分，是各班级活动室的延伸空间，也是整个楼层的横向通道。它能够扩大幼儿的活动范围，减少班级的重复设置，使幼儿拥有更多的环境，增加信息资源、信息量，让幼儿在活动中拥有更多的选择的机会。

1. 自主学习

以个人为单位，思考以上三个课前活动问题，通过寻找合适的案例来改变当前走廊环境创设中教师过度主宰的局面。

2. 小组讨论

以小组为单位，通过播放图片或者视频的方式向大家展示所观摩幼儿园的走廊混龄游戏、作品呈现方式、班级文化特征，说一说观摩感想，并以思维导图的方式整理出自己对儿童视角的走廊创意的思考。用清晰流畅的语言表达自己的观点，注意以儿童为中心。

3. 师生总结

对一所幼儿园而言，任何一面墙都是重要的，它凝聚着教育理念，传递着课程观和儿童观。作为幼儿参与幼儿园公共生活的重要媒介，走廊对儿童具有举足轻重的意义。

（1）走廊是联通游戏与心灵的桥梁

在成人的视野里，走廊只是一条公共长廊，具有游戏、展览、通行功能。但在儿童视野下，走廊是逃离班级制度空间、开展酣畅淋漓的挑战性游戏、遇见陌生小朋友的探索空间、交友空间以及自我展示的创意空间。

图3-3-27　角色区长廊

第一，开展幼儿调查访问，倾听幼儿游戏心声。

幼儿是游戏参与的主体，从幼儿角度出发，教师和幼儿一起讨论：如果是你来设计的话，这样长长的走廊里你想设计什么游戏？教师们在调查的基础上，结合实际和幼儿一起设计游戏，共同确定每个游戏项目以及每个项目的规则。可以鼓励和引导中大班幼儿将共同商讨、制定的游戏内容、规则等制成全体幼儿都能理解和接受的游戏卡片，在走廊上展示，进而生成和丰富满足幼儿兴趣和需要的走廊混龄游戏内容。

第二，与幼儿一起将创意变成现实。

走廊混龄游戏的开展不可能直接来源于幼儿的自然活动，还需要教育者的精心设计。为了配合走廊混龄游戏的开展，幼儿园应努力为幼儿创设一种友爱、团结、包容、接纳的游戏环境，形成互帮互助、充满温馨的大家庭式混龄游戏氛围。此外，教师还要考虑到不同年龄、不同能力幼儿的需要，为幼儿的创意落地准备丰富的材料、智慧的支架、适宜的工具箱。教师要将教育意图客体化于游戏材料中，以潜在的影响和间接方式引导幼儿的行为和活动。

另外，走廊作为一个联通各班级的狭长空间通道，可以将其分割成若干个小的游戏活动区，间隔大小、场地设施等要以游戏类型、参与幼儿的多少、是否有利于游戏的开展为依据，且可以随时调整布局，合理的空间布局可使幼儿感觉舒适，提高游戏质量。

图 3-3-28　幼儿创意的男孩街

图 3-3-29　男孩街上的拆装部与工程部

（2）走廊是立体的展厅

走廊既是游戏的天地，也是创意的展厅，是幼儿与大师、与同伴、与作品对话交流的地方。好的走廊往往就是一间艺术博物馆，它将大师的智慧、教师的教学以及幼儿的创意有机地融为一体，形成一种气势恢弘的视觉震撼。

走廊的展厅效果必须邀请幼儿一起设计，支持幼儿运用自己的视觉、触觉、机体觉、运动觉、嗅觉来创造属于自己的立体展厅，支持幼儿成为策展人、创作人、导览人、记录人。

从策展人的角度来看，过去幼儿园环境中任何一面墙的布展都是由教师规划、教师设计、教师选择的，现在教师要尝试邀请幼儿一起布展，甚至支持中大班幼儿独立布展；从创作人的角度来看，过去的展览很少是全员性的，总是教师选择一些成人眼里的优秀作品。现在，我们要支持每一个孩子看见自己的作品，看见自己的创意，感受到被尊重、被信任；从导览人的角度来看，原来的走廊展厅多为"展"而缺少"览"，可现在，我们要更多邀请幼儿自主创意，看怎么样才能吸引更多的观展者，怎么样激发观展者与作品互动，如何设置互动的展厅。譬如，观展者可以贴星星、留便条、点赞等；从记录人角度来看，展厅不只是在那里，展厅中必须有故事、有互动、有趣闻、有发现。因此，幼儿要在充当导览员的同时，实时记录观展人的建议、想法等。

走廊成为立体的展厅，不仅意味着空间上无死角的布展方式，不仅意味着幼儿的视觉、触觉等所有感官的全部参与，更意味着幼儿全方位地扮演从策展到导览、到记录和分享的小主人角色。

（3）走廊是班级文化的前台

走廊不仅是连通整个楼层的横向通道，走廊环境的布置凸显着整个园所的文化，同时也是展示班级文化的一个前台。譬如，走廊的墙面可由教师和幼儿根据教学的需要灵活创设，可以设置成游戏活动中的背景墙，可以作为班级主题墙，可以作为幼儿作品的展示墙，还可以作为增进家园互动的交流墙。在这些主题的墙面中，班级成员的言行倾向、班级人际环境、班级风气、班级教育教学氛围和内容等为主体标识的班级文化跃然纸上。

图 3-3-30　音乐长廊　　　　　　　　图 3-3-31　幼儿个人作品展

鉴于走廊墙面的多用性，教师与幼儿一起规划时要尽量从幼儿的需要出发，在版面规划上尽量避免碎片化、割裂化，而采用成片规划、整体布局。这样将更方便教师的操作和幼儿的活动，更有利于清晰地凸显班级的文化。

（本活动主要由南京市鹤琴幼儿园张倩、史力元老师撰写）

活动 3

翻转课堂：专用活动室的全纳意识和观察学习

理论深度　★★

能力要求　★★★★

幼儿园的专用活动室是共享性空间，是各年龄阶段幼儿、甚至家长都会参与的地方。这些专用活动室成为幼儿园重要的课程资源，可以满足幼儿的内在需求，促进幼儿发展，是某一类物质或精神资源的载体。虽然很多幼儿园都设立了这种专用活动室，但是从专用活动室空间的社会属性上我们不难发现其共享精神不足、认同感缺失等问题。

一、课前活动

分组参观并调查幼儿园的某个专用活动室，如绘本馆、美术馆、科学馆、生活馆、木工坊等，观察幼儿在其中的活动，思考以下四个方面的问题（见问题导引），关注证据与观点的逻辑自恰性。

以小组为单位制作交流PPT。

> **问题导引**
>
> 1. 收集3~5所幼儿园专用活动室的照片，访谈不同年龄阶段的幼儿、教师、家长、社区人士，了解其对专用活动室的想法，最喜欢哪一个活动室以及原因，说一说他们理想的活动室是什么样的。
> 2. 比较中外不同幼儿园的专用活动室的空间设计，有儿童参与的、有成人主导的等，思考幼儿更喜欢什么样的设计。
> 3. 比较中外不同幼儿园的专用活动室的材料投放、使用方式，分析其如何满足不同年龄阶段幼儿的需求，以及是否接纳家长的参与。
> 4. 假如你来当设计师，你准备如何创设幼儿园的某一个专用活动室？

二、课堂学习

围绕课前布置的四个思考问题,展开个人的观点碰撞、小组的想法分享,并在此基础上形成明确的问题意识、比较的国际视野、清晰的建构思路以及尝试改变的实践勇气。

(一)自主学习

以个人或小组为单位,将以上四个问题的思考以关键词、思维导图、标明逻辑关系的维恩图呈现出来,并尝试建构不同活动室之间的逻辑关联。譬如,生活馆、图书馆、科学馆、绘本馆如何发挥其整体功能,并分析其空间设计、材料提供等方面的特点,感受幼儿的学习是否能够呈现等。同时,进一步比较中外不同专用活动室的同与异。

(二)小组讨论

根据课前学习小组协作情况,先在全班范围内确定分享重点,以保证每一个维度、每一个方面都有涉及,保证信息的完整性。例如,有的小组分享绘本馆,有的小组分享美术馆,有的小组分享科学馆,有的小组分享生活馆,有的小组分享木工坊等。并且课前协作时明确研究问题,可以从空间设置、环境、材料拜访、幼儿使用情况等几方面做调查研究。

(三)师生总结

根据前期调查与访谈,总体上,我国幼儿园在专用活动室的创设与使用过程中表现出公共精神缺失等特点。也有一些好的做法值得借鉴和学习。增进专用活动室中公共意识的有效策略,可以从下面三点着手。

1. 专用活动室是一个拓展空间

专用活动室是幼儿园重要的课程资源,是供幼儿主动探索的活动空间,是能发挥多种教育功能的活动区。幼儿通过在其中的活动，可以了解与把握许多在教育活动中很难或无法涉及的有益学习经验，也是幼儿主动学习、主动构建知识经验的重要场所，是实现幼儿园课程目标的重要途径。专用活动室的设计应通过环境的创设和利用，有效促进幼儿的发展。专用活动室的材料应适合儿童的接受水平和操作能力，克服成人化倾向。

图 3-3-32　幼儿园生活馆　　　　　　　　图 3-3-33　木工区

　　幼儿园专用活动室是为幼儿提供的专用于某类活动，备有特定场景、材料、设施的活动场所，是教室空间的延伸，是一个拓展空间。每个活动室根据室场的特色进行空间布局，以及投放了相应的材料，实施不同的使用方式。进入活动室，孩子们可以在其中自由选择材料、自由操作，在很大程度上填补了各班活动区角的欠缺和不足。专用活动室也是面向幼儿园全体幼儿开设的，这些专用活动室的开设，为幼儿提供了丰富的活动场所。例如，幼儿园的绘本馆具有丰富的馆藏，柔软的空间设计吸引幼儿爱上读书，成为一个个热爱阅读的"小书虫"，是教室中图书区的拓展空间；美术馆中具有浓烈的艺术气息，丰富的操作材料，幼儿在其中可以展开想象的翅膀尽情创作，也是教室中美工区的拓展空间；科学馆中吸引人的设计，新奇的探究材料，可使幼儿在这里萌发出浓厚的探索意识，唤醒探究的欲望，也是教室中"科学区"的

拓展空间。

2. 全纳意识的全面渗透

专用活动室不同于班级的区域，专用活动室面向所有的幼儿。所以，活动室的设置应能满足不同年龄阶段儿童的兴趣、能力和交往的需求，是一个具有全纳意识的空间。

（1）由儿童参与制定规则

进入专用活动室活动的幼儿，往往来自不同年龄的班级，要让不同年龄的幼儿遵循同样的集体规则，养成良好的参与习惯，需要在专用活动室中设计标识环境，将各种明确的标识和指示以形象、显目的形式融于墙面、地面、材料摆放等细节。但是规则不一定完全由成人来制定，也可邀请幼儿参与制定。例如图书馆的馆藏很多，图书的摆放、整理等显得尤为重要。图书按照什么标准、方式摆放，摆放在什么样的空间可以方便不同年龄阶段的幼儿拿取，都可以和孩子一起商量讨论，按照孩子喜欢的方式呈现在环境中。有的幼儿园和孩子一起商讨，将图书的目录转化为不同的色块和数字，形成了面向幼儿的取放标识。在阅览室，每个书架都有不同的颜色标记，书本封面的左下角则贴有对应的颜色和数量，这样，每本书应该放在哪个书架上的第几层，幼儿可以自己找到，有利于养成良好的阅读习惯，培养规则意识。这种标识环境的提供，不仅便于专用活动室统一有效的管理，也可以减少幼儿由于规则学习而花费的大量活动时间，使幼儿将更多时间和精力放在探索和学习活动本身，提高活动效率。

（2）注重活动室中的全纳意识

好的活动室总是能满足不同年龄阶段幼儿的需求，吸引他们的参与，给他们接纳感、掌控感、认同感。这样的活动室邀请人们参与，吸引儿童的学习探究，是一个具有共享性的开放空间。

幼儿园图书馆的全纳意识可以体现在方方面面。例如，多种多样的图书满足不同的兴趣需要；形式多样的阅读空间提供不同的阅读感受；无处不在的图书室足迹满足幼儿与家长适时阅读的需要；等等。

图3-3-34　阅读空间一角　　　　　　图3-3-35　阅读空间温馨的氛围

图书馆的全纳意识体现在不同的阅读空间。例如，南京市雨花台区实验幼儿园将一个不常走的楼梯建设为一个图书室"文枢阁"。他们将楼梯用软软的地毯包好，在每一层楼梯上用即时贴贴上两个"小屁股"图案，这样，小朋友就可以找到"小屁股"，坐下来看书，楼梯的高度正好适合孩子腿的弯曲度，非常舒适，孩子之间也不会拥挤，相互干扰；里楼梯上的小屁股标志、书架空地上的豆袋椅、大抱枕、毛绒玩具等给幼儿看书提供了不同的空间，幼儿在自己喜欢的位置看书。越来越多的幼儿园在建设图书馆的过程中，将不同幼儿的兴趣需要纳入其中，划分出各种阅读空间，满足幼儿不同的兴趣，吸引幼儿去阅读。

图书馆的全纳意识还体现在图书的摆放方式上。各种不同的摆放方式，方便不同幼儿的需要。例如，有的是常规陈列在书架上，有的是平铺在书架上，有的是放在幼儿随手取得到的小篮子里，等等。如图3-3-36所示。

图3-3-36　幼儿园不同的图书摆放方式

图书馆的全纳意识还体现在随处取得到的图书，不仅接纳幼儿，还邀请家长。例如，南京市雨花台区实验幼儿园让幼儿园图书室的足迹遍布园中各处，方便孩子们、家长们随时看书。他们利用一切适合的场所，建立让不同年龄阶段的幼儿、家长们可以阅读的环境。如，在幼儿园的一楼门厅，首先就能看到一张布艺沙发，旁边是一个用作隔断的书架，上面摆着经典绘本。每天放学时都会看到家长搂抱着孩子坐在沙发上阅读的情景，他们一起述说着故事，感受着阅读的快乐。走进二楼多功能厅的门前，中间放着藤编的靠椅和茶几，两边各摆放着一个白色书柜，上面放满了每个月的图画书和绘本期刊，家长带着孩子在这里歇息时，随手就可以拿到自己喜欢的一本书开始阅读……

3. 让儿童的学习看得见

在开展专用活动室活动时，也容易出现一些问题。比如各活动室的设施和材料过于高档化、成品化，一些来自生活的、低成本的、可操作的材料常常被忽视；各活动室被指令化、形式化，幼儿活动时间十分有限和短暂，一周一次、每次20分钟的操作活动，只是让幼儿在活动中过过场、解解瘾，等等。很多问题，都是由于学校和教师缺乏先进的理念及管理经验造成的，使得专用活动室活动更多流于形式，幼儿园和教师都处在一种茫然无序的状态。因此，提高幼儿在活动室的参与质量，让儿童的学习看得见，让所有年龄的儿童在活动室中感受到存在感、掌控感，让活动室真正成为幼儿成长的乐园尤为重要。

例如，某幼儿园在幼儿操作过程中，教师记录幼儿的活动实况，发现在大、中、小三个年龄段的班级中，都出现了马路游戏的主题，因此就在科学馆增加了马路游戏区域，在地面上贴了斑马线、车道标记等，还在马路边的墙面上绘制了街道的图景。有了这些标记、背景，幼儿游戏的情节更加丰富了，但是各年龄段幼儿在游戏过程中又出现了新的需求。对此，教师又为小班幼儿提供了一些成品汽车和半成品绿化带建构玩具，为中班幼儿提供了车场图纸和搭建高架道路的材料，为大班幼儿提供了交通指示牌、路标等半成品材料。不同年龄段班级的教师在组织活动时，会根据幼儿能力水平的差异选择不同的材料，在活动结束时教师会引导幼儿观察存放标识，将材料分类摆放整齐。

"让儿童的学习看得见"不是一句标语，也不是口号，而是一个个实实在在的行动。幼儿参与到活动室中，教师观察儿童的学习，用图片、视频记录儿童的参与过程，并且对儿童的行为进行分析，将儿童的操作、成长用图片或视频的方式呈现在活动室的环境中，真正做到儿童的学习看得见。例如，生活馆中对儿童使用炊具的动作、儿童的习惯和兴趣进行拍照张贴，连续记录儿童在这个环境中使用炊具的情况。这不仅使幼儿感受到接纳，而且其成长也变得可见了。这种赋予成长意义的空间会给幼儿、家长等带来宾至如归之感，感受到充满发现、宁静、成长的气氛，以及对幼儿活动形式与品质的丰富而深刻的印象。

目前很多幼儿园都建立了专用活动室，但是在实际使用过程中经常会陷入生活经验与生活空间无法连接的危机。这些事物与其正面的特色背道而驰，反而会造成不协调和经验的支离破碎。因此，努力将活动室变成一个全纳的空间，变成一个可以支持社会互动、探索与学习的"容器",发挥该空间的教育内涵,让其教育性的信息和儿童经验的建构产生关联,让其真正变成一个想法的产生和出发的地方。

(本活动由南京市第二幼儿园杨梅佐撰写)

> 班级除了有宾至如归的气氛外，在这里度过三年的幼儿们留下来的足迹也印在了环境中。在此，个人及团体的生活历程被事无巨细地记载下来、沉淀下来，日常例行活动成为生命中有意义的垫脚石，这些引发了象征符号和譬喻的创新。
>
> ——莱拉·甘第尼

第四章
自主的、幼儿充分参与的班级环境

| 思维导图 |

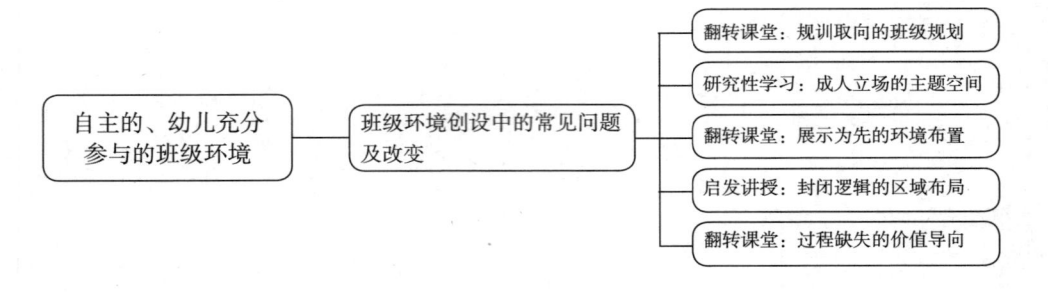

```
                                              ┌─ 翻转课堂：规训取向的班级规划
                                              │
                                              ├─ 研究性学习：成人立场的主题空间
自主的、幼儿充分  ──  班级环境创设中的常见问题   │
参与的班级环境         及改变                  ├─ 翻转课堂：展示为先的环境布置
                                              │
                                              ├─ 启发讲授：封闭逻辑的区域布局
                                              │
                                              └─ 翻转课堂：过程缺失的价值导向
```

```
自主的、幼儿充分
参与的班级环境
├── 班级环境的整体规划
│   ├── 启发讲授：儿童视角班级空间建设的原则
│   ├── 综合设计：读写区的设计
│   ├── 综合设计：美工区的创意
│   ├── 综合设计：建构区的历程
│   ├── 综合设计：角色区的革命
│   ├── 综合设计：科学区的逻辑
│   ├── 综合设计：生活区的创新
│   └── 启发讲授：从主题墙到主题海报
└── 教师彰显班级环境儿童性的有效策略
    ├── 启发讲授：班级空间——从教师的逻辑到儿童的逻辑
    ├── 研究性学习：环境布置——从教师的义务到儿童的权利
    └── 翻转课堂：环境实践——从固化的封闭到弹性的开放
```

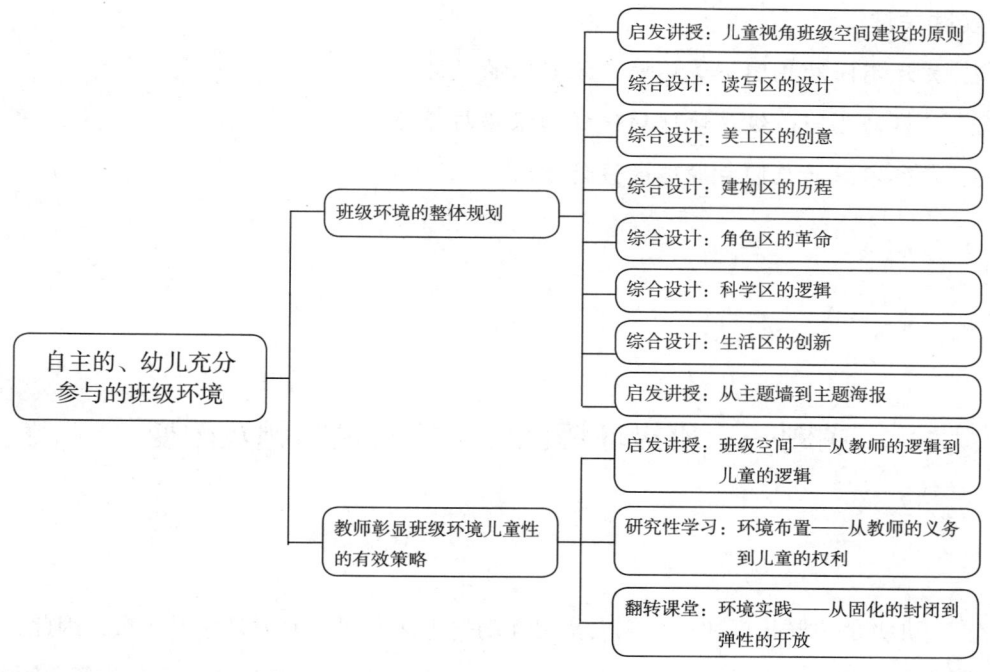

学习目标

1. 了解幼儿园班级环境创设中的常见问题。
2. 理解儿童视角班级环境创设的基本逻辑。
3. 分析教师过度代替儿童进行班级环境创设的原因。
4. 尝试进行儿童本位的班级环境创设。
5. 探寻儿童本位班级环境创设的相应策略。

学习方法

1. 对区域范围内不同类型幼儿园的班级环境进行抽样调查。
2. 采用马赛克法呈现儿童视野中的幼儿园班级环境。
3. 用访谈的方法收集教师、园长、家长对幼儿园班级环境的看法。
4. 采用比较研究的方法分析不同国家幼儿园班级环境创设的特点。

实践关注

1. 关注不同幼儿园班级环境三维空间的设计。
2. 了解幼儿园班级环境区域选择的根据与原因。
3. 考察不同幼儿园主题墙的设计逻辑。

主题一　班级环境创设中的常见问题及改变

　　班级是一群儿童和三个成人密集互动的生活空间。因为是一群儿童，因此，班级生活中必定有秩序、有规则，有冲突、有和谐；因为有成人、有儿童，因此，班级生活中必定有权威、有服从、有依恋、有呵护。因为是生活空间，因此，生活、游戏、学习会磕磕碰碰、争轻争重。无论是物理意义上的班级环境，还是心理意义上的班级环境，成人与儿童的共同在场注定了班级环境具有其与众不同的特点，呈现出虽各有千秋但仍有共性的问题。譬如，规训取向的班级规划、成人立场的主题空间、展示为先的环境布置、封闭逻辑的区域布局、过程缺失的价值导向等。

关 键 词	班级环境；成人本位；规训取向；教师逻辑；儿童参与；深度学习
学习目标	1. 了解幼儿园班级环境布置中的常见问题。 2. 理解不同班级空间中的儿童行为。 3. 尝试儿童本位的班级环境创设逻辑。
实践准备	1. 收集世界各地幼儿园的班级环境图片。

2. 访谈幼儿对不同班级空间的想法。

活动 1

翻转课堂：规训取向的班级规划

理论深度 ★★

能力要求 ★★

对所有幼儿而言，班级是一个先于他们存在的空间，是一个成人结构化了的空间。成人规划了班级的三维空间，设置了班级的区域布局，选择了班级的色彩基调，投放了班级的游戏材料，设计了班级的生活作息，儿童在一个成人规划创意好的班级空间中生活，环境中处处体现着成人的意志、成人的判断、成人的主张、成人的要求，儿童自己的色彩偏好、区域规划、材料选择、时间筹划、规则制定等在成人意志下消失不见了。儿童成了成人意志的作用对象，儿童自己的权利愿望被忽略遗忘。

一、课前活动

请围绕以下三个问题，进行调查与研究，并就其中的任何一点作深入检索与分析。

1. 幼儿园的班级规划中成人的规训与控制表现在哪些方面？请列举几个方面加以说明。
2. 在教师主宰的班级环境中，幼儿的行为表现如何？幼儿如何反作用于教师主宰的环境？
3. 假如让幼儿来规划自己的班级环境，会有多少种可能？

二、课堂学习

从逻辑上来说，班级是教师和幼儿共同的家，且班级的核心首先在于幼儿的存在。幼儿让班级、幼儿园有了存在的理由，幼儿是牵引班级之为班级，幼儿园之为幼儿园的最重要力量。在班级环境的整体规划中，教师不能无视儿童的诉求而采取独裁式的管理，而要更多地倾听幼儿，了解幼儿的想法和愿望，与幼儿一起建设师幼共同生活的环境。

1. 自主学习

根据上面的三个问题，在收集资料，尤其是环境图片、实地观察、个别访谈的基础上，做出思维导图。

2. 小组讨论

重点围绕问题2和问题3形成学习小组，在组内充分交流分享的基础上，形成对这两个问题的思考与判断，做好关键词图谱，以备全班分享。

分享的质量既在于准备的质量，也在于小组的充分讨论，如何抓住问题的关键，学会从不同的方向、不同的角度接近问题，这个能力是需要不断修炼的。

头脑风暴并不是简单的信息碰撞，而是要在相互交流中生成火花和异见，拓展问题思考的深度与广度。

3. 师生总结

从小组的讨论分享来看，幼儿园的班级规划存在着典型的规训导向，教师创设的班级环境既束缚了幼儿，也疲累了自己，形成了一种互不信任的班级氛围。

（1）改变空间布局中的限制，走向随儿童的需要灵活调整

教师作为主体布置的班级空间，其第一需要便是安全，且便于管理幼儿。在这样的成人立场下，空间规划中的限制就会无处不在。譬如，时间限制、人数限制、规则约束、工具安全、材料选择等。

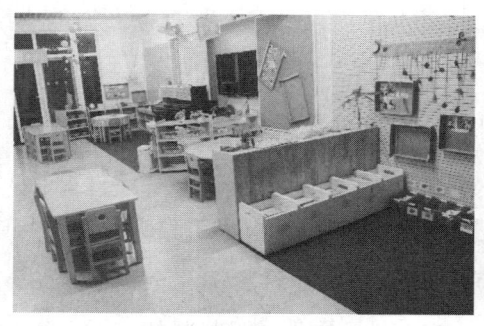

图 4-1-1　便于教师管理的规则班级空间　　　图 4-1-2　便于幼儿游戏的不规则班级空间

当下的幼儿园，教养上的过度保护与管理上的过度限制是相辅相成的。在图 4-1-1 中，教师为了监控全班，便将所有游戏区域以开放的方式沿着教室四周环形分布，而图 4-1-2 则根据幼儿游戏的需要设计区域空间，游戏区域的进出、区域之间的交流更加方便。

图4-1-3　仿真的厨房　　　　　　　　图4-1-4　超大的积木区

游戏不是模仿与再现生活，而是超越与展现生活。因此，班级中的娃娃家材料到底用替代品还是真材料曾经有过无数争论。从幼儿游戏体验的角度，仿真材料与替代材料各有利弊，只要能够增进幼儿的游戏体验、拓展幼儿游戏中的深度学习，无论是真是假都无所谓。

一些幼儿园为了更多地把游戏空间的规划权还给孩子，还在一些游戏区进行了层级性区域规划。控制级：教师规划。教师选择、教师布置的区域；弹性级：教师规划了部分区域，并在区域中进行了适度留白，形成了教师的主张与幼儿的偏好的均衡张力；自主级：区域完全是开放的、材料柜完全是空空的，怎么玩、在哪玩、玩什么完全由幼儿自主决定，教师支持的是材料超市。

图4-1-5　幼儿喜欢的双层班级空间（滑梯+楼梯）

扫描下面的二维码，阅读案例，了解儿童想要什么样的游戏区，教师如何支持幼儿创设其想要的游戏区。

二维码4-1-1　我们想要的游戏区

（2）班级公约：由禁止到自律

班级是教师和幼儿集体生活的地方，所以，规则是必需的。但规则如何诞生、如何执行都需要关注教师和幼儿的共同需求。在传统的班级生活中，教师作为成人，较多地规定了班级的一切，幼儿只是被动地遵守教师规划好的一切。

在现有的班级公约中，存在以下几种倾向：第一，禁止倾向。即，把班级公约看成是约束儿童行为的工具，而非激励幼儿行为变化的路径，如下图所示。

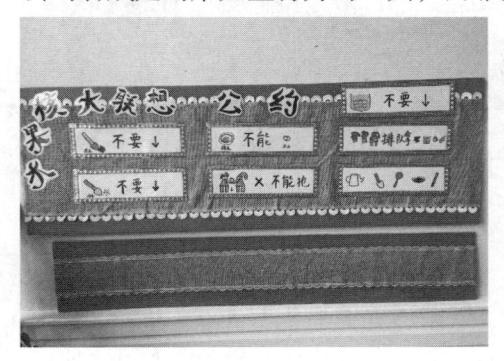

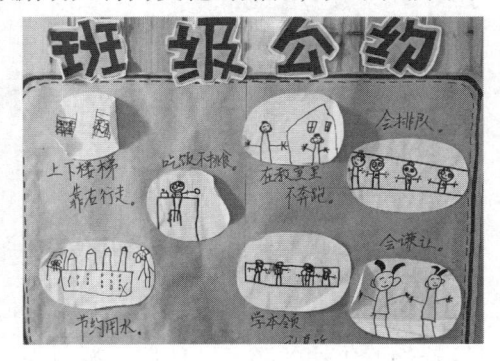

图4-1-6　禁止倾向的班级公约　　图4-1-7　禁止倾向的班级公约一

第二，成人倾向。即，班级公约大多由成人用文字的方式宣传，其出发点是为了便于教师的班级管理，其中点缀着一些幼儿可以识读的符号，如下图如示。

第四章　自主的、幼儿充分参与的班级环境　|　287

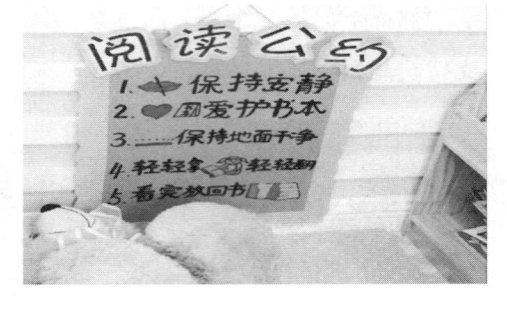

图4-1-8　成人倾向的班级公约二　　　图4-1-9　成人倾向的阅读公约

第三，儿童本位倾向。即，班级公约越来越多地由幼儿自己规划、自己设想、自己表征、自己张贴、自己宣讲、自己执行，体现出越来越多的儿童本位色彩。

图4-1-10　幼儿制定的BOY街宣言　　　图4-1-11　幼儿自己制定的值日生公约

（3）作息时间：由刚性到自主规划、自我要求

幼儿园本是一个流淌着时间与生命、充满慢生活色彩的地方，因为这里生活着一群年幼的孩子，他们以游戏为生命。在工业社会的加速度逻辑下，幼儿园的日常作息有了较多的奔跑色彩。教师以调整旋转的方式规定了孩子的一日生活，也把自己陷进紧张的节奏中。

在课程游戏化的精神指引下，幼儿在园的一日生活要充满游戏精神，充满自主色彩，幼儿可以自主规划自己的一日作息，教师也可以弹性设计班级的日常作息而不必囿于全园的节奏。譬如，下图表征了幼儿自己规划的一日生活。

图4-1-12　大班幼儿设计的《我的一天》 　　图4-1-13　小班幼儿设计的《我的一天》

当成人相信幼儿，并且给幼儿足够的权利与机会时，幼儿完全可以筹划自己的生活节奏。不仅如此，他们还可以筹划更为复杂的时间节奏，譬如，游戏计划的细节、暑假每日生活安排等。如下图所示。

图4-1-14　幼儿的暑期一日生活作息 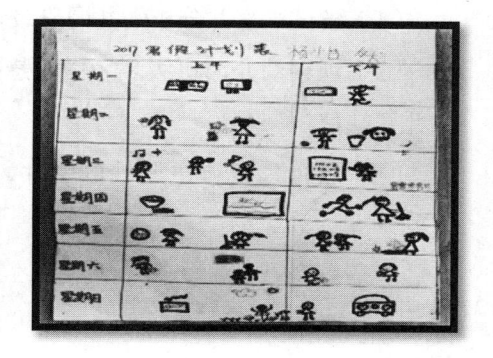　　图4-1-15　幼儿的暑期一周生活作息

活动2

研究性学习：成人立场的主题空间

理论深度 ★★

能力要求 ★★★★

不少幼儿园的班级环境从形式到内容都是成人导向的产物，成人的审美、成人的思维、成人的逻辑、成人的立场。譬如，文字为主的环境布置，成人身高的悬挂装饰物，教师教学逻辑意义上的主题墙等。与其他空间中的成人不同，幼儿园中的成人往往都是女性，因此，幼儿园班级环境中的成人导向可能会演化为女性导向、妈妈导向，最终演化为温柔保护过度、勇敢坚毅不足的环境氛围。

研究过程

一、问题提出

（1）尝试观察并分析幼儿园班级环境布置中的成人倾向与女性立场。

（2）观察幼儿园班级环境中的悬挂物，分析其形式与内容，判断其中的儿童缺位。

（3）收集幼儿园主题墙的图片，访谈教师主题环境及主题墙诞生的机制。

二、研究设计

1. 概念界定

教师逻辑的主题墙，是指教师将自己的主题教学过程分成几个片段与场景，以文字与图片的方式将其按时间的先后顺序展现在墙上。

2. 研究方法

观察法。观察不同类型幼儿园的班级环境，了解环境中的装饰物特点、悬挂方式、作品来源。

访谈法。访谈教师和幼儿对班级环境的看法，了解幼儿的心理诉求。

3. 研究伦理

尊重幼儿及教师的表达自由，不放大或随意传播访谈资料。

三、研究结论

当下的幼儿园班级环境，成人立场非常明显。在班级环境创设中，教师较多地忽略了幼儿的想法，一厢情愿又劳心劳力地为幼儿创设了一个完美的班级环境。然而，幼儿在这样的班级生活中，获得了自我生活能力、学会感恩了吗？

1. 文字为主的环境布置

与成人以文字阅读世界的方式不同，幼儿与周围环境的作用方式是图像、符号、标识。因此，一个以儿童为本的班级环境要考虑到儿童的阅读偏好、情感偏好及审美偏好。

图4-1-16 成人设计的图书区标识

图4-1-17 成人设计的娃娃家标识

图4-1-18 成人设计的棋牌室标识

在传统的思维图式中，班级要有游戏区域，每个区域要有空间围合，每个区域要有区域标牌。可存在并不意味着合理，幼儿园为什么要这样设置游戏区，游戏区为什么要有这样的游戏标识？我们在继承传统的过程中，要不断地返回儿童，尤其是当下儿童的生活，追问教育的本原是什么？儿童在环境创设中的作用与意义在哪里？

图4-1-19　成人设计的时尚造型标识　　　图4-1-20　成人设计的宝贝医院标识

当成人以自己的意志主宰了环境，成人的思维、成人的审美、成人的逻辑便嵌入其中。在上图中，所谓的"时尚造型"到底是谁的时尚？所谓的"宝贝医院"何曾想过幼儿的心理感受？成人作为设计者，如果不是心中装着幼儿，便会不由自主地用成人的视角思维、选择与判断。作为成人，看到"宝贝医院"时没有太强烈的心理感受，可作为幼儿，其首先感受到的不是"宝贝医院"四个字，而是针筒和医生形象，这些会立即唤起幼儿心中的恐惧、焦虑、疼痛与难受。

2. 从成人身高的悬挂物到儿童身高的互动墙

在班级环境布置中，教师作为设计者很难摆脱自我中心的束缚，形成一种基于儿童的视野。当教师选择环境中的装饰物时，其第一判断便是自己的审美、自己的需要。当教师进行环境布置时，其第一需求便是自己的身高，所以，幼儿园的楼梯、走廊、主题墙、游戏区里的悬挂物几乎都是以成人的身高为基准的。

幼儿园的环境布置要坚持1.3以下的互动性原则，即，基于幼儿身高的限度，所有1.3米以下的地方都应该装饰成互动墙。譬如，植绒墙，孩子可以自主拼故事；蛋壳墙，孩子可以自主色彩组合；钉板墙，孩子可以自主造型；磁铁墙，孩子可以自主探索等。

图4-1-21 蛋壳墙　　　　　图4-1-22 钉板墙

3. 从教师逻辑下的主题墙到儿童逻辑的组织线

主题墙是主题课程的产物，具有历史继承性。在当下的幼儿园中，主题墙的主要问题是缺少儿童感，是典型的教师的教学逻辑而非儿童的发展逻辑。儿童感的缺失表现为三方面的不足。

第一，缺少线索感，存在凌乱拼凑现象。

所谓线索感，是指主题活动中儿童发展经验的缺失，譬如，儿童的经验线索、儿童的问题线索，主题墙中仅仅呈现出教师的教学线索。下图的案例则有较清晰的逻辑线索。

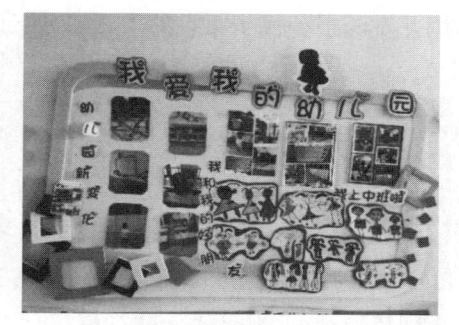

图4-1-23 中班主题墙《纽扣》　　　　　图4-1-24 小班主题墙《我爱我的幼儿园》

第二，缺少过程感，只是内容的随意组合。

所谓过程感，是指幼儿园的主题墙更多的是主题活动中相关内容的点滴呈现，内容的选择、图片的呈现，没有围绕儿童的探索过程，缺少鲜明的活动节奏。下面的两组主题墙设计有了明显的过程感，节奏鲜明，有起有伏，悬挂的高度很低，儿童的参与度、互动性很高。

图4-1-25　大班主题墙《小小兵》 　　图4-1-26　中班主题墙《可爱的动物》

第三，缺少整体感，没有呼吸起止的节奏。

环境是幼儿园的第三位老师，什么样的环境便会塑造什么样的儿童。幼儿园阶段，幼儿的认知发展以局部认知为主，慢慢地过渡到整体认知。如果幼儿园的环境布置体现过多的切割色彩、点状思维、逻辑性差等特点，会在很大程度上阻滞幼儿认知能力的发展。

在江苏课程游戏化改革中，不少幼儿园在主题墙布置上开始另辟蹊径，用儿童海报替代了原有的主题墙。下面呈现了小班幼儿的三张主题海报。

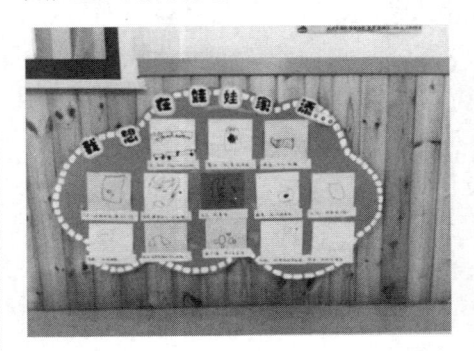

图4-1-27　小班《我想在娃娃家添……》 　　图4-1-28　小班《我们在玩皮球》

图4-1-29　小班游戏区的讨论过程：内容、投票、材料

四、研究反思——完美的主题海报：1+n

从儿童立场出发，主题墙呈现的是儿童自己的问题，儿童自己围绕问题展开的探索，儿童自己探索问题过程中发现的策略。因此，一个完美的主题墙，其核心逻辑应该是：1+n，即，1张教师海报+n张儿童海报。其中，儿童海报包括儿童的问题——儿童的探索——儿童的发现三个部分。

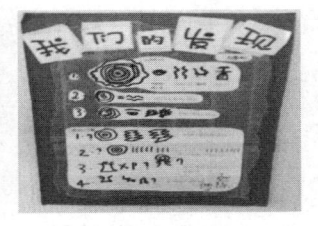

图4-1-30　大班儿童的问题　　图4-1-31　大班儿童的探索　　图4-1-32　大班儿童的发现

> 活动 3

翻转课堂：展示为先的环境布置

理论深度 ★★
能力要求 ★★★★

幼儿园班级首先是个生活空间。生活空间的核心特质是流淌性、自在性、自然性，不修饰、不做作，尊重每一个生命，给予所有人权利。然而，在当下的幼儿园班级环境中，生活的色彩、自然的特性被学习的色彩、人为的比拼所取代。幼儿园班级中充斥着展示为先的环境布置取向，表现为选择性的作品呈现、装饰性的布置倾向、未留白的环境空间、被遗忘的深度学习。

一、课前活动

请以下面的三个问题为线索，实地考察一所幼儿园的班级环境，收集相关资料。

1. 选择某一幼儿园的班级环境，对其整体空间布置进行研究，考察其上层屋顶空间、下层地面空间、四面墙壁空间、四周区域空间，进行形式与内容的分析，关注其创意来源、思维角度、色彩基调、逻辑构成等。
2. 以每一面墙壁为基点，对墙壁上的展板内容计数，看看在大中小各班级，每面墙壁上的展板数量呈现出什么样的特点。
3. 仔细研究每面墙壁、区域展板上的材料与作品类型，分析其与课程的关联和面向所有幼儿的公平性等特点。

二、课堂学习

幼儿园是嵌入于社会结构中的组织机构，是整体社会的缩影，社会生活中的精神风貌、竞争机制以不同的方式渗透进幼儿园的日常生活，表现出班级环境创设中的成人倾向、展示倾向。

1. 自主学习

以个人为单位，借助见习、实习等机会，深入幼儿园的班级生活，探究幼儿园的班级环境，尝试回答课前活动里的三个问题。

2. 小组讨论

围绕相应内容，形成探究小组，对以上三个问题形成小组观点。个体要在集体讨论中反思问题与答案、自我与他人之间的关系，并尝试在此基础上提出三个延伸性问题。

反思教师视角与儿童视角下不同的提问方式，感受行动者的立场与行动者的观点之间的关联性。

3. 师生总结

将幼儿园的班级环境放置于不同的背景中去考察，我们会发现：幼儿园环境具有明显的文化性，不同的文化造就了不同的班级环境。追求阳光、自然的北欧幼儿园班级环境中充满了自然的味道，不矫揉造作；追求艺术、创造的瑞吉欧幼儿班级环境充满了幼儿无边无际的创造力。我国幼儿园的班级环境则较多地反映出展示、炫耀、铺陈、奢华的味道，多以成人的视角或喜好为主。

（1）选择性的作品呈现

一个以儿童为本的班级环境，其在环境布置中如果需要使用幼儿的作品，至少应该注意两点：一是所有的作品要经过幼儿的同意和授权，二是不以教师的标准选择部分幼儿的作品进行展览。在瑞吉欧幼儿园有一个基本理念在环境中体现得很明显，即，所有幼儿的作品有权利被自己（或他人）看见，而且，瑞吉欧工作者相信成人对待儿童作品的态度会成为儿童对待自己作品的态度。

每个儿童都是独一无二的，每个儿童也都是有权利、有能力的主体，尊重儿童并不是轻率说出的四个汉字，而是一连串实实在在的教育行动。在日常的环境布置中，教师尊重了儿童的权利，赋予了儿童判断的能力，儿童便在成人的行为中学会了尊重别人、信任别人。

图4-1-33　幼儿作品的小组署名　　图4-1-34　幼儿作品的个人署名

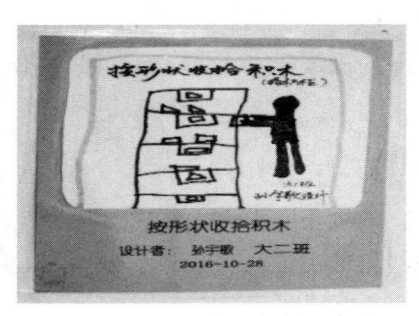

教育是一种每日的行动而非书本上的语言，儿童观是做出来的而不是说出来的。当我们熟知《纲要》《指南》的精神时，我们需要的更是改变传统教育行为的智慧与自我反省、自我批判的力量。

（2）装饰性的布置倾向

班级环境是幼儿园的一面文化之镜、课程之镜、儿童之镜。好的环境它始终就在那儿，不张扬也不轻视，它以一种无声的方式感染着环境中的每个人。所谓"清水出芙蓉，天然去雕饰"，好的环境浑然天成、自信端庄。

当下中国不少幼儿园的班级环境装饰意味较浓，似乎每一面墙壁都要填满塞满，这才叫好教育、好环境。可装饰性的环境忽略了幼儿的游戏天性、探索天性，班级环境既是儿童游戏的对象，也是儿童游戏的结果。当成人用复杂的劳动、精致的思维过度装饰它，幼儿便在这样的环境中学会了接受，埋头苦干，甚至逆来顺受，彻底忘记探索环境、改造环境、延展环境的意义与欲求。

（3）未留白的环境空间

班级环境中的"留白"具有双重含义：一是物理空间上的留白，即，某个区域、某面墙壁具有未完成的特性；二是心理空间上的留白，即，区域、墙壁、材料、图片、表征等任何内容中所传递出来的心理上的延展感，譬如，好奇心、探索欲、困惑感等。

在幼儿园的班级环境创设中，物理空间上的留白与心理空间上的留白对儿童的发展同等重要，教师要学会留白、利用留白，并最终让留白成为幼儿的一种思维方式。因为，最好的教育不是"授人以鱼"而是"授人以渔"，教师的教永远是为了不教，好的教师最大的智慧便是让教的策略成为学的策略，从而达到不教而教、无为而治的目的。

（4）被遗忘的深度学习

一个好的班级环境对幼儿和教师的影响是巨大的，但好环境的评价标准在不同的年龄段有不同的倾向性。在认知、情感、审美、社会性、学习品质等多个维度上。对小班幼儿来说，好环境的重点在于物理空间上的安全与心理空间上的温馨，中班幼儿好环境的重点在于刺激丰富、人际吸引、材料多元，而对大班幼儿，好环境的重点在于认知、情感、审美、社会性、学习品质等多个维度上的复杂性、挑战性、冲突性、多元性。因此，从小班到大班，关于好环境的评价标准并非是一个单一的加法或减法的过程，而是在有的维度上做加法，在有的维度上做减法，在有的维度上做四则混合运算。显而易见的是，年龄越大，环境中深度学习的色彩应该越浓。

深度学习的核心特点在于主动的好奇心、积极的问题意识、高阶思维、创造性成果。因此，班级环境创设不在于数量上的多、内容上的全、形式上的美，而更在于刺激上的深、探索上的专、发展上的可持续。当一些幼儿园把班级环境布置得密不透风，把墙面上的作品排列得挤挤挨挨，用教师流畅的文字、精美的图案来进行班级环境的布置时，他们其实已经忘记了环境的主人是儿童而非教师，环境创设的目的是刺激儿童发展而非展现教学成果。

活动 4

启发讲授：封闭逻辑的区域布局

理论深度 ★★

能力要求 ★

幼儿是一个天生的学习者，但幼儿的学习是要有媒介的。在一个空空的环境中，儿童获得的经验是有限的，在一个丰富的情境中，儿童天生的学习力才会大爆发。幼儿园班级区域环境的设置正是基于激发幼儿学习潜能，支持幼儿发展关键经验，推动幼儿深度学习，促进幼儿可持续发展等目的。

课前互动

1. 观察幼儿园大、中、小不同年龄班的区域空间，自我判断其区域的数量、设置理由、分布逻辑、材料类型、幼儿活动、教师指导。
2. 定点观察某年龄段某区域一小时，观察幼儿的活动情况，重点记录幼儿的专注度、持久性，人—物互动、人—人互动，对材料的认识、变形、组合、改造，对规则的遵守、拓展、变形、违背，对情节的设计、理解、深化，对教师的回应、请求、抗拒及反叛等。在观察的基础上对幼儿和教师进行个别访谈。
3. 持续观察一名幼儿，以白描的方式记录其一小时内的游戏活动，画出其游戏时的空间轨迹，分析其经验轨迹。
4. 在可能的条件下，持续跟踪一名幼儿在一周的区域活动，分析其选区特点、人际特点、经验变化，尝试将幼儿的个人变化与物理空间、同伴关系、教师指导进行关联性判断。

中国式生存智慧的核心是平衡，是相生相克后的平衡，任何极端都会导致平衡的打破。在幼儿园班级环境创设中，教师的过度设计会妨碍幼儿的能力获得，区域的过度开放会导致儿童的自由无序或谨小慎微。环境创设的理想状态便是动态平衡，且幼儿具有维护这种平衡的权利与能力。纵观当下幼儿园班级环境，封闭逻辑与限制原则是教师的第一选择，具体表现在三个方面：区域空间的刚性边界、空间资源的盘通不足、关键经验的区域固化。

一、区域空间的刚性边界

有研究者曾经以马赛克法做过一个调查，了解幼儿、教师心目中最喜欢的班级区域和最不喜欢的班级区域有什么不同，结果发现，教师心中的好区域是结果导向、功能导向，而幼儿心中的好区域却是过程导向、体验导向。这个研究表明，成人规划的班级区域可能在很大程度上并不符合幼儿的理想诉求。

在结果导向、功能导向的区域规划中，成人会有更多的功利定位、价值渗透及刚性安排。譬如，在当下的不少幼儿园中，不仅活动区之间的边界是清晰的，活动区内部的边界也是明显的，教师用一种固化的思维限制了幼儿的空间拓展，妨碍了活动区之间的沟通与联动。

然而，在儿童本位的活动区创设中，基于过程导向、体验导向，区域与区域的内部边界与外部边界都变得模糊和弹性起来，边界的设定不是基于教师的要求，而是基于儿童游戏的需要。在从刚性规划到弹性设置的转变过程中，材料上的革新与观念上的转变都是必需的。

从材料的革新来看，不少幼儿园采取了两种路径：一是轮子的创意，二是组合家具的诞生。原来幼儿园班级区域的材料柜基本上是固定的、沉重的，不仅幼儿搬不动，教师也搬不动，而现有不少幼儿园选择了带轮子的玩具柜，即，在已有的玩具柜、材料架下方装上万向轮（有制动装置）。一个小小的轮子让固定的、刚性的区域顿时变得流动、弹性起来，幼儿可以根据游戏的需要、主题的转换，自主调适区域空间，譬如放大缩小、组合变形等。

图4-1-35　轮子的创意

除了装上轮子外，有条件的幼儿园还直接采用组合家具作为材料架和游戏柜。

图4-1-36　组合家具一　　　图4-1-37　组合家具二　　　图4-1-38　组合家具三

从观念的转变来看，成人要意识到幼儿园环境不是展示性的，而是发展性的，是为了支持儿童的发展而存在的。当教师的行动视角发生了转换，有了一些儿童意识，其环境创设的逻辑起点和策略选择便会迥然不同。但显然，教师的既有行为是不容易在新观念的冲击下立刻发生改变的，必然要经历一个拉锯的过程，但有了拉锯、反复，甚至倒退行为，教师的自我反省能力才会在实践

中发展起来。

二、空间资源的盘通不足

教师区域创设中的封闭逻辑不仅表现在区域边界的刚性上，在资源的盘通上也极为不足。即美工区的材料、规则、成果、作品只为美工区服务，同理，其他区也是如此。这意味着幼儿的区域活动大多在单一区域内发生，而很少能够进行跨区流动与分享，材料上的固化与限制，反映了教师的刻板思维，欠缺变通意识。在一些幼儿园，为了让资源流动起来，主要采取了以下三个策略。

第一，建设材料超市。

所谓材料超市，即材料的集中存放地。与以往将美工区材料只放置于美工区不同，现在的幼儿园将班级活动区的所有材料，按照分门别类的原则存放于走廊或活动室的某个区域，幼儿根据游戏的需要自主搭建区域空间、自主选择游戏材料、自主命名游戏区域，原来固定的区域、固定的材料被开放的区域、可变的材料所取代。需要说明的是，材料超市不是教师建设的，而是教师和幼儿共同建设的。

第二，挖掘每一面墙的多元价值，刺激深度学习的发生。

如果我们清点一下幼儿园班级空间中的环境展板，会发现根据主题、功能的不同，一个班级会有无数块展板，它们分别放置于班级的不同空间中。这意味着每一块展板只实现一个功能、一种价值，没有发挥一物多用的意义。譬如，几乎每个班级都包括签到墙、入区记录卡、天气预报栏，但很少教师引导幼儿一物多玩、深度学习。

扫描以下二维码，感知孩子们从"我是天气播报员"到"气温变化曲线图"的探索过程。

二维码4-1-2　气温变化曲线图的由来

第三，形成弹性思维。

盘通空间资源需要的是一种儿童为本的弹性思维能力。弹性，意味着不刻板，意味着变通，意味着视点的不断变化。环境是第三位老师，这位老师不仅渗透给幼儿环境的形式信息、内容信息，更传递出环境中的思维取向、逻辑起点、方法论倾向。教育的最高境界是教育无痕，环境的最大价值在于润物无声。

作为教师，要以儿童为镜，学会让材料流动起来，让环境联通起来，让边界开放起来，让想象力飞起来。

三、关键经验的区域固化

区域设置基于近期和远期两类目标，关键经验的获得服务于近期目标，学习品质服务于远期目标。在幼儿园区域环境创设中，在关键经验的渗透上，常常存在横向与纵向两个误区。

第一，将某某区的关键经验设置单一化，缺少开放意识与长远眼光。

回应《幼儿园教育指导纲要》与《3—6岁儿童学习与发展指南》的逻辑，幼儿园班级区域通常分为五类，即健康类的生活区，语言类的图书区，社会类的角色区，科学类的数学区、科学区、建构区、益智区，艺术类的音乐区、美工区。五类区域的设置既是对幼儿特殊领域关键经验获得的回应，也是对幼儿整体全面发展的支持。

从这个意义上来说，每个活动区首先要专注于儿童领域性关键经验的获得，专注于材料研究，变身材料魔法师，支持幼儿各领域关键经验的获得。譬如，语言区首先要专注于幼儿听说读写关键经验的获得，艺术区首先要专注于感受与表现、体验与创造等审美素养的获得。同时，教师还要通过各区域活动支持儿童全面、整体、平衡的发展，从单一领域性关键经验走向可持续学习品质的获得与提升。即，从关注知识经验逐步推进到关注方法策略，再推进到学习品质、人生态度与各种价值观，真正为儿童的人生奠基。

第二，将某某区的关键经验设置平行化，缺少立体思维与螺旋递升。

在区域环境的创设上，除了横向上的单一与短视外，在纵向上还存在经验的平铺、重复、浅层学习现象，缺少立体思维、复杂眼光与经验的螺旋递升。

譬如，不少幼儿园的区域环境设置缺少一学期的整体规划，缺少基于儿童关键经验阶梯性生长的路径支持与策略设计，缺少循序渐进的累积性思维，缺少支持儿童各方面发展的精细路径，在区域规划、材料选择、时间安排、规则设定上表现为一成不变的现象，把区域活动变成放任的、虚假的自主游戏。

幼儿的发展是逐步累积的，没有量的累积不会有质的变化。区域环境给幼儿提供了立体发展的可能性、阶梯发展的路径，幼儿便可能获得适宜的发展。没有相应的时间表与路线图，采用粗放式的引导方式自然只能导致幼儿经验的低水平重复。所谓种瓜得瓜，种豆得豆，其逻辑与道理是一样的。

活动 5

翻转课堂：过程缺失的价值导向

理论深度 ★★

能力要求 ★★★★

班级环境不仅要让儿童的学习看得见，也要让儿童的发展看得见。这意味着班级环境不仅是一个物理意义上的生活空间、游戏空间、学习空间，也是一个心理意义上的探索空间、表征空间、逻辑空间、情感空间。当下较多的班级环境表现出明显的过程缺失导向，即，缺少幼儿的问题表征，缺少幼儿的探索轨迹，缺少幼儿的方法策略。环境要么只是物理性游戏空间，里面陈列了各种游戏材料；要么只是呈现粗线条活动过程，缺少问题—探索—策略的节点性记录；要么只是结果性学习经验，缺少儿童的过程性表征、反思、记录。

一、课前活动

▲调查和访谈
1. 通过网络检索，比较不同国家幼儿园班级环境的图片，寻找异同点，并尝试分析原因。
2. 访谈幼儿对不同特征班级环境的感受与体验。

▲问题思考
1. 什么是有质量的班级环境？表现在哪些方面？具有什么特征？儿童和教师在有质量的班级环境创设中的角色与作用是什么？
2. 什么样的班级容易引发与刺激幼儿的深度学习？

二、课堂学习

幼儿园的生活是流淌的慢生活，幼儿园的时间是绵延的、不间断的时间流。在这样一个相对远离喧嚣、远离竞争的环境中，教师和幼儿应该可以诗意地安居，追逐那悠长的思维流、行为流、事件流，享受生活的过程性，让过程思维成为环境创设的主角。

1. 自主学习

以个人为单位，努力寻找以上四个问题的答案，重点做好幼儿访谈、教师访谈，采集教师、幼儿对班级环境过程性呈现的想法，了解教师进行班级环境创设背后的理由与理念。

2. 小组讨论

寻找共同关心的话题，结成学习小组。围绕价值筛选、理念支持、适宜事件、呈现策略、工具箱、困难焦点、利弊实现、儿童参与度等方面，对过程性呈现、结果性呈现进行辩论，在可能范围内澄清价值，揭示行为背后的潜藏理由，让缄默性知识彰显出来。

3. 师生总结：过程缺失的价值导向

通过检索、国际比较与同伴讨论，我们发现，成人世界的价值筛选与儿童世界的价值诉求之间存在巨大的差异。在成人的世界里，功利性、实用性、结果性很重要，而在幼儿的辞典里，游戏性、过程性、体验性至高无上。成人与儿童在班级环境创设上的差异并非不可调和与平衡，如果彼此建立起对话的意识，敞亮心灵，特别是教师建立起真正的儿童视角，教师与幼儿之间的共生性理解便有可能。

（1）只是物理性游戏空间，缺少探索性活动轨迹

班级环境质量高低不是依据硬件设施设备来判断的，而是以对儿童的可持续影响为依据。一般而言，一个有质量的班级环境至少具有三个评价步骤或要点：第一，是否为一个有准备的环境。这里的"有准备"包括三个层面：一是硬件设施设备，尤其是材料的准备；二是教师有准备，尤其是教师支持幼儿发展的策略工具箱的准备；三是幼儿有准备，尤其是幼儿是否具备一种有意义的

学习心向，或环境是否能激发或刺激幼儿去探索材料。如果做到了第一点，那么班级环境只是一个物理性游戏空间，即一个硬件设施齐备的环境。

第二，是否有一个宽松友好的心理氛围。班级生活中的社会支持和人际关怀对教师、对幼儿都非常重要。教师需要在幼儿那里获得职业幸福感、专业成就感，幼儿也需要在教师那里获得自我效能感、内隐自尊感。如果教师和幼儿相互支持，教师之间、幼儿之间温馨有爱，那么，班级的情感基调便充满正能量。

第三，是否有引发幼儿深度学习的可能性。有质量的班级环境，其核心便是刺激幼儿的深度学习，支持教师的专业成长。一个能引发幼儿深度学习的班级环境具有一些明显的特征：首先，环境具有未完成性、留白、弹性的色彩；其次，环境中的材料多为低结构、开放性、一物多用的特质；最后，环境中充满了孩子的探索性轨迹，譬如，幼儿的问题表征、幼儿的策略探索、幼儿的情感转盘、幼儿的魔法时刻等。

图4-1-39是某园中班幼儿在开展医院游戏两个月后绘制的"医院主题游戏网络图"，图4-1-40是某幼儿园大班建构区的环境片段（在积木区的墙壁上有一组记录：搭建中遇到的问题，我们是如何解决的）。从中可以看出，幼儿不仅整理了游戏的步骤，记录了游戏中的问题，也反思游戏的精彩瞬间。

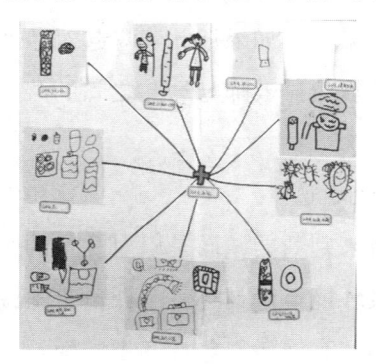

图4-1-39　幼儿绘制的医院主题游戏网络图　　　　图4-1-40　建构区的环境

（2）只有粗线条的活动过程，缺少问题—探索—策略的发展脉络

有些幼儿园的班级环境中有了一些过程性探索，但这种探索具有两个弊端：第一，探索过程是由老师用成人的文字、成人的审美、成人的思维、成人的拍摄记录下来的，幼儿较少参与这种记录，反思性过程刺激不足，幼儿也是自我学习过程的旁观者。

第二，探索过程的呈现是粗线条的，只有零散的大脉络，缺少核心的节点性思维、转折性推进、关键性突破及高潮性体验。这种呈现方式不利于为幼儿的思维提供支架，不利于幼儿元认知素养的获得。在以下的邮局游戏诞生过程中，幼儿的记录则比较详细。

图4-1-41 谁想玩邮局游戏　　图4-1-42 邮局游戏怎么玩　　图4-1-43 邮局游戏需要什么

一个好的过程性轨迹至少包括三个重要环节：其一，儿童在活动中遇到的问题是什么，幼儿是如何命名的？是借助什么符号来表征的？其二，幼儿有无努力解决问题？是如何自我探索的？又是如何寻求同伴合作或教师支持的？其三，幼儿有无产生关键发现或问题的最终解决？其可命名的方法或策略是什么？如何支持幼儿用适合的符号表征其方法或策略？其发明的表征符号是否具有共享性、交流性，能够为大多数幼儿识别与理解？

譬如，在某幼儿园大班关于细菌的研究中，幼儿完整记录下来的问题—探索—策略三步骤（图4-1-44至图4-1-47）。

图 4-1-44　问题：关于细菌我想知道什么

图 4-1-45　探索：细菌大调查

图 4-1-46　发现：手上的细菌原来很多

图 4-1-47　发现：细菌引起的苹果变化

这意味着，问题—探索—策略是过程性轨迹的三个核心节点。不仅幼儿的区域活动记录应当如此，幼儿的主题探索轨迹也应当如此，幼儿的任何暂时的、延时的、长期的探索活动的记录都应当如此，这是支持幼儿获得过程性思维，支持幼儿反思性学习，推动幼儿深度学习的关键要素。

譬如，在某幼儿园大班关于如何腌制萝卜的探索活动中，幼儿的第一层次探索是：到底腌制什么？第二层次的探索是：腌制萝卜需要哪些材料？第三层次的探索是：腌制萝卜需要哪些调料？在这样三个层次的不断推进中，幼儿的问题追踪能力、符号表征能力、逻辑推理能力、统计分类能力都在原来的基础有了较明显变化，表现出了深度学习的典型特征。

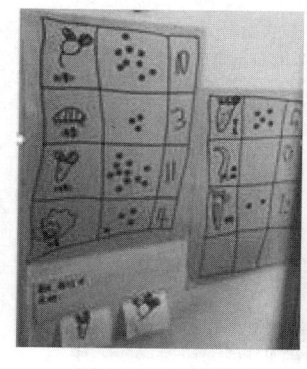

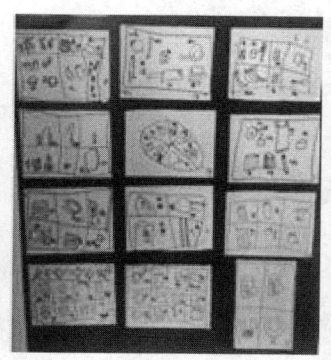

图4-1-48　腌什么　　　图4-1-49　腌萝卜需要什么　　图4-1-50　腌萝卜的调料有哪些

（3）只有结果性学习经验，缺少过程性儿童表征

在社会学的思维中，有两个基本问题：一是"这是谁的"，二是"何以可能"。第一个问题追问的是物体或现象的社会属性，第二个追问的是物体或现象是如何成为今天的样子的。以社会学的思维与过程哲学的取向来看幼儿园的班级环境，我们会发现，不少幼儿园的班级环境表现出典型的结果取向、任务导向。

幼儿是学习的主人，也是班级环境的缔造者，这两者既是因也是果。幼儿的探索过程造就了班级的环境效果，班级的环境现场又是激发幼儿深度探索的原动力。不管因或果，幼儿始终专注的只是探索过程，是探索过程中充分体验到的游戏精神，自由自主创造愉悦。

在幼儿的探索中，教师要引导幼儿进行过程性反思，支持幼儿记录自己的探索过程，支持幼儿命名自己的方法策略，支持幼儿充当自我的或同伴的游戏观察员，用独创的表征语言记录探索的精彩过程、纠结困扰。

从小班到大班，幼儿的表征语言系统经历了一个不断充盈、丰满、完善的过程。在小班幼儿的表征语系中，使用较多的是点、线、圆圈、蝌蚪人。如图4-1-51、图4-1-52所示。

图4-1-51　小班《我们想要的娃娃家空间布局》　　图4-1-52　小班《我们想这样玩皮球》

相比于小班，中班幼儿的符号表征能力具有突飞猛进的发展。除了小班的表征元素外，中班幼儿更多使用文字、数字、箭头、标识、字母、象形、象征、结构、工具化等元素，在表征语系和表征策略上都有非常大的变化。譬如下图中的三幅表征。

图4-1-53　有趣的门牌号　　图4-1-54　男女厕所标识　　图4-1-55　签到标识

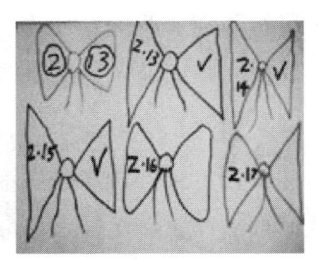

到了大班，幼儿的表征能力并没有体现出明显的对比性。相比于中班而言，大班的表征语系与表征媒介更丰富了，在结构的复杂性、逻辑的严密性、统计思维的运用、形式的多元化、创造性符号等方面有中班所不可及的。譬如下图（图4-1-56、图4-1-57）。

图 4-1-56　大班幼儿的游戏计划 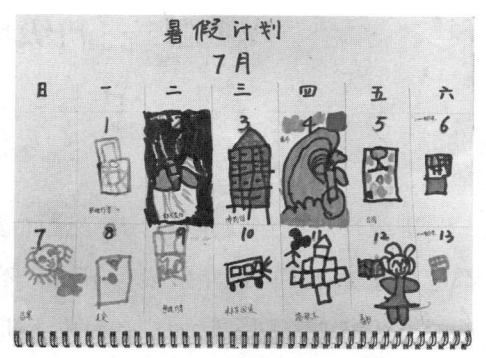　　　　图 4-1-57　大班幼儿的暑期计划

除了表征语系的复杂化外，大班幼儿创造符号的能力也有较大提高，开始有了自己独特的符号系统。在下图的游戏计划中，幼儿用独创的象征性符号来准确表达自己的游戏意图，其中，就有拟声、象形，也有借喻、比喻、拟物等策略。

图 4-1-58　幼儿用多种形式创造的游戏计划 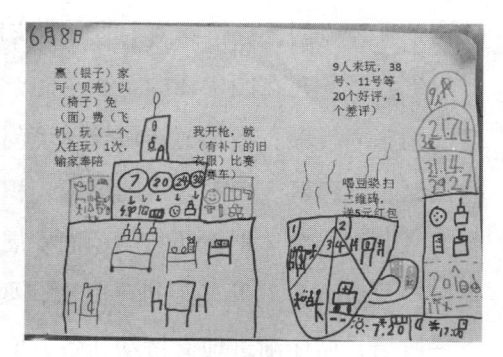　　图 4-1-59　幼儿的象征性语言与成人的文字语言对照

第四章　自主的、幼儿充分参与的班级环境 | 313

主题二　班级环境的整体规划

　　班级环境的创设是一个儿童全面参与的过程，不论是中大班，还是小班，都应如此。在不同的年龄段、不同的环境创设片段，儿童参与的方式、教师邀请的方式略有不同。譬如，针对中大班幼儿来说，环境创设从创意设计、表征规划、选材施工、布置陈列、记录整理、评价反馈，所有环节都可以让幼儿深度参与。教师在此过程中更多扮演同行者、陪伴者、支持者、引导者角色。小班的幼儿则不同，在创意设计、语言表达、符号表征、记录呈现、陈列布置等方面需要得到教师更多的协助，但不因需要协助教师就全面包办代替。正如第一章所述，环境是儿童的环境，课程是儿童的课程，儿童参与环境创设的过程恰恰是其环境创设、课程创生能力的萌发过程。

　　班级是幼儿在园生活的重要空间，环境中的儿童性、儿童感对幼儿来说是巨大的正向反馈，教师要在班级环境创设全程中坚持儿童本位的六大原则，在生活区、角色区、美工区、图书区、积木区等活动区的创设过程中，首先，教师要从宏观上整体把握儿童的全面发展，注重活动区在知识、技能、经验、学习品质等方面对幼儿的促进。其次，要从中观上架构各个活动区的关键经验、发展脉络，循序渐进地支持幼儿各方面经验的发展。最后，要从微观上筹划各个活动区的材料、时间、空间、规则，有条不紊地支持幼儿的深度学习。

　　教师在宏观、中观、微观各个层面的筹划与预设，只是让教师成为有准备的教师，具有一种随时支持儿童问题与探索的心向与能力，并不意味着教师在环境创设的各个方面代替与牵制儿童。中国的幼儿园教师并不缺乏教的意识与努力，相反，我们现在要努力养成的是幼儿园教师"不教而教"的意识与能力，从而实实在在地为儿童的一生奠基。

关　键　词　班级环境；过程轨迹原则；适度留白原则；主题墙；主题海报；关键经验；深度学习

学习目标　1. 理解班级环境创设中的六大原则。
　　　　　2. 掌握儿童本位的活动区创设策略。
　　　　　3. 理解从主题墙到儿童海报的逻辑与策略。

实践准备　1. 收集世界各地幼儿园的活动区、主题墙环境图片。
　　　　　2. 访谈幼儿对不同活动区的想法。

活动 1

启发讲授：儿童视角班级空间建设的原则

理论深度 ★★
能力要求 ★

循着儿童本位的思路，在幼儿园班级环境创设中要坚持六大原则，分别是尊重儿童权利、满足儿童需要、经验均衡、逐步累积、适度留白、过程轨迹。首先，尊重儿童权利、满足儿童需要是根本性原则，是班级环境创设的底线；其次，经验均衡是内容性原则，强调班级环境要助力儿童经验的不断丰富；最后，逐步累积、适度留白、过程轨迹是策略性原则，是优化儿童经验获得、推进儿童深度学习的路径策略。这六个原则各有侧重，但并非平均用力，也并非不可替代，随着我们实践研究的进一步深化，也许我们会慢慢用新的原则替代其中的一些原则。但无论替代与否，环境创设的核心只有一个：支持儿童参与环境创设，并通过支持儿童参与环境创设，进一步解放教师的时间、精力，更新理念。

课前互动

1. 幼儿园班级环境中有无违背儿童权利原则的设置?
2. 在幼儿园一日生活中,幼儿有哪些需要?是否能从环境中得到满足?
3. 班级活动区数量、种类的选择基于什么考虑?是如何布置、如何变化的?
4. 持续跟踪某个班级活动区一学期,考察活动区的各种变化,并分析其理由。
5. 班级环境创设中有没有留白性设计?为什么留白?幼儿的反应是什么?
6. 班级环境中有没有幼儿活动的过程性呈现?是如何呈现的?

二维码4-2-1 课件:儿童本位班级环境设计的六大原则

一、尊重儿童权利原则

尊重儿童权利是幼儿园环境创设中的底线性原则,它意味着幼儿园教师要知法、懂法、用法,在班级环境创设中要尊重儿童的生存权、发展权,满足儿童在环境中的存在感、掌控感。所谓生存权和存在感,在环境创设中表现为环境中要有儿童自己的物品、自己的标记、自己的作品、自己的创意、自己的命名。所谓发展权与掌控感,更多表现为环境要能支持儿童各方面的发展,特别要满足儿童"我的地盘我做主"的诉求。

在现有的幼儿园班级环境创设中，尊重儿童基本权利的环境创意还表现不充分。譬如，儿童有表达自我存在、让自己的作品看得见的权利，但幼儿园的班级环境却更多采用选择性作品而不是全员性作品。而且，许多教师选择幼儿的作品来进行环境装饰时，不征求幼儿的同意，或者不给幼儿的作品署名。

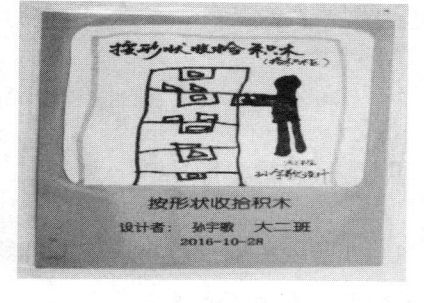

图4-2-1　小组作品替代个人作品　　　　图4-2-2　个人署名的标记创意

再譬如，儿童有参与班级活动区规划的愿望与能力，但大多数班级活动区的大环境、小环境由教师包办干预较多，幼儿参与选择较少。即便幼儿用各种方式反馈他们对环境的不满意，譬如，选择活动区时，总有一些活动区无人问津，有些活动区有经常性冲突告状行为，幼儿在标明数学区、益智区的活动区中玩娃娃家、材料大变形等，教师仍然意识不到幼儿的需要，缺少根据幼儿的游戏表现调整空间、材料、规则的敏感性。

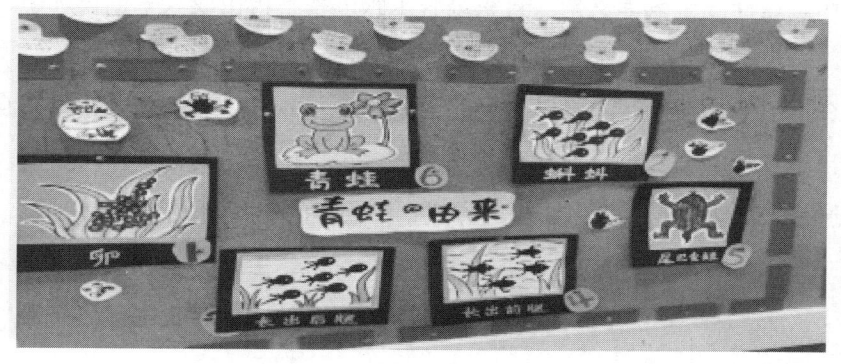

图4-2-3　小班主题画《青蛙的由来》

图4-2-3是一个幼儿园小班的主题墙《青蛙的由来》，在画面上，教师用6幅图表现了青蛙的一生，教师的表现方式是常见的简笔画。在教师的每一幅画旁边，是幼儿的自我表征。教师为什么进行双重呈现，可能有自己的创意与理由。但是，从儿童权利的原则来看，儿童自身完全有能力参与环境创设，而且，幼儿的图示方式更让幼儿有亲切感、归属感和自豪感，但在教师为本的逻辑下，教师会忽视儿童的存在、不关注儿童的诉求。

二、满足儿童需要原则

在幼儿园生活中，幼儿的需要是多元的，有生理和心理的需要，有物质和精神的需要，有眼下和未来的需要。幼儿需要的多元性，意味着幼儿园环境创设的复杂性。要能满足儿童的多层次需要，教师要在环境创设中自始至终地邀请幼儿共同参与。

第一，班级环境要满足儿童的生理需要。

幼儿的生理需要既包括吃喝拉撒这种基本的需要，也包括各种生理感官的多样性需要。从吃喝的角度来看，幼儿园要主张幼儿自主吃点心、自主进餐、自由喝水、自主计算。譬如，在江苏省课程游戏化改革中，提出了自主进餐、弹性作息这样一个改革支架。自主进餐主张进餐不再由成人来创设环境、服务全程，而是幼儿自己选择、自己创设、自我服务、自我清理。

在下图中（图4-2-4至图4-2-9），我们可以发现，就餐环境是由幼儿自主创设、自主选择的，吃什么、在哪儿吃、吃多少，也是由幼儿自己决定的。小班幼儿通常采取小组围桌自主用餐的方式，中大班的幼儿则采取排队取餐。

图 4-2-4　自己选择座位　　　图 4-2-5　自己选择用餐量　　　图 4-2-6　排队轮流取餐

图 4-2-7　自己擦桌子　　　　图 4-2-8　自己拖地　　　　　　图 4-2-9　自己扫地

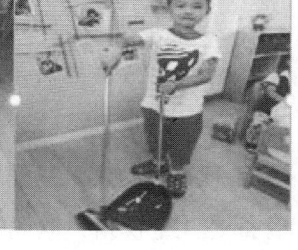

从"拉撒"的角度来说，江苏课程游戏化提出了"弹性作息"这样一个改革支架，将一日生活的时间进行弹性设计，更好地满足幼儿的生理节奏与心理节奏。在以往的班级管理中，统一如厕、集中如厕是司空见惯的，教师更多用固定的时间、统一的节奏规训了幼儿个性化的生理需求。

从满足幼儿各种感官的角度来看，幼儿的每一个感觉器官都有区别于成人的偏好。譬如，在环境创设中，教师有无思考过这几个基本问题：儿童的眼睛喜欢看到什么？儿童的耳朵喜欢听到什么？儿童的鼻子喜欢嗅到什么？儿童的小手喜欢什么样的环境？儿童的双脚喜欢什么样的地面？儿童的大脑喜欢什么样的环境？等等。如果教师做一个有心人，就会发现儿童的偏好与成人的偏好是不一样的。譬如，儿童喜欢色彩鲜艳的、图像为主的、符号标记的、图片照片的、有自己的标记的东西。但是成人在进行环境创设时，往往喜欢用文字环绕的环境来装饰，殊不知，文字是成人的阅读偏好，图像、符号、标记、照片才是幼儿的阅读偏好。

第二，班级环境要满足幼儿的心理需要。

幼儿在日常生活中，有太多的心理需要，譬如，认知的、情感的、审美的、交往的等。从幼儿的认知需要而言，幼儿对世界有着天然的好奇心与探索欲，班级环境要能激发幼儿的探索热情，支持幼儿的问题跟踪与策略发现，多呈现儿童的问题、儿童的探索、儿童的发现。譬如，儿童对玉米会不会发芽、什么条件下发芽，有着天然的好奇心，成人可以有意识地通过种植实验来支持儿童观察和探索性学习。

从幼儿的情感需要来看，刚刚入园的孩子与即将离园的孩子对幼儿园的情感需要是不一样的。入园初期的孩子需要的是安全感、归属感，熟悉环境后的孩子需要的是挑战感、刺激感。所以，针对不同阶段的幼儿，班级环境创设中要有不一样的儿童视角，此时的儿童是小班，彼时的则可能是大班。所以，尽管都是儿童视角，但此儿童与彼儿童并不一样。

在下图中（图4-2-10、图4-2-11），托班宝宝在教师的支持下设计了"我喜欢的森林、果园、花园"这样一面墙。环境的创意源于孩子们关于动画的聊天，因各人喜欢的动画明星不同，有的孩子希望邀请熊大、熊二，有的孩子希望邀请巴拉巴拉小魔仙。于是，在教师的支持下，孩子们用印章创意了自己的"光头强的森林""小魔仙的花园"等。可以设想的是，孩子每天来到幼儿园，看到这面墙，心中会涌起无限的自豪感与归属感。这样的环境从创意、设计、布置、评价等都让托班的孩子全程参与。

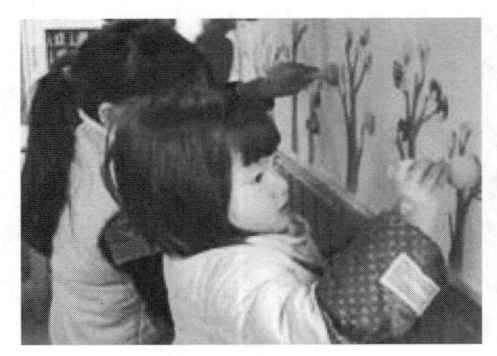

图4-2-10　托班的宝宝在盖印章　　　　图4-2-11　我喜欢的森林、果园、花园

三、经验均衡原则

班级环境的创设还要考虑到幼儿经验的均衡。从经验内容上讲，五大领域的经验要均衡；从经验获取的方式来讲，直接经验和间接经验要均衡；还要考虑预设和生成经验的均衡等。

1. 五大领域经验的均衡

墙面和区域是班级环境的主要组成部分。在设计中，需要兼顾到幼儿健康、语言、社会、科学和艺术五大领域的经验获得。在区域总体规划中，统筹不同区域的关键经验，支持幼儿在参与环境创设和利用环境中获得各个领域的关键经验。

2. 直接—间接经验的均衡

陈鹤琴指出，大自然和大社会是知识的主要源泉。从大自然、大社会获取的知识是活的、直接的。班级环境布置要注重儿童生活和游戏体验，也要有对儿童有启发和教育意义的间接经验，比如有教育意义的图画和挂图，它们要经过儿童的大脑和双手才有意义。

3. 预成—生成经验的均衡

教师预成的经验与幼儿生成的经验要能够相互渗透、有机结合。班级空间设计与材料投放，蕴含了教师预成的幼儿与环境互动中的形成经验。教师预成的经验要充分考虑幼儿的兴趣、需要和已有经验，在预成中给幼儿主动探索和自由交往空间，在预成中寻求幼儿经验的生成。

此外，还要考虑开放性环境材料与封闭性环境材料带给幼儿的不同经验及其均衡性。半开放的空间和低结构的材料，有利于儿童自由想象、自由表达、自由探索、自由结群。在区域中，尤其要注意开放性材料的投放，开放性材料能够让儿童获取多维度和多元化经验。而封闭性材料，程序性强，有标准结果和特定玩法，材料指向的经验单一。因此，班级环境创设要兼顾幼儿开放—封闭经验的均衡。

四、逐步累积原则

根据马拉古齐的说法："我们学前学校的墙壁会说话，它也有记录的作用，利用墙面的空间暂时或永久地展示出幼儿及成人的生活。"班级环境创设不能一学期或一学年都不变，要能够反映出幼儿长期经验持续变化的过程。在不同区域环境的关键经验要有合理定位，这种关键性经验需要实现阶段性递进，如表4-2-1所示。

表4-2-1　各年龄段关键经验及内容建议

年龄段	关键经验	建构内容建议
托班	建立对建构活动的兴趣	随意的堆砌、感知摆弄各种积木，初步出现垒高、围合，有意识地通过连接、垒高等方法建构火车、楼房
	初步感知几种基本形状的积木块（方形、三角）的特征	
	自由利用堆叠和连接等方法操作几种形状的积木，组成一定形状的物体，并尝试赋予名称	
	用简单的词语介绍自己的作品	

续表

年龄段	关键经验	建构内容建议
小班	能独立专注地进行搭建活动,并创造性地构建自己喜爱的建筑物	1. 自由建构商场、地铁,开始建构简单的桥、围墙、马路、动物园,能够在动物园里分割出小动物的家 2. 开始进行简单的组合,将马路、围墙、大门连接起来,形成一个场景;开始建构不同的桥,如简单的高架桥、有斜坡的桥 3. 开始建构较为复杂的单个作品,如桥、亭子、城堡、不同造型的场馆,尝试进行组合,初步进行空间规划
	感知各种积木的形状,发现积木之间的大小关系	
	能用垒高、架空、平铺、重复、围合的方法搭建建筑物,能够使用不同形状的积木搭建,愿意使用辅助材料来搭建和装饰	
	用较清晰、连贯的语言介绍作品,并有初步的合作意识	
中班	能感知倍数关系,感知积木间的长度和数量关系	单个作品的不断丰富,如曲桥、斜拉桥、拱桥、镂空的围墙、六角亭、八角亭、长廊,尝试组合单个作品并相互衔接,形成美丽的公园
	具有一定空间知觉能力,能够了解各个建筑物该放在什么位置,大概面积多大,建筑物局部该使用什么样的积木	
	关注到作品的整体美观,能用替代物品来装饰建筑物和场景	
	初步尝试通过一定的方式记录自己的搭建过程	
	用较清晰、连贯的语言介绍建筑物的特点,并听从、接纳别人好的想法,与别人合作搭建	

续表

年龄段	关键经验	建构内容建议
大班	幼儿自由使用各种形状的积木发挥创意，作品有场景性、综合性	1. 尝试建构我们的幼儿园，表现幼儿园里的各个建筑物。尝试建构龙、兔子 2. 建构有一定规模和要求的建筑物，如有塔基的、六层高的、有电梯的宝塔，分为三层或四层相互穿插的立交桥，尝试使用不同的辅助物，如旺仔牛奶罐、奶粉罐、纸板等 3. 调动经验，创造性地搭建任意建筑物，如太空站、飞船等
	能将积木排列、组合、设计成各种造型（建筑物、动物、植物等），能体现细节特点	
	能自主通过图画等多种方式创作设计图，并在过程中按图搭建，能及时修正	
	能很好地在小组中分工协作完成搭建，并学会记录小组的问题与需要	
	能自主通过相互讨论、查阅资料、成人协助等解决建构中的问题	

"持续进行的活动是最重要的事情，它代表着什么事物是最能让我们'保持新鲜的兴趣'，并让我们的想法和行动不停地运作。"[①]儿童可以用自己的"一百种语言"表征活动进展过程。这种持续地记录活动本身，能够让教师更好地评估幼儿活动的过程与结果，帮助教师根据儿童不断变化的需要，与儿童共同布置环境，实现儿童环境经验的螺旋式上升。

"如果班级的墙壁会说话，我们就要帮助它说话"，让它不仅能够说出幼儿过去的故事，也能讲述幼儿现在的故事，还能诉说幼儿未来希望发生的故事。

五、适度留白原则

环境被认为是班级的"第三位老师"，这个"老师"可以说话，也可以沉

---

① 甘第尼，福尔曼，爱德华兹.儿童的一百种语言[M].罗雅芬，等译.南京：南京师范大学出版社，2006：169.

默。班级环境的布置要适度留白，必须具有弹性，让幼儿和教师不断进行修正，并回应他们的需要。[①]

这种留白，可以是认知上的留白、时间上的留白、评价上的留白，也可以是半开放的场地、半结构的材料、随时变化的空间。这种留白给幼儿自主探索的自由，激发幼儿产生创意，能够孕育活动中意想不到的各种"变"，还能够看到不同幼儿的需求与差异。环境中的留白还能防止环境超载，避免环境中信息刺激过量。

六、过程轨迹原则

班级环境是一个会变化的生命体，随幼儿的需要和兴趣而变化。班级环境要能够呈现儿童活动的动态过程，记录儿童经验的前后变化，帮助反思儿童学习策略的有效性。

1. 呈现儿童活动的动态过程

孩子不是被动地接受经验，而是建构知识的主动个体，他们在活动和社会交往中建构自己的知识。从环境中仅仅看到粗线条活动过程和活动成果是不够的，还要能看到儿童面对问题反复尝试的不同策略与结果。班级环境需要呈现儿童活动的动态过程，包括教师和幼儿所做的计划、假设、讨论，还包括活动过程中的观察、倾听、解释的信息。譬如，图4-2-12的"青菜种子养成记"便呈现了儿童活动的过程。

[①] 甘第尼, 福尔曼, 爱德华兹. 儿童的一百种语言[M]. 罗雅芬, 等译. 南京：南京师范大学出版社, 2006: 172.

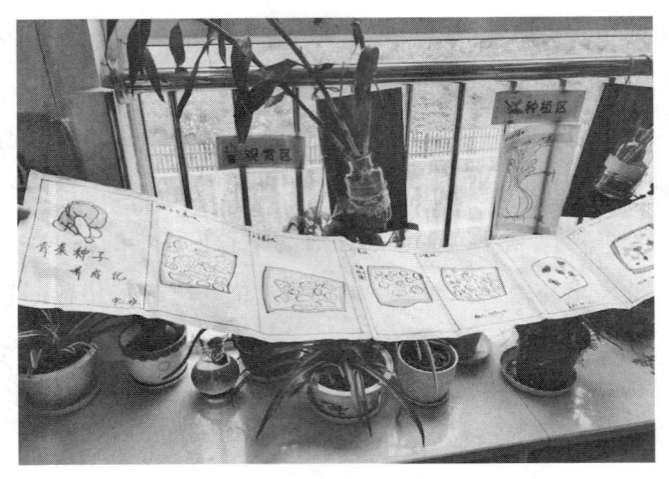

图 4-2-12　青菜种子养成记

2. 记录儿童经验的前后变化

教育是在经验中、由于经验和为着经验的一种发展过程。[①]并非所有的经验都是教育性的，杜威用连续性来区分哪些经验具有教育作用，他认为教育者的任务在于看到一种经验指引的方向。班级环境记录儿童经验的前后变化，不仅有利于儿童丰富和拓展有价值的新经验，也有利于教师跟着儿童的步调作出科学的课程决策。

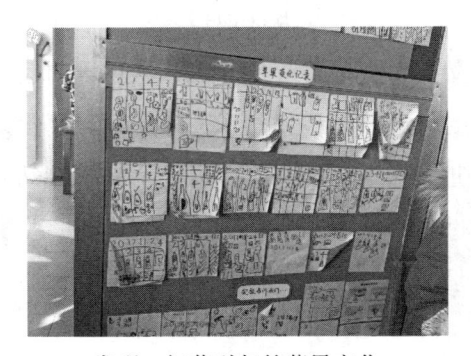

发现：手上的细菌原来很多　　　　　　　发现：细菌引起的苹果变化

图 4-2-13　幼儿发现细菌的记录

---

① 杜威. 我们怎样思维·经验与教育［M］. 姜文闵，译. 北京：人民教育出版社，2005：250.

3. 反思学习策略的有效性

反思学习策略对儿童而言意味着识别尝试的策略与所发生结果之间的关系。在班级环境中展示儿童活动过程轨迹，能够帮助儿童发现某一行动和某一结果如何关联，有利于儿童思考活动结果所依靠的具体条件。当儿童发现自己的活动与实际发生的结果之间的详细关联时，试验性经验所包含的思维就显现出来了。[①]这种经验是典型的反思性经验，帮助儿童反思自己的学习策略是否达到预期的结果。

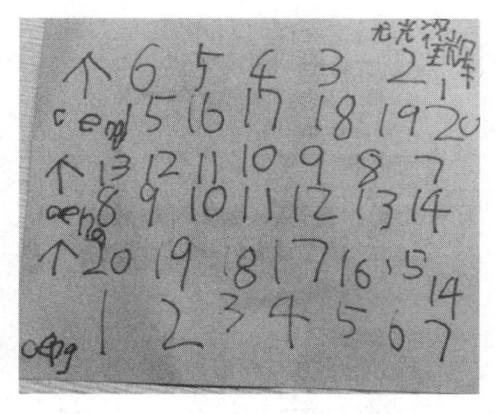

图4-2-14　幼儿搭建的杯塔　　　　图4-2-15　幼儿对杯塔搭建策略的反思

（本活动的部分内容由温州大学吴静撰写）

活动 2

综合设计：读写区的设计

理论深度 ★★

能力要求 ★★★★

---

① 杜威.民主主义与教育[M].王承绪，译.北京：人民教育出版社，2001：159.

第四章　自主的、幼儿充分参与的班级环境

幼儿阅读图书的过程是对图书的富有个性的探索发现之旅，包括感知、理解、想象等心理活动过程，读图、讲述、表达表现是幼儿图书阅读过程的主要组成部分。因此，读写区应能满足幼儿阅读、讲述、书写等多元表征的需要，使幼儿获得口头语言、书面语言和文学语言的核心经验，促进幼儿语言等各领域的发展。

一、读写区的常见问题

幼儿在读写区的读图是信息输入，幼儿的讲述和表达表现是信息输出，信息的输入和输出都是幼儿的学习过程。这就需要教师创设功能多元的读写区并有效指导，支持幼儿在读写区的学习，让幼儿爱上读写区、爱上阅读。但在实际工作中，读写区活动也存在一些问题。

1. 读写功能被窄化

有的幼儿园的读写区，仅有阅读功能，只能满足幼儿阅读的需要，缺少多元表征功能。这样的读写区仅强调了图书作为早期阅读材料之于幼儿语言发展的功能，仅挖掘了图书作为文学艺术的语言元素，漠视了图书的艺术元素以及对于幼儿社会性、情感发展的多元价值。这样读写区活动功能就被窄化了。

图书涵盖的领域广泛，尤其是绘本，涉及的内容丰富，上至天文，下至地理，古今中外的人文、科学、自然、社会等，无所不包。图书对于幼儿的认知、情感和社会性发展的价值是多元的、全面的。读写区应该以图书为资源，以读写区的活动为幼儿的兴趣起点，支持幼儿运用语言、体态、绘画等进行表达表现，开展多领域的学习活动，达成幼儿的深度学习和多元发展。

2. 读写环境没有吸引力

有的班级的读写区里少有幼儿光顾，或者幼儿在读写区只做短暂停留、随意翻阅图书和摆弄材料，或者幼儿的读写活动不安静、不专注，停留于表面，没有深度学习行为和创造性活动发生，幼儿与同伴之间也少有交往行为发生。

幼儿天生爱阅读、爱探究。当读写环境失当时，就会破坏幼儿的阅读和探究兴趣，使幼儿远离读写区。如图书质量不高，阅读环境嘈杂、光线不佳、表征材料不当等。有的幼儿园班级读写区的材料单一，不能及时更新，尤其不能根据幼儿当前的经验需要投放图书。另外，读写区与其他区域的空间、材料如果被严格划分，不能进行读写区和其他区域的材料互动，也会影响幼儿的读写兴趣。

3. 教师干预过多

有的班级教师缺失读写区指导策略，具体有两种失当行为表现，一种是放任，另一种是高控。放任型教师认为，图书有图，幼儿自己能看懂，就让幼儿自己阅读、表达，很少深入读写区观察、倾听、指导幼儿的读写活动，尤其对还没有形成良好读写习惯的小班幼儿缺少陪伴或正确引导；高控型教师看不到幼儿的自主性和学习力，进入读写区指导时，强行干预或将幼儿召集在身边，组织幼儿集体共读或操作，不同水平和不同特点的幼儿被教师牵引着，无法按照自己的阅读进程和意愿活动。

读写区的活动应该以教师有益引导、同伴交流互动的形式进行，教师应在观察幼儿的基础上提供不同的图书和材料，支持幼儿的读图、讲述、表征（语言、身体语言、绘画等）活动，让其自主或与同伴合作完成对图书的多元化、个性化探索，而不能放任不管或牵引着幼儿向前走。

二、读写区的材料投放

针对以上问题，读写区要回应幼儿需要，邀请幼儿参与，要设置在光线明亮、舒适美观、相对安静的地方，应根据班级空间大小、幼儿年龄特点设置区中区，以满足幼儿多元表征的需要，引发幼儿进行深度学习。读写区一般可设置阅读区、倾听区、书写区、操作区和作品展示区等。空间较小的班级，可以将读写区靠近美工区设置，在美工区达成读写区书写、操作和作品表征展示等功能；空间较大的班级，读写区内可以再开辟一个相对封闭的表演区，支持幼儿用各种玩偶在桌面表演图书中的故事内容。总之，创设读写区需要和幼儿共同商量完成。

1. 阅读材料投放

阅读的材料包括：高质量的图书，如绘本；便于整理、取放图书的开放式书架；便于幼儿采用不同姿势阅读的沙发、坐垫、桌椅等；也可以设置沙曼帐篷，营造温馨、舒适的阅读氛围。其中，读写区的图书应考虑不同幼儿年龄和个性特点，可以有文学类、科普类等不同类型的绘本。可以根据当前的主题活动内容投放，且每本绘本可投放一本或多本，可以从幼儿园绘本馆借，也可以由幼儿从家中带来。可以在读写区设置"漂流屋"，放置幼儿从家里带来的图书，便于幼儿借回家阅读。

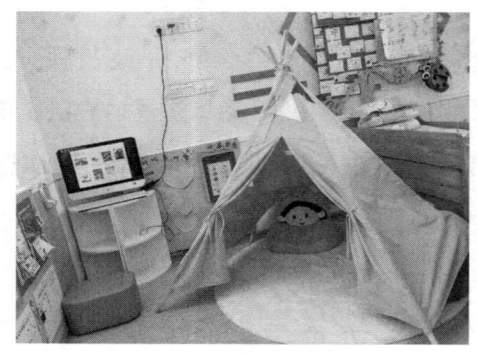

图 4-2-16　帐篷屋　　　　　　　　图 4-2-17　漂流屋

2. 倾听材料投放

倾听区可以满足以听觉为感知特点的幼儿的需要，培养幼儿的倾听能力。教师可以将故事录制下来投放在读写区一角的倾听区，也可以提供有声故事，让幼儿在倾听区听故事，或边听故事边翻阅图书。大班幼儿也可以将自己讲的故事录制下来播放，或供感兴趣的幼儿自由播放，丰富"耳读"经验。教师可提供便于幼儿操作的录音机、播放器等录播设备，和避免影响他人活动的耳机。还可以在倾听区投放类似平板电脑的视频播放设备，便于幼儿借助耳机阅读有声、有画面的电子书，但要避免幼儿长时间观看视频，应引导幼儿多阅读纸质材料。

图 4-2-18　孩子在倾听区听读

3. 书写材料投放

书写区为幼儿提供前书写的表达需要，幼儿可以在书写区根据兴趣仿照图书绘画、仿写文字，进行自制图书活动。书写区应有供幼儿坐着书写的桌椅，可以投放图卡、字卡、自制图书和书写材料，如铅笔、记号笔、水彩笔、油画棒、荧光笔、信封、卡纸、报纸、包装纸、硬纸盒、蛋糕盘、皱纹纸、白纸、空白本、便签纸以及订书机、纱线等自制图书的装订工具。

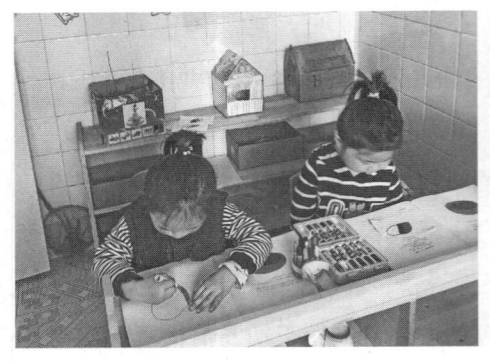

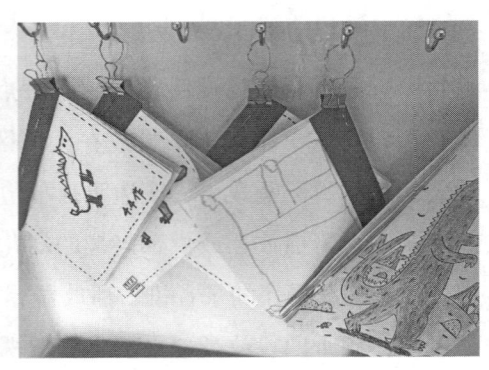

图 4-2-19　书写区　　　　　　　图 4-2-20　幼儿自制绘本

4. 操作和展示材料投放

读写区空间较大的班级可以设置操作区，支持幼儿进行图书修补活动和故事表演活动。通过修补图书发展幼儿手的灵活性，加强幼儿爱护图书的意识；通过表演活动，链接幼儿已有经验和新经验、文本经验和生活经验。操作区应提供桌椅、修补图书的工具和材料，如剪刀、透明胶带、固体胶棒、橡皮和改正贴等；可以提供一次性纸杯、雪糕棒、彩泥、手工和绘画材料及工具，便于幼儿制作纸偶、棒偶、杯偶等进行偶剧表演。读写区的表演活动应以桌面的偶剧表演为主，因此，除了制作的各种玩偶外，还可以提供纸喜剧、毛绒玩具等直接用于表演。靠近操作区的一角应设置展示架，展示幼儿制作的故事表演道具等。

图 4-2-21　修补工具　　　　　　图 4-2-22　幼儿在表演纸戏剧

扫描以下二维码，了解幼儿园以儿童为本的读写区设计实例。

二维码4-2-2　儿童为本的读写区设计

（本活动由连云港东海幼儿园张书琴，镇江新区瑞鑫幼儿园顾天琦、李海琴、于谦共同撰写）

活动 3

综合设计：美工区的创意

理论深度 ★★

能力要求 ★★★★

对于幼小的儿童来说，图像表征是一种比文字更清楚且简单的沟通工具，他们可以用画图的方式来表征讨论的问题，构建和表达他们对世界的认识。儿童将看到的事物或想表达的内容转换为图像来呈现并不是一件容易的事，需要进行编码转换与符号创造。儿童在将自己的想法画在纸上给别人看之前，要仔细思考、斟酌，筛选去除那些不必要的或容易让人误解的元素。为了充分沟通，儿童的图像不仅要能够清楚地表达自己的意思，还要让别人也能看懂。儿童创造的简化式意象造型，通过知觉将最复杂的形象简化为抽象符号，这种造型上的简约和概括能力，是人类原始思维发展中的重要里程碑。抽象是艺术表现的一种高级形式，儿童原始的抽象思维能力是人普遍具有的天赋。

二维码4-2-3　美工区的关键经验

一、美工区的常见问题

1. 活动内容过于依循成人意愿

有些班级的美工区活动内容是由教师设计的，教师根据活动主题，事先规划设计好美工区的内容并投放相关的材料，所以美工区的内容来源于教师的意愿而非儿童的想法。教师往往担心，孩子们这么小，他们不会使用这些材料，他们不知道要做些什么。教师为了追求最终的作品结果，会提供范例或是作品步骤图，帮助孩子一步一步完成既定的美术作品。甚至有时候"示范"过于到位，从而使美工区成为高结构的美术活动，孩子们在美工区的活动更像是完成任务，而不是表达情感。幼儿在活动过程中处于被动的接受地位，失去了美工区原有的欣赏美、表现美、创造美的意义。我们建议幼儿园的美工区给孩子提供适宜的材料，支持孩子富有个性的创造和表达，尊重孩子的创作意愿，支持孩子的创作过程，欣赏孩子的作品，并提供合适的空间署名后进行展示。

图 4-2-23　幼儿做树叶创意设计

2. 材料选择缺乏儿童精细参与

与材料匮乏的情况相反，幼儿园教师会认为材料越多越好，所以生活材料、自然材料、美术材料、废旧物品等都陈列在美工区。教师对于材料并没有自己的想法和研究，只知道这些材料都可以用，但是怎么用并没有与孩子一起研究和讨论。久而久之，材料成了摆设，从小班放到中班，再带到大班。所以，适宜的材料很重要，教师要考虑到幼儿的年龄特点，研究每一种材料的使用方法，和幼儿一起熟悉材料的特点，鼓励孩子探索材料的用途。在孩子进行美工活动时，教师要观察儿童与材料之间的关系，了解孩子运用材料的能力。

图 4-2-24　班级美工区环境

3. 教师过于积极回应儿童的问题

孩子在美工区活动时，会遇到各种各样的问题，他们求助于老师："老师，我不会！"如果孩子想让你帮他们绘画，该怎么办呢？首先，我们要考虑孩子的潜在需求是什么？他们是需要特殊的技能，还是想要寻求教师的关注？再或是对怎么创作存在疑问？面对不同的问题，教师应该有不同的教育策略。例如，如果儿童不知道如何开始创作，教师可以提供建议或者提出一些可以帮助他们的问题。例如，孩子在画人物时，教师可以建议他从头部开始画。还可以请他照镜子或者看照片来讨论脸部特征。再如孩子尝试在画板上画画，可结果颜色弄得到处都是，他可能是蘸完颜料后没有沥一下或没有及时作画。这时，教会孩子有效的方法很重要。通过精心地分析和解决问题，教师用更加适宜的策略解决幼儿的求助。

图4-2-25　幼儿在美工区活动

4. 缺少未完成作品陈列区

美工区的空间面积是有限的，儿童的一些作品，需要持续很长时间进行创作。如何解决持续进行的活动材料和作品的存储问题呢？首先，要保证美工区的桌子不需要用作它途，作品可以暂时放在桌上。儿童创作最好在托盘或是硬纸板上进行，这样方便幼儿将自己的作品端到别的地方，而不会造成粘贴的材料没有干透而散落或是湿颜料滴落。充分利用班级的柜面，将班级中的柜面分成均等的大小，每人一块，放上自己的姓名牌，完成或未完成的作品都可以放在这里展示存放。对于一些小型立体艺术作品，可以存放在桌面上，也可以用堆叠的透明塑料盒存放。另外，麻绳、纸箱、窗台、玻璃都可以粘贴悬挂幼儿未完成的作品。

图 4-2-26　班级美工区环境

二、教师支持幼儿美工区深度学习的策略

即使教师与幼儿共同营造了一个有准备的环境，幼儿的深度学习也不会自然而然地发生，而需要教师有意识地提供支持，在不落痕迹中将环境的发展价值最大限度地发挥出来。

1. 运用单向深度法刺激幼儿的持续探索

单项深度法反对一次使用过多的材料，主张幼儿对一种或一类艺术材料或媒介进行深入的持续探索，在探索过程中获得各方面的发展。与幼儿对各种材料的浅尝辄止相比，单项深度法保证幼儿有足够的时间深入地、反复地、连续地探索每种工具和技能，从而积累起精细经验。

案例：我不会做

小一班的美工区有很多材料，有闪亮的珠子和亮片，有软软的毛茛和纸绳，有独特的贝壳和松果，还有不同质地的纸张和其他美术材料。芊芊来到美工区，摸摸这个，看看那个，拿了很多材料放在小筐里。老师问芊芊："你想要做什么呢？"芊芊摇摇头。老师又引导："那想不想做一个棒棒糖送给好朋友？"芊芊点点头。老师接着问："你选的这些东西，可以做棒棒糖吗？"芊芊陷入了沉思……老师请芊芊留下认为需要的材料，和她一起用冰棒棍和油泥制作了棒棒糖，芊芊还用小亮片嵌在油泥上，当作棒棒糖上的小糖豆。

分析： 班级中的美工区材料过于琳琅满目，每一种材料对于孩子来说都是新鲜的，都想摆弄和探索一番。孩子不容易聚焦于自己想要创作的主题，所以造成想法不明确，选择材料不明确，创造表现方法不明确的状态。教师运用单项深度法可激活幼儿的探究过程。活动中，教师和芊芊一起选择合适的材料，充分感知材料的特点，然后根据想法进行创作，提高了自信心。

2. 给予幼儿创造性探索的时间与空间

幼儿的创造性品质是内生的，而不是培养的，更不是教出来的。有智慧的教师善于为幼儿提供一个开放的、自主的美工区环境，将时间、空间、材料、创意的权利赋予幼儿。

案例：豆荚游戏

小农庄里的蚕豆收获了，孩子们把一部分蚕豆送进了厨房，一部分送进了资源区。杨老师想着这些豆荚也能进行美工活动吧！她请孩子们自己到美工区寻找合适的材料和工具来玩豆荚。孩子们找来了纸盘、牙签和小木杈等材料。乐乐问老师说:"我想做一个面具,怎么才能用剪刀在纸中间戳一个洞呢?"老师笑着问:"谁有好办法?"欣欣将乐乐的纸接过来,对折后再剪开,就剪出洞出来了。乐乐用豆荚的壳粘贴在两个洞的上面当作面具的眉毛。摘了一片叶子贴在洞的下面当作嘴巴!"快看我的面具"乐乐将面具举在眼前,得意地请大家欣赏。

欣欣想做一把小椅子,她用豆荚和牙签很快就完成了有椅面和椅背的半成品椅子。当她请大家欣赏的时候,老师问:"这是沙发还是椅子呀?"欣欣说:"小椅子!"想了想,她又说:"椅子要有四条腿。"她又找出木杈插成了椅腿。旁边的辉辉点点头说:"嗯,这下就像椅子了。"辉辉喜欢玩"植物大战僵尸"的游戏,他打算做一门豌豆射手的大炮。他用牙签戳着豆荚,交叉比画着大炮射击。玩了一会儿,他想让大炮更厉害一些。一旁的老师正在做机关枪,机关枪不需要用手扶就可以立在桌子上。他看了看,又去找了木杈、纸盘、双面胶等材料,反复调整后,大炮成功了。我要做一个豌豆射手的大炮。准备,发射!

图 4-2-27　幼儿的豆荚创意一　　　　图 4-2-28　幼儿的豆荚创意二

分析: 活动的内容来源于孩子的经验,材料来源于孩子的生活。教师支持孩子们个性化的表达,并以显性或隐性的方式提供策略,指导儿童。乐乐做面

具遇到困难的时候，孩子比成人更能了解同伴的想法和困难，老师运用"儿童教儿童"的方法，同伴间互相帮助，解决难题。欣欣做椅子的时候，教师提出选择性的问题，帮助幼儿清晰创作思路。辉辉做豆荚大炮的时候，教师通过动作演示及作品分享，间接帮助孩子找到了解决的策略。

3. 为创作提供生活经验

创造既是一个"无中生有"的过程，也是一个"有中生有"的过程。这说明，若想幼儿有更加独特的美工创意，一方面依赖于天赋，另一方面受益于后天的经验积累。

案例：神舟九号升空了

我国的神舟九号发射成功后，大（三）班孩子们欢呼雀跃，他们希望自己也能建造一个火箭发射基地。孩子们找来了废旧的纸箱、纸盒以及水管等材料，一起商量绘制了基地的设计图。在画设计图的时候，嘟嘟说："我看电视上，火箭是固定在一个架子上发射的。"棒棒说："火箭的底下要有一个点火的地方。"这个架子和点火的地方到底是什么样的呢？大家的意见不统一。老师用班级中的平板电脑搜集火箭发射基地的图片给孩子们仔细观看，大家明白了火箭发射基地一般建在沙漠里或是大海边上，设有发射区、技术区、试验协作区和保障区。孩子们根据图片资料的提示，商讨完成了自己的设计图，并合作完成了火箭发射基地的建设。

分析： 火箭发射成功这件事情，虽然离幼儿的生活比较遥远，但是对于大班孩子来说，对科技的向往是一种独特的情感。为了创造艺术作品，儿童必须先有一种情绪感受，或者一种欲罢不能的经历。没有这些有意义的和特殊的经历,儿童便会倾向于画常规的事物。当孩子们为火箭发射成功欢呼雀跃的时候,也萌发了创作欲望。

但幼儿的设计受到经验的影响,没有丰富的经验支撑,孩子的创作就会变成无本之木,教师抓住孩子的兴趣,并用图片的方式丰富了孩子们的经验,支持儿童在区域中深度学习。在这个案例中,教师还可以和孩子们一起走进航天场馆,实地观察各种航空器,给予孩子更加直接的认知体验,为创作提供更加丰富的源泉。

4. 为作品赋予情感

教师对待儿童作品的态度,会成为儿童对待自己作品的态度。这意味着,教师既要学会倾听幼儿说出来的创意与想法,更要学会倾听幼儿未说出来的想法与创意,用教育者的智慧支持幼儿的审美冲动、情感奖赏。

案例:多多的相框

多多在美工区忙了两天了,他想做一个白色的,边上沾满红色爱心小珠子的漂亮相框。他用丙烯颜料将原木色的相框刷白,有的地方刷得不均匀,他就反复地、耐心地涂抹,待颜料晾干以后,再用蓝丁胶将挑选出来的红色爱心小珠子粘贴在相框边上。等一切都完成以后,他小心翼翼地将自己的全家福放在相框里,摆在了展示区。小朋友们都夸奖多多的相框漂亮,老师请多多拿着自己的相框合张影,并告诉多多:"这是老师见过的最漂亮的全家福相框,每一颗小爱心图都稳稳地排在相框边上,最重要的是,照片上的爸爸、妈妈和小弟弟肯定也喜欢这个相框。"多多听到老师谈到自己的家人,笑得更甜了:"这是我送给他们的礼物。"

分析：儿童凭借语言再现事物之间的关系，表达感情，表现认识，进行交流和沟通。多多就是运用相框表达自己对家人的爱。老师不仅要给孩子的作品给予评价，还要和儿童的作品产生情感的共鸣。把儿童当作艺术家和他们讨论艺术作品。注意避免总是问儿童这幅作品是什么，或者猜测是什么。教师猜错的时候会很尴尬，而且会让孩子失望。此外，要避免判断式的评论，用更有吸引力的方式展示儿童的作品，并且给予认可。这样会使儿童感到自己和自己的作品很重要。

（活动3由南京市鼓楼幼儿园朱水莲撰写）

活动 4

综合设计：建构区的历程

理论深度 ★★

能力要求 ★★★★

建构游戏是一种饱含着想象和创造的综合活动。幼儿运用多样化的材料，丰富地再现和生动地塑造现实社会生活中的各种建筑物、建筑活动和建筑格局。建构游戏对于幼儿多元智能（数理逻辑智能、空间智能、身体运动智能、艺术智能等）的发展有着不可估量的作用，但这些作用产生的前提是儿童能够拥有开放、丰富的建构游戏环境以及获得稳定、有效的人际关系支持。

课前互动

1. 观察幼儿园大、中、小不同年龄段班级建构区的实际使用面积情况,建构材料的配置情况,观察材料放置是否便于幼儿取用、归类?是否呈现幼儿建构作品的空间设计?
2. 选取一个班级的建构区环境,试分析与班级当下的主题教学内容或与幼儿自发生成的建构主题之间的关联程度。
3. 观察中、大班建构区的环境布置是否有幼儿的痕迹,若有,上述痕迹所表达的主题归结起来有哪几类?(例如:来自幼儿的问题、探索并解决问题的过程、幼儿的发现或体验等)
4. 固定观察一两名幼儿,看在一个完整的建构游戏时段,幼儿能否从环境、材料、人际交往等方面获得支持。

二维码4-2-4　建构区的关键经验

一、建构区的常见问题

建构游戏是幼儿的自主活动,是幼儿对最近时段经验的再现和创造性的想象。用通俗的话来说,建构活动就是儿童的"语言"。要想让儿童的这种"语言"能够流畅、生动地进行表达,首要的基础是幼儿能有丰富的形象经验,并且在建构过程中能够得到适当的支持。同时我们要理解,建构游戏所具有的综合性特质,使得其学习的界域也无限外延,理想的建构区环境创设就是模糊学习界域,突出整合的效用。

如果用以上准则来衡量现实中的班级建构区环境设计，我们不难发现，通常存在材料功能认知缺失、任务取向信息呈现、深度融合意识不够、结果为重展示评价四个问题。

1. 材料功能的认知缺失

不同年龄段的幼儿，所需要的积木材料有着不同的指向。现实中，我们常看到出现在活动室里的建构游戏材料，各年龄段的区分度不大。

针对小班幼儿，应提供色彩亮丽、体积稍大且形状简单的材料，材料种类不要太多，但同一种材料的数量要充足，以满足小班幼儿平行游戏的需要；针对中班幼儿，应提供种类多样、形态多元、需要精细动作控制完成建构的材料；针对大班幼儿，应提供数量充足、富有变化和挑战性的材料。

尤其需要关注的是，很多园所出于"材料生活化"的考量，会收集大量的废旧材料，如纸盒、纸箱、罐子等，作为积木游戏的主体材料，这就显得本末倒置了。以单元积木为例，正因为积木本身所具有的序列性、等差性设计，才使儿童的建构呈现千变万化的姿态，并将数理的、艺术的等多种功能蕴含其中。教师要以发展的视角而非方便的视角来决定材料的取舍。

图4-2-29 本末倒置的材料投放

2. 任务取向的信息呈现

图片张贴是常见的教师支持儿童进行建构游戏的行为。然而，建构区墙面单一取向的图片呈现仅传递了成人的"任务"意向，即教师暗示幼儿完成与图片中的建筑内容相同的作品，而忽略儿童要完成这样的挑战，到底需要怎样的图片支持。

第一，激发兴趣的图片支持。

教师可将搭建的成品拍摄成照片展示在折叠支架上（图4-2-30），引导幼儿模仿教师的作品进行建构。幼儿模仿建构完一个作品后，就可以选择一个代表成功的笑脸或星星图标，写上自己的学号，并贴在该照片的旁边（图4-2-31）。模仿建构有助于幼儿马上体验建构成功后的喜悦，从而"激"起下次建构的兴趣。这种方式尤其适合小班幼儿。

图4-2-30 搭建作品照片展　　　　图4-2-31 模仿建构图片展

第二，激发挑战的图片支持。

教师将各种纸牌作品的图片和照片根据难易程度分成三个星级（如图4-2-43），鼓励幼儿来挑战不同星级的作品，并用记录表记录挑战时间、挑战者、挑战情况（成功/失败）。中大班幼儿适用。

第三，激发变化的立体道具支持。

教师根据幼儿熟悉的故事《小红帽》来设计故事场景，并提供房屋、山、河、弯曲路等情景道具。幼儿在游戏性的场景中"遇到河就造桥""碰到山就搭弯曲路""看到"虎""狼"就进行围合（图4-2-32）。中大班幼儿适用。

图4-2-32 幼儿根据故事及场景搭建

3. 结果为重的展示评价

许多时候，教师在设置建构区环境时，会专门开辟一个板块，展示幼儿的建构作品，看上去满满当当，十分丰富。有的教师还会添置一些小贴纸供同伴评价、自我评价等。这体现了教师结果为重的意识。实际上，幼儿对游戏的计划、过程中新的发现、遇到了怎样的问题以及如何解决问题、习得了哪种新的方法等，诸如此类的记录才能真正体现儿童的学习。

第一，留游戏计划的痕迹。

学前晚期，幼儿对于自身的建构意图越来越明晰。教师可提供纸张和笔，鼓励幼儿进行"游戏计划"的制订。随着游戏的正式开始，计划可贴置于墙面或移动支架上。

第二，留游戏问题的痕迹。

教师可以在建构区一角开辟"建筑师的问题"专栏，鼓励幼儿即时意识、察觉游戏中遇到的问题，在墙面上记录，留待下次解决。也可以在一次游戏结束后，将问题与同伴共享，一起寻找适宜的建构方法。让"问题墙"成为不断助力幼儿建构水平发展的镜面。

第三，留游戏过程的痕迹。

比如大班幼儿建构公园，从第一次游戏到最后一次游戏，公园的主题是怎么一次次丰满的，其间遇到哪些困难，如何调整，等等。

第四，留游戏体验的痕迹。

教师可提供幼儿一本专属的游戏记录册。每次活动前，幼儿可先设计游戏计划——去哪里玩？和谁一起？并记录在册子上。为中班孩子设计的游戏册，可增添部分栏目，如今天搭了什么？游戏时的心情怎样？大班孩子的游戏册可在此基础上增添一些栏目，如用了什么材料和工具？有没有碰到困难？是怎么解决的？这类记录内容有助于保留孩子真实的游戏轨迹，成为孩子在游戏后进行自我对话的良好途径，有助于教师持续、深入地了解孩子的游戏状况。

二、教师支持幼儿在建构区深度学习的策略

建构游戏能促进幼儿多元发展，但这并不意味着，只要在建构区进行的建构游戏，一定能起到这样的促进作用。这其中，教师的支持策略对于促发幼儿的深度学习起着至关重要的作用。

（一）表象累积策略

通过对建构物体（整体和部分）比例、结构、空间位置等方面的感知，形成幼儿对事物感知和理解的初级表象。教师应有目的地引导幼儿进行观察、发现、比较，从而帮助幼儿储备丰富的表象，助力幼儿在游戏中的物象表征。

1. 平面表象累积。主要指教师运用平面图片的方式引导幼儿感知不同建筑物的形态、结构。有些图片的呈现是以整体的方式；有些图片的呈现是以部分的方式——主要是门、窗、拱等主要建筑元素，需要"放大"提供给幼儿的；还有一些则采用拍摄同一个物体多角度的图片，让幼儿从不同的角度整体观察、感知自己即将建构的物体，促进幼儿在建构活动中感知空间方位，提高布局能力。

2. 立体表象积累。主要指教师呈现给幼儿立体的建筑物，能引发幼儿对于

其比例、构造的真实感知。立体表象主要有微缩模型等。同时，有条件的幼儿园还可以提供电子设备，帮助幼儿累积表象。如平板电脑的运用，通过可寻、可视、易感知、易体会的方式呈现，为孩子掌握建筑物的结构提供有效的路径。在大班的建构游戏"天封塔"中，孩子们在视频图像的帮助下，通过反复观察，完美地表现了天封塔（图4-2-33）。

图4-2-33　孩子们搭的天封塔

（二）平行示范策略

平行示范策略是教师在空间距离上接近幼儿，并用与幼儿相同的材料从事同样的活动，但是不与儿童直接发生言行交往，不直接介入幼儿的活动，利用自身行为的榜样示范作用，通过暗示的方法指导幼儿搭建。

如在"鲤鱼跳龙门"建构活动中，教师发现孩子们的建构作品几乎一模一样。于是，她自己也拿了积木搭起来，并搭了好几种不同的门，这时，有几名幼儿开始注意教师的搭建，并悄悄地模仿起来。最后，积木区终于呈现出风格不同的门。

平行示范法在孩子的建构遇到困难时，或者当幼儿的搭建技能在原地没有提升的情况下加以运用，能帮助幼儿在新的建构形式上有所突破。

（三）游戏情境策略

对于低龄幼儿而言，其建构行为带有明显的"无意识"特征，即不清楚自己的建构意图，往往浅尝辄止。同时，积木游戏区别于其他游戏的显著特征，是需要一定的建构技能支撑，才能使游戏更加深入。这意味着，教师要通过适宜的途径"给予"幼儿一定的建构技能。根据前人对于积木游戏的研究，学前阶段幼儿的主要建构技能有平铺、叠高、架空、围合、盖顶、交叉、转向等，针对这几种最基本的建构技能，将其巧妙地隐含于游戏情境中，既让幼儿在愉悦的游戏情境中明晰自身的建构意图，又让幼儿在不着痕迹的游戏中习得这些技能。如"给兔奶奶铺路"隐含了平铺的技能，"小猪造房子"则隐含了围合的技能（图4-2-34），"小鲤鱼跳龙门"隐含了架空的技能（图4-2-35）。

图4-2-34 围合 　　　　　　　　图4-2-35 架空

（四）结构转换策略

学前期儿童的空间认知水平相对较低，尤其当知觉的对象纷繁、复杂，结构过于庞大时，往往导致其在用积木建构感知对象特征时无从下手。

以《我的小学》为例。幼儿在教师的带领下，兴致勃勃地参观了小学，可在用积木建构鼓楼的时候，却遇到了困难。以下是幼儿在活动中的困惑。

幼1：学校这么大，我都不知道该从哪里搭起。

幼2：刚才参观的时候，转来转去我都晕了，连有几个教室都不知道。

幼3：我看到学校的楼都是连在一起的，我不知道怎么转弯。

针对上述状况，教师及时采用了结构转换策略。该策略共分两步：首先，教师和幼儿共同回忆参观的路径和内容，并引导幼儿用平面图的方式表现学校总的建筑特征（图4-2-36）；其次，参照平面图，将学校宽阔、复杂的空间结构进行转换——让幼儿用牛奶盒子、牙膏盒子等废旧物品在木板上制作出小学的模型（类似房地产公司的楼盘模型），降低了表征的难度（图4-2-37）。最终顺利完成小学的立体模型建构（图4-2-38）。

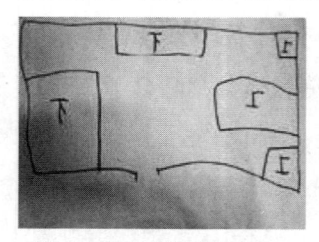

图4-2-36　画平面图　　　图4-2-37　按图搭建　　　图4-2-38　小学立体模型

运用结构转换策略，有效地降低了建构的难度，为幼儿的表征搭建了梯度台阶，适用于表现构造庞大、复杂的建构对象。

（五）自然后果策略

自然后果策略指当儿童犯了错误和过失后，不必直接去制止或处罚他们，而让儿童在体验游戏结果的过程中，发现自己所犯的错误和过失带来的自然后果。在引导幼儿进行积木游戏时，我们充分运用这一原则，适度等待，将学习的空间还给孩子，从而尝试让幼儿独立面对问题、解决问题。

在搭建"我的小学"时，幼儿已经用空心大积木搭了长长的、平行的四列作为两三间教室的墙壁，然后他们尝试用长条的积木封顶。

在封顶时，孩子们发现两列之间的距离已经超过了用于封顶的长条积木的长度。于是，一名幼儿经过目测后，将其中的一列积木往里推了推，这两列积木可以封顶了。于是，他又拿了一块长条形积木想封隔壁教室的顶。可是，因为其中一列已经移动，这两列的距离又变长了，他将原来已经封顶的一列又往回推，这时，已经封顶的长条积木掉到了地上，并且把"墙壁"也砸坏了。这个幼儿又把墙壁搭起来继续试验，经过多次的探索，他明白了要"兼顾两边"的道理。最后，他用长条积木将所有相邻两列的空间距离全部丈量一番，调整好所有相邻位置积木的距离，一次成功。

这个案例说明，如果教师觉得幼儿可以通过不断的尝试最终找到解决问题的办法，那么，即使这个过程需要花费很长的时间，教师也应该耐心等待幼儿多次的试误，最终取得成功。在这里，教师的不介入是为了让幼儿在自然后果前，尝试积极调动思维，解决现实问题，获得综合能力的提升。

（六）异向思维策略

"异向思维"指从多个不同方向、角度进行问题思考的思维方式，常见的有逆向思维等。在积木游戏中运用异向思维策略，目的在于让幼儿运用不同的思维方向来思考同一件事情，以求达到最佳的效果。在建构游戏中运用此法能帮助幼儿扩展思维，从不同的角度思考问题，尝试用多种方法解决搭建困难。

如在"小猪造房子"的活动中，一名幼儿用小方块积木来叠高，将积木窄的一边对齐进行叠高，可是由于受力面积小，到一定高度就倒了（图4-2-39）。后来他采用同样方式在旁边加固一排，结果仍然一样。此时，教师引导其观察积木的"面"，并让他试试在不同的面叠高，最终，孩子找到了稳固的叠高方法——在积木宽的面叠高（图4-2-40）。

图4-2-39　窄面叠高易倒　　　　　　　图4-2-40　宽面叠高稳固

叠高是一种技能，在探索尝试的过程中，这种技能要求不断地和孩子的现有经验产生矛盾。上述片段中，孩子用积木竖着叠高，达到了本次搭建的预设目标，然而在和叠高的挑战中，探索出了技巧，这时，教师抓住时机介入游戏，引导幼儿用对比的方法获得叠高的技巧，运用异向思维法引导幼儿改变当前的思维定式，产生新的经验。

（七）图例暗示策略

游戏中，幼儿出于表现的需要，希望获得新的建构技能或方法，但在现场，又苦于长时间无法突破，造成游戏的兴趣消退，甚至终止游戏进程。面临这样的困境，教师可通过图例暗示的方法引导幼儿习得新的建构经验。

如在一次中班的"鸟巢"建构游戏中，幼儿的意图是表现八边形底座的高高的鸟巢。初次游戏时，他们利用小方柱围成了八边形底座，接着，在底座的八边形小方柱上，用重合叠高的方法往上建构。但每次建到八九层时，鸟巢就会倒。尝试了很多次都是同样的结果，幼儿开始感到沮丧，打算放弃了。教师此时介入幼儿的游戏中，拿出网上检索的墙体图片，供幼儿观察。旋即，孩子们发现了原因：建筑工人砌墙时，砖块之间都是两两交错，而非像他们搭的垂直重合。于是，马上调整建构的方法，最终建成了他们心目中的鸟巢。

除了类似上述案例中通过手机提供图例的方式，平时教师还可以将本阶段幼儿有可能会用到的建构技能或方法以图例的方式布置在建构区中，以备有需要时供幼儿检索。

（八）问题记忆策略

由于幼儿的认知经验、建构能力与其建构意图之间总是存在距离，因而在游戏中，我们往往能发现他们在不断地意识问题、挑战问题。问题的不断解决恰恰是幼儿游戏水平持续推进的基石。但是，因为建构游戏更多是持续性的行为，幼儿很可能遗忘上次游戏中出现的问题而在下次游戏中重起炉灶，造成对问题的遗忘；或者幼儿察觉问题富有挑战，干脆放弃，造成对问题的趋避。不管是"遗忘"还是"趋避"，都无法实现幼儿在建构区的深度学习。

问题墙的设置能很好地解决这一缺失。教师可以在建构区一角开辟"建筑师的问题"专栏，鼓励幼儿将发现的问题记录下来，留待下次解决。也可以在一次游戏结束后，将问题与同伴共享，一起寻找适宜的建构方法，让"问题墙"成为不断助力幼儿建构水平发展的镜面。

（本活动由宁波市启文幼儿园邵爱红撰写）

活动 5

综合设计：角色区的革命

理论深度 ★★

能力要求 ★★★★

在幼儿园班级的所有活动区中，角色区是比较受幼儿青睐的一个游戏区。

如果说其他游戏区改变的是物体的属性、物体与人的关系的话，角色区首先改变的是幼儿自己的个体属性、人—我关系、人—人关系，这一点对幼儿具有巨大的吸引力。这意味着，当幼儿在角色区游戏时，我并不是我，我是他者，是某个角色。而且，当幼儿置身游戏中的某一角色时，其整个生态环境、人际关系也全部经由角色进行重构。角色区环境创设是支持幼儿从生物我走向社会我、从本我走向自我、从主我走向客我、从中心我走向差序格局不同状态我的重要支撑。传统的角色区环境大都由教师规划、教师布置，但当下，我们要更多邀请幼儿一起参与，支持幼儿创造他们自己独特的游戏区。

二维码4-2-5　角色区的意义及关键经验

一、角色区的常见问题

1. 角色区的活动状况——常有过长等待

某些角色区常见的情景：理发店的理发员坐在椅子上等待顾客；小医院没有病人，儿童就在自己的角色区枯坐等待，在那么长的时间里无所事事，让人心疼。偶尔教师发现了便来客串一下顾客，然后又开始门庭寂寥了。有的角色区往往形同虚设，没有真正凸显游戏价值，也浪费了儿童探究和游戏的时间，缺乏游戏化情境，了无生趣，游戏变成了伪游戏。

2. 角色区的角色定位——角色简单分配

角色区是个小社会，应该是有诸多不一样且多元化的角色。而现状是常常见到这样的场景：每个角色区都有约定俗称的角色分配，娃娃家的"爸爸"和

"妈妈",标配着"爸爸"的领带和"妈妈"的假发用来定义身份;医院的"医生"和"护士",白色大褂和粉色护士服用以区别身份;小吃店的收银员和厨师……那么,娃娃家除了爸爸、妈妈外,小医院除了医生护士、病人外,还有没有其他的角色呢?

3. 角色区的材料现状——功能不够多维

常见的场景:有些高结构化材料抑制想象,教师费时又费力准备的材料(有时还发动家长制作的材料)提供在角色区,如手缝的布艺点心,惟妙惟肖,虽琳琅满目,但高结构化的材料具有一维性和单一功能性,抑制了儿童的想象和再造。有些角色区低结构化材料多,但是幼儿不知道怎么玩,怎样将这些材料合理地用到各个角色区,丰富游戏情节。久而久之,儿童只是进行一些材料的机械操作,缺乏创新意识,儿童就成了摆弄玩具的牺牲品。

4. 角色区的游戏时长——不能完全保证

教师有着对于幼儿园活动的弹性时间意识,能够根据需要进行活动安排。但是在角色区时间的分配上,出现了极左极右的现象。有的给予儿童超长的角色区时间,先让儿童做半个小时的游戏计划,然后再开始游戏,冗长的计划过程已消耗了儿童的兴趣;有时在有集体活动或幼儿园大活动的时候,首先冲击的是角色区游戏时间。

二、教师支持儿童角色区深度学习的策略

张雪门说:"幼稚园的课程就是给三足岁到六足岁的孩子所能够做而且喜欢做的经验的准备",这句话所有幼教人应该耳熟能详。可是在相当长的时间里,很多教师习惯于从成人的角度去设计角色区的活动。江苏省的课程游戏化项目

引领我们反思：什么是正确的儿童观？儿童需要什么样的角色区？如何以理念去融合行为，回应儿童的需要，引发幼儿在角色区的真正游戏？

1. 遵循儿童主体，自主创设游戏场景

角色区游戏是儿童需要的活动，自主创设游戏场景这个途径，更能发挥儿童的主动性。因此，应在儿童经验基础之上，教师适度引导，鼓励儿童自己收集材料，帮助儿童确定解决问题的方法，创设自己需要的角色区游戏场景。

大班寒假过后，教师没有着急规划班级的角色区游戏内容，而是在开学的第一周，教师把问题抛给幼儿："这学期你们想玩哪些角色游戏啊？原来的游戏有哪些需要保留，哪些不需要？为什么？有没有想玩的新游戏？"幼儿各抒己见，想增加的新游戏为"酒店""皮影戏""快递店"等。

不难看出，假期中幼儿的已有经验已经成为了角色区游戏素材。幼儿通过自主规划，给各自的游戏取名，通过投票最终确定新增的游戏名称。譬如，"度假酒店""皮影戏剧场""神速快递"等。接着，幼儿开始绘制角色区标志，用自己的方式去营造场景。

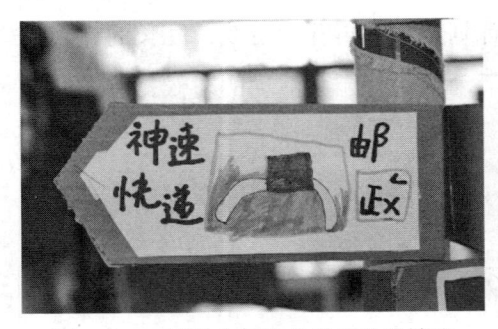

图 4-2-41　幼儿自己取名并设计的神速快递区角标志

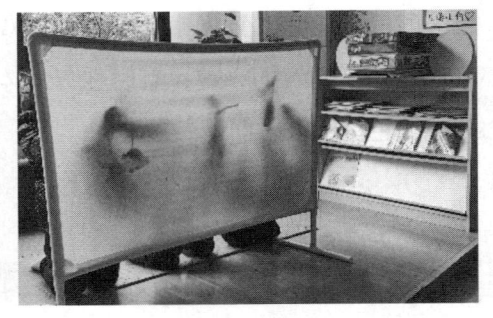

图 4-2-42　根据假期旅行经验生成的皮影戏

再譬如，酒店游戏，幼儿从最初自主营造的简陋酒店场景，到不断丰富，历经了一系列问题：酒店的门一次只能一人通过不方便；酒店的床太窄；房间里没有衣柜，衣服没有地方挂；酒店的床太硬遭到顾客投诉；娃娃家的小床搬来只能娃娃睡，大人无法睡；酒店床位有限，有的顾客总是连住，别的顾客无法入住；大堂服务员怎么记录当日收的钱……

这一系列的问题，孩子们一一用自己的方式去解决：用积木拼搭旋转门；给床增加宽度，睡觉就不会滚下去了；在床上铺两层被子，床就不硬了……在这个过程中，酒店游戏的场景不断改变，幼儿在遇到问题和解决问题的不断碰撞中，学习能力得到了发展。幼儿自己设计、规划的游戏场景才是他们真正的兴趣所在，因此能乐此不疲地玩下去。

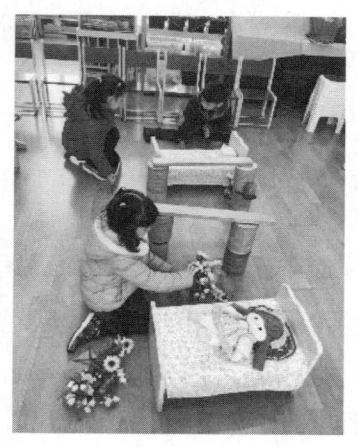

图4-2-43　初期，幼儿搬来娃娃家小床当客房的床

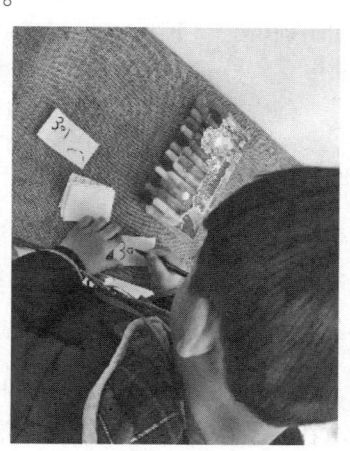

图4-2-44　给房间设计番号

图4-2-45　原来的门只能进出一人，不方便，改造成了旋转门

图 4-2-46　发现房间没有衣柜，自己用积木建构

图 4-2-47　发现原来的小床只能娃娃睡，带娃娃的"大人"无法睡，就自己搭床。试了试，床太窄了，想办法增加宽度

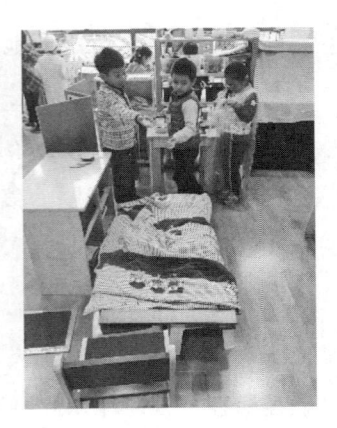

图 4-2-48　床太硬了怎么办？铺上被子就不硬了

　　丰满单一角色，深化角色的广度和内涵。在思维定式中，好像每个角色区游戏都有一些约定俗成的角色。这些角色若定性下来，就成了束缚儿童在游戏中想象的枷锁，角色的单一使游戏情节贫乏，少了同伴间的社会交往和沟通。因此，应从儿童在游戏中的问题出发，在游戏的过程中拓展角色的广度和深度。

　　在幼儿自主生成"酒店游戏"中，初始时幼儿设定只有两种角色——"老板"和"顾客"。在刚刚营造酒店场景的过程中，老板和顾客并没有特别的分工，一起找合适的地方，一起从娃娃家搬来小床布置酒店房间。在游戏生成的第一周时间里，顾客和老板一直在忙于建构酒店场景，顾客摆床，老板搭门、贴房间号，各忙各的，交往并不多。教师在游戏回顾环节，引导幼儿回忆自己和家人外出旅行住酒店的经历，引发幼儿对于同一角色的深化，使内容更加丰满。

　　随着游戏过程的推进，幼儿在游戏中，不停有新的火花闪现。老板在酒店"试营业"步入正轨后，开始想到要收钱了。于是，老板建造了前台，在给顾客登记入住的同时，尝试着用自己的方式去记录，有的老板用加法去记账，有的老板用表格法去记账，角色中融入了生活中的数学。不同的顾客在入住酒店后，发生了各种有趣的事情：顾客投诉用椅子搭的床太硬；酒店床位有限，有的顾客天天选酒店游戏，带着娃娃来住，别的顾客房间不够无法入住；有的顾客说想在酒店里点餐，可是酒店里没有餐厅；有的顾客在酒店里建构了卫生间，还在卫生间里上厕所和洗澡……

再后来，酒店又多了更多的角色：酒店试睡员、餐厅老板、包房顾客和临时顾客等，这些角色都是在游戏内容逐渐丰富的过程中，渐渐增加的角色，角色的增加又进一步推动了情节的发展。

2. 丰富生活经验，拓宽角色区情节发展

角色游戏是幼儿根据自己已有的经验，通过自己的想象力和创造力对现实的重新塑造。角色区游戏的基础是儿童的经验，脱离儿童生活的角色区游戏无法长久开展和深入回归幼儿，必须把儿童的需要和兴趣作为主要因素，从儿童的生活经验出发。这就需要为儿童提供足够的生活经验，拓宽幼儿角色游戏的内容来源。除了利用多媒体来提供经验、阅读相关图书之外，教师更多的可以和儿童去生活中的实习场去观看、了解，组织儿童讨论所观所想，可以扩大儿童的视野，同时也可以提供更多的角色游戏素材。

中班幼儿在过了集体生日后，角色区生成了游戏"蛋糕房"，最初在蛋糕房里幼儿就是用油泥做蛋糕等着顾客来买，久而久之，蛋糕房就成了"油泥手工区"。教师观察到蛋糕房的游戏内容单一。为了丰富幼儿关于蛋糕房的经验，教师引导幼儿实地参观了蛋糕房。在参观蛋糕房时，幼儿发现蛋糕房的墙上有很多蛋糕的实物照片。通过采访，他们了解到这些是做宣传用的，可以让顾客知道蛋糕的品种；幼儿发现工作人员都戴着帽子，他们经过讨论，认为戴帽子是"头发不会掉到蛋糕上""一看就知道是做蛋糕的人"。幼儿还发现，蛋糕房里有设计师，会根据客人的需要设计不同的蛋糕；蛋糕房里不仅卖蛋糕，

还有很多西式点心和奶茶等；不停有快递员来取蛋糕。

在实地参观中，幼儿还直观地看到了面点师、收银员和顾客、快递员等多方的互动。丰富了经验之后，幼儿在蛋糕房的游戏情节更加丰富了，增加了角色分工，制作蛋糕时也能创造不同花纹的蛋糕，吸引更多的顾客上门来买，生意"兴隆"时，还发快递售卖。

3. 更新投入观念，收集低结构区域游戏材料

在材料收集上，我们要审视教师是站在儿童的视角还是成人的视角。从成人的视角而言，往往美是首选。在角色区的材料投入中，专门化、高结构的游戏材料的确琳琅满目，给人以视觉上的丰富感和满足感。这些应有尽有的材料在一定程度上满足了儿童的游戏需要，但是这样的材料为儿童留下的自由想象和创造的空间较小，儿童不容易根据自己的需要和想象对它们进行象征性的改造。

因此，教师要更新材料投入观念，邀请发动幼儿和家长共同收集低结构化的游戏材料。这些材料在不同的角色区有儿童不同的再造和想象，在每个区都能为儿童游戏所用。每个班级都设立材料百宝箱，儿童可以自行分类和整理游戏材料。

4. 善用观察评价，支持儿童深度学习

对于幼儿教师而言，角色区的评价应以儿童为本，在观察儿童的基础上，为儿童各方面的发展创造条件，开展多样化的活动。这就要求教师在角色区能用心观察，关注儿童的兴趣和需要，关注儿童正在发生的主动学习，适时介入，引导幼儿分享角色区游戏经验，进行自评和他评，支持和拓展幼儿在生活和游戏中的新经验。应注意评价要具体、准确，不以教师评价为主，在引导儿童进行评价时，要提出一些开放性的问题，使儿童有讨论的话题。教师要不断构建支架，支持、引导和促进幼儿在角色区的主动学习。表4-2-2是一个观察评价记录范例，供参考。

表 4-2-2　基于观察后的中班"小医院角色区"对比思考

材料与情境	儿童的活动	要解决的问题	儿童的学习
设计好的医院标牌、医疗工具；各种药盒药瓶；处方单…… 【循规设置】	医生：挂号、用听诊器听、搓药丸；护士：打针、喂药 【角色和内容形式化】	熟悉医院不同的角色及其行为 【相对简单】	角色分工，练习角色行为…… 【浅层学习，依旧是重复旧的经验】
各种可以代替和加工的材料及工具…… 【生成多变】	讨论医院的角色分配，医生有哪些不同的细致分工；了解除了常见的医院，还有哪些特殊的医院 【拓宽经验】	当医院没人来看病时，医生护士可以做什么；如果开设动物医院又需要什么材料 【相对复杂】	讨论与思考；合作；新旧经验的有效利用；更多角色分工；有无发现新的问题…… 【深度学习，新经验的获得与运用】

总之，儿童的经验是儿童角色扮演的基础，要保证儿童在角色区的游戏时间，给予幼儿充分游戏的机会。教师要蹲下来和儿童一起看世界，不当"甩手掌柜"或"救火队长"。多观察儿童在游戏中的行为，在过渡环节和游戏评价环节，引导儿童有意识地回顾自己的经历，拓展游戏新经验，支持儿童深度学习，激发儿童在游戏扮演中生发高于他日常生活的表现能力，享受角色扮演的真正乐趣！

（本活动由南京市实验幼儿园朱建华撰写）

活动 6

综合设计：科学区的逻辑

理论深度 ★★

能力要求 ★★★★

科学区，亦可称为科学发现区、科学探索区，是儿童进行科学探索的活动区。幼儿通过与各种探索性材料的互动，进行观察、预测、实验等；在使用科学工具、尝试科学方法的过程中积累科学经验；在动手动脑、做做玩玩中获取知识；在思考和探索中发现问题、提出问题和解决问题。

一、科学区的常见问题

作为一群以女性为主的幼儿教师，与其艺术素养相比，科学素养相对欠缺，这就导致幼儿园的科学区环境存在各种问题。

（一）科学区环境创设——缺乏整体规划

班级科学区多是在班级活动室内，教师为幼儿创设的自由发现、实验操作和科学探索的场所。但常常会看到如下状况。

1. 区域混杂，界定不清

《幼儿园教育指导纲要》中的"科学"领域既有科学层面也有数学层面的目标，教育内容也包含了科学和数学两个方面。这是将科学领域与数学领域整合为一个有机的整体，这种整合是建立在科学和数学核心概念基础上的，并不是简单的拼盘和随意的搭配。但是，我们常会看到，有的幼儿园班级中，数学区和科学区合并为一个区域，或直接称为"数科区"，或冠以"益智区""探索区"之名；区域中提供的材料，并非紧密贴合数学和科学的核心概念，而是一些益智类玩具和操作性的材料，如不同类型的棋类、各种平面和立体的拼图、可搭建拼插的磁力玩具等。在教师心目中，科学区材料提供的关键点只要落在"操作、探索"上即可，却忽略了"科学"的核心经验。这些活动或许沾了一点科学的边，带有一些科学的元素，但只是停留在幼儿简单的操作和摆弄上，而没有推进幼儿深入的观察和验证，甚至缺少探究后不断的发现和问题的质疑，不足以充分体现科学教育价值，不能满足幼儿的猜测想象和操作验证，更不能促进幼儿对科学内容的深入研究。其实，通过教师对于区域的命名、活动内容的选择和活动材料的提供，能从侧面看到教师对"科学区"界定的相对模糊，对科学核心概念和关键经验的认识不清。

2. 空间局促，活动受限

科学区的探究内容涉及观察、实验，因此需要可供细致观察、耐心操作、专注探索的空间，以满足幼儿的持续性深入探究。但是，教师在科学区空间设置上却忽略了这些关键因素：一是科学区偏小。教师顾及集体教学活动场地安排，考虑音乐区、结构区更大的活动场地，而将科学区安置在活动室周边或一角，依墙而设，区域中只摆放面积不大的小桌子或狭长的活动柜。往往会看到幼儿挤在科学区的柜面和桌面上小心翼翼地摆弄和操作，却因活动施展不开而兴味索然。如，大班幼儿搜集并制作了各种陀螺，但是却因区域中场地小、陀螺旋转不充分而有些失望；中班幼儿玩多米诺骨牌时，因桌面的狭小和不稳定，频繁倾倒而放弃。这些科学区的环境并不能充分满足幼儿的操作和探索需要。二是科学区易受干扰。有的班级中科学区紧邻音乐区，年龄越小的孩子越容易被周围干扰和影响。常会被音乐区中唱歌、舞蹈和乐器的声音所吸引，而停止正在操作的实验或探索的活动；有的班级科学区中并无固定桌面，每到活动结束、进餐前，都要腾空桌子，幼儿操作一半的实验材料只得被收掉，造成幼儿的探索常常不能够持续连贯地进行，探索空间受限致使幼儿的操作热情受阻。三是科学区缺少记录表达的位置。有的班级教师忽略了在空间布局上给科学区留出供幼儿记录和展示自己实验成果和探索发现的空间。过程中幼儿的瞬时发现或随时产生的问题，因科学区的临窗或活动桌和区域柜的依墙而立，只能流于语言上的动态交流，却无法用直观的记录方式呈现保留，使得很多时候的灵感、发现都在稍纵即逝中流失，制约了科学活动的深入推进和发展。

3. 重视材料的丰富多样，忽略了内容的系统性

在各班的科学区里，我们常常能看到各种科学活动材料琳琅满目，有购置的现成科学玩具，也有教师们自制的科学操作游戏材料，并且从开学初一直到开学结束，都会保留在那儿，幼儿也习以为常地摆弄操作着。但是，如果我们

细细思考，不由要质疑：这些玩具的科学关键经验体现在哪？它们之间有关联吗？有什么样的联系？的确，在提供这些材料时，我们更多看重的是这个材料本身所具体有的操作性、探索性的价值，只是单独地思考材料的教育价值，却忽略了材料之间的关联，以及材料与活动内容之间的关联和承上启下的推进作用。如，会提供有关影子、有关弹性、有关沉浮的材料，却不会系统地思考某一种核心经验的活动材料由浅至深、由简单到复杂的系统化提供。

4. 注重教师的主观设定，忽略了幼儿的活动经验

在不少幼儿园的科学区中，幼儿因经验不足而兴趣不大，因缺乏兴趣而不愿探索，因操作困难而放弃探索的现象比比皆是。教师根据自己的教学经验来提供材料，生拉硬拽地牵引着幼儿，导致科学活动与幼儿的经验之间始终存在距离，使活动显得孤立和无趣，幼儿也处于被动和无奈状态。这种情况大略分为两种：一是材料过于丰富却不符合幼儿操作经验。教师为了让科学区吹泡泡的材料丰富多样，让幼儿重点观察"用不同溶剂吹的泡泡有什么不同""不同形状泡泡器能吹出什么样的泡泡"，提供了各种形状的吹泡泡器和不同的泡泡溶液，却忽视了本班幼儿在这之前从没有玩过吹泡泡，并无吹泡泡的经验，幼儿并不关注观察，兴趣点也不在于此，只是忙于解决"如何能吹出泡泡"的问题。可见，教师高估了本班幼儿的能力，忽略了幼儿的已有经验。当幼儿缺乏经验时，丰富多样的材料只能带来幼儿操作上的负担，并不能达成深入的观察。二是材料未及时更新，限制了幼儿的经验拓展。教师在科学区提供了多米诺骨牌的活动材料，每人一筐骨牌，在画有线条和形状的柜面上排列。但是，幼儿逐渐不愿意在柜面操作，更愿意和同伴一起在空桌上共同拿取更多的骨牌进行自主任意排列。其实不难看出，教师提供的材料虽然在前期给予了幼儿指引和支持，但随着幼儿能力的提高，后期反而限制了幼儿的创造性探索。由此可见，教师提供的材料和内容不符合幼儿的实际经验，则不利于幼儿在科学区中的活动发展。三是材料形式多样，对不同年龄段幼儿探究的重点把握不明，导致缺乏挑战性和发展性。

教师对于科学区核心经验的明晰程度，会影响到其对科学活动价值认识的深入度，也因此会影响到科学区活动内容和材料的提供。教师通常都能够关注到活动的形式和材料的操作性和趣味性，但常会忽略活动材料的层次性和差异性。如利用"磁性"的科学概念开展科学区活动，小班利用磁吸铁的特性"钓鱼"，中班利用磁与铁的相吸特性玩"飞镖投掷"，大班利用磁性吸盘"开汽车"，三个年龄段的活动看似形式多样，但实质差别不大，并未凸显年龄特点，更没有看到其本质上的循序渐进。

二、教师支持幼儿科学区深度学习的策略

深度学习是一种基于问题导向、高阶思维和实践探究的高级学习。幼儿的深度学习与浅层学习不是绝对对立的，深度学习是建立在浅层学习的基础上的，但幼儿的学习不能仅仅停留在浅层。科学区关键是让幼儿动手、动脑、猜想、观察和验证，因此，科学区并非教师完全不加影响、不加控制、绝对放手的自由天地，而是将这种影响和控制间接和隐蔽地通过环境创设、活动材料的投放而实现。

（一）创设支持性环境，引导幼儿深入探索

环境与经验和学习之间有密切关系，支持性环境能为幼儿提供更多积极体验、自主探究、协商合作、思考和创造的空间，进而引发深度学习。因此，支持性环境需要关注不同年龄段幼儿的动作发展水平、操作能力和已有经验。

1. 巧妙利用空间，扩大幼儿的探究场所

针对不同的科学活动内容，适当巧妙地利用科学区有限的墙面、地面、柜面、桌面、屋顶的环境，有助于幼儿的深入探索。如，将接水管的游戏直接放在靠近厕所水池的墙面，方便幼儿探索接通水管、自由取水验证，空间上更利

于幼儿畅快操作，比在桌面上虚拟搭建的水管更具有真实性和可操作性。又如，将软管盘绕成不同造型，悬挂在科学区的天花板搁架下，做成"空中电话"，幼儿可自由结伴进行打电话游戏，感受声音的传播，也让环境成为幼儿可探究的内容之一。科学区里的桌椅摆放也相对灵活，幼儿可根据活动材料的实际需要，选择适宜的场地和位置。如，进行"垒高楼"和"多米诺"的活动需要较大且平整的场地，幼儿可选较宽大平整的桌面或将两张桌子拼合，尽情而充分地使用材料进行累加和排列；为保证陀螺旋转时有足够的空间，幼儿可选择在不影响他人活动的大空桌上操作，也可选择到科学区外的空地上操作。

2. 充分利用墙面，呈现幼儿的探究过程

《幼儿园教育指导纲要（试行）》中，科学教育的目标为"能以适当的方式表达交流、探索的过程和结果"。对于小班幼儿来说，墙面环境更容易吸引幼儿进区参与、直接观察、随时操作。因此，可将有些活动内容直接布置在科学区墙面上。如，春天，把春游时捞回来的小蝌蚪和小鱼苗用透明的墙面鱼缸置于科学区中，幼儿随时可观察、可交流。随着小蝌蚪、小鱼的生长，将不同阶段的变化照片贴在科学区墙面上，更有助于幼儿持续不断地培养观察兴趣。到了中大班，随着幼儿的年龄增长、思考能力的提高，科学区不仅限于观察和操作游戏，他们会有更多的发现和更多的问题，并喜欢和老师、同伴分享自己的发现和想法，为此，教师可充分利用科学区的墙面，鼓励幼儿用自己的符号记录在活动中的发现和问题，呈现在墙面上。这样做一方面营造了可探究的区域氛围，另一方面便于教师了解幼儿的发现和问题，提供有针对性的指导。此时的墙面不仅丰富了科学区环境，还发挥着环境与幼儿互动、促进幼儿自主学习的作用。

（二）营造贴近生活和富有挑战性的探索情境

幼儿的学习离不开情境，情境能为幼儿提供一个有助于经验迁移的学习场景。幼儿深度学习意味着对经验的迁移和运用，幼儿既要理解学习内容，又要深入了解新的情境，举一反三，学以致用。

1. 充分考虑学科特点

科学区的学科性体现在科学概念中。充分关注学科特点，比较全面地了解科学核心概念，为教师选取恰当的科学区活动内容和操作材料提供了依据，也会使教师能够发现生活中隐藏而不易发现的科学现象和与科学密切相关的科学活动内容，避免科学区活动内容跑偏或无法凸显科学区的特点。围绕科学核心概念来设计区域内容也会尽可能地避免科学关键经验的缺失，支持不同年龄段的幼儿通过自身经历和亲身体验的方式获得不同的科学经验。

教师要清楚科学学科领域的核心经验，才能更有针对性地提供适合的科学学习内容。学前阶段儿童的科学教育，主要包括"生命科学、物质科学、地球和空间科学"三大部分，这三大部分又包含了不同的关键经验。关于"物质科学"的探究，并不是要让幼儿了解其中的科学原理，而是通过在科学区里提供适宜的材料，引导幼儿操作探索，迁移有关科学经验进行创造性的小制作和科学游戏活动，逐步理解或感知一些简单的科学概念或知识。如大班，引导幼儿迁移有关弹簧的经验，用各种材料"做弹簧玩具"，感知物体的弹性；通过"装电池"让手电筒亮起来、使电动玩具动起来，初步感知到连接好的电路会让灯泡发亮、喇叭发声等简单的电学现象。如中班幼儿用纸杯"做电话"，并和同伴在"打电话"的过程中发现声音可以通过直线传播，从而感受生活中各种有趣的科学现象。幼儿对"生命科学"的理解是通过生活中对动植物的观察和认识而逐步建立的。科学区可结合观察自然角植物，感知植物的生长。如小班结合"萝卜长长"的主题，在科学区里观察自己种植的洋花萝卜，数一数长了几片叶子。中班结合"豆子"主题，观察和记录红豆、绿豆、黄豆在水中、土中生长的情况。大班则利用科学区的种植活动，定期或不定期地观察、测量自己种植的风信子，并记录风信子的生长情况。对于幼儿来说，关于"地球和空间科学"领域的探究不是为了知道各种深奥的物理知识，而是能够结合日常的生活经验，积累关于地球和空间科学的经验。可以和生命科学、物质科学的活动相结合。

2. 符合幼儿年龄特点

对幼儿而言，科学不是抽象的概念和理论，科学就在身边，幼儿科学探究的内容应符合幼儿的年龄特点，是与幼儿生活紧密联系的，不同年龄段的活动内容也会各有侧重、各具特色，既能激发他们探究科学的兴趣，又能使抽象的科学概念变得具体、生动，而且有助于幼儿体验到科学与生活的密切联系。

小班幼儿喜欢摆弄，愿意调用感官感知事物，但手部精细动作发展还不完善，动手能力较弱，耐心还不够，观察力还处于萌芽阶段，初步关注到动作产生的结果，能发现物体的明显特征和事物的表面现象。因此，在小班，教师可针对幼儿的特点设计、制作一些操作方法简单、操作后能够比较明显而快速地呈现现象和结果的材料。

中班幼儿喜欢尝试，愿意探索，开始有了独立探究的需要，动手能力有所增强，有初步的解决问题的能力。因此，多提供一些可反复操作且易获得成功的废旧物作为探究材料，增强其独立操作的信心。

大班幼儿随着年龄增长，小肌肉动作能力逐渐增强，耐心、细心和专注度也明显提高，喜欢具有挑战性的学习内容。可选择一些现成的物品和玩具开展科学探索活动。

3. 结合多媒体资源

在中大班，开始尝试利用平板电脑上的APP，进行虚拟游戏和实物操作相结合的方式，引导幼儿从多方面积累不同的经验，不断增强探究的兴趣和主动性。如大班"接水管"游戏，幼儿通过"线上"的"水管工"APP游戏，初步认识直管和弯管、长管和短管的不同特征，感受不同水管相互连接的方向和位置，并在接通后直观地看到"水流"而带来的惊喜和成功感。

当幼儿在"线下"操作时，他们能迁移和借鉴"线上"的经验，认识更多的三通管和四通管，并通过直接的实物操作，体验水管连接的不同方式，高低不同的位置、上下不同的"流向"趋势等。

需要注意的是，平板电脑上的游戏APP很多，但未必都适合孩子。教师在提供给幼儿之前，先要仔细筛选。选择的内容要切合幼儿当前的科学经验，符合该年龄段幼儿的学习水平；其难度要有层次性和挑战性；选择的虚拟游戏要和实物操作活动之间有关联，等等。充分考虑了这些因素，多媒体资源方能起到对课程的补充和拓展作用。

图 4-2-49　大班线上线下接水管　　　　图 4-2-50　线下接水管

（三）保障充足的独立探索时间，鼓励幼儿深入思考和探究

深度学习是幼儿主动探索、发现、产生认知冲突，进而采用策略解决问题的过程。比起被动接受的、灌输式的浅层学习，幼儿深度学习更需要时间的保障和支持。教师不能期望幼儿在短时间内就能探索和解决比较复杂的问题。如果教师不给予幼儿充裕的时间，就无法促进幼儿深度学习，更无法看到幼儿的探索、思考、想象和创造。

区域活动过程中，可设置"促进思考，推进探究"的问题情境。教师的一句问话，会使幼儿有意识地去关注、去观察，也会引起幼儿的思考，还能使教师了解幼儿的发展水平，促进幼儿不断地深入探究。

如中班幼儿在玩"哪辆小车开得快？"时，只是满足于在不同质地的"坡道"上来回开车，而忽略了观察和思考。教师可有意询问"哪辆车开得快？"，以提示幼儿在玩的过程中注意观察。当教师追问"为什么有的快有的慢？"，可以促使幼儿再次有意识地关注坡道的不同材质对小车滑动速度的影响。

又如，幼儿起初只是满足于陀螺旋转，教师不经意地问起："旋转时你看到了什么？陀螺都是圆形的吗？"则引发了幼儿装饰陀螺，并仔细观看陀螺上不同颜色、不同图案旋转后的变化，尝试制作各种形状的陀螺。

教师的问题有助于幼儿活动的层层递进。但要注意的是，活动过程中教师的提问要视幼儿的需要、视活动情况而定，要建立在不干扰幼儿活动的前提下，在适当时机和幼儿互动。教师的问题不要过多指向"为什么"，而是用"你看到了什么"的问题，引导幼儿关注现象，引导幼儿用语言表达，激发幼儿持续探索的兴趣，不断积累和丰富他们的感性经验和认识。

（四）鼓励积极交流，用多种方式表达发现

科学区里的交流是探究过程的关键步骤之一，它既是幼儿对探究过程和结果、结论的表达，也是与同伴分享、倾听同伴意见或进行讨论，形成认识的过程，同时，也有助于幼儿对科学区中的探索操作过程有进一步的回顾、梳理，促使进一步的深入思考。因此，教师要提供机会，创设条件，鼓励幼儿多种方式的表达。

小班幼儿的语言表达能力较低，语词相对贫乏，往往难以用语言表达自己想到的或做出的内容。因此，每当幼儿有了想法跑来告诉老师时，一定要耐心倾听，可用简洁的语言帮助他们梳理想要表达的内容，并复述给他们听。这样既能帮助幼儿学习如何表达，又能强化他们在操作中的发现。

中班阶段，幼儿的语言能力逐渐发展，能够进行简单的图画和符号记录。教师可引导幼儿用绘画、照相等办法记录观察和探究的过程与结果，通过记录来帮助幼儿丰富观察经验，发现事物之间的联系，分享和交流自己的发现。

到了大班，随着幼儿各方面能力的增强，可进一步引导幼儿用多种方式表

达自己的想法。语言表述"制作的方法、看到的现象"等，用数字标注"测量风信子的高度"，用图表统计"风信子生长的过程"，用图画或符号记录"陀螺旋转时的变化"。幼儿通过记录能变无意识操作为有目的探究，教师通过对记录的分析能更好地了解幼儿的探究过程，以便调整或推进活动计划。区域活动后，可围绕科学区活动进行交流。

同时也要注意，记录力求简单、便捷，不要让记录成为幼儿的负担。既可以是结合科学区具体的活动设计好的记录表，也可以是空白的便签纸或绘画纸，幼儿有想法可随时记录。重要的是，教师要注意倾听幼儿对记录的表述，可协助幼儿记下姓名、日期和文字说明，这不仅是激励，也是对科学探索活动的一种学习态度。

总之，科学区中的探索学习要基于幼儿的已有经验，要立足于科学关键经验，教师要在观察孩子活动的基础上，进行适宜适当的指导，既要给孩子开放自主的空间，也要给予孩子适度的引领，真正使幼儿享受到科学探索的乐趣。

（本活动由南京市北京东路小学附属幼儿园张琴、南通市海门少年宫幼儿园王丽共同撰写）

活动 7

综合设计：生活区的创新

理论深度 ★★
能力要求 ★★★★

生活区，是班级区角活动的一种，通过师幼共同创设物化的生活环境，以及提供生活材料来满足幼儿生活能力与习惯养成的班级区角活动。它主要包括积累幼儿自理生活的经验，养成文明生活的习惯以及获得安全生活的认识。例如，幼儿的日常起居、进餐、盥洗、如厕、生活常规、文明举止、避开危险、简单求救与自救等生活内容。

一、生活区与儿童的关系

生活区是幼儿在园开展一切活动的基础。只有通过生活情境中的生活实践，幼儿不断掌握生活的基本技能，积累生活自理的经验，才能逐步形成一个健康、自立、自信的幼儿个体。在此基础上，幼儿才能更好地参与到幼儿园学习、游戏等一切其他活动当中。生活实践告诉我们：一个不会生活的人，一定也不会学习、不会工作。穿衣、吃饭、喝水这些在成人看来再简单不过的事情，却构成了幼儿生活能力与习惯养成教育的点点滴滴。它不仅对幼儿当下的生活十分重要，对幼儿未来的生活也意义非凡。

生活区是幼儿表达生活需求的主要场所。现实生活中，每位进入幼儿园的幼儿，每天都有吃饭、喝水、如厕、洗手、午睡、穿脱衣裤等生活需求，生活区里创设的餐厅、卫生间、午睡室、衣帽间、喝水台等都能满足幼儿的正常生活需求。除此之外，生活区里融合的"娃娃家"还能满足幼儿对"家"的情感需求，帮助幼儿更好地适应幼儿园的一日生活。

生活区还是幼儿在园巩固与反馈生活能力与生活习惯的主要平台，是教师组织健康领域集体教学活动的补充。生活区给幼儿提供了生活实践的空间环境与材料，让幼儿在真实的生活情境中，与环境材料互动，一方面不断巩固他们在集体教学活动中习得的技能，另一方面又能反映幼儿的生活自理能力以及生活习惯的养成情况。例如，教师在观察幼儿玩"喂宝宝"的游戏中，可以了解幼儿"手眼是否协调"，在观察幼儿饭前便后洗手的活动中，了解幼儿"能否正确洗手"，在午睡中了解幼儿"能否穿脱衣裤""自主叠被子"等情况，这些都将为继续开展新的集体教学活动奠定基础。

二、生活区的常见问题

生活区是幼儿在幼儿园自主进行生活实践的主要区域。在该区域中，教师与幼儿利用时间、空间、材料等可利用的资源进行环境创设，幼儿通过与环境、材料有效地互动来积累自理生活的经验、文明生活的经验，获得安全知识及安全生活的体验。但是，在幼儿园的实践中，生活区的环境创设与材料提供仍然存在一些问题。

1. 形式单一：重操作训练，轻实践体验

"几张桌子，几个材料框"是生活区操作最常见的形式。生活操作区的材料主要用于幼儿生活技能的练习和精细动作发展的训练。

譬如，在小班的"喂小动物吃饭"游戏中，教师制作"大嘴巴"的不同动物形象，提供勺子、豆子等（或者积木替代），支持幼儿进行舀、喂动作的专门练习，来锻炼他们的动手能力。或者，教师提供一筐珠子和绳子，支持幼儿进行串珠子的练习。在中班"编辫子"游戏中，教师提供丝带（或者毛线）做纸板娃娃的"辫子"，支持幼儿练习编的技能，锻炼他们上下交替穿梭的动手能力。

这些都是生活区典型的操作训练。但是，幼儿对这样的操作很快就会失去兴趣。究其原因，主要是教师不关注幼儿对材料是否感兴趣，不关心是否贴近幼儿最近的生活实践，也不观察幼儿与该材料之间的互动状态，只单纯地应付"做环境"的工作需要，割裂了环境材料与幼儿生活实践之间的真实联系，忽略了生活区整体环境的游戏化情境，只着眼于材料本身的趣味。

这样的材料，即便精致、有趣也只能吸引幼儿短暂"停留"，不能有效地

积累幼儿生活自理的经验。生活区的创设不应只局限在某个区域，可以根据幼儿的年龄特点将生活区与游戏结合，让幼儿在游戏化的生活情境中，展开他们与生活材料之间的有效互动。

2. 内容局限：重生活自理，轻生活品质

提到幼儿园"生活区"的环境，最常见的就是"洗手步骤图""今天你喝水了吗？""排队小脚印""点心吃了吗？""吃饭好宝宝"等，"吃、喝、拉、撒"的基本生活自理能力涵盖了班级生活区的全部内容。但是，积累生活自理的经验只是幼儿在生活区获得的关键经验之一，除此之外，还有良好的生活与卫生习惯、安全知识与自我保护能力等方面的内容。

基本的生活自理经验与能力，确实在幼儿生活中占据了主要部分，尤其是初入园的小班幼儿，他们需要尽快地掌握基本的生活自理能力，尽快适应幼儿园的自主生活。但是，到了中大班，一些班级仍保持生活区"原来"的环境，一些班级考虑到了中班幼儿的年龄特点，直接拆掉了与中班不符的生活环境，然而并没有进行"生活区更新"，只是用其他内容填满生活区的空白（如作品墙、星星榜等）。

以"洗手"为例，小班使用"引导性"标记，在洗手间两面镜子之间粘贴了真实完整的照片，展现洗手步骤；中班使用"提示性"标记，用图示展现洗手步骤；大班则使用"提醒性"标记，只在洗手区域用简单的图画标记，提醒幼儿饭前便后要洗手。

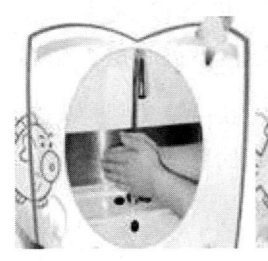

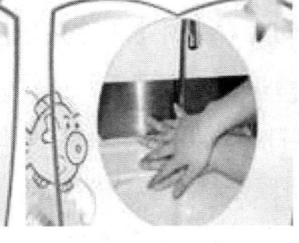

图 4-2-51　小班洗手提示　　　　图 4-2-52　中班洗手提示

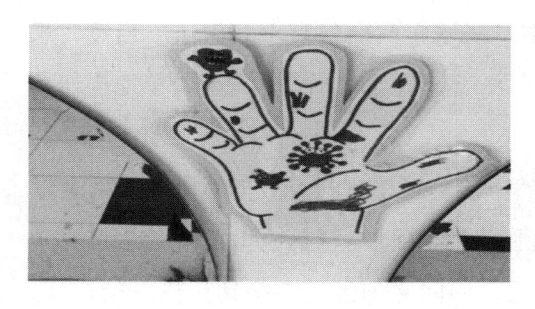

图4-2-53　大班洗手提示

该班级在小、中、大不同年龄段的环境创设上进行了一定的区分，但是仍然没有打破习惯思维，将生活区环境的内容与幼儿的关键经验相联系，扩充生活区除"自我服务"之外的其他内容。譬如中大班"为他人服务"的值日生环境，中大班"品质生活"的用餐礼仪、交往礼仪，安全知识与自我保护的方法，等等。这些内容都包含了3~6岁幼儿在生活区的关键经验，但是实践中却常常被忽略。

3. 过程倒置：重教师设计，轻幼儿参与

生活区的环境创设过程，又回到了最初的三个问题：它是谁的环境？谁最应该参与进来？生活区的环境与谁展开互动？每一位创设环境的教师都会回答——幼儿。这对教师来说似乎是一个标准答案，然而，在幼儿园班级生活区中，常常出现与"答案"背道而驰的现象。譬如，教师花了很多精力设计了一块色彩鲜艳、可爱童趣的喝水插牌"今天你喝了吗？"，班里却少有幼儿能与该环境进行真实有效的互动。譬如，当你去问幼儿有关"喝水插牌"的用处时，有的幼儿根本没关注过，有的知道"喝了水就要插的规则"，但很少做到，只有个别幼儿能牢记老师的要求，坚持"喝一杯插一个牌"。

不管是哪种情况，都反映了一个问题："喝水插牌"的环境并非源自幼儿的真实需求，或者并非他们生活实践中需要解决的问题，而完全是教师的"一厢情愿"。正如老师们对该环境的想法"看大家都做了这个，很漂亮，我也跟着

一起做"。完全没有考虑过班级幼儿对"喝水"问题的需求和想法。当然，最后可能的结果就是幼儿对环境"看不见"，或者"看不懂"，只能简单地操作和摆弄。

这种状态下的幼儿，在生活区当然不能与环境进行有效的互动，没有互动的过程，就不能有效地积累生活自理的关键经验。生活区有效的环境创设一定是：幼儿发展需求在前，教师设计在后，中间必须经历"师幼讨论"的过程。否则，本末倒置，再精致的环境也只是"虚设"和浪费。

4. 空间不当：重桌面材料，轻墙面地面资源

提到生活区，大多数教师想到的仍然是"桌面操作材料"，似乎只有操作训练才是生活区学习的唯一方式。"桌面操作"的形式将幼儿从集体学习的束缚中解放出来，突出了个别、小组学习的灵动。然而，在"环境育人"的理念下，教师需要不断更新理念、拓宽视野，将一切能对幼儿生活能力与习惯起到积极影响的内容都变成生活区可创设的环境。

由此，班级内的墙面、地面、桌椅都是可利用的空间资源。譬如"喝水牌""洗手图""值日生""小脚印"等。当然，墙面空间使用时要考虑幼儿合适的视线范围，将距离控制在1~1.3米，不能过高或过低。地面空间使用考虑班级内行走的主要路径及幼儿站立之间的距离，不宜过宽或过窄。

三、教师支持幼儿生活区深度学习的策略

1. 生活区与游戏融合——娃娃家中"真体验"

针对幼儿在生活区学习"形式单一、操作训练"的问题，教师需要打破传统的"区域观"，将生活区与游戏进行融合，丰富幼儿在生活区的学习与体验。游戏，是幼儿在幼儿园里学习生活的基本形式，教师可以将生活区的操作学习

放置于游戏化的情境中，根据幼儿自己的需求"边玩边学"，自然而然地获得生活区的关键经验。

对初入园的小班幼儿来说，最需要的不是生活技能的训练，而是对"家"情感的延续。因此，在小班应从情感入手，将该年龄段需要的"生活能力与习惯"物化到娃娃家游戏中，创设出具有"温馨"家庭氛围的生活区环境。

扫描以下二维码，阅读案例《娃娃家里的真体验》，感受生活区与游戏整合后幼儿的游戏乐趣。

二维码4-2-6　案例：娃娃家里的真体验

在上面的案例中，娃娃家的整个环境是动态的，材料是不断更新的，它基本能涵盖小班幼儿需要的各种生活经验。这些材料营造的环境，再现了幼儿的真实生活，引发了他们实践体验的兴趣，将娃娃家的生活与自己的生活进行联接，自然而然地迁移他们在游戏中获得的生活区关键经验。活动过程中，教师继续做好"观察者"与"提供者"，当幼儿与材料互动，出现生活区的新需求、新问题时，教师要及时提供合适的新材料，以更好地支持幼儿在生活区的学习与发展。

到了中班、大班，幼儿园可以根据园所及班级的空间规划，创设相对独立的班级生活角，或者同年龄段共享的安全生活专用室。安全生活专用室里创设交通安全活动区、自我保护能力活动区、生活常识活动区、自然现象活动区以及紧急事故活动区等。这些活动区的内容也可以和班级主题活动结合起来，帮助幼儿更好地获得安全生活的知识与自我保护的能力。

2. 能力与习惯共生——小小标记"显品质"

幼儿在生活区获得的生活能力包括生活自理能力、文明生活习惯以及安全生活的知识和自我保护的能力。也就是说，从内容上看，生活区除了锻炼幼儿生活自理能力的主要内容以外，还有指向"文明生活习惯""安全生活与自我保护能力"的生活品质内容。幼儿在园的一日生活既是直接指向幼儿当下生活的品质，又是间接影响幼儿未来生活的品质，幼儿在生活区的获得，不仅应当让幼儿在园的生活更舒适、从容，更应当让幼儿今后的生活更健康、文明。因此，教师需要在班级生活区创设中注重幼儿"生活品质"的环境内容。

例如，文明举止与礼仪的"说话有礼貌""交往讲文明""做事有规律""活动守规则"，结合主题活动的"身体保护""避开危险"与"交通安全"，等等。生活品质是一个相对抽象的概念，如何在物化的环境中显现出来，需要教师的聪明才智。首先，教师要洞察班级幼儿在生活需求及行为习惯中的问题；其次，教师要拓宽生活品质环境创设的形式；最后，教师要与幼儿互动分享发现的良好生活习惯，共同感受有品质的生活。

扫描以下二维码，阅读案例《小小标记显品质》，关注幼儿生活品质的养成。

二维码4-2-7　案例：小小标记显品质

3. 环境随幼儿动态调整——值日生中"真互动"

幼儿不仅是生活区环境的参与者，更是环境的主人翁。如果没有幼儿的参与和互动，再精致的环境也只能成为一种摆设，无法发挥出它独具魅力的"教育性"功能。因此，创设生活区的过程中，必须要遵循"由幼儿中来，到幼儿中去"的行动思路，教师不仅要体现出幼儿的参与，更要突出互动中引发的动态调整。

扫描以下二维码,阅读案例《值日生中的真互动》,关注幼儿生活品质的养成。

二维码4-2-8 案例:值日生中的真互动

生活区环境的创设是动态化的过程,不是一成不变的。在值日生环境的创设过程中,教师不是无所事事,而是认真观察、发现问题,不断反思调整,以适应幼儿在生活区不断发展的需要。

4. 墙面高度与幼儿视线匹配——我的视界"真美好"

墙面环境的设计一定要考虑幼儿的视线距离,既不能太高,又不能太低。有人提出"1~1.3米是对幼儿比较合适的高度",不合适的视线高度会直接影响幼儿与环境的互动意愿及效果。所以,选择什么样的视线高度,反映了教师在环境创设中具备的儿童视野。

案例:我的视界"真美好"

考虑到班级中一些"过敏""肥胖""体弱""生病"等孩子的特别关注,中三班教师在墙面创设了一块"生活爱心牌",提示有特殊情况的幼儿将牌子插入"我有过敏""我要多喝水""我要多运动""我要吃药"对应的框中。借助该环境,教师和同伴都可以提醒生病的幼儿记得吃药,提醒肥胖的孩子饭前喝汤,提醒过敏的孩子不喝牛奶等。教师创设该环境,希望幼儿关注自身健康,生活安全,同时也关爱身边同伴的品质。

令教师意外的是,不仅没有看见同伴间的"爱心提醒",也没有看到"特殊需要"幼儿主动插牌,他们没有与环境产生积极的互动。于是,教师就问"过敏"的豆豆:"为什么不把自己牌子插进去呢?是不是忘记了呀?"豆豆却说:"我没忘记,只是我够不到,踮了脚也够不到。"听了豆豆的回答,教师蹲下来才发现:以孩子们的高度看"爱心牌",不仅抬头很费力,而且因为反光的原因,框里的东西根本看不清。教师马上决定调整"爱心牌"的高度,在查阅资料的基础上,请了班级几个不同身高的幼儿先来试一试,超过1.2米和低于0.3米,幼儿操作起来都不合适,因为墙面空间的局限,没有足够的空间,几番调试,最终将"爱心牌"定在了0.5~1.2米,幼儿既方便插牌,又看得清楚。

图 4-2-54 调整前的环境在护墙板以上,幼儿几乎看不清里面的内容

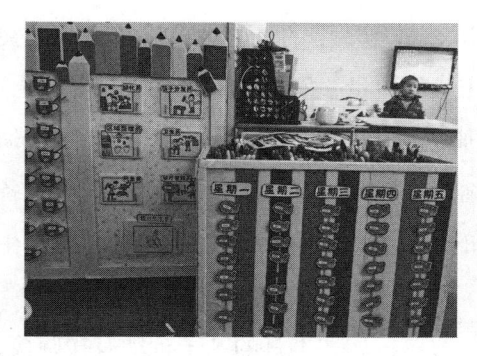

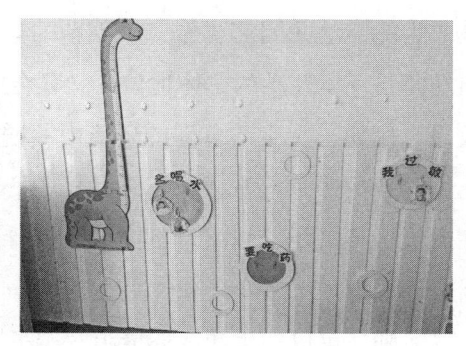

图4-2-55 调整后的爱心牌降低到幼儿合适的高度

教师在设计墙面环境高度时,一定要做到:心中有幼儿,眼中看幼儿,做中试幼儿。不要急于确定高度,多让几个幼儿试一试,尽可能让不同身高的幼儿都能在与环境的互动中获得舒适、有效的体验。

5. 家庭资源新引入——亲子行动"显神通"

以往的生活区环境的创设,教师主要关注幼儿与环境的互动,几乎忽略了家长在"幼儿与环境互动"过程中的参与和反馈。教育,从来都不只是幼儿、教师两者之间的相互作用。随着新理念的引入,越来越多的幼儿园意识到家庭资源作为环境的一部分,对幼儿可持续发展有重要作用。所以,单纯指向"师幼互动"的生活区环境将不能满足当下幼儿生活能力发展的需求,必须在环境中引入重要的家庭资源,让祖辈、父辈一起加入"生活区"环境创设的大军中来。

家庭资源的利用主要体现在两个方面:提供幼儿需要的各种生活材料,参与班级生活区的亲子互动。对于前者(提供生活材料),绝大多数幼儿园已经在着手实践,家长们将家庭中不用的废旧衣物、鞋袜、容器等物品洗净晾干,提供给班级幼儿使用,孩子们既有了锻炼生活能力的操作材料,还培养了废弃物利用的环保意识。对于后者(亲子互动),教师在创设生活区环境中很少看到"家长参与"的痕迹。

为此，幼儿园需要做一个创新的尝试，将环境中的参与者范围扩大，既突出幼儿与环境互动的主体地位，又联合家长的力量，发挥出更好的"环境育人"效果。例如，在生活自理的环境中，增加"家中小帮手"一栏，由家长拍摄幼儿做家务的照片或视频，记录幼儿关心家人的事情，教师利用图片或电子设备在班级进行展示，以父母的参与、同伴的榜样帮助幼儿巩固生活技能，增强生活自理能力。

教师还可以在生活区环境为"亲子"留白，如"本月的亲子行动有摆碗筷、报菜名、送玩具回家、鞋子配对、睡前故事、洗衣服、垃圾分类"等，教师根据不同年龄段的能力水平及本班幼儿的实际发展需要设计内容。以"亲子互动"的形式鼓励家长们积极参与，反馈幼儿在家的生活能力发展状况，让幼儿生活能力与习惯的养成不再是幼儿园"单枪匹马"的事，而成为家长、教师、幼儿多方共同参与和见证的一件有价值、显效果的事。

（本活动主要由上海市松江区九亭第二幼儿园王海容撰写）

活动 8

启发讲授：从主题墙到主题海报

理论深度 ★★
能力要求 ★

在当前的幼儿园教育中，主题课程是常见的课程类型。与此相对应，主题墙也是常见的配合课程的环境创设方式。大多数幼儿园的主题墙都是源自成人的创意设计，因此，幼儿园的主题墙通常会放置在某个活动区的上方、走廊的立面，或者分散在各个区域环境中。但无论位于何处，其共同的特征均是成人的教学逻辑、成人的审美判断，缺少儿童的全方位参与。

在儿童为本的环境创设中，主题墙要从教师的单一劳动变成师幼的共同创造，从内容选择、设计逻辑、制作策略、创意展览、参与主体上进行颠覆性的变革，支持主题墙从教师的教学展示品，变成儿童主题探索中深度学习的表征物，以儿童海报的方式，呈现幼儿在主题活动全程中儿童自己的问题、自己的探索、自己的发现。

> **课前互动**
> 1. 观察几所幼儿园的班级主题墙，总结其共同特征，分析其利弊得失。
> 2. 对收集来的主题墙图片进行分析，并访谈教师，了解教师选择墙面内容的理由。
> 3. 访谈幼儿对不同类型主题墙的想法，了解幼儿喜欢什么样的主题环境。
> 4. 思考儿童视角的主题海报的基本元素。

一、主题海报的内容选择

传统主题墙是配合教师预成色彩较高的主题课程的。因为预成色彩浓厚，教师的主导意识仍然很强，无论是课程的展开，还是环境气氛的营造都如此。所以，大多数幼儿园的主题墙表现出典型的教师本位倾向。在内容上，主题墙展现的是教师的教学逻辑，即教师将主题活动以时间为序，以网络图、时间节点图、活动节点图的方式将纵横两周到一个月的主题内容呈现在墙上。

图4-2-56 中班主题墙《纽扣》

譬如，图4-2-56的中班主题墙《纽扣》的内容选择便是如此。教师创意设计的主题墙分为七个时间节点：调查统计（关于这个主题知道的与不知道的）、纽扣组成部分、纽扣分类、我会扣纽扣、纽扣用途、做纽扣、纽扣作品展。在这七个部分中，教师的教学线索是非常清晰的，从幼儿的经验调查开始，按照循序渐进、由易到难、由认知到创作的逻辑路径一步一步展开。

在《纽扣》中，我们看得见教师的儿童意识，即主题从儿童的经验调查开始，全程遵循儿童的心理节奏。同时，我们也看得见教师的戏剧意识，即主题以儿童的创意作品展结束，制造了戏剧活动中的情绪高潮。但是，这其中仍然有强烈的成人本位痕迹。譬如，教师的调查表是用文字叙述的，幼儿不识字，势必会依赖成人的叙述。同时，调查表、调查结果统计也是成人完成的，幼儿并无参与，也不可能从中获得设计调查表、统计调查结果的经验。

一个回归儿童立场的主题墙，在内容选择上应该更多追随幼儿的兴趣，呈现儿童学的过程，而不是记录教师教的过程。记录或呈现的主体也不是教师一个人，而是教师和孩子一起，并且要以孩子为主。这意味着主题墙要从墙面的静止环境，变成可互动、可操作、可修改、可展览的主题海报，以儿童自己的视角呈现主题活动的过程。

在教师的逻辑里，主题墙的内容应该是主题的全程，要讲述一个完整的主题故事。但在儿童的视野里，主题海报只应该呈现他们感兴趣的节点，无所谓全程，也无所谓完整，它只是令儿童难忘的"魔法时刻"或"精彩瞬间"，它具有明显的跳跃性。因此，主题海报的内容创意要从完整故事转变为精彩片断的组合。

二、主题海报的设计逻辑

从主题墙到主题海报，最大的变化不是形式，而是立场，即从关注教师的教、关注结果与展示，到关注儿童的学、关注过程与探索。因此，主题海报的设计逻辑要从教师的教学逻辑走向儿童的发展逻辑，更多地关注儿童在主题行进过程中的问题、探索、发现或策略，支持儿童表征问题、追踪问题、探索策略。

因此，一个儿童本位的主题海报通常包括三个部分：儿童的问题是什么，儿童的探索如何展开，儿童的发现有哪些。

图4-2-57 中班《秋天》主题海报：我们的问题—我们的探索—我们的发现

主题海报遵循儿童的发展逻辑，这里包含两层含义：第一，主题海报是儿童的，不是教师的，因此，主题海报从头到尾的工作必须是儿童创意、儿童决策、儿童设计的；第二，儿童的发展逻辑，不是指向当下的发展，更是指向未来可持续的发展。因此，儿童通过主题活动获得的不仅是知识，更是伴随知识获得的学习品质，譬如，旺盛的求知欲、良好的学习习惯、专注、坚持性、合作意识等。因此，主题海报中儿童的发展逻辑重点表现在敏锐的问题意识、积极的探索行动、创造的方法策略，通过儿童的问题—儿童的探索—儿童的发现来推进儿童的深度学习。

1. 儿童的问题

在主题活动的全程中，儿童会产生各种各样的问题。有的很开放，有的很封闭；有的指向现在，有的指向未来。但不管儿童的问题是什么，只要是发自儿童内心的，都是好问题。譬如，在《我长大了》这个主题中，幼儿最大的问题是"怎么表现我长大了呢？""怎么才能让别人知道这是我的拇指印？"等。

针对儿童在主题活动中的问题，记录的方式有两种：一是单个儿童的问题记录，二是全班幼儿的问题墙。譬如下图中，左边是问题墙，右边是个别幼儿的记录（图4-2-58、图4-2-59）。

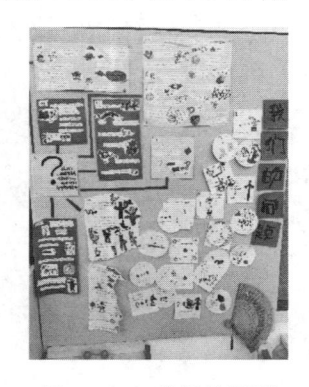

图4-2-58　我们的问题　　　　图4-2-59　怎么表现我长大了呢

2. 儿童的探索

兴趣是最好的老师。有了自己的问题，儿童便会有充分的积极性与主动性去探索答案。问题探索的过程可以是一个人进行，也可以是集体展开，两者相得益彰，共同促进。在与同伴交流的过程中，儿童通常可以借助观察学习、模仿学习、创造学习等方式探索出解决问题的独特路径。请看某幼儿园中班《我长大了》的主题中，幼儿是如何表现自己长大了的。

（1）集体海报：我长大了

集体海报是全班小朋友共同记录的过程性主题足迹。在这个案例中，幼儿从尝试表征"长大了"开始探索，发展到装饰海报、按指纹、添画指纹等（图4-2-60至图4-2-65）。

图4-2-60　先画小人

图4-2-61　找材料来装饰小人

图4-2-62　都来按手印

图4-2-63　给我的拇指印添画

图4-2-64　我们的集体海报

图4-2-65　集体海报+个人海报

（2）个人海报：我长大了

除了集体的海报外，幼儿还要有意识地反思记录自己的主题探索过程，对自己的问题进行追踪，寻找解决问题的可能路径（图4-2-66至图4-2-74）。

图4-2-66　长高了

图4-2-67　会用筷子了

图4-2-68　鞋子不好穿了

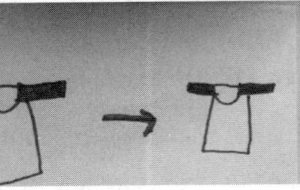

图4-2-69　衣服变小了

图4-2-70　裤子变短了

图4-2-71　会叠衣服了

图4-2-72　手和脚都长大了

图4-2-73　会用剪刀了

图4-2-74　做值日生了

3. 儿童的策略

在儿童的探索过程中，蕴含着儿童解决问题的各种策略。但是这些策略是一种隐性的方法，儿童需要通过分享、命名、练习，从而慢慢将方法转化为策略,并通过与同伴的分享过程习得他人的策略。

三、主题海报的制作策略

在实践研究中,我们发现儿童为本的主题海报内容可以设定为"1+n"。其中,"1"代表一张教师海报,即教师用流程图、思维导图、主题网络图等方式直观地呈现主题活动的过程,可以时间为轴来进行,也可以事件节点为线索来展开,前提是保障儿童要看得懂教师的海报内容;"n"代表幼儿在主题活动过程中的 n 个问题,这里的 n 可以是1,也可以是2,或者3,等等。在这里,n 不是一个常量,而是一个变量,可根据幼儿在主题活动中的兴奋点而变化。

1. 主题海报的问题来源

儿童的 n 个问题的通常逻辑是:

问题1:关于这个主题,我已经知道了什么?

问题2:关于这个主题,我还想知道什么?

问题3:关于这个主题,我怎么才能知道我想要知道的?

问题4:关于这个主题,我到底知道了什么?我有什么发现?

以上的四个问题,可以发生在主题活动前、主题活动中,也可以发生在主题活动后。儿童的问题可以是从前往后做加法,也可以是从前往后做减法,甚至可以是从前往后做乘法。问题的数量与深入程度没有固定模式,也没有明确结构,而是遵循弹性思维与可变逻辑,根据儿童对主题活动的好奇程度来决定。

2. 主题海报的发展轨迹

根据不同幼儿园的自发探索与实验推进,儿童为本的主题海报可以依据幼儿参与程度的高低大致区分为以下四个阶段。

```
1 · 主题墙
  ↓
  2 · 教师+儿童的集体海报
      ↓
      3 · 教师+儿童的小组海报
          ↓
          4 · 1+n个人海报
```

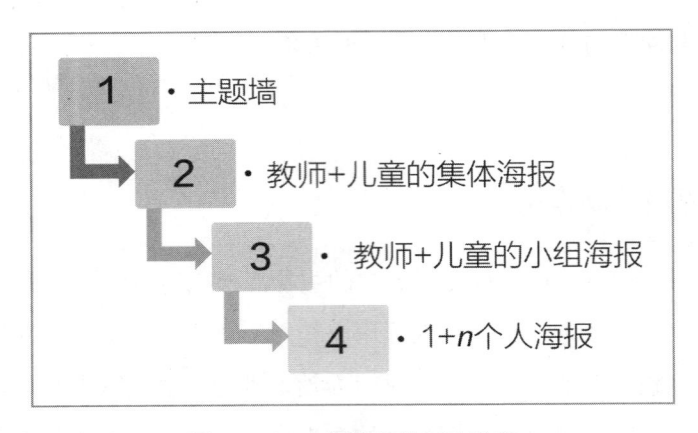

图 4-2-75　主题海报的四个阶段

第一阶段：传统的、教师一个人制作、设计的、体现教师教学逻辑的主题墙。

第二阶段：教师+儿童的集体海报。这一类海报有两个特点：一是海报主体由教师与儿童共同完成，但教师在其中发挥主导性作用，儿童更多的是提供作品，或在教师确立的逻辑线索、审美框架、认知节奏下进行；二是海报的内容反映的是全班幼儿的集体学习过程。譬如，下面的集体海报《值日生，我知道的……》（图4-2-76）。

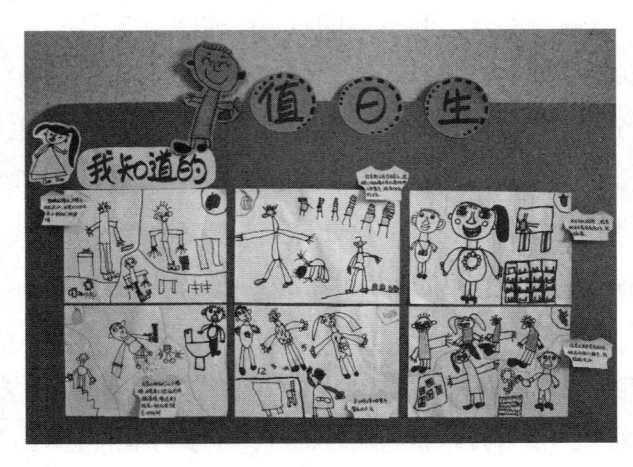

图 4-2-76　教师+儿童的集体海报

第三阶段：教师+儿童的小组海报。这一类海报也有两个特点：一是海报的主体包括教师和儿童，但儿童，特别是儿童学习小组在其中发挥重要的作用；二是海报的内容具有了小组学习的差异性特征，即由原来的全班共同开展一个主题下的n个线索，发展成为一个主题下的n个线索上的2~5个兴趣小组或项目小组。譬如，浙江上虞实验幼儿园小班《过新年》主题下的三个兴趣小组。

图 4-2-77 教师+儿童的小组海报

其中第一组孩子对"什么是新年"更感兴趣，第二组孩子对新年的红包感兴趣，第三组孩子对新年要放鞭炮感兴趣。当主题课程实施过程中有了更多的班本审议及追随儿童的视角时，主题课程的实施便有了更多的弹性和儿童回应性，小组主题海报便自然而然地产生了。

第四阶段：1+n个人海报。这一类海报有两个特点：其一，海报的主体是儿童，且儿童和教师的责任比为1：9，即教师承担10%的责任，儿童承担90%的责任；其二，海报的内容更具个性化，即更为突出儿童作为一个学习者在主题活动全过程中的学习轨迹与发展轨迹，从儿童的视角，以儿童的方式记录儿童在主题活动实施全程中的问题、探索、发现及策略。譬如，中班幼儿的个性化主题小书或主题连环画。

儿童的 n 个问题，可以如上面的《我是小小值日生》案例那样，采用长线条的大问题，也可以聚焦儿童在主题活动全程中的各种问题，甚至可以是问题中的问题。因此，n 个问题具有很大的张力感和伸缩性，它可以更好地支持儿童基于自己的个性化需求，探索解决问题的策略。

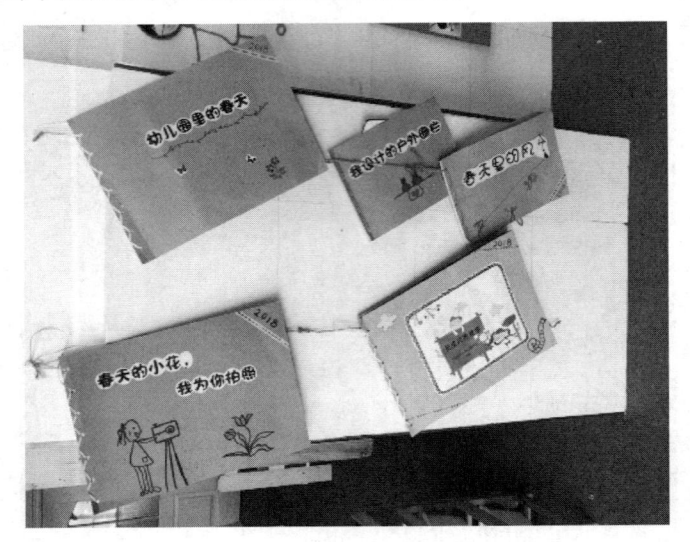

图 4-2-78　儿童的主题小书式海报

四、主题海报的创意展览

幼儿是天生好游戏的，也是充满游戏精神和戏剧意识的。在主题活动的全程中，幼儿由好奇心开始，在探索欲的驱动下，一步一步地探究感兴趣的问题与现象，当活动进行到高潮后，儿童也需要一个释放激情的戏剧高潮，譬如，一场狂欢节、一次小型义卖、一个故事会、一场或大或小的展览会等。

在以往的主题活动中，主题的开始和结束都是缺少仪式感的，儿童对自己亲历的这些主题活动没有兴趣，只是在教师的导演下走过了一程又一程。当环境的建设从教师本位走向儿童本位时,我们需要从头到尾唤醒幼儿的参与热情,从儿童自己的问题欲开始,到儿童的表演欲满足结束,与儿童共同经历一场又一场精彩绝伦的主题之旅。

因此,如何经历共同精彩,如何支持幼儿获得存在感、掌控感、自豪感,教师和幼儿可以共同策划一起具有仪式感的展览活动,给幼儿一个可资回忆的人生经历。儿童的主题海报展可以轰轰烈烈,譬如瑞吉欧方案中最后的城市巡回展览,或者我们见到的《儿童的一百种语言》展,也可以做得回味悠长、细致入微。

1. 主题海报展览的策划

儿童主题海报是儿童个人、小组或集体在主题活动中的学习轨迹,体现着儿童的认知特点、表征风格、情感曲线、同伴关系、学习品质,是儿童自己特别珍惜、特别呵护的学习成果。从某种意义上来看,教师对待儿童主题海报的态度会成为儿童自己对待主题海报的态度,教师有意识地引导幼儿自我策划或同伴协商进行主题海报展,既有助于儿童策展能力的提升,也激发幼儿对主题海报的参与热情。

儿童主题海报的策展需要儿童的多种能力,譬如,形式策划、内容策划、地点策划、宣传海报制作、门票设计、导览解说词的撰写、家长邀请函、导览路线图等。教师可在一学期范围内有意识地支持孩子做两次以上的主题海报展,通过教师的不断留白,为儿童自我策展能力的发展提供支架。

2. 主题海报展览的形式

主题海报展览的形式要多样化,给予幼儿充分的弹性空间。譬如,大规模展览与小规模展览、长时间展览与短时间展览、班级内展览与园内外展览、个人展览与小组全班展览、长线索主题展览与精彩小片段展览、主题连环画、主题小书或主题卡片展,等等。

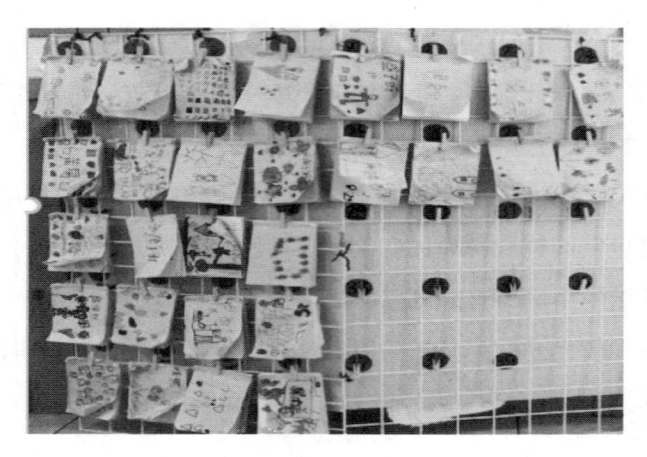

图4-2-79　人手一册的主题足迹展

主题海报展览的形式越多样，儿童的选择余地越大，全员参与的可能性越多。

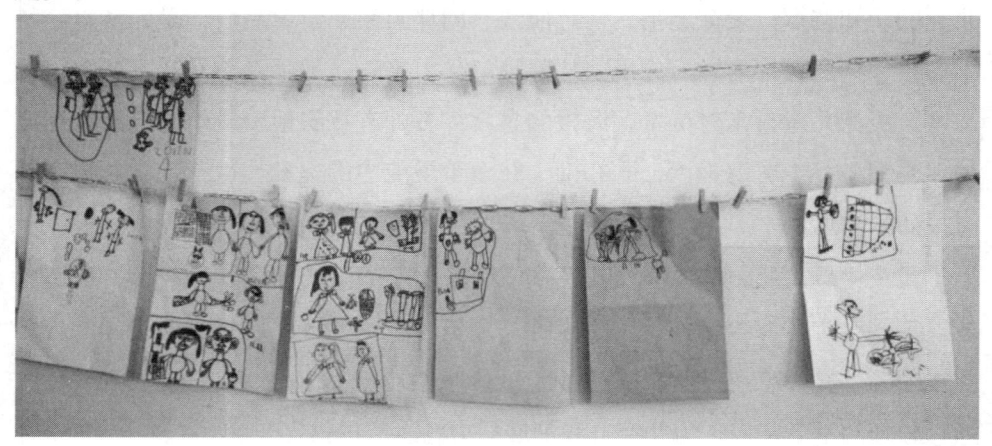

图4-2-80　班级的主题卡片展

3. 主题海报展览的内容

儿童海报是以儿童自身为叙述视角，用儿童自己的图像、绘画、符号等记录并呈现的儿童自己对主题活动的认识。儿童海报一般以儿童在主题活动中的问题为明线，以儿童在主题活动中获得的经验为暗线，重点呈现儿童的经验变化、策略反思。儿童海报一般包括四个要素：主题名称、参与人员、时间跨度、主要发现（问题—探索—策略），也可根据儿童自己的兴趣、关注点加以弹性变化。

在主题海报的内容方面，选择的主体是儿童自己，可以是其完整的主题故事，可以是主题片段、精彩瞬间，也可以是种植活动、观察活动、沙水活动的连环画。儿童用自己的方式挑选出自己值得分享的内容。譬如，在图4-2-81、图4-2-82中，儿童的主题小书中主要记录的是儿童的点滴进步和即时问题。

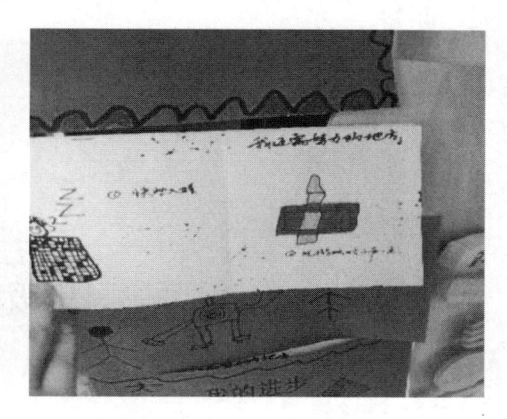

图4-2-81　我的进步周记　　　图4-2-82　进步周记：我还需要努力的地方

与传统主题墙不同，儿童海报的主体是儿童自己，是以儿童的视角，用儿童的创意、儿童的表征、儿童的声音、儿童的审美、儿童的逻辑传递出的儿童思想，它与成人的思维完全不同，不带有任何功利性和展示性，它既满足了儿童的自我存在感、掌控感，也让成人通过主题海报展看得见儿童，找得到课程。

拓展阅读

1. 刘焱著：《儿童游戏通论》，北京师范大学出版社2004年版。重点阅读第一编第二章"对儿童游戏系统化的理论解释"中的第四节"社会文化历史学派的游戏理论"；第二编"儿童发展视野下的儿童游戏"。

2.［美］黛安·翠斯特·道治，劳拉·柯特 凯特·海洛曼著，吕素美译：《幼儿园创造性课程（下）学习区篇》，南京师范大学出版社2006年版。重点阅读第7章"戏剧扮演区"。

3.［美］朱莉亚·布拉德著，陈妃燕、彭楚芸译：《0—8岁儿童环境创设》，南京师范大学出版社2014年版。重点阅读第十二章"创设戏剧游戏区"。

4. 南京市实验幼儿园编写：《幼儿园综合课程》，南京师范大学出版社2016年版。重点阅读第三部分"设计与实施"中的第九章"主题活动中的游戏活动"。

主题三　教师彰显班级环境儿童性的有效策略

如何让每一个班级环境充满儿童性、彰显儿童感，回应儿童的心理需求，邀请儿童的充分参与，支持儿童的精彩创意，这是每一个幼儿园教师需要思考和行动的。在以往的班级环境创设中，教师是唯一的责任主体，幼儿是自然的袖手旁观者。在儿童为本的环境思维中，班级环境创设要从教师的逻辑走向儿童的逻辑，从教师的义务走向儿童的权利，从固化的封闭走向弹性的开放，从教师的标准走向儿童观察员，实现班级环境创设中儿童的革命性反转，既解放教师，也成就儿童，更实实在在地提升幼儿园的教育质量。

关 键 词　儿童性；儿童感；教师逻辑；儿童逻辑；儿童权利；儿童观察员

学习目标　1. 掌握班级环境创设从教师逻辑到儿童逻辑的可能策略。

　　　　　2. 理解班级环境布置从教师义务到儿童权利的核心原因。

3. 掌握班级环境实践从固化封闭到弹性开放的可能策略。
4. 掌握班级环境评价从教师标准到儿童游戏观察员的可能路径。

实践准备　1. 收集世界各地幼儿园的班级环境图片。
2. 访谈幼儿对参与班级环境创设的想法。
3. 准备一些支持幼儿参与班级环境创设的案例库和工具箱。

活动 1

启发讲授：班级空间——从教师的逻辑到儿童的逻辑

理论深度 ★★
能力要求 ★

在社会学的视野中，班级是一个人群集结的地方。幼儿园的班级中生活着几个成人和一群孩子。对于成人而言，班级是其工作场所，而对于幼儿而言，班级是他们的生活空间、游戏天地、交友平台。在成人与儿童对班级生活不对称的期望与实践中，教师的声音远远超过了幼儿的声音，教师的意愿覆盖了幼儿的愿望，教师的义务感、责任感、角色感成了教师过度干预幼儿自主的日常生活的核心动力，教师的苦与累是由教师角色的过度越位导致的。在幼儿园班级环境创设中，教师需要回归支持者、引导者、合作者的角色，幼儿扮演好游戏者、规划者、创意者、记录者、评判者，让幼儿园班级环境从教师设定的制度空间回归儿童自我创生的游戏空间，从教师结果—效率导向的区域设置回归儿童过程—体验的区域取向，从便于教师管理转向便于儿童探索，最终让儿童成为班级生活中的主角。

课前互动

1. 已有的班级环境中,看得见的教师逻辑有哪些?请举例说明。
2. 教师在凸显自身的成人逻辑时,会否妨碍或误导儿童逻辑?请举例说明。
3. 访谈教师班级环境规划的动因与理由,分析其行为背后的观念支撑。
4. 在班级环境创设中彰显儿童逻辑,教师要做哪些观念与行动的转换?幼儿在这个过程中可以发挥什么作用?即幼儿可以如何促使教师的转变?你有什么好的创意或策略?

在幼儿园班级空间中,教师逻辑无处不在。一个简单的判断方式是:当你作为一个成人走进任何一个班级,如果你觉得很舒适,那么,这个班级环境多半是教师逻辑主导的。理由很简单,当你作为一个成人很舒适时,说明班级的色彩、光线、造型、高度、格局、文字是成人取向的。

因此,所谓教师逻辑是指班级环境中呈现出来的五个特点:第一,班级的大格局是便于成人控制与管理的,成人有安全感;第二,班级的区域格局、内部装饰、材料选择是成人依据主题变化的,创意、规划、设计者是教师;第三,班级环境中的色彩、线条、构图、造型是成人选择、设计、制作的,成人自我接受度高;第四,班级环境中的装饰物是以成人的身高、视线为基准的;第五,班级环境中的认知风格、逻辑结构、阅读习惯、审美偏向、文字表达具有成人倾向性。若要班级环境从教师的逻辑转向儿童的逻辑,教师要努力反诸自身,压缩膨胀的教师感,建构积极的儿童感。

一、从教师设定的制度空间到儿童创生的游戏空间

在教师的逻辑世界里，班级是工作空间、制度空间，是从早晨上班到下午下班必须待着的地方，是教师必须确保安全、规范、有质量的地方。基于此，教师必须准备好工作的心情，设计好相应的课程，准备好适宜的环境，随时为幼儿提供适宜的支架。在教师的工作逻辑下，班级环境中充满了限定的、约束的、管理的气息。

如果教师习惯于这样的班级逻辑，以接受者的心态面对一切传承，那么，他们便会无视儿童的反向作用，甚至用打压、权威、命令的方式回应儿童的主动诘难。在一个过度控制的班级环境中，不仅会生产出权威型教师，也会生产出顺从型儿童，最终为社会输送更多缺少权利意识与公共情怀的社会人。

在班级这样一个极端不对称的人际氛围中，儿童的任何权利实现都是教师自我觉醒的结果。因此，支持儿童创生自己的游戏空间、规划自己喜欢的班级环境是教师不断与儿童分享权利，甚至让度权利的结果。在支持儿童的自我规划过程中，教师至少可以循序渐进地走好四级台阶。

台阶一：在实施成人创意、完成成人任务的同时，有意识地观察并听取幼儿的反应，并对自己的环境创设加以改造。

台阶二：教师在环境的整体建设或局部改造中，有意识地进行留白、设疑、激趣，观察幼儿的反应，并支架儿童的参与。

台阶三：有意识地把某个区域、某个主题、某段时间的环境规划—布置—施工任务委托给幼儿，并在幼儿操作的每个阶段高质量地支架幼儿的集体创意或小组看法。

台阶四：充分地放手幼儿参与班级环境的全程创设，教师自始至终地扮演一个脚手架的角色，鼓励幼儿自我记录环境的变化，并在一段时间后支持幼儿进行环境创意记录展，强化幼儿的自信心，催化幼儿的担当感。

扫描以下二维码，阅读案例《扎染作品展示区的由来》，了解儿童创生自

己游戏空间的全过程。

二维码4-3-1　扎染作品展示区的由来

二、从结果—效率导向到过程—体验取向

在幼儿园这个小空间中，虽然没有社会生活中的"政治锦标赛"，但班级环境评比、主题墙评比、家长开放日等活动还是比较多。因为有评比，所以就有评比标准，而判断的标准通常是教师的手工能力、审美素养、创意设计、材料魔法、形式吸引力等。当幼儿园用这样一种评价标准来呈现幼儿园的班级环境时，教师之间就不得不更多地聚焦于才艺，教师就会花很多时间在形式美、内容美上，对幼儿的参与不闻不问，这严重导致了班级环境创设中的结果—效率导向。

在幼儿园班级环境创设中，结果—效率导向主要表现在三个方面：第一，重评比结果和成人判断，幼儿不是环境舒适度、适宜度、有无吸引力的评价者；第二，班级区域过于工整、有序、常规、开放，强调成人视角的管理优先、安全优先；第三，区域环境更多呈现材料和操作结果或完整作品，忽视对儿童探索性过程、转折性节点的记录，追求做出了什么、玩出了什么，而不追求怎么做出来、怎么玩出来的。

与成人的功利性驱动相反，幼儿游戏之外无目的，游戏的目的只是游戏，生活的目的只是生活，追求典型的过程—体验导向。在班级环境创设中，幼儿的过程—体验导向主要表现为三个方面：第一，每个活动区的探索活动结果是什么并不重要，重要的是探索发现的过程。譬如，幼儿津津乐道于探索过程中

的某个细节、某个片段，对整体结果、成品结构不甚了了；第二，幼儿不关心区域的整洁、有序、美观，而更关注区域活动中的材料、探索是否有吸引力；第三，幼儿追求游戏中的高峰体验和情绪释放后的快感，对探索会导致什么不可收拾的后果、混乱的状态缺少防备。

在班级环境创设中，幼儿的出发点是好玩、有趣、有挑战，教师的出发点是高效、便于管理、安全、可展示。可见，幼儿全身心地投入环境中，教师则自始至终地置身于环境之外。幼儿的目的是进入，教师的目的是监控。在教师的结果导向影响下，不少幼儿也开始越来越多地追求玩出一个成品来，玩出一个故事来。当幼儿被教师带着走向结果时，教师是否能够被幼儿感染，在结果关注、安全监控的同时，满足幼儿的过程性体验，激发幼儿的创造性探索？

三、从便于教师管理到便于儿童探索

班级是一个群体生活空间，且以一帮没有自我防范能力的幼儿为主，因此，在以往的班级管理中，教师的控制、约束冲动要远远高于放手、自主的愿望。在防范性班级管理思维中，教师对幼儿是不信任的，幼儿也慢慢地在教师的不信任预期下形成了依赖、服从、惰性、自我保护能力缺失等特点。

班级生活中的师幼关系是一种你进我退的关系。教师越是担心安全、秩序、事故，控制性行为便越多，幼儿便牢牢地被教师抓在手里动弹不得。譬如，开放的区域环境设置、线条划定的游戏区域或教学区域、清晰的小脚印、禁止性的班级公约或活动规则、集体性活动、封闭性提问、常规的过度强调、棱角分明的家具、固定的材料柜等。

相反，一个支持儿童自主探索的班级环境首先是相信儿童有自我预警、自我保护、自我监控能力的。在信任的前提下，幼儿的能力会生长而不是萎缩，幼儿会自己规划班级空间、自主设置游戏区域、自由选择游戏材料、自我展开社会互动。而明显的是，幼儿的自我卷入会进一步增进幼儿的自我效能感，释放出他们更大的自信和自我超越动机。教师要学会以退促进，学会放手，放下不安，充分地支持幼儿去探索属于他们自己的未知世界。

扫描以下二维码，阅读案例《便于儿童探索的班级环境》，了解儿童创生自己游戏空间的全过程。

二维码4-3-2　便于儿童探索的班级环境

活动2

研究性学习：环境布置——从教师的义务到儿童的权利

理论深度 ★★

能力要求 ★★★★

权利与义务是相对概念，有权利就有义务，尽义务才能享受权利。在传统的班级环境创设中，教师的义务多被放大，儿童的权利则容易受到挤压。无论是从教师还是从幼儿的角度看，其权利与义务都是不对等的。教师在过度被放大的义务中感到疲惫，幼儿在被挤压的权利中学习顺从，教师与幼儿都被一种被压迫的环境创设思路束缚着、规训着，缺少解放与自我解放的力量与勇气。如何解放教师，让教师从环境创设、课程设计的疲惫中解脱出来，从层层下移的压力传导链条中突围出来？也许，教育领域需要一场哥白尼式的革命，需要一场具有冲击力、震撼力的文艺复兴。在环境创设上，至少我们可以倡导并践行儿童的权利与教师的义务并行原则，旗帜鲜明地申明环境创设是儿童的基本权利，主张儿童的能力在责任担当中成长，追随幼儿的自我表征能力的发展阶梯。

研究过程

一、问题提出

1. 从理论与实践的角度来论证环境创设到底是教师的义务还是儿童的权利，各自会带来什么样的行为模式？促成儿童怎样的发展？

2. 如何用儿童的发展案例说明环境创设是儿童的基本权利？请举出正反案例各一个。

3. 儿童的能力是如何通过参与环境创设发展起来的？儿童的责任意识、感恩心态、人际智能呢？

二、研究设计

1. 概念界定

儿童的权利，是指儿童在生命展开过程中天赋的权利和获致的权利，其中最重要的是生存权、发展权。

表征是知识在个体心理的反映和存在方式，是指代某种东西的符号。

2. 研究方法

观察法，通过观察儿童参与环境创设的过程，了解其行为方式、学习习惯、人际交往、主动探索、责任担当、学习品质等方面的变化。

访谈法，通过访谈教师和幼儿，感知教师退后留白带来的时间、精力、专业上的变化，感知幼儿在自信、主动性等方面的体验。

跟踪记录法，记录幼儿参与环境创设的全过程，努力以儿童的视角还原全程，并注意收集儿童自己的独特表征，然后用这样的记录与幼儿分享学习故事。

3. 研究伦理

对于观察、访谈的资料采取保护隐私的方式，无论是教师的还是儿童的影像，都要注意经过无名化处理，且只用于专业研讨，不作任何商业用途。

三、研究结论

教师如果尝试改变，便会发现儿童其实蕴藏着巨大的能量，总会给成人带来持续不断的惊喜。

1. 环境创设是儿童的基本权利

要实现教师的义务与儿童权利的转换，教师和幼儿之间的对话非常重要。在班级环境创设中，教师要支持儿童看到自己或同伴此刻关注的问题、解决问题的过程、进行的探索和尝试、形成的观点和主张。同时，在环境创设中，教师也要支持儿童看到教师对儿童权利的尊重和理解，并试着以儿童接受和喜欢的方式给予肯定和支持。

在幼儿园班级环境创设中，儿童创设环境的基本权利主要表现为：规划设计的权利、过程记录的权利、反思调整的权利和表达情感的权利。

扫描以下二维码，阅读其中的四个案例，了解儿童在班级环境创设过程中的四大权利，分析教师的支持策略，并尝试在自己的未来实践中加以应用。

二维码4-3-3　儿童在班级环境创设中的四大权利

2. 儿童的能力在责任担当中生长

儿童的经验是儿童作为学习的主体，主动与客体世界在相互作用中建构起来的。在班级环境创设过程中，教师要支持幼儿获得存在感、掌控感，就需要调整自己的班级管理方式，支持幼儿从班级生活的旁观者走向班级生活的责任人。即扮演自己可以扮演的角色，承担自己可以承担的责任，从而发展幼儿与其角色、责任相匹配的能力。

第一，支持幼儿扮演发现者角色。

孩子从入园的那一刻起，幼儿园的环境就充满了学习和发展的机会。在新学期入园的时候，幼儿园发生了很多变化，包括场地器材的增加、班级空间的调整、同伴朋友的变化。这种种的变化对于孩子来说，都充满了好奇和期待，他们希望能通过自己的努力来亲自发现幼儿园的变化，然后和大家一起分享和交流，比一比谁的发现多。在此过程中，教师要关注不同年龄段孩子的内在需求，给孩子提供了一个发现的"支架"——幼儿园地图，支持孩子运用地图线索记录自己的发现。

图4-3-1　金科园示意图　　　　图4-3-2　幼儿园大变样

小班的孩子看着地图，会在地图上找到自己的班级，可以尝试着用一张自己喜欢的贴纸，记录"我"在哪个教室，以此增强个体的存在感。中班的孩子借助地图，找到现在班级的位置，然后再把自己发现的幼儿园变化用符号或图形记录下来，由对自我的存在感转化到集体中的存在感。大班的孩子则根据自己的需要绘制地图，多方位地发现空间、人和材料的变化。

第二，支持幼儿扮演记录者角色。

幼儿在幼儿园的共同生活中，每天都会面临各种各样的问题和挑战。如何让幼儿的探索看得见，让幼儿解决问题的过程看得见，并为他们共同解决问题提供支持策略？关键的一点，就是要及时发现问题，并鼓励幼儿用大家都理解的表征方式进行记录。

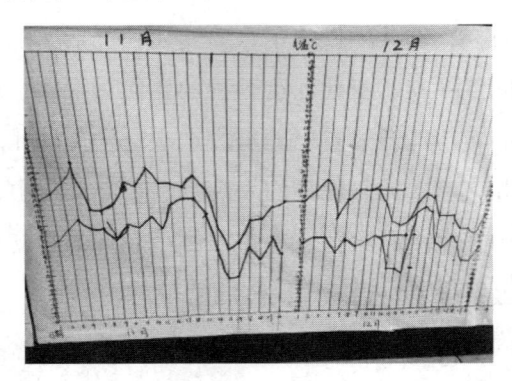

图4-3-3　大班天气变化图

在大班孩子常见的气象记录中，有一个孩子发现了老师和同伴一直以来忽视的问题：昨天的记录单应该怎么处理？似乎这个问题都没有引起大家的关注，所以老师没有意识到这是个问题。但恰恰是这个问题给孩子带来了探索与思考的契机，怎样才能把每天的天气预报都记录下来，并且可以随时查看、比较和分析。于是，生成了怎样做"天气变化"统计图的探索课程。

第三，支持幼儿扮演教师评论者角色。

在原来的班级环境创设中，幼儿只是一个旁观者或享用者，但随着自己在班级环境创设中不断卷入，可以越来越多地扮演诘难者、质疑者、评论者等角色,支持教师反观自己的教育行为,重建教师与幼儿的互动关系。

譬如,在大班常规的跳绳活动中,教师转变了以往的"教师教—儿童练"的策略,先支持孩子在"玩绳"中提炼与分享经验,在充分感知绳子特性的基础上引发对"跳绳"的实践探索。于是,孩子们记录了在玩绳中的心情变化、动作变化与经验变化,教师尊重每一个孩子真实的体验,在充分理解的基础上,再自然开展跳绳活动。

图4-3-4　大班幼儿自己总结出的跳绳8步法(1—4)

图4-3-5　大班幼儿自己总结出的跳绳8步法(5—8)

一次常规的大班"跳绳"活动,在教师和孩子的共同建构中,变成了一次深度学习的探索之旅。孩子在实践中不仅梳理与提炼了一套自己的"跳绳8步法",也生动地诠释了自主学习、自我建构经验的学习过程。这种经验对于孩子来说,是最宝贵和最有意义的。其中,关键的是教师不断地追随孩子的问题、兴趣、体验,及时地鼓励孩子自己尝试、调整、总结和分享,并通过孩子们独有的表征方式记录整个活动的过程,从而让孩子的学习看得见,让教师的支持策略也看得见。

(本活动由无锡侨谊金科园朱雷撰写)

活动 3

启发讲授：环境实践——从固化的封闭到弹性的开放

理论深度 ★★
能力要求 ★★★★

与中小学班级生活的结构性、制度化不同，幼儿园班级空间是一个生活化、游戏化的地方，其典型的特点是流动性、低结构性、开放性、交往性。在这样的空间中，弹性思维、对话意识、开放心态、创造欲望应该是班级环境的基本逻辑。然而，在长期从教育管理部门到园长、家长的层层控制或严格监督下，教师自我解放、自我减压的能力逐步被消磨，教师本能式地用被控制的管理方式反作用于幼儿。教育到了不得不进行改革的时候了，儿童为本的环境创设也许是突破过高控制欲的一个支点。让班级空间具有流动性，创造一面可以玩的墙，设置更多的临时区域，运用更开放的留白思维，班级环境也许就可以从固化的封闭发展到弹性的开放。

课前互动

1. 你觉得封闭的班级空间与开放的班级空间会对空间中的人，譬如幼儿和教师，产生什么影响？影响程度有多大？
2. 列举几个让幼儿园班级空间变得流动起来的设计创意。
3. 小组合作创设多面可以玩的墙。
4. 创设班级活动区时为什么要留白？如何留白？

一、让班级空间具有流动性

幼儿园班级空间是一个教师和幼儿共同生活、成长的地方，其流动性不仅指物理上的可变性、弹性，更指心理上的开放性、建构性、生成性。在班级空间的流动过程中，教师和幼儿都具有不可替代的影响力。

（一）班级物理空间的流动性

在以往的班级环境创设中，教师不仅主宰了环境的整体创设，而且环境的稳定性比较高，有时甚至延续一学期。经验表明，固化的、封闭的班级空间会给其中的教师和幼儿相对单调的刺激，扼杀创造的欲望和变革的冲动。

1. 从大到小、从教师视角到儿童视角

实践研究表明，把大的空间分割成小型的活动空间，较之于大型的不加任何分割的空间，更有利于儿童社会性和认知方面层次较高的游戏行为，减少粗暴行为的发生。如果在环境设计的过程中，有了较多的儿童视角，这样的班级空间便会更激发儿童的探索兴趣。譬如图4-3-6所示的空间设计。

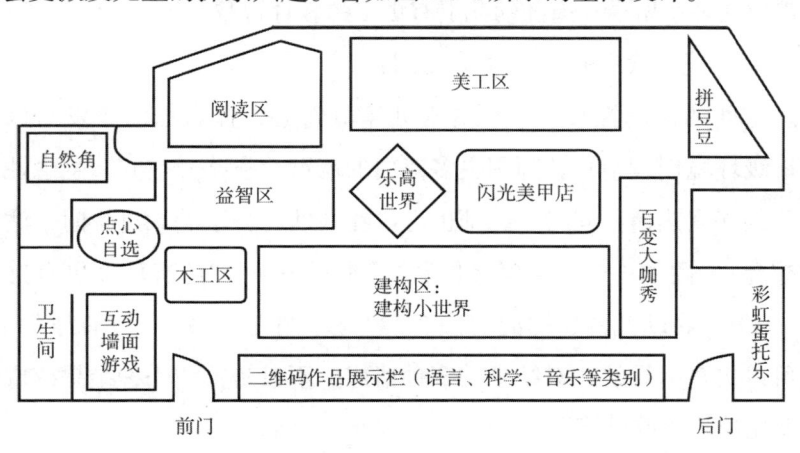

图4-3-6 大班幼儿重新规划的班级空间

相对而言，小型空间更有利于引发幼儿的角色游戏和建构游戏，大型的空间更有利于幼儿进行奔跑、追赶等大肌肉活动。当幼儿加入环境创设中，便增

加了环境中的可变性，因为幼儿的兴趣是多元的，幼儿的创意也是无限的，全班30个孩子的不同兴趣会形成一种推动环境变革的力量。问题在于，教师要善于捕捉与借助这种力量。

2. 增加家具的形状多元性，必要时给家具装上轮子

幼儿园班级环境中，传统的家具大多为长方形或正方形，圆形、椭圆形、三角形、梯形、弧形的家具相对较少。这种家具的形状单一化，会带来一种固化的效果。同时，这种棱角分明的家具也会弱化班级的温馨气氛，强化班级的刚性约束。

在一些班级，为了增加幼儿参与班级环境创设的便利性，幼儿园会在区域材料柜的下方装上轮子，以支持幼儿根据游戏需要自主组合区域空间。

（二）班级心理空间的流动性

物理空间的可变性为幼儿和教师的游戏创意、情节拓展、课程创生提供了物质支持，但单有物理空间的流动性还不足以支持幼儿更持久的探索性学习，教师还需要在环境留白、追随幼儿上有更多的教育智慧。

1. 班级环境创设中的留白与未完成性

心理空间的流动性较多表现为对儿童好奇心、探索欲的激发与保护，譬如，在班级环境创设中，教师用更多留白的墙壁、省略号空间、悬念性效果来唤醒幼儿的探索热情。同时，教师也可以在与幼儿分享游戏过程时，注意刺激幼儿去想象："假如……，会怎么样""后来呢……""还有什么更有挑战的玩法吗"，等等。在幼儿的建构活动、美工活动、自制图书、科学探索等活动中，教师也可以更多引导幼儿对结果的多种猜想，不只是关注一种结果或成品，而是追踪变化的趋势或可能性。

譬如，在无锡市侨谊金科幼儿园的播种节活动中，孩子们发现自然角里的葵花发芽了，可是有的芽上面还顶着一个瓜子壳，于是很好奇这个壳什么时候才会完全脱落，大多数葵花籽会不会以同样的速度脱落，等等。因此，孩子们

每天都以一种极其期待的心情去观察自然角里的葵花，记录下了一张又一张过程性的生长图片。

2. 班级环境创设中对儿童兴趣的不断追随

环境的留白和未完成性设计是为了刺激儿童产生探索的欲望，而当欲望被激发出来时，教师便要有意识地追随幼儿，并不断支持幼儿的探索过程。

扫描下面的二维码，仔细阅读案例《水果烧烤屋》，追踪教师支持幼儿的过程，感受教师与儿童相互"抛接球"的效果。

二维码4-3-4　案例：水果烧烤屋

二、创造一面可以玩的墙

玩是儿童的天性，没有一个孩子不爱玩，也没有一个孩子不会玩。但在约束过度、秩序过多的环境中待久了，儿童的天赋玩性便慢慢地被弱化，乃至消失。在班级这样一个活动空间中，教师除了有意识地创设各个活动区外，还要和儿童一起创设多面可以玩的墙，支持儿童在持续的探索活动中养成深度学习的良好习惯。

譬如，小班幼儿在研究"苹果"的构造时，教师可以和幼儿一起制作一个"多层苹果"，最外层是果皮，翻开一层是果肉，再翻开一层是果核，最里面一层是籽。幼儿在看看、翻翻的过程中逐步了解苹果的构造。如图4-3-7、图4-3-8所示。

图4-3-7 小班的《切开苹果看一看》 　　　图4-3-8 一个幼儿正在翻看

再譬如,在开展小班"食物旅行记"主题活动时,教师创设了"你今天的早餐是什么"墙面,通过前期和儿童的聊天,教师将食物的图片打印出来贴在墙上,墙面的大部分留白空间供幼儿记录。

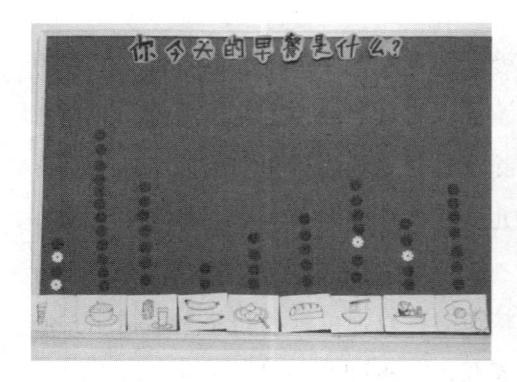

图4-3-9 小班:你今天的早餐是什么 　　　图4-3-10 小班幼儿正在记录

小朋友对这面墙的热情出乎意料的高,每天都会自觉地在墙面上记录下当天的早餐情况。可以设想的是,这样的记录还可以延伸出后期很多的探索性学习,譬如,食物统计、个人偏好、营养计算、膳食平衡等。

三、临时区域与弹性活动

临时区域与弹性活动是追随儿童、学会留白的产物,在幼儿园一日生活中,幼儿总会有一些偶发性的兴趣、争议,有的延续时间长,有的延续时间短,但无论如何,都有值得关注的意义。因此,在班级环境创设中,专门开设一块临时区域,并在其中开展弹性活动,会在很大程度上满足了幼儿的好奇心,创生出与众不同的故事来。

创设临时区域活动环境不仅是为幼儿创造一个舒适的游戏、学习环境,而是借助幼儿园区域活动环境,启发幼儿的自主学习和探索,激发幼儿对区域活动的兴趣,为弹性活动的生发提供有效的环境支撑。在弹性活动中,幼儿的认知、情感等心理过程在交互作用下自然开展,同时伴随着知识经验的生长,幼儿的主动性、探索欲、创造工具、解决问题、同伴协商的能力也在蓬勃地发展着。

(本活动由无锡侨谊金科幼儿园杨妍群、刘海丽、李炜共同撰写)

> 环境对于成人来说，也要像对儿童那样，能传达信息："这是一个让我有归属感的地方，让我受到重视并使我的需求得到满足的地方。在这里，我可以接受和分享信息。"
>
> ——朱莉·布拉德

第五章
关爱教师、家长参与的人际环境

思维导图

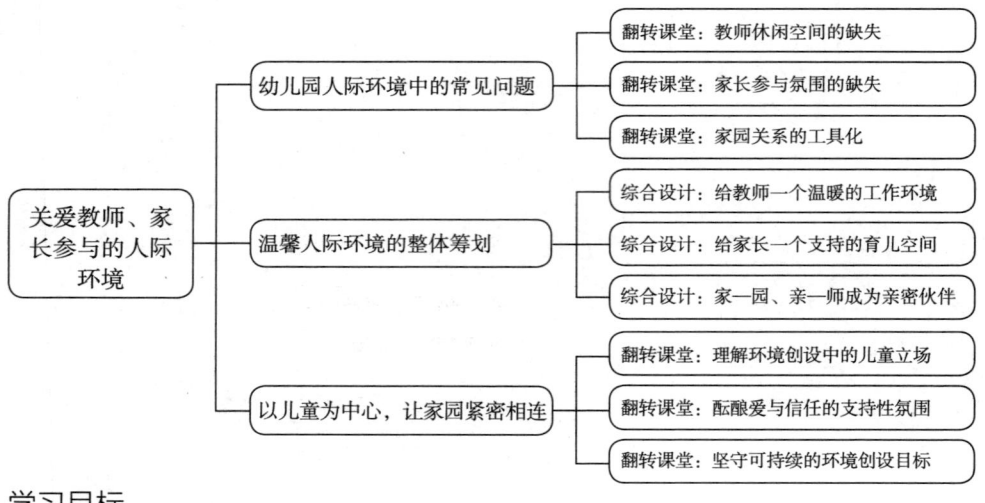

```
关爱教师、家长参与的人际环境
├── 幼儿园人际环境中的常见问题
│   ├── 翻转课堂：教师休闲空间的缺失
│   ├── 翻转课堂：家长参与氛围的缺失
│   └── 翻转课堂：家园关系的工具化
├── 温馨人际环境的整体筹划
│   ├── 综合设计：给教师一个温暖的工作环境
│   ├── 综合设计：给家长一个支持的育儿空间
│   └── 综合设计：家—园、亲—师成为亲密伙伴
└── 以儿童为中心，让家园紧密相连
    ├── 翻转课堂：理解环境创设中的儿童立场
    ├── 翻转课堂：酝酿爱与信任的支持性氛围
    └── 翻转课堂：坚守可持续的环境创设目标
```

学习目标

1. 了解幼儿园成人环境建设中的常见问题。

2. 知道幼儿园建设温暖人际环境的重要性。
3. 掌握支持家长获得归属感的环境策略。
4. 掌握支持教师获得职业幸福感的环境策略。
5. 掌握建构温暖人际环境的有效策略。

学习方法
1. 对区域范围内不同类型幼儿园的家长及教师环境进行抽样调查。
2. 访谈家长、教师,了解其对幼儿园温暖环境的心理需求。
3. 采用问卷调查家长、教师对幼儿园环境归属感的认同现状。
4. 采用比较研究的方法分析不同国家幼儿园成人环境建设的特点。

实践关注
1. 关注不同幼儿园成人专享环境的设计特点与设计逻辑。
2. 寻找幼儿园班级环境中的不同成人空间。
3. 考察不同幼儿园成人公共环境,譬如,过渡空间、会议室、成人椅、成人厕所的特点。

主题一　　幼儿园人际环境中的常见问题

　　人是一个社会性存在,这意味着每一个人都生活在一张人际关系网和社会生态结构中。在儿童、教师、家长三者的关系中,我们经常走极端,在教育理念上如此，在环境建设上也如此。当我们强调尊重儿童、解放儿童时，并不意味着要压迫教师、规训教师、忽视家长，而是要在教师、儿童、家长之间建立和谐的、相互尊重的人际关系。人与人之间的关系是平等的，没有谁拥有超越谁的特权，即便强调环境建设中的儿童本位也不能抹杀教师、家长对自我导向的环境的权利。人与人之间是一种相互温暖、相互灿烂、相互成就的关系，当下的幼儿园环境中，不仅存在着儿童性、儿童感的缺失，也缺少教师的休闲空间，缺少家长平等参与的氛围，甚至将家园关系工具化、功利化。

关 键 词 工作空间；生活空间；休闲空间；接送空间；工具化关系

学习目标
1. 了解幼儿园家长、教师环境布置中的常见问题。
2. 分析幼儿园家长空间对家园关系、亲师关系的影响。
3. 分析幼儿园教师休闲空间对教师职业幸福感的影响。

实践准备
1. 收集世界各地幼儿园的家长空间、教师空间的环境图片。
2. 访谈教师对休闲空间的不同需求。

活动 1

翻转课堂：教师休闲空间的缺失

理论深度 ★★
能力要求 ★★★★

保教一体的工作性质，从某种程度上预示了教师的休闲空间在实际的园所建设中可能会被忽视。幼儿园内预留的休闲空间多数时候也承载了其他的功能，休闲功能的定位是最次要的。幼儿园教师工作过程的创造性、灵活性，工作手段的主体性、示范性，决定了幼儿园教师承担教师角色的各种职责；同时，工作对象的主动性、幼稚性，工作任务的全面性、细致性，决定了教师在教师角色之外还要承担其他职责。日常工作的繁杂、琐碎让教师们渴望在工作中有片刻的休闲，有可利用的空间放松身心。

一、课前学习

收集不同规模和文化背景下的幼儿园教师休闲空间图片，结合以下问题思考教师休闲空间呈现的特点，撰写问题分析报告。

> **问题导引**
> 1. 访谈幼儿园教师对休闲空间的理解和使用情况，梳理休闲空间的特点，分析是什么因素影响了教师对休闲空间的认知。
> 2. 请幼儿画出教师休闲场景，并请其描述绘画内容，设想教师休闲空间应该是什么样子的。
> 3. 收集地方政府出台的相关幼儿园建设标准的文件，找出文件中对教师空间的描述，分析其所占的分量及功能定位。
> 4. 观察不同规模、文化背景下幼儿园中预留的教师休闲空间和教师自己开发的休闲空间，分析其特点、隐含的价值观及影响因素。
> 5. 学习者自身对教师休闲空间的界定是什么样的？尝试对教师的休闲空间进行设计。

二、课堂活动

教师休闲空间是否存在？以什么形式存在？幼儿看到的教师的休闲空间是什么样子的？幼儿为教师设计的休闲空间又是怎样的？结合课前的五个思考问题以及问题分析报告，进行观点的交流和碰撞，比较幼儿的立场和教师的立场，明晰问题及问题产生的原因。

1. 自主学习

根据课前收集的资料和问题分析报告，以幼儿和教师各自的立场，梳理出双方认知的统一和背离。同时，总结出自身对教师休闲空间的界定及理想状态的设想。

2. 小组讨论

根据自主学习得出的结果，以幼儿、教师、学生本身的三维视角论述教师休闲空间的实然和应然，以及影响教师休闲空间的各种因素，进行组内分享，然后确定班内分享重点。

3. 师生总结

在中国的绝大多数幼儿园中，教师休闲空间是奢侈品，"没有"是常态。教师在繁杂的工作中，常无暇抽身休闲，从踏入幼儿园大门开始就进入了工作状态，进入了一系列制度的约束之中，好像有做不完的工作。

（1）教师工作空间和幼儿活动空间的重合，使得营造出的平衡、和谐的班级空间场域脆弱、易被入侵。

目前幼儿园班级的空间设置主要是服务儿童的活动，教育活动、区域活动的空间和盥洗、入睡的空间占据了班级的每一寸地方。教师的工作在班级中展开，班级的空间既是教师工作的空间也是幼儿活动的空间。一张电脑桌是多数幼儿园教师工作空间的标配，也是教师在班级中仅有的独占可言，甚至可以说是在整个幼儿园的独占空间。在这样一个空间中，师幼都没有私密空间，都在相互的密切关注中活动。一日活动中，师幼共享这些空间，在其中交流、互动，营造出平衡、和谐的氛围。但教师的互动不仅限于师幼互

图5-1-1　占据教室一角的办公桌

动，还有和同事、家长、外来人员之间的互动，加上教师的栖居地只有教室，所以，常会因为工作或者私事，有其他人员时不时进入班级空间，变相拓展教师空间，压缩幼儿空间，导致师幼空间的失衡。

（2）幼儿园管理制度影响教师对休闲空间的认知

《幼儿园教师岗位职责》《幼儿园教师一日工作流程》《幼儿园教师考核管理办法》等制度是幼儿园管理制度中必不可少的组成部分，它们规范、引导教师的言行，教师在制度中被成就、被规训。在工作的时空下，幼儿园教师没有"休闲时间"的概念，即使有，也是在"假（jià）"的名义下进行。基于这种认知，休闲空间不存在于幼儿园中，可以称得上休闲的也许就是中午幼儿午睡时的偶尔外出了。中午幼儿午睡时间外出是"假"的一部分，不计入考核。但既然是"假"，就意味着不能无事外出。幼儿园之外的休闲空间，在幼儿园教师眼里算不上真正意义的休闲空间。

（3）教师工作空间对休闲空间的挤占，引发教师对休闲空间的再开发

"两教一保"是幼儿园班级人员的常规配置，三个人各司其职又相互配合。这种配置给了教师在诸多事务中片刻抽身的机会，可以稍作喘息。但现实的硬件环境和软性制度环境，并不支持这种喘息。教师的感官体验是无处可去，心理体验是战战兢兢。教师常常会在内心需要和现实限制的矛盾之下变通处理，在班级的某处角落做点与工作相关的事，不违反什么又让自己获得休闲的感受。

班级的任何地方都有了被教师利用的可能。当然相对温馨的区域活动空间成了中午休憩首选，如阅读区和娃娃家。

图5-1-2　舒适的阅读区　　　图5-1-3　温馨的娃娃家

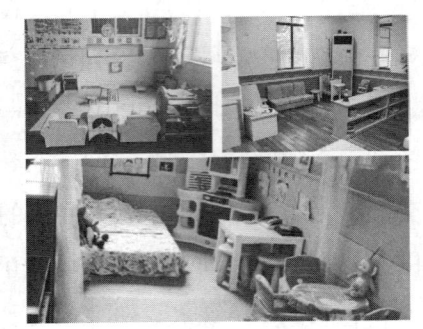

（4）幼儿园教师的职责和一日工作流程冲击教师对预留休闲空间的使用

在幼儿园园所建设中，教师休闲空间预留也越来越被重视，虽然不能做到完全意义上的休闲，在主要功能之下附加休闲功能的空间总是能找到，比如图书阅览室、备课室、楼顶阳台、储物室等。但受工作量和管理理念等的影响，教师很少有机会到这些地方去。即使有机会，教师们也不会去，因为这些地方多远离教室，是教师、管理者共享的空间，私密性和自由度很难满足诗意栖居的需要。

可见，教师休闲空间的享用、诗意栖居的心灵追求受限于硬性和软性的环境。但它并非不可满足，也并非需要劳民伤财，也许一个简单的隔断、相对独立的空间、几件温馨的家具就能让教师从紧张、劳累中解放出来，享受工作中片刻的放飞。当然这需要管理者的内心稍微柔软、浪漫一点。

图5-1-4　独立休息区

> 活动 2

翻转课堂：家长参与氛围的缺失

理论深度 ★★
能力要求 ★★★★★

家长参与是家长受邀于幼儿园，参与教育教学活动，是幼儿园工作的重要组成部分，是完成家园共育的重要环节。参与的形式也灵活多样：家长会、家长进课堂、亲子活动、家长开放日、家长学校等，这些形式的活动呈现出频次有限、主题限定、教师主导、空间共享、面向集体的特点。但家长个别化、私密性、随机性的需求很难照顾到。于是，接送幼儿的时空成了家长和教师个别交流最密集、广泛的时空。

一、课前活动

收集不同规模和文化背景下的幼儿园里家长可进入的空间照片，结合以下任务思考家长参与和空间的关系，梳理出关键词，关注论点的逻辑性和可证实性。

1. 访谈家长对家长参与的理解和参与情况，分析家长对自身参与的需求。
2. 请幼儿画出家长和交流的场景，并请其描述绘画内容，设想亲师交流空间应该是什么样子的。
3. 收集不同规模、文化背景下幼儿园中接送、园内个别约谈的空间图片，分析特点、隐含的价值观及影响因素。
4. 访谈教师对亲师交流空间的理解和要求。

二、课堂学习

幼儿园注重家长参与，并设计了灵活多样的形式，但是否满足了家长个别化的需要呢？环境在这其中扮演了怎样的角色？结合课前的思考，进行信息和观点的交流碰撞，形成对问题较为全面的认识。

1. 自主学习

根据课前收集的资料及梳理出的关键词和观点，以家长和教师各自的立场，梳理出双方认知的统一和背离。

2. 小组讨论

根据自主学习得出的结果，以亲师交流形式，交流内容与空间的关系为重点进行组内分享，得出结论，并进行班级内分享。

3. 师生总结

亲师个别化、小组化的交流形式比较受家长欢迎，约谈、接送幼儿时的交流、分组家长会是个别化交流的主要形式。但三者对空间的需求不尽相同，交流的内容、质量也不同。接送空间的预留和交流空间的缺失是主要特点，具体表现如下。

（1）家长接送空间与交流空间的重合，幼儿隐私曝光于公共场所，交流氛围尴尬

走廊是家长接送幼儿的空间，也是他们被允许自由活动的场所。在这里入园、离园时最为繁忙：幼儿、家长、教师共处，亲子之间交代各种事

图5-1-5　幼儿园走廊

情，亲师之间抓紧机会进行交流，反映幼儿在园和在家的表现。这个空间的开放以及人员的聚集，给亲师交流带来了很多阻隔，还会将幼儿的隐私曝光于众：教师对某一幼儿情况的说明，常会引发其他家长的倾听和议论；家长对幼儿在家情况的反映，不仅会吸引其他家长，还会吸引其他幼儿倾听，幼儿自己也会放慢进入教室的脚步，倾听家长给老师说了什么。中大班幼儿已经不喜欢家长跟老师反映自己的问题了，尤其是在入园、离园时间，所以常会看到，家长在幼儿进入教室后折返回来和老师交流，或者压低声音和老师耳语的情形。入园、离园交流的有效性大打折扣。

（2）空间形态影响亲师交流的方式、频次、质量，教师的个人和家庭生活易被侵入

集体性的家长参与活动，更大程度上满足的是教师的需要，家长多是配合者的身份，家长的参与有些许被迫的成分。家长对个别化交流的需求很高。约谈、分组家长会、家访是比较常用的形式。后两种多由幼儿园统一安排，场所受限，需要在工作之外的时间进行，频次不高，多发生在学期初或学期末。约谈或由家长发起，或由教师发起，多在班级的空间环境下进行，根据内容、孩子特点，选择回避或不回避幼儿的方式，但多数班级的空间都有开放、私密性差的特点，很难满足回避幼儿的需要。约谈的心理氛围是局促的，时间是被压缩的，这都会影响亲师沟通的质量。变通的方法是园外约谈，这势必会影响教师的个人家庭生活。

（3）网络平台的使用弱化了亲师面对面交流的要求，不仅影响沟通质量，还容易造成不必要的隔阂

网络的便捷为亲师交流提供了很好的平台，幼儿在园和在家的表现能直观地展示。幼儿园网站、公众号、班级群，形式多样，内容丰富，但在这个开放的场域中，教师和家长的交流互动常会是事务性工作的说明以及幼儿良好形象的展示，问题很难在其中显现。亲师之间会有单独的联系，但因为双方无法面对面，文字所蕴含的情绪无法精准把握，亲师之间会出现沟通上的误会，加上

网络上的交流是留有痕迹的，教师为了避免不必要的麻烦，一般都会谨慎措辞，交流很难直通心灵、直击问题。

在家长参与内容、形式多样，教师主导、幼儿园主场优势的背景下，家长参与更像是被迫的配合。家长主动、个别的参与需求，因空间的限制带来很多阻碍，很难满足家长参与的需要。教师可开拓思路，拓展园所空间功能。幼儿园有很多共享空间，如会议室、阅览室等，都可承载约谈的功能。幼儿园应用开放、包容的心态，给家长更多的话语权，出让部分家长参与的决策权，让其发挥第一教育者的作用。

活动 3

翻转课堂：家园关系的工具化

理论深度 ★★

能力要求 ★★★★

家园共育是家园关系的理想写照，合作、互补、一致、对话的关系形态是理想诉求。但理想的光芒总会被一些现实的东西所干扰，导致理想被搁置。家长、教师可能会在"知道"的状态下得过且过，无奈地营造一个虚假的"和谐"。

一、课前活动

统计不同规模和文化背景下的幼儿园里亲子制作、废旧物品收集、家长进课堂的频次，收集亲子制作、废旧物品使用情况的图片，结合以下问题思考家园关系的特点，梳理出关键词，关注论点的逻辑性和可证实性。

> 1. 访谈家长亲子制作与幼儿的协作情况，及其对亲子制作的认识，分析家长的态度、价值取向。
> 2. 请幼儿描述亲子制作的感受，并说说他们喜欢和家长进行什么样的制作，分析教师眼中的亲子制作和幼儿眼中亲子制作的异同。
> 3. 根据统计的数据和收集的图片，分析亲子制作、物品收集、家长进课堂等的特点、隐含的价值观及影响因素。
> 4. 访谈教师处理家园关系的做法，分析其儿童观、教育观。

二、课堂学习

亲子制作、家长进课堂、废旧物品的收集是教师对家长资源的利用，是家长对教师工作的协助，是引导家长参与到孩子教育过程中的重要方式，具有重要的意义。但在具体的操作中却出现了变形。结合课前思考，进行信息和观点的交流碰撞，形成对问题较为全面的认识。

1. 自主学习

根据课前收集的资料及梳理出的关键词和观点，以幼儿、家长和教师的三维视角分析各自的立场，梳理出三方认知的统一和背离。

2. 小组讨论

根据自主学习得出的结果，以亲子制作、家长进课堂、废旧物品的收集为重点进行组内分享，得出结论，并进行班级内分享。

3. 师生总结

亲子制作、家长进课堂、废旧物品的收集是家园关系中资源利用的重要内容，是家长向幼儿园的输出，是家长发挥自身优势参与到幼儿教育中的途径。因为来自客观和主观的限制，这一家园关系呈现出亲子共同制作成为父母作业、家长成为幼儿园的工具性资源库的特点，具体表现如下。

（1）亲子制作是对家长能力的检验、教师家长工作的隐性评价

亲子制作兼具发展能力和密切亲子感情的双重功能。良好的出发点，使得亲子制作在幼儿教育中占据了重要的地位。亲子制作成为教学里的一个环节。在家长失当的教育理念、教师较多的任务量，以及双方对幼儿能力的预估偏差作用下，亲子制作的难度向家长倾斜，家长主导、幼儿辅助是多数人对亲子制作的认知。亲子制

图5-1-6　亲子作品展示

作在幼儿园都会展示，方便幼儿相互欣赏作品。但这种展示也催生了攀比心态，家长更希望自己的作品被关注，于是家长代劳的越来越多。而这种代劳又催生了教师之间的攀比，因为亲子制作的完成度和完美度，代表了教师家长工作的好坏，教师明知无意义，也不会拒绝家长的完美作品。

（2）物质性材料的收集使用，教师和家长共同的承担和无奈

幼儿的思维特点和学习方式，决定了他们的学习需要借助大量可操作、直观的材料。废旧物品因其经济、多样、容易获取、可供创造等特点，成为幼儿园的最爱。从性价比的角度来说，这是最好的选择。但当其成为一项日常和任务时，教师和家长便感到了无奈。为了每个幼儿都能充分探索，材料的需求量至少要满足人手一份，单靠教师很难做到，动员家长是最佳途径。教师和家长共同承担了这一任务：幼儿园教师看到旧材料，脑子里就会闪现"留下，可以

怎么用？"的念头，家长则是看到什么都会留着，因为幼儿园会用到。在这份承担下，幼儿园才有了那么多的创意作品。但频繁的动员和某些材料的不易获得，导致家长和教师出现厌烦情绪，双方都颇感无奈。

图 5-1-7　废旧物品收集站

（3）家长教育资源利用的工具性和功利性

家长进课堂是让家长发挥自身的知识和职业优势，拓宽幼儿视野，拓宽幼儿园课程的重要途径，在未来的幼儿教育中还将扮演重要的角色。

案例点击

家长助教走进课堂，助力幼儿职业体验

基于中班幼儿的兴趣与需要，江苏省无锡市滨湖实验幼儿园组织开展了中班特色活动"家长助教"，让爸爸妈妈们化身"幼儿教师"，走进孩子们的课堂。

警察爸爸：他会身穿制服，生动地为孩子们介绍警察是做什么的，什么时候需要找警察；他会普及不同的警种，让孩子们对警察这一职业更为深入地了解；他会带来交通安全知识宣传活动，带领孩子们学习交通标识和交通指挥操，让孩子们懂得车辆和行人应该遵循的交通规则。

银行职员妈妈：为孩子们带来了"小小金融家"活动，教孩子们认识各种面值的钱币，了解钱币的作用；怎样利用练就的火眼金睛，快速地辨认出真币和假币；正确使用和爱护钱币，了解银行的作用；等等。

眼科医生爸爸：给小朋友开展"奇妙的眼睛"探索和现场模拟活动，帮助孩子们从小养成卫生用眼、保护眼睛、合理休息的好习惯。

牙医爸爸：利用生动形象的动画，帮助孩子们了解爱护牙齿的重要性；教孩子们学习正确的刷牙方法。"上牙从上向下刷，下牙从下向上……"，在生动有趣的儿歌中，孩子们学会了正确的刷牙方法。

护士妈妈：给孩子们开展"关于医院那些事儿"的活动，让孩子们区分医生和护士的不同，详细介绍一些常用的医用材料以及正确的洗手方法。

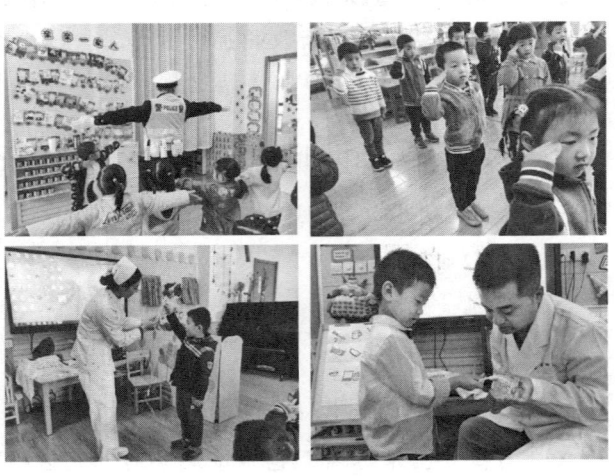

（本案例由无锡市滨湖实验幼儿园提供）

家长是学校教育不可或缺的教育伙伴，家长的大力支持与配合助力幼儿成长教育，积极有效的家园互助促进幼儿更好地发展与进步。但幼儿园一些硬性的规定和家长的一些私心,使其有了些许的变质。当家长进课堂成为一种评价教师工作的量化指标时,教师就会失去热情,将其作为工具,当家长是为了在其他家长面前显示更高人一等时,功利便不可避免。

既然亲子制作、家长进课堂、废旧物品的收集都有美好的初衷,教师和家长都有共同的教育对象,合作、互补、一致、对话的关系建立就有可能。家长出于爱,教师出于专业,上述的问题都可解决,只要教师和家长不在私心杂念中迷失。

(本主题由青岛市西海岸新区第二幼儿园王敏撰写)

主题二 温馨人际环境的整体筹划

幼儿园既是儿童群体生活的地方,也是教师日常工作的场所,还是家长每天必经的驿站。依据在园时间长短和儿童为本的理念,幼儿园的环境首先是儿童的、是为儿童的,但儿童不是幼儿园空间中的唯一主体,还有教师、家长。因此,幼儿园整体环境的建设还要考虑教师的存在感、温暖感、幸福感,以及家长的价值感、归属感、信任感。只有当每个人的需要被环境触摸着、呵护着,每个人才能实实在在地感知到自己的存在感、重要感。只有儿童周围的成人感知到环境中暖暖的、浓浓的爱与呵护时,他们才有能力与热情付出爱与呵护,儿童才最终更幸福地成长。

关 键 词 解放教师;环境减法;支持性育儿空间;历史抒写者

学习目标	1. 掌握教师温暖工作环境的创设策略。
	2. 掌握家长支持性育儿空间的创设策略。
	3. 设计3~5个儿童成为幼儿园历史抒写者的创意活动。
实践准备	1. 收集世界各地幼儿园教师休闲空间、家长过渡空间的优秀创意。
	2. 访谈园长在环境整体设计时对成人空间的价值定位与行动选择。

活动1

综合设计：给教师一个温暖的工作环境

理论深度 ★★

能力要求 ★★★★

教师是决定幼儿园质量高低的关键因素。在幼儿园环境建设中，我们不能只要求教师不停地付出爱，更要让教师获得爱、感受爱。在环境建设上，我们要努力给教师做减法，而不是做加法。因为，对于任何一个人而言，感受爱才能给予爱，一个从来没有获得过爱的人是没有给予爱的意识与能力的。因此，幼儿园要营造一种呵护教师、关爱教师的物理空间和心理空间。首先，设计慢生活的教师休闲空间，创设出"你属于这里"的特殊氛围，让教师的疲惫倦怠有一个放松恢复的舒展空间；其次，尊重个性化的教师时间节奏，创设出"你是独特的"心理氛围，支持教师每天午休一小时，尊重教师自我成长的节律；最后，营造被承认的教师心灵空间，创设出"你很重要"的情感氛围，让教师的努力被看见，让教师的成长有平台。说到底，解放教师才能成就儿童，没有教师高质量的陪伴，孩子们童年生活的幸福指数也会受到影响。

一、设计慢生活的教师休闲空间[①]

"教师休息室"或"教师休闲空间",特指在幼儿园内,为教师午间休息、工余放松所提供的辅助用房,其内部设施和环境有利于教师更好地放松休息。教师休息室是一个传达"你属于这里"的环境,这里有教师们喜欢的照片、储物柜、喜爱的物品。

(一)教师休息室存在的必要性

1. 满足教师的身心需要

我们常常认为幼儿园是幼儿活动的场所,应当为孩子提供最好的环境支持,尽量满足幼儿的各种需求。幼儿教师每天也置身于幼儿园中,却很少有园所能为教师身心需要提供必要的环境支持。教师的精力是有限的,需要通过适当的放松休息来补足。幼儿教师的工作压力需要通过其他途径加以释放,以最好的状态面对幼儿。教师休息室的创设顾及教师的身体健康、情绪态度,为教师提供一个专门的独立空间,以期减少教师的职业倦怠感。

2. 提高教师的工作效率

幼儿园教师的工作任务比较繁杂,很多教师表示幼儿园的全天活动需要较多的精力支撑,如果缺少足够的休息时间,下午带班时会感到力不从心。除此之外,不同年龄班的教师、同一年龄班的教师和保育员之间都需要进行沟通和交流。设置教师休息室,一方面能够让教师的午休得到一定的物质保障,另一方面可以给教师们提供交流讨论的自由空间。教师休息室提供了一个休息和交流的场所,有助于提高教师的工作效率。

3. 增强教师的认同感和归属感

大多数幼儿园会设置会议室、专家室供教师开展讨论,缺少一个以"教师"

[①] 本部分的参与作者有南京师范大学2015级学前教育专业提茗、曹颖、严怡婷、杜芷歆、刘梦、孙琪瑞、闫颜、郑淇淇、嵇倩倩。

专门命名的场所。"教师休息室"以教师命名，旨在将教师作为环境的主人，充分满足教师的需求，体现了幼儿园对教师群体的支持和关怀。舒适美观的环境、轻松愉快的氛围能够让教师认识到自己的重要性，从而更有信心和动力去完成教学工作。

（二）教室休息室创设存在的问题

1. 虽然目前国内多数中小学很少有教师休息室，但基本上都有专用的教师办公室，然而，中国的很多幼儿园却几乎没有专门为教师设立的休息场所。

2. 多数幼儿园教师没有听说过教师休息室，也没有关于教师休息室的概念。很多被访教师在访谈时，都对幼儿园创建教师休息室的合理性和可能性表示极大的怀疑。

3. 教师们反映平常没有休息的时间，在幼儿的午睡时间也被环境创设、备课、开会、巡查等琐碎事务占据。如果幼儿园不给教师们休息的时间，教师休息室也会形同虚设。

4. 部分教师在访谈中表示，自己能在教室内休息就很满足了，比如在教室的图书区放上可供休息的桌椅。这主要是因为教师们放心不下午睡的幼儿，但他们同时也表示，如果可以在幼儿午睡时间实现教师轮流休息的话，就可以打消心中的顾虑了。

（三）教师需要什么样的休息室

幼儿园各个场馆的建设，各种类型活动的开展，均遵循以幼儿为主的原则。但是教师休息室作为为教师服务的场所，应当以教师为中心。

扫描以下二维码，了解我们对南京市六所幼儿园中的教师和保育员进行的访谈，看看教师心目中的休息室具有哪些关键要素。

二维码5-2-1 调查：教师需要什么样的休息室

（四）教师为本的教师休息室创意设计

根据以上对教师的访谈，我们从编码中提取关键词"安静""舒适""休息""隐私"，结合教师的具体回答，设计了"以教师为中心"的教师休息室。

1. 设计图

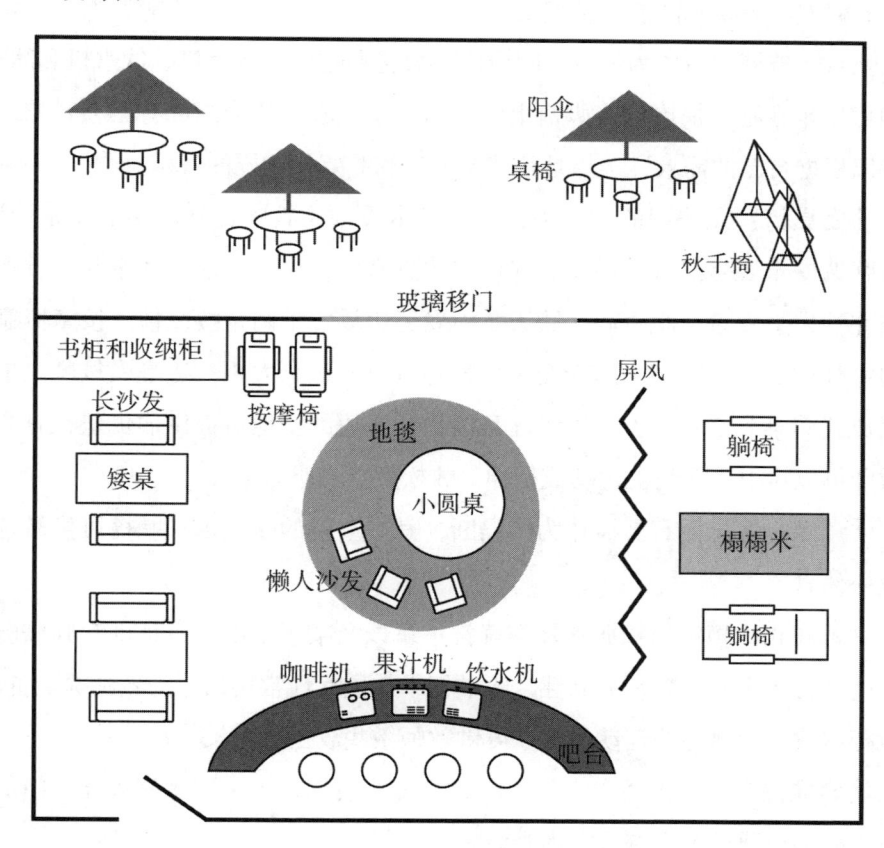

图5-2-1 教师休闲空间设计图

2. 整体布局

教师休息室位于幼儿园顶楼，分为室外室内两部分。室内空间连通室外的天台。室内能容纳10~20人，天台作为室内休息室的后花园。教师休息室整体设计为长方形，可依据幼儿园的具体场地情况适当调整。

教师休息室与其他区域是全隔断的，内部是开放的。

3. 环境介绍

门：教师休息室的门为毛玻璃材质，室内的人可以看到室外的情况，而室外的人无法看到室内。玻璃门的设置既不会给人拒绝感，也可以满足教师在休息的时候对自我隐私的安全感需求。

吧台：玻璃门右侧为吧台，吧台内部放置咖啡机、果汁机、饮水机和冰箱。教师可以坐在吧台周围的高脚椅上喝饮料、吃点心。吧台内部有小型音响，教师可以根据自己的需求，选择是否需要音乐和需要什么样的音乐。

沙发桌椅：在我们的访谈中，关于基本设施，教师提到最多的就是沙发，并且强调一定要是舒服的沙发。我们在休息室内提供了软沙发和茶几，教师可以坐在沙发上喝茶、吃点心、聊天。沙发旁边放置了两台按摩椅。按摩椅靠近通向室外的玻璃推拉门，阳光充足，教师可以一边晒太阳一边享受按摩。中间区域放置圆桌和懒人沙发，可供休息讨论。旁边的空地可提供瑜伽垫，有需要的教师可以自由进行垫上运动或拉伸，放松疲惫身躯。

休息区：休息区有屏风作为半隔断，其中放置的榻榻米和躺椅可供教师躺下放松休息。

书柜和收纳柜：书柜放置轻阅读类书籍以及杂志报纸等，帮助教师缓解劳累。因幼儿园大部分教师为女性，收纳柜中放置女性常用品，为教师提供备用。同时柜中放置瑜伽垫等运动材料，可供教师做些放松运动。

玻璃推拉门：室内通向室外的门为全透明玻璃，可保证良好采光。门前有窗帘，教师可通过窗帘调节室内光线。

天台：天台作为教师休息室后花园，空间布置以绿植为主。在花园中放置有阳伞、桌椅和秋千椅，教师们可以在户外的新鲜空气中放松自己的身心。若有兴趣也可为这里的鲜花绿植浇水，进行园艺培育。

二维码5-2-2　案例：南京晓庄实验幼儿园的教师休息区建设

教师休息室作为一个供教师放松休息的空间，是应当存在的。但值得注意的是，我们在为教师设计休息环境时，还应更多地考虑到实现设想需要的制度或规则保障。幼儿园教师休息时间少，工作任务繁重；班级幼儿需要时刻有人监管等问题都是需要考虑的，应该有相应的解决措施。

一个可为教师创设休息室的幼儿园，必定是一个"以人为本"、关怀教师的幼儿园，在这样的理念支持下，幼儿园更应当考虑如何解放教师，解放教师也是解放幼儿的前提，这就回到了"以幼儿为中心"的核心理念。

为了保证教师休息室的实际使用，可以在各班使用教师轮班制，以使在幼儿午睡时间教师可轮流休息。从根本上来看，同时还需要幼儿园管理层人员以及教师本身具有"以幼儿为中心"的儿童观和教育观，能积极地放手让幼儿自主做事和学习，解放幼儿，解放自己，不做占用自己时间和精力的无用功。

二、尊重个性化的教师时间节奏

除了有独立的教师休闲空间外，一个温暖的教师空间还体现在对教师时间的尊重与体贴上。相比于其他教师，幼儿教师的工作时间长，工作强度大，工作过程中的心理压力也大。因此，对于年轻教师而言，其自身的成长过程、家庭特点便是一种独生子女的生态，他们更需要园长们对其独特个性的尊重与保护。

在南京市晓庄学院实验幼儿园，丁艳红园长创造了一种非常人性化的时间管理法，即每周除了固定的教研时间外，保证所有教师有中午一小时不受任何公务打扰的休息时间。这种时间管理既是对教师更长远的激励，也是对幼儿更有效的呵护。因为教师有了全身心的放松和自主的时间安排后，他们每天的各种疲惫可以通过一小时的休息时间消化掉，从而保证有充足的体力、精力开展下午的各项工作。

除了午休时间外，在幼儿园的管理中，还要尊重各位教师独特的成长节律，给予他们良好的发展平台和同伴支持，允许教师以自己的速度成长。

三、营造被承认的教师心灵空间

作为一个女性为主的教师群体，园长们特别要成为优秀的心理按摩师，支持不同发展阶段的教师在幼儿园这个大家庭中获得心理上的归属感、专业上的获得感。因此，园长们要努力创设一个告诉教师"你很重要"的环境、一个帮助教师减压的环境、一个帮助教师自我实现的环境。

（一）创设一个告诉教师"你很重要"的环境

幼儿在幼儿园环境中要获得存在感，教师也是如此。一个体验不到存在感的幼儿园环境是无法吸引优秀教师留下来、沉下心的。每一个教师都重要，意味着园长的管理理念中需要更多一点的公平思维、欣赏意识，也意味着园长要支持不同年龄段教师之间的相互学习、相互提携。

二维码 5-2-3　案例：新教师如何与同事友好相处

（二）创设一个帮助教师减压的环境

幼儿教师每天面对着一群自制能力弱的孩子，安全责任大，心里时刻崩着一根紧张的弦，使他们倍感疲惫。基于此，管理者要创设一个减压的环境，创想出一些能在10分钟内完成的放松活动，教会新教师应对安全事故的方法，并在关键问题上勇于承担责任、保护教师。

二维码5-2-4　案例：让安全事件不再可怕

（三）创设一个支持教师获得幸福感的环境

幼儿教师的工作具有特殊性，特别需要获得家长、园长的认可与支持。如何让每一个教师感受到自己是无可替代的，我的努力是能被看见的，这对教师来说非常重要。幼儿老师不仅需要获得身体上的在场感，更希望获得专业上的存在感。因此，家长、园长、幼儿感谢教师的付出，认可教师的努力，欣赏教师的成绩，对教师来说都是职业幸福感的源泉。

活动2

综合设计：给家长一个支持的育儿空间

理论深度　★★

能力要求　★★★★

当家长将孩子送到了幼儿园，家园之间便开启了一场终身不散的共同旅程。幼儿园如何在环境创设中支持家长获得存在感、信任感、安全感，创设一个告诉家长"你很重要"的环境，一个向家长传递"你属于这里"的信息的环境，一个欢迎家长，告诉家长"我们很需要你"的环境。幼儿园环境中的信息向家长传递了什么，家长便会与幼儿园形成什么样的家园关系。优秀的幼儿园总是在环境中体现出一种认可家长、欢迎家长、邀请家长、信任家长的状态，在门厅中设置家长意见采集处、家长信箱、家长问卷调查箱等，既将家长纳入幼儿园的教育资源中来，也给家长创造一个支持性的育儿空间。

一、家长也是受教育者

家长都接受过不同程度的教育，具备一定的文化素养，但在教育孩子的问题上，家长却都是新手。每个孩子都是具有独特个性的个体，家长对孩子的教育更不能一概而论，需要通过不断地再教育过程。幼儿园需要营造这样积极的环境，激发和培养家长的育儿能力，让家长始终与幼儿园站在同一条教育的起跑线上。譬如，温馨的接送空间的营造，对家长信箱的重视，对家长需求的及时反馈，给家长在园的停留提供温暖的支持，如停车、如厕、开放日权利、监督食堂、志愿者工作，邀请家长参与决策，成立家委会等。

（一）问卷调查家长的需求

步骤一	几人一组，以了解幼儿园目前开展的家庭教育宣传方式及其有效性为目的，设计一份问卷
步骤二	发放问卷给幼儿家长，调查家长对幼儿园所开展的家庭教育宣传工作的反响，做好统计，以直观的统计图呈现数据
步骤三	对家长的再教育活动做初步规划 可以通过或优化哪些有效途径让家长接受教育的专业知识，解决教育中的疑难困惑

（二）小组交流课前实践

以展示调查表及制作统计图的方式呈现各组设计的家长问卷及统计结果，

以思维导图的方式整理出对家长开展再教育的途径、方式。用清晰流畅的语言表达统计的数据,注意重点分析集中存在的问题,回应同伴,产生共鸣,引发大家的讨论。

(三)讨论细化焦点话题

总结目前幼儿园主要开展的家庭教育宣传途径,围绕存在的问题和家长学习的有效性,反思其背后的原因,提出优化建议和新途径的设想。

二维码5-2-5　经验分享:如何支持家长科学育儿

二、你的孩子也是我的孩子

目前,家长看待自己的孩子和别人家的孩子有几种情况:在有的家长眼里,只有自己的孩子是最棒的,孩子身上所有的问题都不是问题,别人家的孩子都不如自己的;在另一些家长眼里,自己的孩子哪里都是问题,别人家的孩子都是完美的;还有的家长从不评价自己的孩子,总是评价别人的孩子。

(一)采集家长育儿中存在的问题

问题一:你认为家长为什么会出现这些看待孩子的情况?

问题二:应该为家长树立怎样的看待自家孩子与别家孩子的观念?

问题三:请收集一些幼儿园关于引导家长正确认识自己家孩子和别人家孩子的好举措。

（二）问题风暴研讨

根据课前问题一、问题二的思考，分组展开头脑风暴，以图文结合的方式做好记录，厘清现象与本源之间、现象与观念之间的关系，分别阐述观点，分析缘由。

（三）举措分享和分析

教师剖析问题和举措的适配性，深入挖掘问题产生的原因，拓宽思路，引发进一步运用策略的思考，帮助学生树立正确的观念，共同整理和完善思维导图。引导学生对现状的成因进行归纳和总结，确立正确的观念，结合前期收集的资料，推荐适宜的举措并用实践案例具体说明，绘制思维导图。

二维码5-2-6　经验分享：如何进行家长间育儿经验的交流互动

三、学会理性地爱孩子

随着生活水平的提升，家长们对孩子的成长关注度也在提高。一些家长总想给予孩子最好的物质条件，养育时小心翼翼、关怀备至，捧在手里怕摔了，含在嘴里怕化了。在教育过程中更是怕孩子心理受打击，受挫折，一味地表扬、夸赞，误以为这就是赏识教育。在教养的过程中，因为爱而失去了理性，因为爱而失去了自我，但这些做法并不是真正地爱孩子。为此，幼儿园要做好家庭教育的宣传和引导工作，让家长们回归理性，用正确的观念和方法来爱孩子。

（一）采集家长育儿中的问题

步骤一	分组开展调查，每组选取一个幼儿园的某个年龄段，调查了解以下情况： 1. 幼儿的教养以谁为主？（如父母、祖辈、保姆、其他人等） 2. 教养者对幼儿奖励和惩罚分别采取什么方式？ 3. 教养者认为怎样才是爱孩子的表现？
步骤二	每组根据调查结果汇总相关数据，各组合并数据，整理归纳家长的教育情况和观念
步骤三	每组选取以下问题中的一个，进行思考和资料收集： 1. 调查中有哪些适宜的奖惩方式可普及给教养者？是否还有更好的方式？ 2. 调查中哪些表现是理性地爱孩子？可以通过哪些方式让教育者学会理性地爱孩子？

（二）调查反馈，策略探讨

呈现调查的汇总数据，表述总体状况。各组代表补充调查中了解到的具体情况，初步阐述现象背后的原因。根据调查情况和各组收集的相关资料，对问题进一步展开讨论，探讨实践中的可行性，以思维导图的方式梳理和呈现。

（本活动由宁波市第二幼儿园徐东颖撰写）

活动 3

综合设计：家—园、亲—师成为亲密伙伴

理论深度 ★★

能力要求 ★★★★★

良好的休闲空间、温馨的接送空间给教师、家长提供了一个舒适的、有归属感的幼儿园环境。以这样的物理环境为基地，家园之间、亲师之间的交往便

有了良好的物质基础，可以在相互尊重、彼此信任、相互依靠的基础上开展支持儿童的各项活动。无论家长还是教师、家庭还是幼儿园有多大的差异性需求，在教育好幼儿这一点上，双方都有共同的目标。因此，幼儿园要邀请家长成为教育幼儿的同行者，感恩家长对幼儿园的各种贡献，与家庭一起支持儿童成为幼儿园历史的抒写者。

一、家庭是幼儿园的同行者

家庭与幼儿园、教师与家长，都对幼儿的成长与发展具有持久的影响力。幼儿园要有一种主动的邀请意识、积极的接纳智慧、开放的倾听能力，支持家长从把孩子送进幼儿园的第一天，到孩子毕业离开幼儿园，都成为幼儿园的同行者。

这里的同行者有丰富的内涵，可以是时间上的同行者、经验上的同行者，也可以是体验上的同行者。幼儿园要支持家长从走进幼儿园开始就慢慢转变成为优秀的家长、智慧的父母、受欢迎的玩伴。

第一，幼儿园要与家庭一起体验入园焦虑。

幼儿园是一个专业机构，在教育经验、幼儿成长、群体样本上具有家长无可比拟的优越性。作为一个有经验的机构，幼儿园要陪伴家长共同度过入园准备期、入园适应期，支持家长从一个担心者、无所适从者转变成为一个合作者、信任者。

二维码5-2-7　案例："交换爸妈"走进班级

第二，幼儿园要与家庭一起感悟幼儿成长。

幼儿在园三年，要经历人生的重要变化，譬如，学会适应群体生活，学会挑战各种难题，学会创造性地表现和表达等。从小班到中班，这是幼儿成长的关键期，也是幼儿语言、思维、动作、想象、逻辑等方面发展的转折期，教师要引导家长学会放手、信任幼儿，给幼儿自我探索的机会、自我成长的空间。教师要持续不断地与孩子一起记录他们的变化，发现他们的进步，惊喜他们的创意。同时，教师要津津乐道地将幼儿的所有变化与家长一起分享，引导家长发现幼儿的成长、感悟幼儿的变化。

第三，幼儿园要与家庭一起帮助孩子进行入学准备。

在人生的不同转折点上，幼儿园要始终陪伴家长、陪伴孩子，以一种前瞻性的意识引导家长重视幼儿的自理能力，关注幼儿的学习习惯，养成幼儿可持续的学习品质，为孩子的一生奠基，而不是用一种拔苗助长的方式戕害幼儿的幸福童年。

二、感恩家长对幼儿园的各种贡献

家长是幼儿园最重要的伙伴，也是幼儿园最具竞争力的资源。在幼儿园的发展过程中，一届又一届的家长发挥了巨大的作用。如果说教师因学生而存在，那么幼儿园的发展就是因家长的巨大需求而存在。幼儿园要通过各种活动、各种仪式感恩家长，与家长成为永远的同行者。

为了感恩家长对幼儿园的贡献，幼儿园可充分利用一些节点性事件回馈家长、感谢家长。譬如，新生入园礼、六一节、三八节、儿童集体生日会、幼儿园运动会、毕业典礼、幼儿园园庆等。

家长对幼儿园的贡献分为两种：一种是当下的贡献，另一种是可持续的贡献。从当下的贡献来看，家长将资金、信任、情感、资源输入幼儿园，陪伴幼儿更好地成长。即便是幼儿离开了幼儿园，也有不少家长成为幼儿园永远的伙伴，扮演志愿者、参与者、关注者等角色。

二维码5-2-8　案例：三十周年园庆活动——我们一起成长

三、让儿童成为幼儿园历史的抒写者

在大多数幼儿园的历史叙述中，成人是叙述的主角，尤其是园长。不管是文本层面的幼儿园历史讲述，还是物质环境层面的园史讲述，成人作为幼儿园的历史书写者几乎已成为人们下意识的选择。然而，在倡导儿童为本的环境视野中，成人应该与儿童共同抒写历史，因为教师与儿童是一对相辅相成的概念，湮灭了儿童，哑声了儿童，又哪里来教师或者成人呢？

在日本，有一种"时间胶囊"的仪式化行为。即在每一届幼儿毕业前，幼儿会将其对自己、对幼儿园的愿望画下来，藏在许愿瓶里，然后在同伴和家长的庄严注目下，小朋友们将其埋到幼儿园的某棵大树下，待到3年、5年或10年后，在不同的时间节点，这些毕业出去的孩子会接受幼儿园的邀请，回到幼儿园，在家长、教师、同伴的注目下，重新打开当年的时间胶囊，看看自己的愿望有无实现，看看幼儿园的意愿有无实现。据日本园长介绍，孩子们的许愿瓶通常会引领孩子实现他们当年的愿望。

图5-2-2　日本广岛市枫叶幼稚园的"时间胶囊"

除了这样一种仪式化活动外，欢迎幼儿成为园史抒写者的方式还有很多。譬如，有的幼儿园将孩子的作品镌刻在幼儿园的内围墙上、圆柱上、墙壁上、餐厅中、小路上等。这样的一种纪念方式始终让幼儿记得他当年的幼儿园，支持幼儿与幼儿园、与教师形成一生的联结而非三年的关联。

图 5-2-3　儿童最喜欢的主题活动柱装饰

图 5-2-4　儿童制作的田间轮胎、瓶子小路

图 5-2-5　大班幼儿的毕业作品墙

图 5-2-6　各届毕业幼儿的作品墙

如果我们走进任何一所幼儿园，看到灵动的课程焕发出新的气息，譬如，幼儿园处处留下儿童原生态的活动印迹，儿童设计的安全标记、公共区域标识和幼儿园地图等，那么，环境就会不断地建构丰满的、有能力的、富有的儿童，儿童也会不断地反作用于环境，告诉环境，告诉成人，儿童才是幼儿园历史的抒写者。

主题三　以儿童为中心，让家园紧密相连

费孝通认为，中国人的人际关系是典型的"差序格局"，即以自己为中心，形成一个亲疏远近的同心圆，越往圆心，关系越亲，反之，则越淡。幼儿园环境创设的每一个卷入者都需要敞开自己的心扉，以对话的心态与他者相遇，温暖彼此，形成一个充满正能量的环境场。为此，在良好人际环境的建设过程中，我们要坚持环境创设中的儿童立场，以儿童为人际同心圆的圆心，营造"我和你"式的人际关系，酝酿爱与信任的支持性氛围，做到"目中有人"，保持环境的未完成性，实现可持续的环境创设目标，支持环境成为所有人的第三位老师。

关 键 词	差序格局；儿童立场；人际同心圆；我和你；未完成性
学习目标	1. 了解影响幼儿园人际环境的基本因素。 2. 理解环境留白的多重意义。 3. 掌握建构温暖人际环境的三种策略。
实践准备	1. 以班级为单位，了解影响班级氛围的根本因素。 2. 以幼儿园为单位，了解影响幼儿园人际氛围的根本因素。

活动 1

翻转课堂：理解环境创设中的儿童立场

理论深度 ★★

能力要求 ★★

环境创设中的"儿童立场"有两个不同的层次：第一，"儿童视角"，即成人努力站在儿童的角度，以儿童的眼睛去看，以儿童的耳朵去听，以儿童的思维去想。但成人毕竟是成人，无法回到真正的儿童世界中，所以，成人努力下的儿童立场受制于成人世界与儿童世界的远近距离；第二，"儿童的视角"，即成人放下自己的先见、判断、逻辑，完全借助儿童自己的眼睛、耳朵、大脑去创设环境。当然，儿童的环境创意随着儿童年龄、经验有不同的层次和表征，教师要以不同的方式回应与支持不同年龄段孩子的环境创意，支持儿童将创意变成现实。同时，以尊重、理解儿童为中心，离不开家长的正确观念与积极参与，如何通过儿童立场的环境创设，引导家长参与并支持，是营造同价值、同方向的家园合力、营造同心圆的重要组成部分。

根据前面的描述，我们发现环境创设中的儿童立场还处于萌芽状态，大多数幼儿园还处于环境创设中的成人主导状态。当我们举起儿童本位的大旗，就要努力地以儿童的创意滋养和丰富成人的逻辑，把儿童放在人际同心圆的圆心，从观念和行动两个层面展开儿童立场的探索。

一、课前活动

（一）穿越童年

引导学生回忆童年生活，描绘孩童时代内心对生活的感受、遗憾和期待，提炼出频率最高的关键词进行分析。

（二）问题思考

1. 幼儿园整体环境创设中的成人立场有哪些具体表现？与两个不同层次的儿童立场距离有多远？
2. 要创设儿童视野的完美幼儿园，幼儿园要做哪些改变？
3. 从成人立场的环境创设到儿童立场的环境创设，成人和儿童需要什么准备？家长需要做什么准备？
4. 访谈正在转变中的幼儿园，了解其转变的机制、制约因素，感受儿童、教师、家长的变化。
5. 家长对于儿童本位环境创设的理解程度如何？可以采用什么方式获得家长的理解和支持？

二、课堂活动

从习惯性的成人立场，到具有初步的邀请意识，再到尝试站在儿童立场上，再到儿童立场的诞生，成人与儿童在此过程中都要经历动力定型的阻断与释放。同样，对于儿童能力缺乏专业认识的家长，应如何引导其意识，提升他们参与与回应的质量，无论对于教师还是儿童，"后退"与"前进"都是需要不断在实践中学习的重要能力。

（一）自主学习

以个人为单位，在前面章节大量案例的基础上，结合见习实习的体验、国际国内环境的比较，寻找以上五个问题的答案。尝试以关键词图谱的方式列出答案，并将从成人立场到儿童立场的发展系谱用流程图来表示，学会直观地表达自己的想法，让混沌的观点清晰化。

（二）小组讨论

根据个人学习兴趣形成研讨小组，在组内进行充分的头脑风暴，将个体缄默的知识表达出来，并借助他人的智慧反思和完善自己的思维漏洞、逻辑困境，最后将小组的观点以思维导图的方式呈现，以便全班交流。

（三）师生总结

从目前来看，儿童立场就是教师悬置成人立场，尝试用儿童的眼光和视角来看待问题，最终走向儿童立场的过程。引导家长理解环境中的儿童立场，可采用如下策略。

1. 环境设计由儿童参与，并引导家长参与

如何建设一个儿童喜欢的幼儿园，最简单的逻辑便是，在环境创设全程中，邀请儿童一起参与讨论，时刻注意吸纳儿童的想法。我们的实践经验表明，儿童会带给教师很多的灵感和想象不到的创意。

譬如，小班儿童提出需要开展娃娃家游戏，讨论他们的娃娃家有卧室、有厨房、有餐厅，并设计了娃娃家需要的材料、空间等。为了支持小班儿童达成他们的设计，教师可以把儿童自己的设计向家长公布，邀请家长一起参与，家长也非常愿意为孩子需要的游戏提供物质帮助。幼儿园是教师、家长、儿童一起共同生活的地方，在这里，教师、家长共同站在儿童的立场，为孩子的成长创设和谐的成长环境。教师可以让幼儿园成为联系儿童和家长的桥梁，推动儿童的发展。

2. 支持儿童用自己的方式表达愿望，并吸引家长讨论，积极回应

儿童对环境的参与不仅表现在语言上，更表现在行动上。"做中学"的特点要求成人在支持儿童的深度学习时，不只是停留在语言层面上，更要支持儿童

创造自己独特的符号来表达自己独特的想法。这种理念不仅要在日常交流中渗透给家长，还应通过一系列的典型活动，邀请家长参与和感受。

譬如，在新年愿望的活动中，小班的孩子将自己的愿望用不同的方式表达出来，他们用稚嫩的线条、简单的涂鸦、夸张的造型栩栩如生地将一个又一个心底的愿望呈现在纸上。当教师把孩子的新年愿望布置在走廊上时，家长们在接孩子时，都会驻足观赏孩子们的愿望，看到自己家孩子的作品，会主动问："你的愿望是什么？这是什么意思呀？"豆豆妈妈看了豆豆的新年愿望，说："我真的是很久都没有烧饭给豆豆吃了，看来要好好烧一顿啦！"

此外，还可以围绕幼儿园典型的儿童本位的区域或墙面设计，进行讲解与讨论。比如利用家长会的时间，或者在家长园地开辟专栏介绍。

活动 2

翻转课堂：酝酿爱与信任的支持性氛围

理论深度　★★

能力要求　★★★★

一所幼儿园能否成为儿童的乐园、教师的家园、家长的学园，儿童为本的物质环境固然重要，但以儿童为圆心的温暖的同心圆同样不容忽视。精神环境是幼儿园的隐性环境，对促进幼儿的发展，特别是情绪情感、社会交往和个性发展方面有着不可替代的价值。幼儿园要努力营造一种"我—你"式的人际关系，保持对每一个幼小生命的尊重与敬畏，像爱孩子一样爱老师，像爱老师一样爱家长。在爱的包围中，给予爱、收获爱、循环爱。

一、课前活动

1. 情景剧创编：以小组为单位，根据日常生活经验，自主创编并演绎一段情景剧，内容为日常生活中隐性的不被信任的经历。

2. 小组讨论：引导学生深入思考情景剧中的关键场并迁移到幼儿园的日常教育活动中。抛出有关问题，引发学生讨论，由记录者记录关键词并在黑板上呈现。

引导问题：不被信任的感觉是怎样的？对你的行动有什么影响？教师对儿童没有足够信任的表现有哪些？

二、课堂学习

1. 焦点讨论：反思日常生活中教师对儿童没有足够信任的场景，引导学生思考影响成人对儿童信任的因素，由记录者在黑板上进行相关呈现，最后总结出影响最为突出的若干关键因素并作深入分析。

2. 形象勾画：以小组为单位，引导学生思考并用纸笔勾画出"最美园长形象"，然后进行展示和分享。

3. 策略盘点：总结日常教育活动中家园共育的常见问题，引导学生梳理幼儿园教师获得家长支持的有效策略并作深入盘点，最后由记录员在黑板上呈现。

4. 小组讨论：在前面若干环节的基础上，总结幼儿园教师"真正做到信任、支持儿童"的有效策略。

引导思路：对儿童能力的客观认识，"爱与信任"的教育理念，园长对教职员工的信任，家长的支持……

5. 总结评价：园长、家长和教师以幼儿为核心，以直接或间接的方式构成了一个完整的人际环境，相互作用。园长的管理方式可能成为教师管理儿童的模板。家长对教师的态度和评价有可能改变教师的行为方向。安全快乐，充满爱与信任的氛围才能真正促进儿童身心健康发展。

案例点击

十年，我们的"亲奥会"
——无锡市第十届幼儿"我运动 我健康 我快乐"亲子模拟奥运会
无锡市滨湖实验幼儿园

10月29日上午，来自江苏省无锡市的江阴市、梁溪区、锡山区、惠山区、滨湖区、新吴区、市直属、滨湖实幼的八个代表队，共72个家庭身着各色亲子服，参加由无锡市教育局主办、滨湖区教育局协办、滨湖实验幼儿园承办的第十届"我运动 我健康 我快乐"亲子模拟奥运会。

9时整，滨湖实幼融创园区里的欢乐小军鼓隆隆响起。活动正式开始了，各参赛家庭迈着矫健的步伐，喊着嘹亮的口号相继入场。开幕式上，滨湖区教育局局长强洪权向全体运动员们致辞，运动员与裁判员代表分别在大会上宣誓，无锡市教育局副局长吴洵如宣布开幕。

比赛场内，小班组"阿福阿喜拼拼乐"、中班组"灌篮高手"、大班组"运球三人行"相继进行。每组参赛家庭都齐心协力铆足了劲向终点冲刺，欢声、笑声、呐喊声此起彼伏，不断回响在赛场上；比赛场外，滨湖实幼设计了"小蚂蚁钻山洞""抬花轿""袋鼠跳""小脚踩大脚"等娱乐小游戏，组织比赛之余的家庭参与，感受亲子欢乐与家庭温馨。

无锡市举办的"亲奥会"，不仅让孩子们锻炼了身体、强健了体魄，也让他们体味到了运动的快乐及家庭的温暖，更是给予家长们一次陪伴孩子共同成长的机会。在不断的发展完善中，"亲奥会"已经走过了十年，家园共育共娱仍在继续。

（本活动由无锡市侨谊金科幼儿园黄虹撰写）

活动 3

翻转课堂：坚守可持续的环境创设目标

理论深度 ★★

能力要求 ★★★★

好环境也是一所好学校，它可以成就幼儿、教师、家长生命的深度与广度，将人们对当下的关心延展到未来。这意味着，好的幼儿园环境对人具有再生产性。然而，好环境不是自然出现的，它需要突破环境创设中久已存在的思想樊篱、行动的桎梏，从捍卫儿童立场的角度大胆地变革、反思，学会在环境创设中"目中有童"，学会在环境创设中长期留白，让环境永远充满未完成性，充满对幼儿的邀请感。

一、课前活动

1. 火眼金睛：引导学生寻找日常生活环境中能体现人与人之间和谐人际关系的细节，并用照片、视频等形式记录下来。

引导思路：盲道、有声红绿灯、儿童洗手池。

2. 提炼分享：解说照片中隐藏的美好人际关系

引导学生分享并解说所拍摄的照片、视频中所隐藏的美好人际关系，抛出相关问题，引发学生讨论并由记录员在黑板上进行相关呈现，最后提炼出建立"和谐人际关系"的关键点并作分析。

引导问题：照片（或视频中）哪些细节能体现和谐的人际关系？你的感受是什么？如何建立和谐的人际关系？

二、课堂学习

1. 辩论析疑：教师在偷懒吗？

本环节以辩论的形式开展活动，学生分为正反两方，在规定的时间内就情景中园长（正方）和教师（反方）的看法作相应观点陈述，由记录员记录双方观点并作相关呈现。

辩论情景：幼儿园临近开学，园长在巡视班级环境创设成果中发现某班的墙壁上虽有相关装饰，但仍留有空白，认为该班教师没有做好开学之初的环境准备。当班教师则认为，布置环境时应该预留空间，等待幼儿回园后一同创设。你支持哪一方的观点？

2. 脑洞大开：引导学生反思良好的物质环境和心理环境对于儿童的宝贵价值。在此基础上，以小组为单位进一步组织学生深入讨论"让环境与孩子一同'生长'"的有效策略。各小组向同伴分享组内观点，由记录员在黑板上进行相关呈现，最后提炼出关键点作分析。

3. 总结评价：丰富多样的环境创设能起到"润物细无声"的教育效果，在与材料、环境的交互作用中，儿童能够改变玩法，获得经验，体验成功。正如儿童的生长需要空间，活动环境创设也需要坚持"留白"，需要因应儿童的需要作出积极、主动的改变。同时，在创设中还应注重幼儿的动手参与，让儿童真正成为环境的主人。

（本活动由广州市东方红幼儿园林举卿、陈昕翘撰写）

拓展阅读

1. 观看英国纪录片《四岁孩子的秘密生活》，感受儿童与环境和他人的互动细节，体验创设温暖人际环境的重要性。

2. 秦旭芳、张罗斌：《幼儿园环境创设——为幼儿营造会说话的环境》，科学出版社2017年版。重点阅读第六章"幼儿园环境是我的心灵栖所——心理环境"，感受良好幼儿园人际环境对促进幼儿身心发展的重要影响。

结语：从教师本位走向儿童立场

一、参与环境决策是儿童的公民权利

幼儿园环境既是儿童的生活空间，也是儿童的游戏空间与学习空间。空间向儿童传递了什么，儿童便会成为什么。若要把儿童培养成为未来社会的公民，现在便要支持儿童具备基本的公民素养和责任担当。而且，这样的公民养成过程不是面向抽象的儿童，而是一群鲜活的、个性鲜明的儿童。

（一）未来的公民素养从当下的环境卷入开始

从幼年到成年不是一段真空的旅程，而是一段循序渐进、脚踏实地的生命体验。"它要求我们越来越多地考虑儿童的权利，特别是他们的环境,寻求并使用他们的想法来进行规划、评估和改造,这是我们向他们表达尊重的终极方式,也是他们作为公民的权利。"[1]每个孩子都有活跃的身体和对冒险的渴望,他们有权利向成年人展示他们是多么的强大和能干,他们也有权利在幼儿园的日常生活中便积极承担责任、接受挑战,参与环境的各种决策。

(二)公民权利的实现立基于每一个鲜活的儿童

幼儿园环境不是某一个幼儿的环境,不是某一群幼儿的环境,而是所有幼儿的环境。环境要看见所有的儿童,看懂所有的儿童。大多数幼儿园的环境都有不尽如人意的地方,但创造性思维会激发变革的可能。

首先,从不同角度对幼儿园环境进行一项视觉审查:站在门口,站在靠墙的桌子上,躺在房间中央。在每个角度,想象你是一个胆小的、协调能力较差的孩子,或者一个身体活跃的孩子。你将如何使用每个空间,你是否感觉舒适,你是否感受到了存在感和掌控感;其次,将充满魔法、奇迹和智力挑战的元素纳入环境中,充分考虑脑科学、美学、照明、色彩以及气味对所有儿童的影响力。环境只有充分悦纳、支持了所有儿童,儿童才能像一粒充满生命力的种子那样茁壮成长。

二、寻求儿童对环境的看法

目前,我国正在进行一场声势浩大的以"尊重儿童权利、捍卫儿童立场"为主题的课程改革,在这场"守护童年、解放教师"

---

[1] [美]德布·柯蒂斯,玛吉·卡特:为生活和学习而设计:早期教育机构的环境变革[M].朱金兰,译.南京:南京师范大学出版社,2018:36.

的改革中，我们应该相信孩子有发言权，相信他们的想法在环境规划和评估过程中的价值，这就需要我们了解儿童参与环境建设的意义，并找到支持儿童参与环境决策的方法。

（一）儿童参与环境决策的意义

在一个普遍以成人视角建设的幼儿园环境中，儿童参与环境建设的最大意义，便是用儿童视角补充成人视角，并通过儿童视角感受儿童身体和思想的双重力量。在成人视角的环境建设中，教师最大的智慧也只是借助自己喜欢的童年记忆来更好地理解当下的儿童。譬如，为了创设一个儿童喜欢的环境，教师们经常回溯自己的童年生活，尝试将相关的记忆进行复苏。

但显然，这样的回溯依然是成人视角，无法真正地链接当下儿童的环境偏好。因此，最简单的办法便是倾听儿童关于环境和材料的想法，以儿童自己的声音替代成人的回忆，以儿童的当下需要替代成人以为的儿童需要。

本书的大量实践及江苏课程游戏化的诸多案例表明，儿童的环境创意、环境设计、环境评价、环境改造具有成人视角无法企及的想象力，它会充分彰显儿童的身体能量与思想能量，养成儿童自主自信、善学乐群、勇于探索、乐于创造的积极学习品质。

（二）儿童参与环境决策的方法

对于大多数幼儿园教师来说，自我设计环境是一件极其自然的事，他们将其看作是教师的"法定义务"。但邀请幼儿参与环境决策，倾听幼儿的环境想法，却是一个需要学习的探索过程。教师必须制订一个调查计划，克制自己的指导冲动，才能了解孩子们是如何看待和体验环境的。

在江苏省的课程游戏化探索中,我们通过幼儿会议、小小拍客、儿童观察员、小小设计师等方式支持幼儿多元参与,表达自己的想法,申明自己的权利,实践自己的主张。同时,我们还邀请孩子们通过谈话、画画、摄影和建构来表达他们的想法。有了从头到尾的环境参与,儿童的责任感、担当感、归属感、掌控感都在慢慢生长,为一个未来公民的诞生奠定了坚实的基础。

三、以儿童的视角进行环境表征

幼儿园环境不只是承载儿童生活的物理空间,不只是课程实施的媒介路径,更是具有人格特质的第三位教师。在本书中,我们提供了大量用于设计和表征的材料,支持幼儿参与象征性表达,以儿童的视角,用儿童的逻辑,借助各种独创的符号表征,记录幼儿游戏探索的过程轨迹,从而以儿童的环境表征、过程记录代替教师的教学逻辑、环境偏好,丰富环境中的儿童元素、彰显环境中的儿童气息。

(一)提供幼儿表征设计的素材

儿童的环境表征与过程记录能力是一个不断生长的过程,需要教师有意识地铺垫与支持。在本书中,我们特意寻找并提供一些可以鼓励儿童进行调查、设计和学习的材料。譬如,各种不同质地、不同颜色、不同形状的自然物,不同的气味,不同的声音,不同的装饰物等。这些开放的材料会吸引幼儿对其进行分类、整理、匹配与改造。因为他们天生就具有设计的眼光,所以他们可以充分利用多样化的开放式材料进行神奇的展示。

（二）支持幼儿进行过程性表征

幼儿有了与各种开放性材料互动的体验，其调查、分类、设计、比较的意识与能力便会慢慢萌发。此时，教师可支持幼儿用创造性表征符号，将自己或同伴的探索过程记录下来，催化环境表征中深度学习的发生，让环境表征具有更独特的儿童气息。譬如，在本书中，为了发展幼儿初步的表征能力，教师让孩子们画他们搭好的积木。在指导时，教师一方面引导幼儿密切关注积木建构的细节，另一方面支持幼儿记录的逻辑顺序。

（三）支持幼儿进行创意展览

当幼儿越来越倾向于将其游戏和探索的过程记录下来时，环境中的过程性表征便会逐步丰富起来，儿童也可以从充满儿童元素的环境表征中感受到自己的存在感与掌控感。在江苏省的课程游戏化探索中，我们采用儿童海报的方式，以儿童的问题—儿童的探索—儿童的发现为逻辑，记录儿童自己的游戏过程。当儿童海报积累到一定数量时，儿童便可以自我策展，向成人、向同伴展现自己的创意性学习。

四、从儿童的角度进行环境评估

环境和常规应该以儿童为中心，而不是以成人为中心。幼儿园环境评估应从标准化的成人视角走向多样化的儿童视角，通过寻求儿童的帮助、借助儿童的眼睛，来评估幼儿园环境究竟给生活在其中的儿童带来什么样的体验，形成一个适合儿童生活和学习的"儿童友好型"空间框架。

因此，以儿童的视角来评估幼儿园环境，意味着成人既要考虑那些能激发孩子新奇感、愉悦感的美学成分，保证孩子们的安全，更要在环境中加入一些挑战性元素，以鼓励孩子们进行身体、社交和智力上的冒险活动，从而支持儿童体验到创造性学习的乐趣和力量。

五、从儿童的角度进行环境改造

如果说成人是来自地球，儿童是来自星星的话，那么，儿童视角的环境改造便会与成人视角的环境改造大相径庭。譬如，成人希望为孩子们创造安全、干净、有组织的空间，而儿童则需要一个能满足他们灵活的思维和充满活力的身体环境。在现实生活中，孩子们时常能想出教师想象不到的材料或空间的使用方式。我们需要细心观察并鼓励和支持孩子们的想法。我们认为，儿童视角的环境改造至少具有四个要素：开放性材料、灵活性空间、归属性情感、联结性文化。

（一）开放性材料

童年是一个充满好奇和奇迹的时期，在这个时期，梦想和想象力得到激发，并开始探索自己的能力。在各种领域提供开放性材料，会激发孩子们的 想象力，并满足他们不断重新整理和组合材料，进行探索和发明的愿望。

当为幼儿提供灵活的家具和开放性材料时，他们就会参与到最能促进自我发展和学习的活动中去：移动、操纵、调查、建构、表达、创造、沟通和解决问题。通过这些活动，孩子们的身体活动能力越来越强，并发展了自信心和独立性；同时，他们的自我意识增强，思维更加敏捷，并赢得了周围人的尊重。开放性材料鼓励孩子充分使用他们灵活的大脑，成为反应敏捷的玩伴。

（二）灵活性空间

相比于成人对稳定性、结构性空间的偏好，幼儿更倾向于空间的灵活性、可变性，以便在特定的目的下可以移动和重新安排。譬如，与那些被设计成单一用途的家具相比，那些可以用多种方式转动、堆叠的模块化家具、带轮子的家具，将给予儿童更多的吸引力。

孩子们是带着活跃的身体和想象力来到幼儿园的，他们快速地使用物体来表示他们正在考虑的事情，因此，教师要为儿童提供更多弹性的可变化空间。譬如，多层次、有创意的表演空间，充满神秘感的探索空间，位于阁楼或楼梯拐角的私密空间，或者位于户外山坡上长长的、可以急速滑下的滑道空间等。

（三）归属性情感

无论是儿童还是成人，都需要在环境中获得存在感与归属感，儿童尤甚。对幼儿而言，"家"意味着一个熟悉的、充满舒适和传统的地方，孩子在这里可以形成记忆和获得身份认同。然而，对于必须上幼儿园的孩子而言，每一天都是由从家到另一个环境的重大转变开始的。

无论是什么样的园所，孩子们每天早上都要按时离开他们的家和家人，经历从一个世界到另一个世界的跨界。最终，这种每天的转变过程成了孩子们都得接受的一个熟悉的惯例。因此，幼儿园需要有意识地通过环境建设，支持园所内的教师和儿童建立相互信任的关系，创造一个"让每个人都感到自己是受欢迎的"第一印象，并不断建立更深层次的关系。譬如，增加幼儿园环境中的生活元素，营造温馨的人际氛围等。

（四）联结性文化

童年时期，孩子们需要通过多种方式来建立一个牢固的身份认同，并与他们周围的人和事物——他们的家人、同伴、榜样、文化和社区以及自然界——建立牢固的联系。所有的孩子都是带着从家庭和社区中获得的思想、经验和技能的"知识积累"来到幼儿园的，教师指导他们学习新知识时，应该认可和借鉴这些前期经验，在教学环境中体现儿童的家庭生活和社群关系，从肤浅的传递多元文化的途径，转向真正的文化关联和儿童关怀。譬如，重新考虑作息时间、材料的多元性、支持性结构、沟通以及关系。